VIVO 智能手机广告

善心、善言、善行公益广告

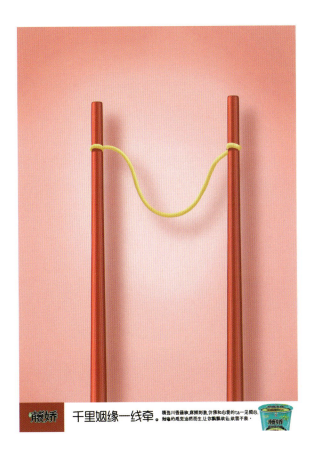

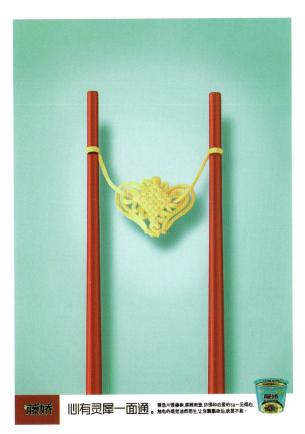

藤娇方便面广告

平遥古镇广告

平遥古镇旅游广告

"十三五"普通高等教育规划教材
21世纪高等院校艺术与设计系列丛书

广告策划与创意
（第2版）

主　编　刘刚田　田　园
主　审　高百宁

内 容 简 介

本书系统地阐述了广告策划与创意的理论和方法等专业知识。全书共 15 章：第 1 章为广告策划与创意概述；第 2 章到第 15 章分别介绍了广告策划的过程、广告策划的程序、广告媒体策划、广告战略策划、广告创意策划、广告策略策划、广告预算策划、广告要素表达、广告创意技法、广告文案设计、广告效果测定、广告策划书、CI 策划、广告策划书案例。各章根据广告学科的特点，分别配以相应的实例加以解释和介绍。本书结合教学实践，图文并茂，具有一定的可读性与实用性。

本书可作为相关专业的研究人员、教师、高校学生的教材和参考书，也可作为广大从事广告设计人士的培训教材或参考书；同时适用于高等院校广告学、广告设计、艺术设计等学科的工作者。

图书在版编目 (CIP) 数据

广告策划与创意 / 刘刚田，田园主编 . —2 版 . —北京：北京大学出版社，2019.4
21 世纪高等院校艺术与设计系列丛书
ISBN 978-7-301-30349-8

Ⅰ. ①广⋯ Ⅱ. ①刘⋯ ②田⋯ Ⅲ. ①广告—策划—高等学校—教材 ②广告设计—高等学校—教材 Ⅳ. ① F713.81 ② J524.3

中国版本图书馆 CIP 数据核字 (2019) 第 034840 号

书　　　名	广告策划与创意（第 2 版）
	GUANGGAO CEHUA YU CHUANGYI（DI-ER BAN）
著作责任者	刘刚田　田　园　主编
策划编辑	孙　明
责任编辑	李瑞芳
封面设计	成朝晖
标准书号	ISBN 978-7-301-30349-8
出版发行	北京大学出版社
地　　　址	北京市海淀区成府路 205 号　100871
网　　　址	http://www.pup.cn　　新浪微博：@ 北京大学出版社
电子邮箱	编辑部 pup6@pup.cn　总编室 zpup@pup.cn
电　　　话	邮购部 010-62752015　发行部 010-62750672　编辑部 010-62750667
印　刷　者	三河市博文印刷有限公司
经　销　者	新华书店
	889 毫米 x1194 毫米　16 开本　21 印张　彩插 2　652 千字
	2012 年 10 月第 1 版
	2019 年 4 月第 2 版　2024 年 1 月第 8 次印刷
定　　　价	59.00 元

未经许可，不得以任何方式复制或抄袭本书之部分或全部内容。

版权所有，侵权必究

举报电话：010-62752024　电子邮箱：fd@pup.cn

图书如有印装质量问题，请与出版部联系，电话：010-62756370

第 2 版前言

广告策划与创意历来是广告学界的热门话题,也是业界讨论最激烈的焦点。有大师说,创意是广告的生命;有学者说,创意是广告的灵魂;有资深人士说,一切成就和财富,都从杰出的创意开始。这些都说明创意对于广告是至关重要的。它可以化无形为有形,化腐朽为神奇;可以让受众一见钟情,挥之不去,多年记忆犹新;可以创造品牌忠诚度,提高品牌购买率,创造产品附加值;可以使一种产品死而复生,也可以让一个企业东山再起,让无名的品牌成为后起之秀。当然,广告创意如果违背真实,背离社会公德,也可能使一个品牌或企业威信扫地,顷刻间成为众矢之的。正因为创意如此重要,所以引起了人们的关注和思考:创意是什么?广告创意是怎样产生的?怎样才能得到好的广告创意?优秀的广告创意是什么样的?有哪些经验和规律可以借鉴、遵循?如何提高广告创意水平?这一切,都可以从人类的广告实践中找到答案。但需要人们在前人经验的基础上,进一步去思考、去研究、去总结,才能从感性到理性,从实践到认识;再实践,再认识;实现感性到理性的升华,再反过来指导实践。广告创意要求所传递的信息内容必须符合客观实际,真实可信(即真景、真物),同时又必须融入广告创作者的思想感情,体现对信息的态度:赞赏或反对,喜爱或厌恶。它要求广告创作者首先对信息内容充满自信,发自内心地认为产品或劳务是好的(即真感情),因而迫切地需要推荐给朋友、亲人或受众。古人云:"感人心者莫先乎情。"只有先感动自己,才能打动别人。如此艺术境界的创造才能以情感人,以情动人,获得理想的广告效果,才称得上是好创意,正所谓"一流的创意来自坚实的信仰"。如果广告创作者自己缺少自信或明知不好却硬要推荐给他人,凭空捏造点子、主意,只能是无的放矢,使创意沦为骗术。可见,好的广告创意必须体现科学与艺术的综合,真实性与假定性的统一。这实质上是真与美的和谐一致,是由广告艺术独特的美学特征决定的。

本书以广告实践为基础,基于广告艺术的上述特征,以科学为依据,以艺术为手段,强调通过广告策划与创意来传播真实的信息内容,力图探索一条理论与实践相结合,将抽象的创意理论与直观的、具体可感的视觉形象、案例分析及作品欣赏联系起来,真正做到深入浅出,激发读者想象力和创造力的教学研究新思路。

在注重理论与应用相结合、引介最新的应用领域的基础上,侧重于结合实例探讨广告策划与创意在市场销售领域的应用，力求使读者既能获得基本理论知识和方法，也能在设计实践中加以应用与研究。

本书从设计实践的角度出发，突出讲述学生需要的知识结构、知识要点和知识深度，深入浅出地与理论内容相呼应，最大限度地贴近市场需求，使学生既能够掌握本专业前沿的知识和创新能力，又能将所学知识在实践中灵活应用。本书还辅之以一定数量的经典案例及分析，这些案例分析，既是广告策划与创意理论的具体体现和注释，又是对策划与创意理论的充实和验证。本书具有理论与实践并重，二者密切结合，从抽象到具体，又从具体到抽象的特色。本书力图体现系统性、科学性、直观性和应用性等特点。本书的着重点在于，通过对大量中外广告案例的分析，使读者理解、掌握广告策划与创意的基本原理，强化对不同广告风格特色的了解，既吸收借鉴其精华，又不囿于传统的模式，重在激发创造能力，培养创新意识和动手实践能力。

引用成功案例：设计案例教学法是应用设计学科教学的一个实用方法。本书应用了大量的成功实施的实际案例，缩小了社会实践和课堂学习的距离，对学生的学习具有一定的积极指导作用。

本书由河南科技大学刘刚田、田园编写；全书由河南科技大学刘刚田教授统稿，由河南科技大学高百宁教授主审，并提出了宝贵的意见。

广告创意正处于不断发展变化之中，由于作者的学识有限，加之时间仓促，书中不妥之处在所难免，热忱欢迎广大读者和专家、学者批评指正。

刘刚田
2018 年 12 月

目 录

第1章 广告策划与创意概述 / 1

    1.1 广告策划的定义 / 2

    1.2 广告策划概述 / 7

    1.3 广告创意的定义 / 13

    1.4 广告创意的原则 / 15

    1.5 广告创意的表现策略 / 19

    1.6 广告创意的过程 / 21

    单元训练和作业 / 27

第2章 广告策划的过程 / 30

    2.1 广告策划的核心 / 31

    2.2 广告策划的特性和原则 / 32

    2.3 广告策划的理论依据 / 35

    2.4 广告策划的内容 / 39

    单元训练和作业 / 48

第3章 广告策划的程序 / 51

    3.1 广告策划的类型 / 52

    3.2 广告策划的基本模式 / 61

    3.3 广告策划的阶段 / 64

    3.4 广告策划的流程 / 65

    单元训练和作业 / 71

第4章 广告媒体策划 / 75

    4.1 广告媒体概述 / 76

    4.2 广告媒体的种类及特征 / 78

    4.3 新媒体广告及特征 / 87

    4.4 广告媒体策划的流程与选择 / 89

    单元训练和作业 / 93

第5章 广告战略策划 / 95

    5.1 广告战略策划的概念及主要内容 / 96

    5.2 广告战略策划与广告市场的关系 / 99

    5.3 广告战略策划与提高认知度的手段 / 103

    5.4 广告战略的选择与常见问题分析 / 108

    5.5 广告战略策划目标的确定 / 111

    单元训练和作业 / 114

第6章 广告创意策划 / 117

    6.1 广告创意的基本角度 / 118

6.2 广告创意的特征与内容 / 121

6.3 广告创意的流程 / 124

6.4 广告创意的方法 / 128

6.5 广告创意的评价 / 131

单元训练和作业 / 135

第 7 章 广告策略策划 / 138

7.1 广告创意与定位策略 / 139

7.2 广告的市场策略 / 142

7.3 广告的实施策略 / 144

7.4 广告创意的视觉表现策略 / 148

单元训练和作业 / 149

第 8 章 广告预算策划 / 151

8.1 广告目的与广告预算的关系 / 152

8.2 广告预算的作用和内容 / 155

8.3 广告预算的分类和步骤 / 156

8.4 广告预算的方法 / 157

8.5 广告预算的分配 / 162

单元训练和作业 / 164

第 9 章 广告要素表达 / 170

9.1 广告要素概述 / 171

9.2 广告要素的表现方式 / 173

9.3 广告要素表达的特征 / 182

9.4 中国广告作品在创意表达中存在的问题 / 186

单元训练和作业 / 187

第 10 章 广告创意技法 / 190

10.1 广告创意思维 / 191

10.2 广告创意技法中的形象思维 / 193

10.3 广告创意的思维技法 / 198

10.4 广告创意的视觉表现技法 / 199

10.5 广告创意技法的培养 / 203

单元训练和作业 / 206

第 11 章 广告文案设计 / 208

11.1 广告文案的概念 / 209

11.2 广告文案的创意 / 211

11.3 广告文案的写作 / 217

11.4 广告文案的视觉、听觉表现 / 224

单元训练和作业 / 231

第 12 章 广告效果测定 / 234

12.1 广告效果测定的含义和作用 / 235

12.2 广告效果测定的内容和程序 / 240

12.3 广告效果测定的要求和标准 / 241

12.4 广告效果测定的方法 / 243

单元训练和作业 / 251

第 13 章 广告策划书 / 256

13.1 广告策划书的概念 / 257

13.2 广告策划书的内容 / 258

13.3 广告策划书的创意 / 261

13.4 广告策划书的撰写 / 263

单元训练和作业 / 273

第 14 章 CI 策划 / 275

14.1 CI 概论 / 276

14.2 CI 构成 / 277

14.3 CI 设计要素 / 281

14.4 CI 策划手册的设计与制作 / 282

14.5 CI 管理 / 283

14.6 CI 评价的指标和方法 / 285

14.7 "四季花城"CI 策划案例 / 289

单元训练和作业 / 298

第 15 章 广告策划书案例 / 301

15.1 品牌描述 / 302

15.2 市场环境分析 / 303

15.3 目标对象分析 / 305

15.4 营销提案 / 306

15.5 创意设计提案 / 308

15.6 媒介提案 / 311

15.7 广告预算 / 313

单元训练和作业 / 316

参考文献 / 323

第1章 广告策划与创意概述

课前训练

训练内容：每位学生至少要确定一种商品为训练对象，通过广告定位分析后，在A4纸上将创意通过文字的形式有效地表达出来，可附相关产品或服务说明书等。

训练要求和目标

要求：学生从不同媒介中，了解广告策划与创意的经典作品并进行分析。

目标：掌握广告策划与创意的基本概念、特征、作用、原则，并能将所学的知识应用于具体的广告策划运作、分析和管理过程中。通过本章的学习，为下一步学好广告策划与创意的具体课程，掌握广告策划与创意的应用程序，以及提高广告策划能力打下坚实的基础。

本章要点

(1) 广告策划在广告活动中占有极其重要的地位及基本的概念。

(2) 广告的内容与程序。

(3) 广告创意的定义。

(4) 广告创意的原则。

(5) 广告创意的表现策略。

(6) 广告创意的过程。

引言

在现代广告运作体制中,广告策划成为主体,创意则居于中心,是广告的生命和灵魂。没有优秀的广告创意,广告战略和主题就难以巧妙地体现,广告表现也就只能沦为让消费者忽略或厌烦的音像、图文。广告公司往往以精彩的创意进行宣传,也常以要求应聘人员提出创意方案来测度其才华,广告创意的重要性不言而喻。

广告创意是什么?人们对此有多种观点,唯有通过探讨和比较,才能把握广告创意的确切含义。广告创意是广告主与消费者沟通和对话的桥梁。广告创意与经济、文化和艺术密不可分,与社会学、传播学、心理学等人文学科和科技发展都有不同程度的重要关系。因此,思维方式对广告创意具有重要的指导意义。广告创意在成千上万的优秀广告中各呈异彩,各具特色,但从总体上讲,优秀的广告创意都具有一些共同特点,从而构成了广告创意的主要特征,把握其主要特征乃是广告从业人员入门所必需的。

1.1 广告策划的定义

广告策划在广告活动中占有极其重要的地位,其成功与否直接关系着企业产品的销售,以及产品在消费者心目中的印象。要想取得广告活动的成功,必须经过精心的广告策划。可见,广告策划是广告活动中不可缺少的关键一环。

广告策划的目的在于统筹企业的广告活动、宣传企业的产品、树立产品的品牌形象,并节约广告费用、提高广告效益,最后以消费者购买产品为终极目标。此外,广告策划还为企业提供信息咨询服务,为企业的生产和新产品开发提供建议;它有利于改善企业的经营管理,提高企业的竞争力。

1.1.1 广告策划的概念

从 20 世纪 50 年代开始,西欧、北美国家经济蓬勃发展,产品极为丰富。在供过于求的形势下,企业市场观念出现了革命性"突破","企业必须为适合消费者需要而生产并通过满足消费者需求获得利益"的学说被广泛地接受。企业开始借助有关学者、调研人员及广告公司进行广泛的市场调研,特别是消费者行为和动机的调研,广告策划也就在此基础上产生。策划一词来自英语单词 Campaign,通常译为"战役""运动""竞选""搞运动",引申为针对特定目标所做的有计划、有步骤的一系列活动。广告策划的概念可以表述如下:它是以消费者动机和行为的调研为起点,包括这些调研及在此基础上制订广告计划和广告策略的整过程。

(1) 广告策划是一种现代广告的思想、观念和哲学,是消费者观念的一种表现。要保证广告活动成功,其计划者要充分考虑企业目的和营销目标的要求,更要充分了解和研究消费者的需要、动机和行为,并在此基础上全面筹划广告的目标、创意策略、媒介策略,以及广告的推出和效果测定等工作。消费者导向不仅对营销至关重要,对现代广告活动也同样重要。

(2) 广告策划本质上是一种运用脑力的理性行为,包括在调研基础上进行的广告计划和决策工作。这是一系列的动脑工作,是集思广益的复杂的脑力劳动。因此,在许多人看来,广告策划很神秘,不易把握和操作。

(3) 广告策划是一种程序,是关于广告活动的一幅蓝图,它能保证广告活动的一切必要的决策都是经过合理有效的顺序而形成的。在前一步骤尚未决策时,下一步的行动是不能采取的。

(4) 广告策划是针对未来要发生的事情做当前的决策,即广告策划的出发点是现在,落脚点是未来。古语说:"先谋后事者昌,先事后谋者亡。"只顾眼前利益而无视长远利益的企业,对广告活动随想随做,根本没有策划可言。广告策划是为企业长远行为服务的。

1.1.2 广告策划的环节

广告策划是为形成的广告战略指导思想和战略方案所进行的带有全局性意义的谋划活动。即以广告战略指导思想为基础,对广告活动涉及的几个主要环节的战略要点做出谋划,以形成企业广告战略方案的大体构想。广告策划主要体现在3个环节,即广告任务的确定、广告方案的设计、广告传播及媒体的选择。

1. 广告任务的确定

广告任务的确定是广告战略方案形成的首要环节,是对广告战略指导思想的具体化,它要解决广告内容、广告对象、广告目标等几个问题。

(1) 广告内容主要是明确广告的诉求范围与诉求重点。所谓诉求,是告诉视听者认知些什么,要求视听者做些什么,亦即通过广告传播来促使消费者认知和行动。广告诉求的范围有商品广告诉求、劳务广告诉求、观念广告诉求、公共关系广告诉求等;广告诉求的重点是指在广告诉求范围内突出宣传的内容,比如商品广告诉求,有的突出宣传商品的新功能,有的突出宣传商品的效果,有的突出宣传商品的优质原料和生产工艺等。广告诉求范围和诉求重点在广告活动中很有必要,这是因为在一定时期内的广告活动,要宣传的东西很多,但宣传内容必须要选择,如果什么都想告诉受众,可能结果是对方不得要领,什么也不知道,或者是不知所措。因此在一定时期内的某个阶段的广告活动中,只能重点宣传某一方面的内容,随着客观条件的改变,宣传内容再做转变。明确广告内容,是进一步确定广告目标、选择广告媒体、提出广告设计方案、确定广告策略等事项的先决条件。

(2) 广告对象,即广告目标的受众。广告虽然是"广而告之"的行为,但是对企业来讲,广告的主要效果还是体现在与其产品销售或消费有关的那部分人身上。不同的广告对象,决定不同的广告诉求重点,选用不同的广告媒体,运用不同的广告策略,所以企业为了提高广告活动的有效性,必须明确谁是广告宣传的主要对象,也就是所谓的目标受众,广告策划者就可以根据目标受众的社会心理特征来确定广告的形式和媒体,保证使目标受众成为广告宣传的主要接受者,从而提高广告宣传的实际效果。

(3) 广告目标,即广告要达到什么目的,尽管在广告战略指导思想中已经明确广告主要目标,但还是比较抽象的,在广告战略方案中应把这个目标具体化。广告目标同企业的目标、营销目标是一个有机的整体,广告目标是市场营销的目标之一,而营销目标又是企业的目标之一。如果企业的目标是赚取利润,那么,营销目标就是扩大市场占有率。广告只是企业促销的一种手段,而不是唯一的手段。

广告虽有最终目标,但不同的企业,或同一个企业在不同的时期,由于广告任务的不同,还应该制订出具体的目标要求。常用的广告目标的具体要求如下。

① 加强新产品宣传,使新产品能迅速进入目标市场。

② 扩大或维持产品目前的市场占有率。

③ 加强企业或产品的知名度。

④ 介绍新产品用途,或是旧产品的新用途。

⑤ 对销售人员一时难以接近的消费者,起预备性接触作用。

⑥ 加强广告商品的厂牌、商标印象。

⑦ 在销售现场起提示性作用，促进消费者的直接购买行动。

⑧ 帮助消费者确认其购买决策是正确的和有利的。

⑨ 提高消费者对企业的好感，为企业建立信誉。

⑩ 通过广告宣传，延长产品的使用季节，或提高对产品变化使用和一物多用的认知，以增加产品的销售量。

广告目标的具体要求可归纳为以下 3 种类型。

(1) 创牌广告目标。这类广告的目的在于开发新产品和开拓新市场，它通过对产品的性能、特点和用途的宣传介绍，提高消费者对产品的认识程度，其中着重要求提高消费者对新产品的知名度、理解度和厂牌商标的记忆度。

(2) 保牌广告目标。这类广告的目的在于巩固已有市场阵地，并在此基础上深入开发潜在市场和刺激购买需求。它主要通过连续广告的形式，加深对已有商品的认识，使现有消费者养成消费习惯，潜在消费者发生兴趣和购买欲望。广告诉求的重点是保持消费者对广告产品的好感、偏爱和信心。

(3) 竞争广告目标。此类广告的目的在于加强产品的宣传竞争，提高市场竞争能力。广告诉求的重点是宣传本产品比其他同类产品的优异之处，使消费者认知本产品能给他们带来什么好处，以增强偏爱度并指名选购。广告目标应当规定具体的指标和要求，具体化一般体现为一系列衡量广告目标实现程度（广告效果）的指标体系，如销售增长额的百分比、市场占有率的提高幅度、企业形象的衡量指标、视听率、知名率、理解率、记忆率、偏爱率等。有了这样的指标体系，才可能对战略策划的效果进行测定，才可能确定广告战略策划的部署与实施。

2. 广告方案的设计

广告任务确定以后，要进行广告的设计，找一个使广告受众能够感受的有效形式。从战略角度看，广告设计并不是针对一个具体广告的创作，而是对广告活动形式的总体构思。它着重解决如下两个问题。

(1) 如何去引发受众的反应——确立广告主题。主题是广告的中心思想，是表现广告为达到某项目的而要说明的基本观念；广告主题是广告的灵魂，它像一根红线贯穿其他设计要素，使各要素有机地组合成一则完整的广告作品；广告主题是对广告目标和广告诉求的具体体现，旨在选择何种方式来说服广告受众，以实现广告的目标和诉求。在广告的战略方案中确定广告主题，就能使广告的具体设计同广告的目标和诉求相一致，从而保证广告宣传达到预期的效果。一则广告必须鲜明地、突出地表现广告的主题，使人们在接触广告之后，容易理解广告告知了他们些什么，要求他们做些什么。

(2) 如何实现期望效果——选择广告艺术形式。广告是一种形象化的信息沟通手段，为了能够对广告受众产生较强的吸引力，在广告设计中一般都要利用一定的艺术形式。艺术形式是否选择得当，对广告效果有很大影响，因此在广告战略方案中，必须对所要利用的广告艺术形式进行认真选择，并使其形成合理的组合，以期达到最好的广告效应。

3. 广告传播及媒体的选择

广告活动从本质上讲是一种信息传播活动，要使广告信息能为广告受众接受和信服，要解决"谁来说""对谁说""何时何地说"等基本问题。这是真正的信息传播过程，即通过一定的信息传播形式，将广告信息由广告主传递给广告受众。在广告传播的战略方案中，一般包含如下几个问题。

(1) 确定传播范围。传播范围是一个空间概念，主要是指广告信息的覆盖面和渗透度，它们直接影响着广告目标受众接受广告信息的可能性和有效程度，影响着广告战略目标的实现程度。所以，在广告战略方案中，应根据广告的战略目标和目标受众的实际情况，大致确定广告在规划期内的传播范围，这是选择广告传播媒体和传播方式的重要前提，也是确定广告预算的重要前提。

(2) 选择传播方式。广告的信息只有依靠一定的传播媒体才能达到必要的覆盖面和渗透度。

(3) 安排传播节奏。人们对信息的接受有一种节奏感，同一种信息按同一种频率不断地输送，其接受效应就会递减。因此，在广告传播活动中，应按照传播活动的客观规律，合理地安排好各种传播媒体的不同传播节奏，只有在规划期内使广告传播活动构成一组有起有伏、有声有色的"交响乐"，才能有效地提高广告的传播效果。

所谓广告策划，即是对广告活动的整体计划，是为提出广告决策、实施广告决策、测定广告决策而进行的预先的研讨和规划，其核心是确定广告目标，制定和发展广告策略。

广告策划作为一种科学的广告管理活动，必须确定广告目标、广告对象、广告策略等原则问题，即解决广告应该"说什么""对谁说""怎样说""说的效果如何"等一系列重大问题。因此，广告策划具有以下特征。

(1) 广告策划是一种指导性活动。美国哈佛企业管理丛书编写委员会认为："策划是一种程序，在本质上是一种运用脑力的理性行为。基本上所有的策划都是关于未来事物的，也就是说，策划是针对未来要发生的事情做当前的决策。"广告策划有别于写、画、制作等具体的广告业务，它对这些具体的广告业务提出基本原则和战略策略，对广告活动进行预先的思考和规划，并体现于制订的广告计划之中。

(2) 广告策划是有针对性的活动。广告策划并非研究广告的一般规律，而是把广告学的原理运用到具体的广告活动中，按照广告主的需要，充分考虑广告活动的有效性。任何广告活动都应当针对待定的广告目标，讲究投入产出，强调广告效益，力争实际效果，是广告策划的根本目的。广告效益既包括企业产品销售的经济效果，也包括企业形象、品牌形象等方面的效果；既包括近期可见的效果，也包括远期的潜在效果。

(3) 广告策划是系统性的活动。科学的广告活动具有自身的规律，按照消费者的消费心理规律，按照商品引入期、成长期、成熟期、衰退期的不同特点，有系统、分步骤地实施广告策略。广告策划的系统性是使广告活动的各个环节和各个要素互相协调、互相依存、互相促进，在本质上具有统一性，即广告策略的统一性。各种广告策略系统组合、科学安排、合理运用，使之具有严密的系统性，才能防止广告策略之间、广告媒介之间的互相矛盾、互相冲突的现象，也才能克服广告活动中的随意性和盲目性，从而取得较好的经济效益和社会效益。成功的广告策划必然体现指导性、针对性和系统性。科学的广告策划与广告活动密不可分，是一个完整的有机统一体。

策划活动的多元化导致了对策划含义多元化的理解。美国卡内基·梅隆大学的赫伯特·西蒙教授认为："管理就是决策。"而决策是通过策划之后做出的，因此可以把策划看成是管理手段或决策过程；有人认为策划是对未来采取的行动做决定的准备过程；还有人认为策划是一种构想或理性思维程序。上述认识都是对策划从某个角度的剖析，都有其合理的部分。

策划就是筹划或谋划。策划是一项立足现实，面向未来的活动。它根据现实的各种情况与信息，判断事物变化的趋势，以某一活动的特定目标为中心，来全面构思、设计、选择合理可行的行动方式，从而形成正确的决策和高效的工作。

上述策划的含义包括如下几层意思。

(1) 策划是在现实所提供条件的基础上进行谋划。策划者要尽可能多地掌握各种现实情况，全面地了解形成客观实际的各种因素及其信息，包括有利的与不利的因素，并分析研究收集到的材料，找出问题的实质和主要矛盾，再进行策划。这样的策划针对性强，并合理可行。

(2) 策划具有明确的目的性。策划一定要围绕既定的目标或方针，努力把各项工作从无序转化为有序。策划可以使人们正确地把握事物发展变化的趋势及可能带来的结果，从而确定能够实现的工作目标和需要依次解决的问题。

(3) 策划方案可以进行比较与选择。针对某一个目标，可以拟出多个策划方案。人们对多个策划方案可以权衡比较、扬长避短，选择最合理、最科学的一种策划方案。同时，策划也不是一成不变的，应在保持一定稳定性的同时，根据环境的变化，不断对策划进行调整和变动，以保持策划对现实的最佳适应状态。

(4) 策划是按特定程序运作的系统工程。现代策划为了保证策划方案的合理性和高成功率，不可避免地趋向程序化。一般的策划活动都要经历以下几个步骤：策划前的调查和环境分析；确立或调整策划目标；进行策划创意，拟定初步方案；方案评价与筛选；方案的调整与修正。策划的程序性保证把各方面的活动有机地组合起来，使各个子系统相互协调，形成一个合理的整体策划。这种整体的系统性可以使人们确定理想的工作秩序和节奏，掌握轻重缓急，做到井然有序，提高工作效率，创造最佳效益。

很显然，策划是一种超前性的人类特有的思维素质。它是针对未来和未来发展，及其发展结果所做的决策，能有效地指导未来工作的开展，并取得良好的成效。总之，精心的策划是实现科学决策的重要保证，也是实现预期目标、提高工作效率的重要保证。

从策划的含义中可以发现策划与计划是两个不同的范畴，这两个概念容易被人混为一谈，其实两者有较大的差异。策划的含义近似英文 Strategy 加 Plan，而计划则是英文 Plan。策划更多地表现为战略决策，包括分析情况、发现问题、确定目标、设计和优化方案，最后形成具体工作计划等一整套环节。计划在很大程度上只是策划的最终结果，表现为在目标、条件、战略和任务等都已明确化的情况下，为即将进行的活动提供一种可具体操作的指导性方案。策划与计划的差异，见表1-1。

表1-1 策划与计划的差异

策　　划	计　　划
全局性、整体性战略决策	具体性、可操作性指导方案
掌握原则与方向	处理程序与细节
具有创新性与创意	常规的工作流程
做些什么	怎么去做
超前性	现实可行性
灵活多变	按部就班
挑战性大	挑战性小
长期专业训练的人员	短期培训的人员

策划需要创意，需要出点子、出主意，但又不仅仅是创意。创意只是策划程序中的一部分，是可以在瞬间产生的突破。而策划是在调查、谋划、评价、反馈等复杂程序上的综合过程，它是系统而有序的创造性活动。当然，好的创意可以成为成功策划的有力保障。

根据系统原理，可以把策划工作看成是一个大系统，而广告策划是其中的一个子系统，是大系统中应用领域的一个方面。按照策划工作在社会上不同的应用领域，可以把策划分为企业策划、社会策划、政治军事策划、其他策划这四大类，如图1.1所示。

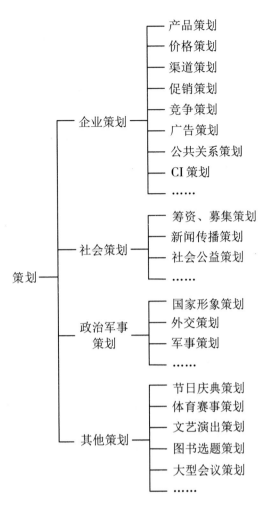

图1.1 广告策划的分类

1.2 广告策划概述

1.2.1 广告策划的内容

广告策划的内容主要有广告市场调查、市场认识与细分、产品认识与定位、广告战略的策划、广告媒体渠道策划、广告推进程序策划和广告效果评估这7项内容。

1. 广告市场调查

广告市场调查是广告策划与创意的基础，也是必不可少的第一步。广告市场调查主要是以商品营销活动为中心展开的，围绕市场供求关系进行。市场调查的主要内容包括广告环境调查、广告主企业经营情况调查、产品情况调查、市场竞争性调查及消费者调查。通过深入细致的调查，了解市场信息，把握市场动态，研究消费者的需求方向和心理嗜好，并且了解广告主及其产品在人们心目中的实际地位和形象，收集大量的、第一手的信息资料。

2. 市场认识与细分

广告策划的一个重要课题是要使广告产品在人们心目中确立一个适当的、不可替代的位置，从而区别于其他同类产品，给消费者留下值得购买的印象。因此，在了解了本组织、本企业及其产品在社会上的实际形象后，要继续深入研究和分析本企业及其产品的各类特征。如产品的特点、产品的文化价值、产品的识别标志等，并以此进行产品定位和广告定位，为广告策划与创意指明方向。

3. 产品认识与定位

现代广告与当代市场紧密相连，现代广告需要当代市场为其提供充分发挥作用的广阔天地，而当代市场也需要运用现代广告去开拓和发展。因此对市场的深入认识和细分也是广告策划的一项重要内容。通过市场认识与细分，就可以保住主要市场，拓展周边市场，抢占空白市场，避开竞争激烈的市场，使每一分钱的广告投入都获得最大限度的利用。

4. 广告战略的策划

广告战略从宏观上规范和指导着广告活动的各个环节，包括以下 4 个方面的内容。

(1) 广告战略思想是积极进取，还是高效集中；是长期渗透，还是稳健持重或消极保守。不同的战略思想会对广告战略起不同的作用。

(2) 广告战略目标，根据产品销售战略，确定广告目标，决定做什么广告，达到什么目的。

(3) 广告战略设计，即确定广告战略方案，可以从市场、内容、时间、空间、优势、消费者心理、传播范围、媒体渠道、进攻性等多角度设计。

(4) 广告经费预算，一般应根据营销情况、广告目标、竞争对手等因素进行合理的预算分配。

5. 广告媒体渠道策划

广告媒体渠道策划是现代广告策划的重要内容，对广告宣传的得失成败有重要的影响。选择广告媒体应充分考虑媒体的性质、特点、地位、作用、媒体的传播数量和质量、受众对媒体的态度、媒体的传播对象及媒体的传播费用等因素。再根据广告目标、广告对象、广告预算等综合分析与权衡，来选择组合和运用。

6. 广告推进程序策划

广告推进程序策划主要包括后期的广告表现和广告的实施与发布。它们是广告最终影响消费者、产生实效的关键所在，也是广告策略的具体运用。广告实施主要包括广告市场策略、广告促销策略和广告心理策略。广告发布主要包括发布时机策略和发布频率策略。

7. 广告效果评估

广告效果评估是广告策划的最后环节和内容，也是广告主最关心的部分。通过评估可以判定广告活动的传播效果，为下次广告策划提供参考依据。

1.2.2　广告策划的程序

广告策划是一项复杂的系统工程，必须遵照一定的步骤和程序，有张有弛，按部就班地进行。

当一家广告公司接受委托进行广告策划时，一般可以按照以下步骤进行策划工作。

1. 成立广告策划小组

广告策划工作需要集合各方面的人士进行集体决策，因此，首先要成立一个广告策划小组，负责广告策划的具体工作。一般而言，策划小组应由以下人员组成。

(1) 业务主管，又称 AE 人才，一般是由总经理、副总经理或业务部经理、创作总监、策划部经理等人担任。在广告公司里，业务主管具有特殊的地位，他是沟通广告公司和广告主的中介：一方面，他代表广告公司，与广告主洽谈广告业务；另一方面，又代表广告主监督广告公司一切活动的开展。业务主管的水平是衡量一个广告公司策划的重要标志之一。

(2) 策划人员，一般由策划部的正副主管和业务骨干承担，主要负责编拟广告计划。

(3) 文稿撰写人员，专门负责撰写各种广告文稿，包括广告正文、标题、新闻稿甚至产品说明书等。文稿撰写人员应该能够精确地领悟策划小组的集体意图，具有很强的文字表达能力。

(4) 美术设计人员，专门负责进行各种视觉形象的设计。除了广播广告外，任何一类广告都需要美术设计。因此，美术设计人员是策划小组的重要成员，他们必须具有很强的领悟能力和将策划意图转化为文字和画面的能力。

(5) 市场调查人员，能进行各种复杂的市场行情调查，并能写出精辟的市场调查报告。

(6) 媒体联络人员，要求熟悉各种媒体的优势、缺陷、刊播价格，并且与媒体有良好的关系，能够按照广告战略部署，争取到所需要的广告版面或播出时间。

(7) 公关人员，能够为广告公司创造融洽、和谐的公众关系氛围，获得各有关方面的支持和帮助。同时，能够从公关角度提供建议。

在广告策划小组中，业务主管、策划人员和美术设计人员是策划小组的中坚力量。

2. 向有关部门下达任务

经过广告策划小组的初步协商，按照广告主的要求向媒体部、策划部、设计制作部等有关部门下达任务。

如广告策划小组为了了解市场、产品、消费者、竞争者的情况，就要根据广告主的广告目标，向市场调查部门下达市场调研任务，以确保后期的广告策划行之有效。

3. 进行具体的策划工作

(具体内容略)

4. 写广告策划报告

广告策划报告的基本内容见1.2.3一节中的说明。

5. 向客户递交广告策划报告并由其审核

美国广告学者威廉·博伦认为，广告策划是广告公司给广告客户的一份作战计划。因此广告策划报告必须经过广告主的认可，方可进入制作、发布等实施阶段。若广告主不认可，则必须重新修改，直到广告主满意方可定稿，才能进入执行阶段。

6. 将策划意图交职能部门实施

最终实施策划意图的职能部门有设计制作部和媒体部。设计制作部将广告创意转化为可视、可听的广告作品。媒体部则按策划书的要求购买媒体的时间和空间。此时，广告策划小组仍存在，主要是对策划出的广告战略战术的实施情况进行监督和修正，同时安排调查部门测定广告效果。

1.2.3 广告策划报告

1. 营销环境分析

(1) 企业市场营销环境中宏观的制约因素：①企业目标市场所处区域的宏观经济形势；②市场的政治、法律背景；③市场的文化背景。

(2) 市场营销环境中的微观制约因素：①企业的供应商与企业的关系；②产品营销中间商与企业的关系。

(3) 市场概况：①市场的规模；②市场的构成；③市场构成的特性。

(4) 营销环境分析总结：①机会与威胁；②优势与劣势；③重点问题。

2. 消费者分析

(1) 消费者的总体消费态势：①现有的消费时尚；②各种消费者消费本类产品。

(2) 现有消费者分析：①现有消费群体的构成；②现有消费者的消费行为；③现有消费者的态度。

(3) 潜在消费者：①潜在消费者的特性；②潜在消费者现在的购买行为；③潜在消费者被本品牌吸引的可能性。

(4) 消费者分析的总结：①现有消费者；②潜在消费者；③目标消费者。

3. 产品分析

(1) 产品特征分析：①产品的性能；②产品的质量；③产品的价格；④产品的材质；⑤产品的生产工艺；⑥产品的外观与包装；⑦与同类产品的比较。

(2) 产品生命周期分析：①产品生命周期的主要标志；②产品处于什么样的生命周期；③企业对产品生命周期的认知。

(3) 产品的品牌形象分析：①企业赋予产品的形象；②消费者对产品形象的认知。

(4) 产品定位分析：①产品的预期定位；②消费者对产品定位的认知；③产品定位的效果。

(5) 产品分析的总结：①产品特性；②产品的生命周期；③产品的形象；④产品定位。

4. 企业和竞争对手的竞争状况分析

(1) 企业在竞争中的地位：①市场占有率；②消费者认知；③企业自身的资源和目标。

(2) 企业的竞争对手：①主要的竞争对手是谁；②竞争对手的基本情况；③竞争对手的优势与劣势；④竞争对手的策略。

(3) 企业与竞争对手的比较：①机会与威胁；②优势与劣势；③主要问题。

5. 企业与竞争对手的广告分析

(1) 企业和竞争对手以往的广告活动的概况：①开展的时间；②开展的目的；③投入的费用；④主要内容。

(2) 企业和竞争对手以往广告的目标市场策略：①广告活动针对什么样的目标市场进行；②目标市场的特性如何；③有何合理之处；④有何不合理之处。

(3) 企业和竞争对手的产品定位策略。

(4) 企业和竞争对手以往的广告诉求策略：①诉求对象是谁；②诉求重点如何；③诉求方法如何。

(5) 企业和竞争对手以往的广告表现策略：①广告主题如何，有何合理之处，有何不合理之处；②广告创意如何，有何优势，有何不足。

(6) 企业和竞争对手以往的广告媒介策略：①媒介组合如何，有何合理之处，有何不合理之处；②广告发布的频率如何，有何优势，有何不足。

(7) 广告效果：①广告在消费者认知方面有何效果；②广告在改变消费者态度方面有何效果；③广告在影响消费者行为方面有何效果；④广告在直接促销方面有何效果；⑤广告在其他方面有何效果；⑥广告投入的效益如何。

(8) 总结：①竞争对手在广告方面的优势；②企业自身在广告方面的优势；③企业以往广告中应该继续保持的内容；④企业以往广告突出的劣势。

6. 广告的目标

(1) 企业提出的目标。

(2) 根据市场情况可以达到的目标。

(3) 对广告目标的表述。

7. 目标市场策略

(1) 对企业原来市场的分析与评价：①企业所面对的市场；②对企业现有市场的评价。

(2) 市场细分：①市场细分的标准；②各个细分市场的特性；③对各个细分市场的评估；④对企业最有价值的细分市场。

(3) 企业的目标市场策略：①目标市场选择的依据；②目标市场选择的策略。

8. 产品定位策略

(1) 对企业以往的定位策略的分析：①企业以往的产品定位；②定位的效果；③对以往定位的评价。

(2) 产品定位策略：①进行新的产品定位的必要性；②对产品定位的表述；③新的定位的依据与优势。

9. 广告诉求策略

(1) 广告的诉求对象：①诉求对象的表述；②诉求对象的特性与需求。

(2) 广告的诉求重点：①对诉求对象需求的分析；②对所有广告信息的分析；③广告诉求重点的表述。

(3) 诉求方法策略：①诉求方法的表述；②诉求方法的依据。

10. 广告表现策略

(1) 广告主题策略：①对广告主题的表述；②广告主题的依据。

(2) 广告创意的策略：①广告创意的核心内容；②广告创意的说明。

(3) 广告表现的其他内容：①广告表现的风格；②各种媒介的广告表现；③广告表现的材质。

11. 广告媒介策略

(1) 对媒介策略的总体表述。

(2) 媒介的地域。

(3) 媒介的类型。

(4) 媒介的选择：①媒介选择的依据；②选择的主要媒介；③选用的媒介简介。

(5) 媒介组合策略。

(6) 广告发布时机策略。

(7) 广告发布频率策略。

12. 广告目标

(具体内容略)

13. 广告时间

(1) 在各目标市场的开始时间。

(2) 广告活动的结束时间。

(3) 广告活动的持续时间。

14. 广告的目标市场

(具体内容略)

15. 广告的诉求对象

(具体内容略)

16. 广告的诉求重点

(具体内容略)

17. 广告表现

(1) 广告的主题。

(2) 广告的创意。

(3) 各媒介的广告表现：①平面设计；②文案；③电视广告分镜头脚本。

(4) 各媒介广告的规格。

(5) 各媒介广告的制作要求。

18. 广告发布计划

(1) 广告发布的媒介。

(2) 各媒介的广告规格。

(3) 广告媒介发布排期表。

19. 其他活动计划

(1) 促销活动计划。

(2) 公共关系活动计划。

(3) 其他活动计划。

20. 广告费用预算

(1) 广告的策划创意费用。

(2) 广告设计费用。

(3) 广告制作费用。

(4) 广告媒介费用。

(5) 其他活动所需要的费用。

(6) 机动费用。

(7) 费用总额。

21. 广告效果的预测

(1) 广告主题测试。

(2) 广告创意测试。

(3) 广告文案测试。

(4) 广告作品测试。

22. 广告效果的监控

(1) 广告媒介发布的监控。

(2) 广告效果的监控。

1.3 广告创意的定义

人们生活在由空气、水和广告组成的世界中,面对五彩缤纷的广告,我们能记住几条呢?据专家统计,电视台每天播出的广告中,一般居民每人最多只收看3%,看后能留下点印象的只占1%,能在24小时内被记住的仅占0.05%。在这种现状下,要争取观众记住广告并相信其真实性,真的是很困难。基于此,广告公司把希望寄托于创意,富有创意的广告才有可能吸引受众的注意力。

关于广告创意的含义,学者和广告专家往往有不同的说法。广告大师奥格威认为"好的点子"即创意,他说:"要吸引消费者的注意力,同时让他们来买你的产品,非要有好的点子不可,除非你的广告有很好的点子,不然它就像被黑夜吞噬的船只。"此观点影响甚广,曾任世界奥美广告公司总裁的肯罗曼和奥美的文案珍曼丝,其著作《贩卖创意——如何做广告》即以此为基本观念,受到广告界人士的赞许。我国也有"点子公司""点子大师"之说,也都从侧面反映出奥格威"点子即创意"思想在业界的影响。

另一美国广告界权威詹姆斯·韦伯·扬则认为"广告创意是一种组合商品、消费者及人性的种种事项"。他解释说:"真正的广告创作,眼光应放在人性方面,从商品、消费者及人性的组合去发展思路。"另外,还有专家称广告创意为"伟大的构思""创造广告表现意境的思维过程""以艺术创作为主要内容的广告活动"等,这些说法都在不同程度上道出了广告创意的含义,但也存在某些不足之处。

1. 从广告战略、策略上理解创意

当前广告业界较流行的看法是创意与品牌战略、策略有紧密的相关性。创意有大小,而策略有对错。策略正确,创意的增量越大,品牌的跳跃能量就越高;策略错误,创意的增量越大,品牌受到的伤害相应也越大。可见,在一项广告运作中,有策略但若无创意,品牌的跳跃就无法实现,创意是品牌跳跃最珍贵的基因。唯有使创意和策略处于良好的互动状态中,体现于广告运作的各个环节,才有可能取得良好的广告效果。策略即创意,创意即策略。平成广告公司持此观点,在"果冻布丁喜之郎"的广告运作中取得骄人业绩。喜之郎这种可替代的小食品,在诸多品牌的夹击中一步一个脚印,从一个年销售额不到5000万元的地方品牌,发展壮大成为市场占有率达80%以上的全国性品牌,广告起到了重要的作用。

喜之郎的广告一开始就放弃了产品具体功能的诉求,而只把着眼点落在了它给人们带来的情感享受上。这种情感享受的不断积累,便形成了喜之郎广告中特有的价值观——亲情无价。运用策略创意,用价值观来整合不同广告片的表现形式,使得喜之郎每年不断翻新的电视广告百变不离其宗。针对不同的人群:儿童、情侣、家长、老人,虽然牵涉的具体产品不同,表现内容也有差异,但由于价值观的坚持及其不断重复,使得喜之郎的广告具有很强的聚合能力,逐步使品牌形象在消费者心目中丰满起来,并占据了牢固的位置。

从战略、策略上理解广告创意,其含义相当宽泛,大至广告战略目标、广告主题、广告表现、广告媒介,小至广告语言、广告色彩,都可用有无创意或创意优劣来评价。

2. 从广告活动特征上理解创意

从广告活动特征上理解,创意是以艺术创作为主要内容的广告活动,是以塑造广告艺术形象为其主要特征。

首先,广告活动中的创意与一般的文学艺术创作有根本性差别。它要受市场环境和广告战略方案的制约,它限于只能创造性地表现某一限定的广告主题,而不能像一般文艺创作那样,全凭作家、艺术家个人的生活体验和审美趣味去决定和表现生活主题。

广告创意所构思塑造的广告艺术形象，追求的是以最经济、最简练的形式和手法，去鲜明地宣传企业、产品，最有效地沟通和影响消费者。海赛威衬衫广告中戴眼罩的男人形象也是经久不衰的传奇形象，它们都曾深深吸引并影响了目标消费者，产生了极为强劲的销售力。在广告创意中，创作者个人的情怀和个人艺术风格都应该退居于服从地位，而必须充分考虑到消费者的喜好和口味，正如前面所举的实例，只有投消费者所好的广告才是最有销售力的广告，才可能成功。

其次，广告创意不同于一般的广告计划或宣传。它是一种创造性的思维活动，必须创造适合广告主题的意境，必须构思表达广告主题的最佳、最具代表性的艺术形象，一如万宝路的西部牛仔形象和海赛威的戴眼罩男人形象。枯燥无味的说明、空洞的口号，在某种程度上也许可以算是"广而告之"的作品，但十有八九是要失败的，因为它们无法让消费者动心，不能调动起他们的购买欲望。广告创意正是要为作品赋予强大的艺术感染力，以此去震撼、冲击消费者的心灵，唤起消费者的价值感和购买欲望。

以上两种解释从不同方面、不同角度说明了广告创意的含义，但仍不完备，值得进一步探讨。

首先，从广告战略、策略上理解广告创意，其含义略显宽泛。当然，任何一次成功的广告活动，任何一个成功运作的广告环节，任何一件成功的广告作品，都必须是创造性思维活动的结果，以创意的优劣加以评说是言之成理的。但这类说法，极大扩展了广告创意的外延，有时有可能使人们对其产生误解，对广告创意本身也缺乏明确界定。

其次，创意必须服从于广告战略，必须体现广告主题，必须与市场策略紧密联系和互动，这是完全正确的。但据此给广告创意下定义，却没有抓住广告创意最本质的方面。当然，广告创意首先必须遵循广告战略、广告正确的大方向，在它们的宏观指导下来进行创作。但必须明确的是，那些仅注意市场策略灌输或将广告主题简单地文字化、图像化或音像化的广告作品，往往只会引起视听众的反感乃至唾弃，广告难以达到预期效果。可见，从这方面强调并给广告创意下定义是不够准确、有欠稳妥的。

广告创意即如何运用艺术形象影响和吸引消费者。这是目前大多数论著和广告人的看法，当然也是言之有理的。创意必须进行艺术形象的构想，但不能仅限于此。那些醉心于艺术表现和文字技巧的广告作品，包含广告主所要传达的信息甚少，即使有也往往误导视听众，人们的注意力集中于艺术欣赏，而忽略了广告信息。

那么，究竟什么是广告创意？如何加以界定才算科学、准确、适当？在信息化、数字化、网络化的新时代，广告业正发生着历史性的巨大变化，很难形成一致赞同的广告创意的定义，人们尽可以从不同方面、不同角度进行探索和加以定义。

从广义上说，广告创意是对广告战略、策略和广告运作每个环节的创造性构想。严格地说，广告创意是表现广告主题的、能有效与受众沟通的艺术构思。本书大多运用后一种定义，下面略加说明。

1. 创意必须紧密围绕和全力表现广告主题

在广告策划中要选择、确定广告主题，但广告主题仅仅是一种思想或概念，如何把广告主题表现出来，怎样表现得更准确、更富有感染力，这乃是广告创意的宗旨。有了很好的广告主题，但没有表现广告主题的好的创意，广告就很难为人注目，很难引人入胜。

广告创意与广告主题策划有不可分割的密切联系，但两者又有差异。两者都是创造性的思维活动，但广告主题策划是选择、确定广告的中心思想或要说明的基本观念，广告创意则是把该中心思想或基本观念通过一定的艺术构思表现出来。广告创意的前提是必须先有广告主题，没有明确的广告主题，就谈不上广告创意的开展，广告创作人员在进行创意联想时就会缺乏明晰的主线。简而言之，广告主题策划侧重解决广告"说什么"的问题，而广告创意则将着眼点更多地放在了广告"怎么说"的层面上。

2. 广告创意还必须是能与受众有效沟通的艺术构思

艺术构思的基本特征是具有创造性和艺术美。孙悟空、林黛玉即为艺术构思所创造的、具有不朽生命的文学人物；《梁祝》《二泉映月》即为艺术构思所产生的、动人心弦的音乐名曲。广告创意就是要创造出能与受众有效沟通的形象和意境，使广告内容与广告形式达到完美的统一，去感染受众并引发共鸣。

3. 广告创意是广告制作的前提

广告制作是把创意构思出的表现主题的形象、意境通过艺术手段鲜活地体现出来。广告作品则是广告内容与形式的有机组合，是广告创意的具体表现。也就是说，广告创意是一种创造性的思维活动，是把广告主题如何形象化、艺术化表现出来的思考，广告制作则是把创意思考的成果具体化、物质化，直至完成作品的加工过程。没有广告创意就谈不上广告制作，而广告创意则需要通过广告制作来具体表现。制作精美的广告，对创意表现有重大作用。在进行影视广告创作时，为了保证广告作品的品质，通常都盛行在我国香港特区或国外制作后期。所以很多广告人都说："如今的很多国内品牌在广告的品质感方面确实有了很大提高，制作水准已经逐渐国际化，可以说，这一点并不比国际品牌差。"也有消费者感叹："和以前相比，现在电视上的广告越来越精美、越来越好看了。"

由上可见，广告创意的含义包括两个要点：①必须以广告主题为核心，必须紧扣广告主题；②必须是能与受众有效沟通的艺术构思。就广告创意而言，广告主题与艺术构思不可或缺，两者犹如人的形神一般，不可须臾分离。广告创意是把广告主题这种抽象的思想和概念，构思成为某种形象或情浓意切的艺术境界，以便制作成向消费者展现的作品。也就是说，要构想广告信息应通过什么样的艺术形式才能准确有效地传达给目标受众，在沟通过程中收到预期的广告效果。

总之，从广告创意与广告主题、广告制作、广告作品、广告效果等的关系来看，都在不同程度上说明：广告创意是表现广告主题的能有效与受众沟通的艺术构思。

1.4 广告创意的原则

现代广告创意是科学理念指导下的创造性活动，既要打破常规，追求新颖和独特，又要立足于产品或服务、消费者、竞争者等方面的需要。在广告发展的历史进程中，很多广告人以他们的广告实践，以他们的心血和智慧，为人们留下了许多经验和教训；当代形形色色的广告活动，也在成功或失败后促使人们进一步探讨广告的规律和原则。原则即是从无数事实中提炼、概括出的人类智慧结晶，是一种明确的并且可以永存和共享的"客观知识"。广告原则的提炼和积累，是人类广告活动进步的体现，也是发展广告教育、造就广告后备人才的必然要求。了解和掌握广告创意的原则，是在广告活动中少走弯路和取得实效的重要途径。

成功的广告活动和优秀的广告作品，既包含科学性，也显示出艺术性，是科学与艺术的结晶。广告创意的科学性原则和艺术性原则，是广告活动取得成功的关键。

1. 广告创意的科学性原则

在新的时代，科学技术为人们提供了更优越的创意手段和条件，也对人们提出了更新更高的要求。广告创意应从消费者出发，以调查研究为基础，了解相关的自然科学、人文科学知识。

威廉·伯恩巴克作为"艺术派"旗手，奉劝别人不要相信广告是科学，而他在为大众汽车创作广告前，还是对产品和消费者进行了深入的考察，认定这是一种实惠、诚实——价格便宜、性能可靠的车子。在深入考察的基础上，伯恩巴克创作了一系列广告史上值得大书特写的广告。他还毫不迟疑地运用科学的调查,以验证他的广告产生的效果。由此可见,"艺术派"也并不否认科学调查和广告规律。

罗瑟·瑞夫斯在《实效的广告——USP》一书中,尖锐地批评广告缺乏理论基础,只处于随意性很大的经验状态,力主广告必须以科学原则去"创造世界"。瑞夫斯在该书中强调"实效"不等于"有效"。只要广告信息被人看到并引起人们的注意,就可判为"有效"。但是,只有最终吸引人们来购买广告商品,才算有"实效"。创意的成功与否,"实效"是判断的基础。因此,怎样创作"实效"的广告及怎样评估"实效",就成了瑞夫斯创意哲学的问题所在。与它相对应的是事实、数据、原则、法则;它的方法是测试、审核、调查;它的工具是统计、图表、数字;它的标准是量度的指标,诸如"广告渗透率""吸引使用率"等。

瑞夫斯坚持科学的原则,他们连续15年在48个州和数百个独立的群体中,随时随地测试着数千人,结果发现了许多惊人的事实。50年来包装食物的统计资料显示出惊人的结果:在20个广告中,按科学原则创作的广告有10个好的、6个卓越的、2个非常好的、2个失败的;而按"感觉"创作的广告有2个好的、2个卓越的、2个非常好的、14个失败的。

瑞夫斯坚信广告的科学性,但并不是把原则和感觉截然分开,而是认为原则与感觉应相互作用、相互渗透。他说:"当你必须面临二者必居其一的时候,最好的目标还是把感觉融入诉求中去。"

被广告大师伯恩巴克视为自己的广告偶像的詹姆斯·韦伯·扬却与"艺术派"的创意观并不相同,他更重视广告的科学性,重视对消费者的深入调查和了解。韦伯·扬的信条是:产生创意,正如同生产福特汽车那么肯定,人的心智也遵照一个作业方面的技术。这个作业技术是能够学得到并受控制的。他的方法是:博闻强识,努力地收集、积累资料;分析、重组各种相互关系;深入的观察体验人们的需求、品位、癖好、渴望及其风俗与禁忌,从哲学、人类学、社会学、心理学及经济学的高度去理解人生;通过研究实际的案例来领会创意的主旨。

韦伯·扬相信规律、法则,相信经过训练的心智能迅速敏锐地产生判断相关性的能力,这与把"创造力"看成自然的恩赐的观点是截然相反的。韦伯·扬为培训广告人才撰写了《怎样成为广告人》和《产生创意的方法》两部著作。为使以后的学者扩展对"全部创意过程的了解",他推荐了华莱士的《沉思艺术》、彭加勒(数学家)的《科学与方法》和柏维雷格的《科学调查的艺术》3部著作。

韦伯·扬重视调查、统计、分析等"可测度"的因素,但他更重视对"品质"因素的把握。因此,他特别关注在统计上完全相同的对象之间的差异,强调取得心理学、社会学意义上的"地图",比仅仅取得地理学意义上的地图重要。他说:"假如你想要知道居住在太平洋沿岸人群的生活习惯,彻底地研究《夕辉》杂志,可以比市场调查所得到资料告诉你的来得快速与丰硕。"他用这种方法,曾经在缺乏市场资料的情况下,为某种猎枪策划了一个极为成功的广告方案。

在当今,科学性体现于创意和广告活动的每个环节。不仅仅是创意策略,而且在媒体的混合使用上,科学性的调查工作的重要性也被业界广泛认同。美国广告专家威廉·阿伦斯在其著作《当代广告学》(第7版)的前言中强调:"近年来,广告技巧有了极大的变化。比如,就在刚刚过去的10年中,计算机革新了以往的广告策划、设计、制作的方法,而新的数字及互联媒介的问世,也引起了广告界的另一场创意革命。"阿伦斯为了突出当今广告的科学性,突出说明科技与广告的结合,在这本著作中特意新辟了一个栏目:科技点滴。这个栏目的话题涉及无线通信、演示技术、电子预印技术、高分辨率电视、媒体策划软件、直接营销技术等。

2. 广告创意的艺术性原则

道德、艺术、科学是人类文化的三大支柱。任何一件有生命力的广告佳作,都必然具有某种触动人心、给受众带来美感或愉悦的艺术魅力。广告创意的艺术性原则就是让广告具有感染消费者的魅力而达到有效沟通的创意原则。

广告创意的艺术性原则，可谓与中国传统文化的"为人生而艺术"一脉相通。广告是人与人沟通、交流的活动，艺术是人性、人心、人情的巧妙显现，真正具有艺术性的广告，才能产生独特的魅力，能有效地与消费者进行沟通。

3. 广告创意的关联性原则

关联性的原则出自广告创意的 ROI 论，是英文"Relevance Originality Impact"的缩写，即关联性、原创性和震撼性。这是 20 世纪 60 年代广告大师威廉·伯恩巴克为 DDB 广告公司制定的创意策略，得到了广告界的广泛认同。

所谓关联性原则，是指广告创意必须与商品或服务、广告的目标对象、企业竞争者有所关联。关联性是广告的根本要求，也是广告与其他艺术形式相区别的本质特征。广告归根结底是要宣传商品，是商品营销策略的组成部分。因此，广告要以营销策略为核心，体现宣传主题的需要。

关联性原则从理论上理解起来并不难，但在实际运作中却需要认真把握。需要注意的有以下几点。

（1）广告与产品相关联，要清晰地传达产品的功能和概念。经常有一些广告的创意，在"吸引眼球"上做得足够好，但结果却是使公众记住一些广告中的附加因素，如明星的表演、画面的情节等，而对产品的宣传主题印象模糊，造成了广告资源的浪费。公众对广告的偏好与对产品的偏好毕竟不是等同的，厂家在广告偏好和产品偏好之间做了一次冒险。从短期结果看，厂家赢得了成功，毕竟产品的销售量是令人鼓舞的。

（2）广告与消费者相关联，要顾及消费者的需求和感受。今天广告所面临的受众已经是对广告具有"免疫力"的受众。他们对广告的策略和表现手法都很熟悉，对广告的真实性产生了质疑，抵制华而不实的包装和哗众取宠的推销术，不会轻易掉进广告所设下的美丽陷阱。同时，跨国营销中的文化差异也不容忽视。这对广告提出了更高的要求，要更慎重地选择沟通的语言，更准确地把握消费需求的热点。

加拿大可口可乐总裁托克·伊姆斯说，广告的要点建立在可口可乐的 4 个支柱上：永远在哪儿（随时随地做出反应）；永远新颖（向每一代人重新阐述）；永远真实（反映家庭、朋友和乐趣的真实）；永远是你（与每位消费者相关）。

（3）广告与竞争者相关联，体现有针对性的宣传策略。竞争是市场经济不变的主题，在产品营销中，领导者千方百计巩固自己的领土，防止入侵，而挑战者更要不遗余力地发起冲击，广告是营销战的重要内容。在某个特定时期，同类产品的广告战总是围绕一个焦点，或是概念（如纯净水是否有害健康），或是功效（如一次补钙好还是多次补钙好），或是技术（电视机采用的新技术），或是价格（谁更便宜和优惠）等，这种竞争对广告创意的要求是反应迅速、针对性强、机智从容。

关联性原则启示人们，面对一个广告任务的时候，确实应该像奥格威那样，"如面对自己的妻子儿女一样"真诚负责，了解产品、爱上产品、成为内行，取得与广告主平等的对话资格，站在广告主和产品的利益上去施展创造性才华。

4. 广告创意的原创性原则

（1）原创性原则的含义。所谓原创性原则，就是广告创意要打破常规，出人意料，具有与众不同的吸引力。原创性是广告创意本质属性的体现，也是广告取得成功的重要因素。原创性能最大限度地保证广告吸引受众的注意。别具一格的表现方式往往满足了受众的好奇心，突破受众对广告抵制厌倦的心理防线，激发他们去接受、理解信息的兴趣。在市场竞争激烈、受众信息超载的背景下，广告中人云亦云、平庸雷同的方式是行不通的。法国作家丽塔·布朗有一句话说得精辟："愚笨就是反复地做同一件事，却奢望得到不同的结果。"广告行业是一个创新的行业，即使是著名的品牌或有过骄人战绩的广告，也需要不断追求创新，超越自己，超越对手，否则就会失去生存的活力。

(2) 原创性原则的应用。广告的原创性表现为在概念和形式上对传统的颠覆，跳出既定的模式，寻求创新。这种创新，只要在策略和现状的基础上显出新意，就是有原创价值的。创新并不等于同原有的一切"唱反调"，标新立异的反市场策略固然有效，但不能一概而论，为创新而创新的做法，往往会给自己设下一个陷阱，使广告流露出急功近利的浮躁，没有深度可言。有破就要有立，创新的关键是找到真正有价值的"新"，新的定位、新的主张、新的形式等。那些虚夸的"花拳绣腿"，在广告主看来，常常不如常规的宣传更实在、更保险。广告的原创性是相对于以下几个方面而言的。

① 市场的常规。客户在品牌经营中，对产品所面对的市场状况会形成一些常规性的看法，而且越是根深蒂固的看法，越可能抵制创意中的变革。它们包括产品特定的目标消费者群体已经明确，拉动销售量的手段就是降价，某类产品的广告没必要选择大众媒体等。在这些常规性的观点里，确实有些是宝贵的经验，但也存在保守的思想，突破这些限制，就是一片新天地。比如，七喜饮料的非可乐定位就是针对市场传统的，它并没有改变产品特性，而是改变了人们对产品的认识，在竞争中为自己赢得了一席之地。

② 消费者的常规。消费者往往是以自己的生活经验和观念来筛选广告信息的，他们固守自己的信条，例如，便宜没好货、家用电器功能越全越好、化妆品是纯天然的好、打折的商品都是过时的等。消费者的这些观念，有的恰恰是从广告宣传中获得的，因此，它们不是不可改变的。

③ 广告的常规。广告表现手法的雷同和接近，是广告人思维的趋同和创造力贫乏的结果。很多广告人入行久了，创造的激情往往被淹没在广告主和媒介的双重压力之中，在常规的"围栏"中行走。广告的常规如：洗发水、牙膏等日用品重在展示其使用效果；汽车广告要放在专业杂志上述说性能；保健品广告的礼品定位最有效；等等。在表现手法上的雷同就更多。形成广告常规的结果是：广告经验性增多，风险性减弱，受众熟悉了广告的套路，对广告麻木或厌烦，对信息的记忆容易产生混淆。

5. 广告创意的震撼性原则

(1) 震撼性原则的含义。所谓震撼性原则，就是广告要具有强烈的视觉冲击力和心理上的影响力，深入到人性的深处，冲击消费者的心灵，使消费者留下深刻的印象。震撼性原则是使广告信息发挥影响作用的前提和保证。广告的震撼性来自广告主题的思想深度和广告表现的形式力度。广告主题要反映生活的哲理和智慧，对人们关心和感兴趣的生活现象表达出独特的态度，引起人的思考，触动人的情感，使人在震惊、反思和回味中记住并重视产品的信息。具备力度的广告表现形式要简洁而不简单，新颖而不平淡，醒目而不含混，能够牵动人的视线，撞击人的心灵，令人久久不能忘怀。

(2) 震撼性原则的应用。震撼性的广告往往也带有一定的风险，会因为能造成震撼的主题和概念经常是具有恐惧威胁性的——把含混的东西澄清给人看，把消极的后果撕破给人看，破坏人的心理平衡，让人心生不安。这样的手法的确能引起人的重视，但是，由于人对威胁有承受的心理底线，恐惧性诉求一旦突破了这种底线，就不能产生积极的影响。有测试显示，有震撼性的广告不一定是效果最好的，体现策略性才是创意的根本。

6. 广告创意的可执行性原则

(1) 可执行性原则的含义。所谓可执行性原则，就是广告创意要具有在制作流程中得到实施的可能性以及经费投入的许可性。可执行性是广告创意目的得以最终实现的重要条件。可执行性涉及两方面问题：①想法在制作过程中能否得到完整的实现；②在时间和经费上是否允许将想法实现出来。对创意的执行能力是衡量广告公司专业水平的重要标准。一则广告有了好的创意并不一定有好的执行力，创意和制作就像口才和写作能力，一个口才很好的人并不一定能写漂亮的文章，制作水平也常常成为制约广告效果的瓶颈。创意要考虑经费和时间因素。没有充足的经费和时间作保证，想法是不现实的。假如确实存在这两方面的问题，就没有必要强求，立足现有的条件做创意，才是符合实际的明智选择。

（2）可执行性原则的应用。可执行性原则要求广告人在创意过程中，要做好自我检测、团队沟通和保证制作水准等几个环节的事情。考虑到可执行性，在创意产生之后，首先要自问一下：这个想法能完整地表现出来吗？制作手法和技术能满足创意的要求吗？广告制作经费预算够用吗？在有限的时间里能完成制作吗？这些是对创意可执行性的自我检测。应尽量在广告提案之前解决好这些问题，以便提案能够顺利通过。

创意阶段的团队沟通，主要是向制作人员征询意见，请他们从制作的角度判断广告作品的效果，了解广告在制作中可能遇到的障碍以及解决的方法等。这样的沟通是很必要的，因为创意的想法最终是要由制作人员去实现的，他们不仅从制作技术的角度去把握广告效果，而且，更好地理解创意的意图，也便于他们在制作中对想法进行再创造，使之更完美。制作是广告流程中的重要环节，直接决定着广告以什么样的面目呈现给公众。因此，创意的完美实现还包括在执行中的认真负责，不能认为创意出色，制作差一点没有关系。有些创意本身缺乏在时间和经费方面的可执行性，到了执行阶段，只好以降低制作要求来敷衍，导致作品简陋粗糙，广告效果大打折扣。与其说到制作阶段不得不向时间和经费妥协，倒不如从这些条件出发去做创意。

1.5 广告创意的表现策略

医术讲究"对症下药"，因为只有在针对性明确以后，制定相应的对策，治疗才会行之有效，广告创意亦然。只有针对在广告信息过程中可能面临的一系列问题，并就这些问题在创意中做出对策性处理，创意才真正具有价值，创意才能有助于信息的有效传播，获得预期的社会效应和经济效应。因此，在创意过程中必须针对如下几个方面的问题进行思考。

1. 面对不同的信息受众应有不同的策略

不同年龄、性别、职业、文化程度、社会地位的人，就有不同的心理特征、理解能力和爱好、兴趣。只有首先明确设计是针对哪一个层面和范围的信息受众，然后采用他们能够并愿意接受的语言方式，创造他们喜爱的视觉形式，才能有效地将信息予以传播。例如，针对儿童的广告视觉传播，创意应先考虑如何塑造可亲近的氛围，如何注入对儿童最具诱惑力的内容。据此要求在画面处理上就应努力追求一种稚趣、活泼和欢快的情调，在信息内容的诉求方式上应力求直观、浅显易懂，甚至还要考虑家长的心理反应，以获得他们的支持从而帮助实现信息的传达。

2. 对不同的信息类别应采用不同的策略

各种复杂的信息内容归纳起来可分为两大类别：①以商品销售和市场竞争为目的的商业信息；②关于社会教育的科技文化信息。不同类别的信息需要实现的社会效果截然不同，所以在策略上也不能完全一样。前者允许有适当服从于商业目的的艺术加工和包装修饰，重在塑造"醒目""突出""鲜明"和刺激消费的诱惑力，为使受众"必须"接受；后者有时则应尊重受众的选择，并常常将重点放在准确、客观、详尽、完整、有现场感、深刻性和启发性上。

3. 对不同的时代、社会环境应采用不同的策略

不同的时代、社会环境就有不同的传授条件,包括政治、文化、风俗、人情世态、生产经济、科学文化等因素。必须充分考虑这些因素并利用其中对信息传播有利的条件、机会,回避其局限性进行创意设计,努力将不利因素转化为优势因素,传播才具有效果。不同的社会环境、时代背景等因素直接影响着视觉设计,设计必须做出策略性反应,才能有效地进行信息传播。

4. 面对不同的传播竞争应采用不同的策略

在创意之前,应先对竞争对手进行研究,达到知己知彼,然后采用相应对策,才能使设计脱颖而出。这里说的竞争对手指两个方面:①同行业者和同类信息的传播者;②与我们的信息媒介可能并列相处的其他具体信息媒介。只有对别人一贯的战略手段有所了解,对广告周围那些可能构成竞争的其他广告有所研究,然后采用差异策略,设计才可能脱颖而出、引人注目。如设计一则路牌广告就得先考察、研究这一信息媒介所处地段的其他比邻广告,如果它们的设计风格都趋于细腻、复杂,可能就应以简约取胜;如果它们的表现手法多是写实式的摄影表现形式,也许采用抽象表现形式或涂鸦韵味的徒手绘画风格更能使设计鹤立鸡群。这是一个研究对手、又研究自己的分析过程,扬己之长、击彼之短,创造差异是创意表现的主要原则。

5. 根据不同媒体和条件采用不同的策略

任何信息设计最终都要体现在不同的媒体和材料之上,各种媒体形式、不同的媒介材料均有其表现上的优势和劣势。创意必须考虑如何充分发挥其优势因素和工艺特色,回避其局限。如设计户外的广告牌时,其制作工艺迫使在塑造画面形象时,需考虑观众的观察方式和规律,还要考虑加工材料和实施的可行性。

6. 根据不同的时机采用不同的策略

不失时机就是一种策略,不同的时间阶段,大众心理状态和审美需求也不一样,特别是时代风尚的变化,将直接影响大众的兴趣和爱好。如在彩色摄影技术还未普及之时,运用彩色摄影图像的表现形式,给人的印象是先进、新颖,但有时黑白图像似乎更具韵味。同样的东西,不同形式体现出的内涵、寓意就不一样。

视觉设计的目的是传播广告信息,创意必须考虑广告传播的主题。一个企业或商品的广告策略,可能它上市之初重点是进行商品功能和品质的宣传,然后才是品牌形象宣传,最后是企业形象宣传。不同的阶段有不同的诉求重点,设计也应因此而采用不同的手段和形式,采用不同的视觉形象作为画面主体。把握步骤,不失时机地进行信息传播是创意的任务之一。

7. 根据不同的主题内容采用不同的策略

策略可使创意得以充分显示。一个主题内容的背后连着许多相关因素,创意必须对这些因素进行全面、综合的分析,采用与之相适的表现形式和手段,才能完整、准确、有效地传达信息。如广告传播设计就必须采用与该产品市场定位、企业个性、商品特征、商品属性、品质等相一致的诉求策略。公益性、文化性的广告设计应体现与社会发展需要一致的市场、态度。

8. 根据不同的环境和场所采用不同的策略

许多信息媒介已成为人们生活环境的一部分,同时,不同的公共场所对广告的传销效果也有不同程度的影响,创意必须结合这些因素进行考虑并制定相应对策。比如,设计公路边的路牌广告,在创意设计时应考虑到如何让人们在高速行驶中也能清楚而准确地获得信息;对处于休闲场所和娱乐场所的广告进行设计,就必须考虑广告和环境氛围的协调,不能让观众产生反感情绪和排斥心理。

总之，创意必须结合丰富的内容进行策略性思考和设计定位，才可能获得成功。制定策略的过程也是一个联想、分析的过程，广告的视觉创意和传播需要凭经验和创造力去想象。制定策略受到公众对象、市场及传播活动中诸多条件因素的影响，创意策略必须准确、明晰地体现设计定位和诉求主题，通常采用"差异"和"逆反"的方法。创造差异要针对不同的对象和主题采用不同的表现手段和形式，与竞争对手保持差异；而逆反策略就是逆常规思维和形式而动，广告视觉创意必须采用新颖独特的形式，利用观众的好奇心，引导观众阅读。不同广告媒介，其视觉表现形式和切入方式也会大不相同。

1.6 广告创意的过程

按照广告大师韦伯·扬的观点，广告创意的过程犹如"魔岛浮现"。古代传说中令人捉摸不定的"魔岛"其实是海中长年积累、悄然浮出水面的珊瑚形成的。创意也是这样，它并非一日之功，而是由广告人头脑中的各种经验、阅历、知识、敏感等积累而成，是通过眼睛看不到的一连串自我的心理过程制造出来的。创意者不仅要研究大量的市场资讯材料，而且要与广告策划的其他环节相协调，同时还要运用广告学的理论知识，懂得类似环境下广告界创意实践的历史等。特别要进行创造性思维，避免雷同，摆脱模仿。在广告铺天盖地、竞争强手如林的情况下，要显出特色且取得成功，简单构思是绝对不够的。

乔治·路易斯的广告总是新颖独特、不拘一格、打破常规。从宽泛的意义来说，广告创意的依据是创意者平时一点一滴所积累起来的全部知识和创意过程中可能获得的所有知识，以及创意者本人的智力水平和直觉反应灵敏度。严格来说，事实和框架是创意的依据。"框架"是由广告策划总体规划所确定的，诸如广告对象的确定、广告战略的总体思路、产品的定位以及媒介选择等。它们都从不同方面、在不同程度上对创意起着制约作用。创意只能依照框架的限定，沿着战略的方向进行。单凭主观臆想，或许可能产生新奇的念头，但那是无缰的野马，任意狂奔，不可能成为某一特定广告的创意环节。

"事实"是客观存在的，比如市场情报、消费者资料、有关本产品的各种真实情况等，都是创意者所必须尊重的事实。离开事实虚谈广告创意，要么是主观臆想，无的放矢；要么是凭空捏造，损害广告的真实性。没有瞄准目标的广告和丧失真实性的广告，均会导致广告的失败。有的广告学专家强调"事实是广告的生命"，可见对创意者来说，以事实为依据是何等重要。在事实和框架的基础上，创意者应充分激发自身的创造潜能，在联想中发挥创造力。世界上大大小小的发明，日常生活中使用的物品，看的电影、电视节目，听的音乐，读的书报杂志、小说、漫画等，都充满着精心的创意，而这些不也正是广告创意者可以吸收消化继而产生创意的素材么？一个创意就是一个意念，这个意念是否创新，取决于不同的时空和文化环境。创意人的创作设计是有目的的，任务是利用创作元素，想出在特定时空发生预期作用的创意；而专业创意人的技巧不单是想出创新的意念（盲目为创新而创新是很多新手的通病），更重要的是想出"适用"的意念，达到目标而又不失其创新性。

创意过程是一个发现独特观念，并将现有概念以新的方式重新进行组合的循序渐进的过程。遵循创意过程，人们可以提高自己潜能、交叉联想和选取优秀创意的能力。21世纪的广告创意人将面对一个日益复杂的世界，在协助客户与高度细分的目标市场建立关系的过程中，他们必须应付整合营销传播中的诸多挑战，必须了解影响广告的大量的新技术（计算机硬件、软件、电子网络、高清晰度电视等），还必须学会如何针对蒸蒸日上的国际市场做广告。要做到这些，他们需要一个能驾驭许多不同环境的模式。几十年来，人们提出了多种有关创意过程的模式。Frank Alexander Armstrong 在他的著作《创意寻踪》一书中，把创意过程分为 5 个阶段：第一阶段是评估形势，第二阶段是明确问题，第三阶段是利用潜意识，第四阶段是产生构思，第五阶段是判断最佳构思。通过这 5 个阶段，有效的构思、最佳的创意就可能得到变化。

Hal Stebbins 在国际广告协会世界大会上，在以《创意的课题——世界的文稿哲学》为题的讲演中，谈到创意产生的 7 个阶段。

(1) 导向阶段——事实的发现、问题点的提出。
(2) 准备阶段——收集贴切的资料。
(3) 分析阶段——关联素材的分析。
(4) 假说阶段——为了最终选出最佳构思、准备几个假说。
(5) 孵化阶段——即为了模仿头脑中灵感产生的过程，将各种知识事先储存起来。
(6) 综合阶段——判定作为结果产生的构思。
(7) 决定阶段——综合各种知识短片。

Waras 则将这一过程分为 4 个阶段。

(1) 准备阶段——创意人在这一阶段，必须具有无法挑剔的接受能力。
(2) 孵化阶段——创意人的认识阶段。
(3) 解明阶段——这阶段是人的潜意识不断流畅的瞬间，是新的创意形成的时候。
(4) 完成阶段——是最费神的阶段，是将灵感客观化的最终阶段。

罗杰·冯·奥克的四步创意模式是当今许多跻身美国 100 强的广告公司所采用的模式，这种模式为事实型思维方式和价值型思维方式的人提供了同样的灵活性。按照他的模式，每个创意人在创意过程的不同阶段仿佛都在扮演不同的角色：探险家、艺术家、法官和战士。

(1) 探险家——寻找新的信息，关注异常模式。
(2) 艺术家——试验并应用各种方法，寻找独特的创意。
(3) 法官——评估实验结果，判断哪种构思最实用。
(4) 战士——克服一切干扰、艰难、险阻、障碍，直至实现创意概念。

上述创意过程虽然大致相同，但每种模式又各有特点。以《当代广告学》介绍的冯·奥克和日本广告学专家植条则夫教授的看法为主导，并综合其他专家的见解，详细说明广告创意过程。

对广告创意进行评价，是使创意更趋完善的重要手段，也是促使广告收到预期效果的关键措施。广告创意的评价就好比是一个过滤器，它能够过滤掉低劣的、平庸的创意，让优秀的、有价值的创意得以通过和执行，使其充分体现广告战略和广告主题，从而提升广告传播的效果。

1. 创意评价的标准

广告创意的评价活动在整个创意活动中具有十分重要的意义。那么，如何评价广告创意活动呢？首先要建立一个评价标准。

创意活动是一个过程，创意作品本身的完成，并不意味着创意活动的结束。一个创意诞生以后，在执行前需要测定；执行过程中，又要依环境、条件的变化而做出相应的调整；执行后，还需要对创意活动进行全面的总结。依据创意活动的发展过程及其规律，将创意评价的意义分为几个方面予以阐述。

创意过程中的评价性思考是一种前瞻性评价。创意人员开始着手进行广告创意，他们需要思考创意的切入点、创意的主题、创意的表现等诸多问题。然而，在诸多问题中，有一个方面的问题是必不可少的，那就是有关该创意的评价性思考。也就是说，尽管该创意还没有成形，或者说还没有影子，有关创意的评价性思考就已存在。

评价性思考往往制约着创意的方向。一个创意应该达到什么标准，能否达到，通过什么诉求才能更好地达到广告目的，在创意过程中，创意者应有鲜明的目的指向。创意过程中的评价性思考始终就像一根指挥棒，充分调动创意中的多种元素，使其按照同一个目标和谐、统一地运作。如果创意过程中没有评价性思考的话，那么创意活动就会出现"南辕北辙"的情况，甚至会犯"差之毫厘，失之千里"的错误。

正是由于创意过程中评价性思考的存在，创意人员才能更加明确创意的宗旨和目的，才能让创意手段更好地服务于创意目的，并且在创意活动中不断地纠偏。一个创意刚刚形成，可能是不完整、不清晰的，需要对其进一步发展和完善，而评价性思考则在创意完善过程中起着催化剂的作用，不断地催生更好、更新、更有创造性的创意出现。

创意执行前的评价是整个创意评价活动中的关键环节。经过创意人员的集体智慧和艰辛努力，一个创意作品完成了，下一步工作则是将创意付诸执行。然而，在付诸执行前，能不能确保这个已完成的创意是优秀的呢？能不能确保执行后获得预期的效果呢？这是一个令人担忧的问题，如果该创意是低劣的，那么执行后将给整个广告活动带来灾难性的后果。因此，对已完成的创意作品进行评价显得十分重要。这种评价等于对已完成的创意再次进行审验，以确保其良好或优秀的程度，预防执行低劣的创意可能带来的不良后果。形象地说，创意执行前的评价好比是配电房里的"保险"，一旦创意低劣，"保险丝"中断，评价不予通过，创意便终止执行。

创意执行前的评价，不仅是对已完成的广告创意作品的评价，以便决定执行与否，而且还可以从多个方案中，经过比较、评判和取舍，遴选出最佳方案，以保证最新颖、最有创造性、最能吸引受众并直接到达目标消费者的创意作品得以通过，从而顺利付诸实施。

广告活动中的创意评价是一种动态。对于创意人员来说，创意评价不仅仅是在完成创意作品之后才发生的，而是在整个广告活动中都应随时随地进行的评价性思考，从而检查创意作品能否发挥其效果和作用。

广告活动中的创意评价，是具有积极意义的。它可以在实践中进一步检验创意的可行性、有效性，验证创意作品是否发挥了其应有的效果，从而使得这一环节成为衡量创意作品的"试金石"。对于不能得到令人满意结果的创意作品，播出途中也可能停下来，将创意予以修改，有的甚至会被废止而"另起炉灶"重新进行创意。

事物总是不断变化的，广告活动也会因环境、条件甚至因竞争对手策略的变化而变化，作为为广告活动服务的创意手段，也应由此而做出相应的调整。那么，对创意进行评价性思考更是理所当然的，它可以为如何调整创意提出一个可供参考的依据。

广告活动后的创意评价更多的是一种总结性评价。一个创意付诸执行后，乃至广告作品已经面世之后，创意人员为了从创意中得到参考借鉴，要对各个广告的创意进行评价；广告学研究者和广告人员从专业研究的角度或知识拓展的目的出发，也要进行创意评价；消费者（阅听人）也可能出于兴趣对广告创意进行评价。因此，创意评价的意义不仅在于对一个创意进行最后审验，而且还在于对一切广告创意的导向可能发生累积性影响，而这一切都有赖于广告活动后的创意评价。

广告创意的评价活动，是在一个较大范围内、较广的空间内进行的，它不仅在创意诞生前就应该有，创意形成以后包括在执行过程中，甚至执行完成以后，都有一个评价性思考的问题。综合起来看，创意评价的意义是多方面的，其中主要体现在两点：其一，保证创意能够使广告传播收到预期效果，或者说使广告传播的效果最大化地实现；其二，为以后的其他创意活动积累经验和教训，提供参考和借鉴，以利于更好地提高广告创意的水平和有效性。

广告创意评价的标准是一个十分复杂的问题。对于如何建立创意评价标准，什么是科学的创意评价标准的问题，长期以来有许多不同的意见和看法，可谓"仁者见仁，智者见智"。

创意应具有相应的评价标准，其评价标准应遵循统一性、科学性和实用性等原则。从理论上讲，建立一个评价标准，能够得到公认，对任何创意都适用，这是有可能的，然而在实际中却很难办到。因为每一个人在思想观念、知识结构、年龄、职业、习惯、心理状态、评价动机乃至兴趣爱好等各方面都存在差异，对同一个广告作品或广告创意会有不同的看法。因此，从人们的主观因素出发，不可能有统一的评价标准体系。

广告是一种商业行为，也是一种经济现象，但广告又不同于一般的商业和经济活动，它同时又是一种艺术、一种文化。既然是一种文化，那么国与国、东方与西方就会有很大的不同，其创意评价的标准当然也会存在较大的差异。广告寻找的是市场，传播的是信息，宣传的是产品，然而其目标对象却是处于特定文化环境中的消费者。

一个评价标准体系要具备科学性，它必须是体系内各项标准之间应有内在的联系，而不是零碎项的简单堆砌；该评价标准体系在整体上应该与广告创意活动的规律性相吻合，而不能离开创意活动的规律性另外制定标准；该评价标准在使用时不会导致或引起知识上的或理解上的混乱；该评价标准使用起来是有效的，即用它去评价某个或某几个创意，能够得出有意义的结果。只有建立科学的评价标准体系，才能保证创意评价的客观、全面而又合理。

一项标准应该是评价者能够把握的。如果标准太细太琐碎，不容易把握各项标准的覆盖范围界限，容易出现评价标准交叉使用的情况；反之，如果标准太粗太简略，则不容易得出明确的结果，对最优秀的创意和最低劣的创意来说，这两个极端的评价可能准确，而对大量的处于两极之间的创意的评价，则可能会得出同样的结果。这正如教师对学生试卷答案的评价，用百分制就非常琐细，用及格和不及格两个等级就太粗略。只有粗细适度的标准，对评价者的把握使用才有实用意义，才能在实际中得以运用，从而产生积极的作用。

2. 广告创意评价的一般标准

广告创意虽然没有具体的方程式，却要遵循一些共同的原则。国际广告协会（AA）曾为优秀广告制订了5条标准，简称"5P"。

(1) Pleasure：要给消费者愉悦的感觉。

(2) Progress：要有首创、革新、改进。

(3) Problem：要能为消费者解决难题。

(4) Promise：要有承诺。

(5) Potential：要有潜在的推销力。

国外广告界还提出成功的广告必须具备的5个要素，即"5I"。

(1) Idea：明确的主题。

(2) Immediate Impact：直接的即时印象。

(3) Interest：生活的趣味。

(4) Information：完整的信息。

(5) Impulsion：强烈的推动力。

从传播学的角度看，创意的过程其实也就是编码的过程，广告作品是广告传播者对所要传播信息的一种编码。广告活动的传播效果如何，取决于受众对广告作品理解的程度如何。换句话说，广告活动要有效，广告作品就必须最大限度地利用受众解码，即广告作品的编码必须优秀。什么样的编码最优秀，或者说什么样的创意是最成功的呢？从总体上讲，能够实现广告预期目标的，能够体现广告整体战略和策划意图的，也就是能够给广告主带来最终利益的创意就是优秀的创意。广告学者路盛章教授撰写的《广告作品的创意、表现与效果》一文，提出5条创意标准，在此基础上，我们综合各家观点增加一条，形成6条广告创意的评价标准，具体内容如下。

（1）创意的主题应符合总体营销战略和广告战略，即创意活动并不是漫无边际、无拘无束的，而是有直接的目标指向。如果创意的主题背离了总体战略，那么再好的创意作品也是徒劳的、无效的，其结果只会导致广告费的损失和浪费，投入越多，浪费越大。

（2）冲击力强。冲击力，就是唤起受众注意的能力。这是一切广告作品获得成功的前提条件，一件广告作品如果不能引起人们的注意，就会立即淹没在广告的汪洋大海之中，毫无踪影。这就意味着这则广告失去了与受众接触的机会，从而也就从根本上失去了任何成功的可能。所以，不能一下子脱颖而出的广告作品即便信息再重要，对消费者再钟情，消费者注意不到也是枉然。广告首先要取得目标对象的注目和参与，为此广告作品必须具备在视觉、听觉以及心理上的冲击力，要能够让观众受到震撼，使他们注意到该广告作品的存在，否则一切都无从谈起。

是否具备冲击力对于电视广告作品来讲则更为重要，因为电视观众基本上都是在被动状态下观看广告的，再加上每条电视广告的时间又极为短暂，所以，如果不能在瞬间把观众的目光吸引到广告上来，广告创意与制作的一切努力就都是白费。有关调查表明，消费者每天通过大众媒介接触到的大量广告信息中，仅有5%是有意注意的，而其余的则是处于无意注意状态之下。

研究实践表明，一条30秒的电视广告开头的5秒左右最重要，因为在5秒内观众的注意力最为集中。如果观众的注意力没有在这段时间内被吸引过来，下面的内容再精彩，观众的注意力也很难再集中起来，即使集中起来也很难将前后的内容串联起来。所以，电视广告一般都在开头的5秒狠下功夫。

（3）创意新颖。创意即点子、立意、构思，它是一件广告作品的灵魂。如果一条电视广告的开头只是靠声音或视觉的刺激把观众的注意力吸引过来，但是接下来却没有什么新招，没有好的点子，总是老一套（如洗发、护发用品总是事先告诉你一个"秘密"，然后就慢动作甩头发，或是什么连念3遍的顺口溜之类），观众还是会再次转移视线，继续干自己的事情。所以单凭开始几秒暂时把受众吸引过来是不能持久的，最主要的还是要靠巧妙的创意，让观众折服。

（4）趣味性强。广告是否有趣、是否有意思，决定着观众今后是否愿意再看这条广告。这条标准虽然很高，但是很重要。因为广告只有让人记住才能发挥作用，而要让人记住，一个重要的条件就是适当的重复，否则一般人是很难形成记忆的。枯燥无味的东西反复出现时，人们就会反感或躲避，所以广告必须有趣、好玩、耐看。如果一条广告能让人们在不知不觉中看过两遍以上，相信观众一定会记住这条广告。在电视文化泛滥的今天，遥控器是那么轻巧灵活，如果一则电视广告不能在情节上、画面上、音乐上、语言上、色彩上，给观众奉献一些有价值的东西，给观众留下一些可琢磨的、闪光的东西，让观众每次都能保持那个兴奋点，观众就会没有印象，不买你的账，甚至会立即转换频道。

（5）信息鲜明。广告信息能否准确到位，是衡量广告作品是否优秀的重要标准，因为传达信息是广告的根本价值所在。人们常见的一些广告或威武雄壮，或柔情蜜意，或展示俊男靓女，或云集大腕明星，但常常在云飞雾散之后却不知所云，是卖皮鞋还是卖袜子，是卖西装还是卖手表，让人难以分辨。必须强调的是，广告为引人注意而采取的种种艺术手段和技巧绝不是目的，它们不能干扰主要信息的传达，更不能喧宾夺主。

（6）富有感染力。感染力就是广告唤起行动的能力。当然这是一项综合性的指标。这项标准看似抽象，但实际上是完全可以感受得到的。优秀的广告应当具备一种内在的力量，是一种持久的张力，能让人心动,给人一种鼓舞或激励,决不能只满足于广告作品外在的表现形式,而应该注重挖掘与创造影响受众行动的力量。

广告创意受创意人员心志因素的影响很大,因而使用以上标准评价创意,很难用数量关系精确地表示评价结果,即使在实验测试中,数量关系也只能表明某种趋势或某种限度。这种情况给把握标准带来一定的难度。在上述 6 条标准中,第一条标准由广告策划者的主观认识而定,一般容易把握。其余 5 条标准则主要由该创意在消费者意识中的影响来决定,因而评价者把握这些标准时,一定要有"购买"观念,或者说是"沟通"观念、"承诺"观念,一定要用消费者的眼光来衡量。比如,信息是否鲜明、突出,可以通过对视听众产生印象的深刻程度、产生印象的记忆保留时间及引起注意所用的时间比例等方面的预测来确定。创意是否新颖独特,构思是否与众不同、别具一格,可以通过对视听众感兴趣的程度,重复视听时的情绪观察,以及与其他创意的构想进行横向比较等方面的预测来确定。

3. 创意的调查

创意研究是广告发布前后所做的有关广告效果的测试和调查,在广告设计和制作的各个阶段,同样也应该实施有效的创意研究,这自然会涉及创意调查的应用问题。日本学者植条则夫的著作《广告文稿策略》谈到了创意调查的应用问题。其内容涉及创意概念的研究、广告作品的完成和广告作品的创意调查。

(1) 概念测试。广告概念是广告表现的基本要素,通过概念测试所要了解的是消费者能否接受所创造出来的新概念。在讨论概念时可以准备几个成文的概念,通过访谈或集中测试来评价这些概念的优劣。然后,再进一步综合分析,判断概念是否符合消费者的个性、心理、习惯,进而从中选择更有效的概念。概念测试有时候关系到整个创意的成败。

(2) 电视脚本测试。电视脚本测试方法是指电视广告表现的概念,在脚本阶段听取消费者的评价。在同一概念下,可以有几种脚本。电视脚本测试也可以通过小组访谈或集中进行测试。

(3) 音乐效果测试。在电视广告和广播广告的设计与制作中,音乐要素是其可供调度的资源之一,在传播效果方面是其他要素所不能取代的。音乐效果测试主要采用"等级评定法",此外还有"投影法"。在效果测试中,预先准备好一段音乐或一位歌手作为某种评判标准,作为测试的内容,还应该好好考虑有关音乐和歌手的形象与商品的吻合度、音乐与歌手的协调等问题。根据效果测试,对音乐部分修改和调整会很有效。

(4) 广告作品的创意调查。广告作品的创意调查主要分为平面广告测试和电视广告测试。报纸和杂志等平面广告的测试也可以称为事先测试,根据测试结果进行广告表现上的修正。测试方法有"遮掩法"和"交互式"等。"交互式"就是以一种版面设计为框架,可以交替布置不同的文字内容和图像,这样就能比较两个以上的广告方案。电视广告测试,一般通过小组访谈的形式,也可以通过集中测试对电视广告的趣味结构和内容整合进行评价,还可以通过现场测试对电视广告进行理解度的测试。根据这些测试,创意人员可以了解观众在观看电视的时候经历了怎样的过程,其兴趣如何,能否理解所传达的内容,观众的表情变化和积极性的程度是怎样的,从而检验电视广告的效果。当然,也会根据反馈信息做出相应的修改和调整。

创意调查工作是进行创意时的一项科学性的工作,其根本目的在于为创意人员提供有用的资料和可供创意的依据,以此评价创意的优劣得失。因此,创意人员首先要重视创意调查,并且善于利用创意调查的结果来有针对性地开展工作。需要指出的是,如此复杂的广告构思和广告作品调查单靠创意人员的独自行动是无法完成的,要依靠具有营销和调查力量的广告公司、广告主或其他相关机构来完成,而且，在调查中需要有大量的经费。因此，创意人员在无法实施这样大规模调查的时候，一方面要尽可能地依赖其他机构，如购买有关市场调研的资料等；另一方面要注意倾听身边的友人和消费者的声音，尽可能地在创意过程中掌握更多的信息，保持客观务实的态度。

单元训练和作业

1. 优秀作品赏析

优秀的广告作品如图1.2～图1.4所示。

图1.2 旅游广告

图1.3 汽车广告

图1.4 NHN《生活的变化——购物、育儿、助威等》

(1) 制作背景。

广告活动开展的目标是强化 Naver 作为国内第一大互联网门户网站，在网站服务上的领导地位及品牌忠诚度。

(2) 策划思路。

继 2005 年凭借 TPO(时间、地点、机遇)搜索广告取得巨大成功后，2006 年通过展现因实际使用搜索而发生改变的各种受众对象的样子，从而传达出搜索服务的统率力及其价值。

(3) 作品分析。

购物：利用 Naver 搜索购物信息，上了年纪的爷爷也能比孙子用更低廉的价格买到 MP3 作品。

育儿：作为职业女性的妈妈通过 Naver 得知了更多养育孩子的方法。

助威：世界杯期间，对足球一窍不通的家庭主妇获取了韩国队在世界杯上的第一个对手——多哥队的信息。

2. 课题内容

课题时间：4 课时。

教学方式：列举大量现实生活中各种媒介的广告策划作品，启发大家研究和讨论广告策划书的写作练习。

要点提示：重点掌握广告策划与创意的基本概念和理论。

教学要求：视觉设计的目的是传播广告信息，创意必须考虑广告传播的主题。一个企业或商品的广告策略，可能在上市之初的重点是进行商品功能和品质的宣传，然后才是品牌形象宣传，最后是企业形象宣传。不同的阶段有不同的诉求点，设计应据此而采用不同的手段和形式，采用恰当的视觉形象作为画面主体。把握步骤，不失时机地进行信息传播，是创意的任务之一。

训练目的：人们日常生活中使用的器具，看的电影、电视节目，听的音乐，读的书报杂志、小说、漫画等，都充满精心的创意。一个创意就是一个意念，这个意念是否创新，取决于其存在的时空和文化环境。创意人的创作设计是有目的而为的，任务是利用创作元素，想出在特定时空产生预期作用的创意；而专业创意人的技巧不单是想出创新的意念（盲目为创新而创新是很多新手的通病），更重要的是想出"适用"的意念，达到目标而又不失其创新性。

3. 其他作业

了解本章的概念和定义。

(1) 什么是广告策划？如何理解？

(2) 广告策划具有哪些意义？

(3) 简述市场营销组合下广告策划的作用。

(4) 广告策划有哪些特征？

(5) 广告策划应遵循哪些原则？

(6) 广告创意的定义是什么？

(7) 如何理解广告创意的表现策略？

4. 理论思考

本课程要求进行理论教学的同时，进行同步配套的实训教学，目的是通过实训，使学生全面掌握广告策划书的结构、内容、特点及形成过程。其要求如下。

(1) 明确广告策划书是和广告环节紧密相连的。

(2) 广告策划必须有一定的组织，设计模拟的广告公司，成立广告小组。

(3) 结果形式：书面文字稿＋PPT演示稿＋初级作品或故事板。

(4) 监督检查：教师要定期监督检查。

(5) 评估：广告公司代表陈述，进行项目论证说明；评委进行观摩与听讲解；评委提出问题；评委根据要求为方案打分。

(6) 任课教师根据质量进行考评，给出成绩，作为期末综合成绩的一部分。

5. 相关知识链接

[1] 饶德江，等．广告训练[M]．武汉：武汉大学出版社，2003．

[2] 饶德江，杨升初．企业形象塑造[M]．长沙：湖南人民出版社，1997．

[3] 张金海．世纪广告传播理论研究[M]．武汉：武汉大学出版社，2002．

[4] 江波，曾振华．广告效果测评[M]．北京：中国广播电视出版社，2002．

[5] 余明阳，陈先红．广告策划创意学[M]．上海：复旦大学出版社，1999．

[6] 卢泰宏，李世丁．广告创意[M]．广州：广东旅游出版社，2000．

第 2 章　广告策划的过程

课前训练

训练内容：以 OPPO 手机广告为例，分析这个广告策划方案：他们为什么做广告？他们对什么人做广告？他们将要传递的信息及选取的传播渠道是怎样的？目前市场获得的结果怎样？

训练要求和目标

要求：通过分析使学生明白广告不是一项简单的工作，广告策划需要根据复杂的资料，调查并判断什么是适当的信息、谁是合理的受众、何时是适当的时机等，是一项颇具复杂性、需要最优化处理、统筹安排的工作。

目标：要求学生通过本章的学习能够理解广告策划的 8 项核心内容，了解广告策划与传播学、市场学的关系，熟悉广告策划的基本内容，掌握对实际广告策划案例内容的分析方法。

本章要点

(1) 广告策划的核心内涵。

(2) 广告策划的特性和原则。

(3) 广告策划的理论依据。

(4) 广告策划的内容。

引言

广告策划是广告活动的核心环节,目的在于对整体广告活动进行战略决策。广告策划以科学、客观的市场调查为基础选择企业广告目标,正确地制订计划和编制预算,以及富于创造性的定位策略、诉求策略、表现策略和媒体策略为核心内容,使广告能以最合适的内容,在最合适的时机,以最恰当的方式送达事先确定的目标市场,从而最大限度地发挥广告的说服效果。广告策划集谋略与科学程序于一身。一个完整的广告策划周期由数个不同阶段组成,不同阶段策划工作的对象、内容、目标均有所不同。根据这种不同,对广告策划运作过程加以把握,有助于抓住中心,突出重点,明确各个阶段不同方面的特殊性,保证策划工作有条不紊地进行。

2.1 广告策划的核心

严格来说,广告策划应该称为"广告策划活动",它是一个动态的过程,在过程中要完成一系列的决策,包括确立广告目标、广告对象、广告战略、广告主题、广告策略、广告创意、广告媒体选择、广告评估等。通俗来说,也就是要解决广告"对谁说""说什么""如何说""说的效果如何"等一系列重要问题。而这些重要问题是否能被合理解决,就决定着广告的成败。因而在进行广告策划时,树立以下观念是非常必要的。

(1) 策划是广告活动科学化、规范化的标志。广告活动策划就是对广告的整体战略与策略的运筹规划,是对于提出广告决策、实施广告决策、检验广告决策全过程作预先的考虑与设想,在广告行业迅速发展的今天,策划能否成功关系到投放广告的回报率,因此至关重要。美国最早实行广告策划制度,随后许多商品经济发达的国家都建立了以策划为主体、以创意为中心的广告计划管理体制。1986年,中国大陆广告界首次提出广告策划的概念,这是自1979年恢复广告业之后对广告理论一次观念上的冲击,它迫使人们重新认识广告工作的性质及作用,广告工作由此开始走上向客户提供全面服务的新阶段。

(2) 广告策划有其特定的程序,这种程序应该是科学、规范的,以保证广告策划不是茫然无目地凭空设想和缺乏章法的随心所欲。广告活动是一项复杂的工程,其工作相当繁杂。在长期的广告实践中,广告工作者总结出一种程序模式,这个模式的内容包括:市场调查与预测、广告决策、编制广告预算、媒介选择、广告创作、广告发布、广告效果测定等。广告策划的目标,就是根据广告活动的实际需要,依照广告程序,对广告活动的全过程进行规划设计,编制广告计划,排定工作日程和工作进度,作为指导广告活动的基本政策。但各个计划要视新情况、新问题予以相应调整,方能保证其效果。

(3) 广告策划应该提出广告(活动)的总体战略,停留在具体行动计划层次上的"广告计划"并不是广告策划。一切广告策划不能只停留在纸面上,为策划而策划,其最终目的是应用于实际,指导广告活动的操作过程。广告在真实的基础上,允许以艺术的手法进行加工创造,使之更具表现力,产生理想的宣传效果。因而广告策划必须遵循可操作性原则,使策划的环节明确,步骤具体,方法可行,即"拿出来即能用"。

策略、策划、计划这3个概念会完整地体现在广告策划的整个过程里。在完整的广告策划活动中,势必首先要清晰地把握活动的策略方向,这一策略方向与客户以往的有关策略方向可能是延续的关系,也可能是修正甚至是重新拟定的关系,在此基础上,要通过统筹优化,拟定出有益于策略实现的各种方法,最后提出较为详细的执行计划。这三部曲是完整意义上的广告策划活动所必然经历的3个阶段,其工作性质及工作方法是截然不同的。

(4) 广告策划以市场调查为依据，良好的市场调查为广告策划提供了市场环境、消费心理、竞争对手等方面的重要信息。虽然广告主的营销策略已经为广告策划提供了依据，但是它仅仅来自广告主的单方面，还不足以显示由消费者、产品和竞争对手所构成的市场的全貌。广告市场调查是人们为解决某项产品的营销问题而有意识地对市场进行具体的了解、认识市场的运行状况和运行机制的过程和工作。它作为一种手段，服从于整个营销战略目的。广告市场调查的目的具有层次性和多样性，既有服从于营销目的的总体性目的，又有适应市场调查需要的具体性目的。

(5) 广告的诉求策略、定位策略、表现策略和媒介策略是广告策划的核心内容。它们必须脱离平庸、与众不同，但是又要具有产生实际的广告效果的素质。广告策略是将产品和服务所有的购买者利益，以有效的方法与步骤，传达给目标市场，以促进销售的最高指导原则。广告策略的制定建立在行销策略架构下，其目的在于配合行销策略，将产品与公司形象和品牌作正确的整合，并透过传播管道，针对目标市场进行有效沟通。

(6) 广告策划的结果以广告策划文本的方式来体现。广告策划在对其运作过程的每一部分做出分析和评估，并制定出相应的实施计划后，最后要形成一个纲领式的总结文件，通常称为广告策划书。广告策划书是根据广告策划结果而写的，是提供给广告主加以审核、认可的广告活动的策略性指导文件。所以说，广告策划书(文本)是广告策划结果的一种可见的形式，它为广告活动提供了运行的蓝图与规范。

(7) 广告效果的测定方法与标准应该在广告策划中预先设定。广告效果的评估和测定是广告策划中的重要内容之一。狭义的广告效果指的是广告的经济效果，通常包括广告的传播效果和销售效果，广义的广告效果还包含了心理效果和社会效果。广告效果具有累积性和复合性两大特点，它的主要测定方向通常是广告传播效果的测定和广告销售效果的测定。广告的社会效果同样重要，只有取得良好的社会效果，广告的经济效果才能长久持续。针对具体的广告内容，其效果的测定方法和标准的设定必须完整地体现在广告策划之中。

(8) 进行广告策划的目的是追求广告进程的合理化和广告效果的最大化。简单来说，就是用较低的广告费用取得较好的促销效果。进程的合理化，就是广告活动要符合市场的现实情况并且能够适应市场的发展。效果的最大化，就是广告策划要提供能够产生最佳的广告效果的策略和方案。进行广告策划时，要从消费者和企业两方面的利益出发，认真进行经济核算，选择最优方案，使企业乐于使用，消费者也乐于接受。效益原则是广告策划所必须遵从的一项基本原则。首先要讲求经济效益。一般来说，好的广告策划可以使广告产生3个方面的经济效果：创造需求、树立品牌、减少流通费用。同时，广告既是一种经济现象，又是一种文化现象，因而也要讲求社会效益。

2.2 广告策划的特性和原则

2.2.1 广告策划的特性

广告策划作为企业营销和管理活动的一种，它本身有自己的特殊规律，如果漠视这些规律，策划活动往往很难取得成功。以下是广告策划所具有的一些特性。

1. 目的性

无论何种策划都是有一定的目的性的，策划的过程即是减少无序和不确定性的过程。策划的目的特征就是要求通过策划，围绕某一活动的特定目标这个中心，努力把各个要素、各项工作从无序转化为有序，从而使活动顺利圆满地完成，以达到事先拟定的目标。在策划过程中，一旦偏离了既定的目标，所得出的策划方案就只会流于形式，而解决不了实际问题。比如，有的广告过分追求艺术表现上的完美，而忽视了对产品的宣传。策划必须始终围绕目标展开，当目标发生变化时，策划方案也必须做出相应的调整。

广告策划需要针对特定的用户，运用心理的与生理的、感官的与理智的、直接的与间接的、近期效用的与未来收益的种种广告手段，解答用户迫切需要解决、了解、关心、感兴趣的问题，以充分调动其需求欲望。

2. 超前性

策划是对将来的活动和事件事先谋划的工作，因而具有超前性。马克思曾高度评价人类的超前性思维，他说：虽然人类最优秀的建筑师也得惊叹蜜蜂建造蜂巢的艺术，但是，即使是拙劣的工匠，在建筑房子之前，脑子里也已经有了房子的图形及结构。策划是一项立足现实、面向未来的活动，超前性是策划的重要特征之一。

3. 程序性

广告策划是按一定的程序进行的。由非程序性转向程序性是策划的历史必然趋势。以前的策划活动，绝大多数属于经验直观型策划，这种策划更多地依赖于策划者的个人因素。策划者的能力、才干、经验、阅历等因素，直接决定了策划的成功与否。因此这种非程序性的策划有很大的随机性。现代策划为了保证策划方案的合理性和高成功率，不可避免地趋向程序化。程序性的策划并不排除策划者个人因素的重要作用，但又不完全或主要依赖于个人的能力与经验，而是在科学理论的指导下，依照严格的程序进行。尽管这些程序要耗费更多时间和精力，但却能有效地减少策划的失误。例如，在实施广告感官策略时，按照商品不同的生命周期，商品进入市场的次序和时机，用户接受商品信息时的认识规律和心理反应规律，有计划分步骤地实施，使人们自然而然地接受商品广告带来的感官刺激从而加深印象，并为广告宣传所感染、所说服。因此，策划的程序性能保障策划的合理性和高成功率。

4. 创造性

策划是创造性的思维活动。策划的过程其实就是创造性思维发挥的过程，或者说是创造性思维与策划活动的结合过程。创造性思维是策划生命力的源泉，它贯穿策划活动的方方面面和策划过程的始终。

5. 整体性、统一性

一个完整的策划过程包括：调查研究、目标定位、理念设计、资源整合、形象塑造、实战操作、过程监理、微调修整、总结提高等。在策划活动中，要使所策划的工作或活动的各个组成部分、各个子系统相互协调、统一，要有目的地保持总体的最优化。格式塔心理学认为：整体大于部分之和，即把整体作为一个系统去考虑，其收效远远大于单独考虑孤立的事物。策划的整体性特征在现代社会中越来越突显其重要性。社会活动日益复杂、生活节奏不断加快、科学技术日新月异，在这样复杂的动态大系统中，必须有一个合理的整体性策划，才能把各方面活动有机组合起来。例如，太保[中国太平洋保险（集团）股份有限公司]车险新产品上市"整合推广计划"，如图2.1所示。

6. 现实可行性

策划是一种创造性的活动，但绝非脱离现实的凭空设想。策划方案应该是可操作的、具有实践性的，任何策划如果不立足于现实，只能是美妙的幻想和一厢情愿的愿望。策划必须将人的思维活动和客观事物运动的规律相互结合、相互协调。

策划的现实可行性要求策划者一定要尽可能多地掌握各种现实情况，包括有利的和不利的因素，然后再进行客观分析，这样的策划才是合理可行的。

任何一个广告都应讲究投入产出，讲究实际效果，讲究广告预期目标的实现。这些实际效果，既包

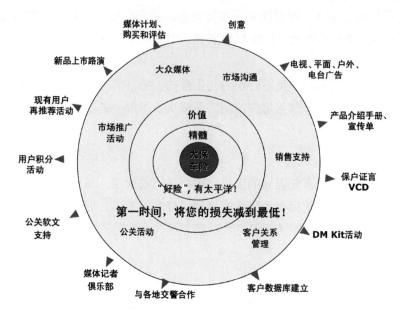

图 2.1 太保车险新产品上市"整合推广计划"

括能够用货币加以计算的效果,也包括不能用货币加以计算的效果;既包括近期的可见的效果,也包括远期的尚不显露的潜在效果。

7. 调适性

运动是绝对的,整个事物都处在动态变化的环境当中。社会生活方式在变,市场的环境在变,人们的心态也在变,僵硬机械的策划显然是行不通的。在复杂变动的情况下,策划应该在保持一定的稳定性的同时,根据环境的变化,不断进行调整和变动。调适性与现实可行性是相互配套的。

2.2.2 广告策划的原则

广告策划是一个有着特殊规律的系统工程,也是一种创造性的思维活动过程。不同类型的广告在策划上会有很大差异,但其中也有一些基本原则需要共同遵守。

1. 合法性原则

合法性是指广告活动从形式到内容,都要符合所在地或所在国的法律制度。就我国而言,广告活动不仅要符合我国的各项法律法规,更要符合社会主义市场经济和两个文明建设的总体要求。有些国家和民族的风俗习惯和宗教信仰很独特,广告活动也不能与之相抵触,否则不仅不会有好的宣传效果,还可能会引发严重后果。

2. 真实性原则

真实是广告的生命。真实不仅是对企业的利益负责,更是对消费者的利益负责。无论什么时代、什么场合、什么媒体、什么商品,不真实的广告只能失去社会公众的信任和支持,无论其设计多么巧妙,均逃脱不了失败的命运。即使蒙混一时,也不可能支持多久。获得准确的广告信息是确保广告策划真实性的重要因素。

3. 目的性原则

开展任何活动,总要有一定的目的,围绕着既定的目标而展开。广告策划也不例外,必须确定活动的主要目标,为达成目标而采取相应的战略战术,合理配置资源,避免无的放矢。广告策划是具有针对性的活动。它是把广告学的基本原理运用到具体广告活动中去，使广告能"准确、独特、及时、有效、经济"地传播信息。它是从特定的企业和商品入手，针对特定的用户，运用各种有效的广告手段，明确地宣传产品。

4. 整体性原则

整体性也称为统一性，就是以系统的观点将广告策划活动作为一个有机整体来考虑，从系统的整体与部分、部分与部分之间相互依存、相互制约的关系中，提示系统的特征和运动规律，以实现广告策划的最优化。既要保持策划与营销整体的一致性，又要保持广告策划活动自身整体的一致性。从系统的概念出发，坚持广告策划活动的整体性和全局性。

5. 效益性原则

广告活动作为企业经营活动的一部分，是以追求效益为目的的活动，必须服从于企业的发展目标，讲求效益。效益原则是广告策划所必须遵从的一项基本原则。任何一个广告都应当讲究投入产出，讲究广告实际效果。广告效果包括经济效益、社会效益和心理效益。广告投入要注重经济效益，使产出大于投入；同时要注重社会效益，顾大局，识整体。

6. 艺术性原则

广告策划在真实的基础上应进行加工创造，使之具有一定的艺术性。那些集娱乐与传播信息于一体的广告总能吸引很多消费者，令人耳目一新。这些广告有的夸张，有的明丽，有的凝重，有的幽默，总能引起人的遐想，激起人的情感浪花。那些枯燥、呆板、干瘪无味的广告不会给人以美感，也不会产生好的宣传效果，只是一种资源浪费。当然，在广告策划活动中，也要适当运用现代科学技术成果和有助决策的方法论来对广告策划效果进行优化。

7. 可操作性原则

一切广告策划不能只停留在纸面上，为策划而策划，其最终目的是应用于实际，指导广告活动的操作过程。因而广告策划必须遵循可操作性原则，使策划的环节明确，步骤具体，方法可行，即"拿出来即能用"。广告策划的可操作性原则，具体指两方面的内容：一是广告宣传活动的计划性；二是广告制作事务的计划性。

广告策划者应在计划选择之前，对达到策划目标的可能性、可靠性、价值性和效益性等方面进行分析、预测和评估。可行性分析的内容包括决策目标的可行性、实现目标的内外条件的可行性、对各个环节的实施方案的相互配合和协调的可行性和对社会效益、经济效益的可行性研究。同时，广告策划活动已经由经验型向科学化、决策化方向转变发展，需要各行业的专家和人才参与集体的策划，绝非一人所能完成，而在广告策划活动的操作过程中也需要重视团队的协作。

2.3 广告策划的理论依据

2.3.1 广告策划与传播学原理

广告是一种非常典型的传播行为，广告主和广告策划者是广告的传播者，广告信息是广告传播的主要内容，刊播广告的各种媒介是广告传播的媒介，而接触广告的媒介受众则是广告传播的受众。广告信息通过各种媒介传播给受众，并对他们产生不同程度的作用的过程，就是一个完整的传播过程。

1. 传播的构成

传播是个人与个人之间，或个人与团体之间，或团体与团体同时做的事，而不是一方对另一方做的事。从传播的角度而言，广告主与广告代理公司（制作公司）、广告媒体公司的合作，并不意味着广告活动就能大功告成，只有在消费者参与进来后，广告才能成为完整的活动。广告传播过程的核心概念有经验、思想、符号、标志等，必须使接受者能够解读，并做出积极的反应。

2. 广告信息的传播

信息以物理刺激的形式作用于人们的感觉器官，而后这些信息又被传送到大脑，从而产生各种心理活动。这一传播过程可以分为两个环节来阐述：第一环节是从物理过程到神经过程的转化，第二环节是从神经过程到心理过程的转化。信息是从物理过程到神经过程又到心理过程的转化物，信息也是从心理过程到神经过程又到物理过程的转化物。信息可以按知识领域分成生物的、经济的、心理的、工程的等类型。信息也可以按物理特性分成视觉的、听觉的、嗅觉的、触觉的等类型。

3. 广告传播基本环节

广告传播流程的基本要素共有8个：信源、编码过程、信号、传播渠道（信道）、译码过程、受众、反馈、噪声，其中信源和受众是传播过程的参与者；信号和传播渠道是参与者借助的传播物体；编码过程、译码过程和反馈是传播过程的功能；噪声是妨碍传播效果的因素。

4. 广告的传播功能

传播功能是广告最基本的功能。作为一种独特的传播形式，广告具有4种基本的传播功能：促进功能、劝服功能、增强功能和提示功能。

2.3.2 广告策划与市场学原理

广告是促销的组成部分，促销又是市场营销的组成部分。因此，广告是市场营销组合中的有机组成部分。

广告活动不是一项孤立的活动，而是市场营销观念下的活动。它的每一项活动、每一个策略都是在充分研究促销组合、产品计划组合、销售渠道组合以及价格组合的基础上产生的。

1. 市场营销

"市场营销"一词译自英文"Marketing"，该词在英语里有双重含义：一是指经济行为、一种实践活动，即企业从适应和满足市场需求出发，开发产品和劳务，制定价格，宣传、销售产品和劳务，收集消费者的反映，而从事的一切企业活动；二是指一门科学，即以市场营销活动为研究对象的科学，它是从卖方的角度，作为供给一方来研究如何适应市场需求，如何使产品具有吸引力、合理价格、方便购买，使买方满意，从而提高企业的市场占有率和经济效益的科学。

2. 广告策划与市场营销

现代的广告活动，有两个重要的理论支柱：一是传播理论，二是市场营销理论。

市场营销是运用系统工程的方法，综合运用各种可能的市场营销策略和手段，实现企业的最佳经济效益，达到经营的最佳目标。

3. 广告策划与产品生命周期

广告是整个营销策略中的一环。它本身不但是一个复杂的综合性活动过程，还是一个动态的活动过程。这个过程虽然会随着客观环境的变化，而呈现出多变性与复杂性，但是，它的活动过程总是呈现出一些周期性，呈现出一种周而复始的螺旋式上升的历程。这个历程，就是广告的活动周期或广告的生命周期。商业广告是以商品性能为基础的，广告的生命周期也必然以商品的生命周期为依据。因为，广告主要是以表现商品的特性、促进商品的销售为宗旨的。如果离开了表现商品的特性（即满足消费者需求的特性）这一核心，广告本身也就失去了存在的意义。因此，广告的生命周期的属性依附于商品的生命周期。这里只简单地将广告周期分为3个阶段：引入期、成长与成熟期、保持期。

4. 广告策划与广告主的市场营销策略

(1) 市场营销策略的概念。市场营销策略是业务单位期望在目标市场实现市场营销目标所遵循的主要原则，包括：市场营销总费用，市场营销因素组合，市场营销资源配置的基本决策。

(2) 市场营销策略决定着广告策划的核心内容——广告策略。广告策划是根据广告主的营销策略，对广告活动战略与策略进行的前瞻性规划。因此，必须以广告主的营销策略为基本前提，广告策略必须完全符合广告主的营销策略。

(3) 广告策划对市场营销策略的能动作用。

2.3.3 广告策划与消费者行为

广告是市场营销者和它的目标消费群体进行沟通的手段，广告策划者既要了解市场营销者的策略，又要使市场营销者的信息准确地传达给消费者。

1. 消费者行为构成

以消费者的生活方式而言，消费者的生活方式往往会反映在消费者的心理需要上。每一个人都有自己的生活方式，而生活方式类似的人，又形成某一社会阶层。生活方式主要由活动、兴趣、意见和社会因素决定。

生活方式不同，需求目标就不同。消费者以自己的生活方式为基础，建立其生活目标，抱着各种欲望，把可以满足需求目标所属的商品纳入，使信息与生活方式融为一体；商品通过信息的传播与人们的生活方式联系在一起发生作用。

2. 消费者类型分析

根据消费者进行决策时的特点，可以把消费者分为以下4种类型。

(1) 经济型消费者。这些人往往做一些理智的决策，从经济上进行理智的考虑。这样的消费者将不得不去了解所有可供选择的产品，确切地罗列出所有这些选择的优点和缺点，并找到一个最好的选择。然而，消费者往往不能掌握充分的信息，或足够精确的信息，甚至没有产生一个完美决策的足够的动机。

(2) 被动型消费者。这种消费者与经济型消费者正好相反，在消费方面易受自我兴趣和市场促销的影响。他们被认为是冲动和非理性的消费者，容易在广告宣传和各种诱导因素的影响下产生被动的购买行为。一般来说，一个购买行为的形成包括：产生未分化的注意、产生兴趣、形成愿望和作出购买的决定。

(3) 认知型消费者。这类消费者积极地寻找并接受所需要的产品或服务，并不断丰富他们的生活。认知型消费者总是关注品牌信息和购物地点的信息，就像一个信息加工的系统，信息加工可能导致他们注意一些优先的信息，采取优先信息策略，他们也可能通过专家、可信赖的朋友、领先者等获得优先的信息。与经济型消费者对比而言，经济型消费者试图寻找所有可供选择的信息，试图作出最优的选择；相反，认知型消费者仅仅去寻找关于选择的足够的信息，做出一个令人满意的选择。这样，消费者可能会通过走捷径的方式使决策过程简化。认知型消费者处于经济型消费者和被动型消费者之间，他们一方面没有足够的知识来作出一个完美的决策；另一方面他们又努力去寻找信息来作出令人满意的决策。

（4）情绪型消费者。事实上，每一个人做任何事情都与情感和情绪有关，诸如兴趣、恐惧、喜爱、希望等因素。当涉及一个特定的购买行为时，这些情绪将会起到一定的作用，有时，人们去购买一种东西，也许并不特别的需要，在购买之前也没有进行特别的比较和仔细的思考，而仅仅是由于一种冲动或情绪使然。情绪型消费者在购买一种东西时，往往基于情绪的决策，他们在购买之前并不把主要的精力放在收集有关产品的信息上，而把主要的精力放在当前的心情和情感上。这并不意味着情绪型消费者的购买行为不是理智的决定，相反，情绪上满意的购买也许恰恰是最好的购买决策。他们购买一种东西常常是由于感觉较好，他们常常会受到情感倾向的广告的影响。

3. 消费者购买过程与关心点

关心点就是指消费者对于本产品或服务的关心焦点或关心重点。关心点是一种心理现象。在消费过程中，消费者的购买行为、消费行为往往会受到关心点的支配。从心理学的角度分析，关心点与人的知觉选择性有关，可以视为人的知觉在特定的消费内容和消费方式上的集中。它是由消费者的需求、经验、兴趣、利害关系等因素决定的。

4. 消费者行为研究对广告策划的意义

消费行为原理对广告策划的作用体现在：消费者自身的特性为广告策划中的目标市场和诉求对象策略提供依据；消费者的需求购买动机为广告策划的诉求重点和诉求方法策略提供依据；消费者具体的购买行为，为广告策划抓住消费者行为中的机会点进行有助于销售的广告活动提供了依据；虽然广告策划要以消费者行为为重要依据，但是广告活动对消费者的购买行为的作用也是显而易见的。在影响消费者行为的诸种因素中，广告是一个相当重要的因素，它对消费者的行为具有一定的影响乃至引导作用。

2.3.4 广告策划与文化观念

"文化"是指在群体经历中产生的代代相传的共同的思维与信仰方式。它是一个社会的思维方式以及适用于其成员的知识、信仰、习俗和技能。

1. 广告是重要的文化现象

广告的本质是推销，其目的是商业性的，但广告的表现形式却具有文化性，它是一定社会文化的产物。由于广告人、广告受众是具有一定社会文化习俗的人，因此不同民族的社会哲学观念、思维模式、文化心理、伦理道德、风俗习惯、社会制度乃至宗教信仰等，都不可避免地会对广告产生影响，从而形成了某个民族或国家的广告风格，任何一个社会的广告无不带有该社会文化的痕迹。反过来说，广告本身也是一种文化。广告除了具有商业性外，其内涵还体现了广告主及广告制作者对生活的理解及价值观念。

2. 广告文化的基本功能

广告文化作为现代文化的一个有机组成部分，在满足人类需要和适应社会发展的过程中，发挥着自己特有的功能。在特定历史文化背景下从功能角度来考察广告文化，能很好地理解广告文化的本质特征。

3. 广告策划中的文化表现

物质层面的表现：广告创作所表现的物质层面的传统文化包括器物、历史人物、艺术作品等方面。

精神层面的表现：广告是一种文化传播活动，影响至今的传统文化也必然在广告创作活动中体现出来。

2.4 广告策划的内容

广告策划是对整个广告活动的运筹规划，是一种优先的、提前的指导性活动，根据广告主的营销战略和策略要求，在市场调查预测的基础上，对广告活动的战略和策略进行整体的运筹和规划。广告策划一般有两种：一种是单独对一个或几个广告的策划；另一种是系统性的，具有较大的规模，根据不同广告目标而做的一连串各种不同广告活动的策划。

由于广告策划要对整个广告活动进行全面的策划，所以其内容千头万绪，主要包括市场分析、广告目标、广告定位、广告创意表现、广告媒介、广告预算、广告实施计划，以及广告效果评估与监控等内容的策划。这些内容彼此之间密切联系，相互影响又相互制约。虽然这里暂时分别论述，但在实际策划活动中，必须要将它们连贯地串联起来，才能使广告活动按策划的内容有条不紊地顺利实施。

2.4.1 广告策划市场调查与分析

市场调查是广告公司、工商企业或媒介单位等从事广告活动的机构，为了了解市场信息、制定广告方案、提供广告设计资料和检查广告效果而进行的调查活动。市场是指一定经济范围内商品交换关系的总和。进行市场调查，就是要系统地收集各种有关市场及市场环境的情况资料，并用科学的研究方法进行分析，提出建议，对企业的经营提出改进意见，以提高企业经营管理效益和广告促销功效。在广告活动中，市场调查的全过程，是通过收集产品从生产到消费全过程的有关资料并加以分析研究，确定广告对象、广告诉求重点、广告表现手法和广告活动的策略等。

广告市场分析基于市场调查，通过一系列的定量和定性分析得出广告主和竞争对手及其产品在市场的地位，为后续的策划工作提供依据。市场调查主要是以产品营销活动为中心展开的，围绕着市场供求关系来进行。市场分析的主要内容包括营销环境分析、企业经营情况分析、产品分析、市场竞争性分析以及消费者分析，通过深入细致的调查分析，了解市场信息，把握市场动态，研究消费者的需求方向和心理嗜好，并且明确广告主及其产品在人们心目中的实际地位和形象。

1. 市场调查的内容与方法

(1) 市场环境调查。市场环境调查是以一定的地区为对象，有计划地收集有关人口、政治、经济、文化和风土人情等情况。一般而言，专业广告公司或媒介单位应以日常广告活动场所及区域为对象，定期收集与更新资料，为广告主制订广告计划提供基础资料。企业的广告或销售部门也应以其产品销售地区为对象，对自己的产品销售市场进行系统了解和调查，为企业制定广告策划或为委托广告代理部门提供基础资料。

(2) 广告主企业经营情况调查。对于广告公司而言，对委托其代理广告业务的广告主的情况进行摸底调查，是很有必要的。这有两方面的好处：①可以避免因广告主企业在信誉、经营等方面的问题而使自己蒙受损失；②可以为制定广告决策提供依据。

广告主企业经营情况调查的目的，还在于通过对广告主的历史和现状、规模及行业特点、行业竞争能力的调查，有的放矢地实施广告策略，强化广告诉求。广告主企业经营情况调查的主要内容包括企业历史、设施和技术水平、人员素质、经营状况和管理水平、经营措施等。

(3) 产品情况调查。在进行某项产品的广告宣传活动时，除了要在日常注意收集有关产品的广告资料外，还要有计划地对该产品进行全面系统的调查，以确定产品的销售重点和诉求重点。

产品调查的主要内容有产品生产、外观、产品系统和类别、产品利益、生命周期和配套服务等。

(4) 市场竞争性调查。广告产品的市场竞争性调查的重点，是广告产品的供求历史和现状，以及同类产品的销售情况。这些内容是制定广告策划的重要依据。

(5) 消费者调查。市场调查中的消费者包括工商企业用户和社会个体消费者。通过对消费者购买行为的调查，来研究消费者的物质需要、购买方式和购买决策，为确定广告目标和广告策略提供依据。

市场调查的方法分为普查法、抽查法和建立联络点法，这3种方法各有优点，也各有缺陷，必须根据实际需要来确定采用何种方法。市场调查的具体方法有访问法、邮寄问卷法、电话询问法和召开座谈会等多种形式。根据实际需要，可到专业部门、企业、文献单位、媒介单位、广告企业和消费者之中进行调查，收集有关资料。

2. 市场分析

市场调查所获得的资料在经过整理、编辑分类和制成相应的表格之后，就进入市场调查活动的下一阶段——市场分析。市场分析包括两方面的内容：市场环境分析和市场销售形势分析。市场分析对广告活动是非常重要的，可以为广告决策提供依据。

(1) 市场环境分析。市场环境分析的内容，是对市场环境调查中所获得的有关资料进行系统分析。主要包括人口分析、人文文化分析和政治经济形势分析3项内容。市场环境是制约市场营销的重要因素，它可以决定一个产品广告宣传的成败，因此认真地做好市场环境因素分析，对搞好广告宣传是非常重要的。

(2) 市场销售形势分析。这项分析是针对市场竞争性调查所获得的资料进行的。其主要目的是分析广告产品及其竞争产品的市场状况、各自的竞争策略，从而为产品的市场定位和广告策划准备决策依据。市场容量分析，掌握市场的现有容量及发展趋势；广告产品的竞争力分析，包括广告产品的生产规模、技术水平、市场渠道、市场占有份额和促销政策与手段；市场政策分析，包括竞争产品促销政策实施效果和广告产品在广告前的促销政策效果。这样，通过对市场竞争因素的全面分析和衡量，可以找出广告产品和竞争产品各自的长处和短处，从而可以在广告策划中以己之长制人之短，取得良好的市场效益。

3. 市场预测

市场预测的目的是掌握市场的动向和供求变化规律，为广告策划提供科学的依据。广告产品市场预测的内容，主要是根据市场分析结果，对广告产品的潜在力量进行估量，对其市场前景进行预测，以便衡量广告的发布价值。在必要时，还必须对宏观的社会经济发展趋势和前景进行预测，从而估量经济形势对广告产品的整体市场的影响。根据不同的预测目的，产品预测可分为长期预测、中期预测、短期预测和近期预测。广告策划可根据广告主的不同要求，确定不同的预测时限。市场预测的方法一般有人员评定法、统计分析法、趋势评定法和需要联测法等几种。市场预测针对的目标是消费者和潜在市场。对消费者行为的预测主要考虑其购买需要、发展趋势以及流行时尚的变化对市场销售的影响。而对潜在市场的预测则是由对消费者需要的预测推导已开发市场和待开发市场的销售状况和销售趋势。

4. 广告策划市场调查报告的撰写

市场调查报告，或称市场研究报告、市场建议书是广告文案写作的一个要件。阅读市场调研报告的人，一般都是繁忙的企业经营管理者或有关机构负责人，因此，撰写市场调查报告时，要力求条理清楚、言简意赅、易读好懂。

(1) 市场调查报告的格式。市场调查报告一般包括标题、目录、概述、正文、结论与建议、附件等几部分。

(2) 市场调查报告的内容。说明调查目的及所要解决的问题；介绍市场背景资料；分析的方法，如样本的抽取，资料的收集、整理、分析技术等；调研数据及其分析；提出论点，即摆出自己的观点和看法；论证所提观点的基本理由；提出解决问题可供选择的建议、方案和步骤；预测可能遇到的风险及应对策略。

2.4.2 确立广告目标

1. 广告目标概念

广告目标是广告传播活动整体计划的指引，就如同人们日常生活中所做的事情一样，都要在达到一个目标的前提下去完成。有目标才有行动的方向，广告活动也一样，目标确定后，才能开始确定广告信息传达的内容、广告媒体的选择、广告时间的安排、广告投放的量等，以便所进行的广告活动能达到预期的目标。

2. 广告目标的类型

(1) 按产品在不同的产品生命周期进行划分，可以分为引入期的告知信息型广告目标、成长期的说服受众型广告目标、成熟期的保持品牌型广告目标和衰退期的提醒型广告目标。

(2) 按目标的不同层次划分，广告目标可以分为总目标和分目标，总目标是从全局和总体上反映了广告主所追求的目标和指标；分目标，是总目标在广告活动各方面的具体目标，如广告目标可以分解为产品销售目标、企业形象目标、信息传播目标、预算目标等。

(3) 按目标所涉及的范围划分，可以分为外部目标和内部目标。外部目标如市场目标，包括市场占有率、市场覆盖面、广告对象；内部目标，包括销售量目标、销售额目标、利润率目标等；发展目标，包括树立产品和企业形象、扩大知名度和美誉度、企业生存和发展等；竞争目标，包括与主要竞争对手相比较的广告投放量、媒体投资占有率、广告出现频率、总收视率等。内部目标指与广告活动本身有关的目标，如广告预算目标，包括投入与产出的目标；质量目标，包括广告传播的创意、文案、制作等；广告效果目标，包括广告的传播效果、销售效果等。

(4) 按目标所涉及的内容划分，可以分为产品销售目标、企业形象目标、信息传播目标。产品销售目标，指广告活动促使消费者产生对某种产品购买行为的目标；企业形象目标，要树立企业形象，提高企业整体知名度和美誉度的目标；信息传播目标，要规定广告信息在传播过程中对消费者产生影响所需要的程度的目标。

(5) 按目标的重要程度划分，可以分为主要目标和次要目标。主要目标涉及全局，是广告活动的重点，要全力以赴。绝对不可放弃主要目标，而追求次要目标。在一定条件下，为了整体利益，在广告传播中宁愿放弃次要目标，也要保证主要目标的实现。

(6) 按目标的期限划分，可以分为长期目标、中期目标和短期目标。目标一经确立，就必须确定实现目标的指标和期限，以使目标可以控制和执行。例如，广告传播3个月，产品知名度达到70%等。若某项目标无法计量，则应采用"项目进度表"的方式表明目标实现的程度。

3. 影响广告目标制定的因素

广告活动一个时间段所预计要达到的广告目标并不是可以随心制定的，要制定出正确合适的广告目标，就必须系统地分析和全面地考虑影响目标制定的因素。这些因素包括企业经营战略、产品的供求状况以及生命周期、市场环境、广告对象。

(1) 企业经营战略。广告的最终目的是销售产品。由此可见，广告是为了企业经营服务的。所以，企业经营战略的不同会影响到广告目标的制定。企业经营的战略主要有长期渗透战略、集中式战略等。经营战略不同相对应的广告目标也会不同。当企业采取长期渗透战略时就要制定长期的广告目标，而且还要制定各个相关阶段的短期目标来确保长期目标的实现，运用多种广告形式传播企业和品牌形象。然而当企业采取集中式经营战略时，广告目标多为短期目标，在短时间内运用各种广告传播手段和方法，达到预期效果。

(2) 产品的供求状况以及生命周期。市场上的商品供求关系主要有供不应求、供过于求、供求平衡3种类型，针对不同的情况制定不同的广告目标。如果商品供不应求，说明市场需求量大，这时企业应该把广告目标定在塑造企业和品牌形象上；而对于供过于求的情况，企业应该先分析产品滞销的原因，再针对原因制定解决滞销问题的广告目标；当市场供求平衡的情况时，企业广告目标更多定为在激发市场、扩大市场需求上。

(3) 市场环境。企业产品销售是处于市场环境下的，因此市场环境的变动会影响到广告目标的制定。市场环境是自变量，广告目标是因变量。广告目标应该针对产品在市场中发展的不同情况而制定，根据市场环境的改变而做出调整。市场环境包括：宏观环境如人口、经济、政治与法律、自然物质环境、社会文化和科技；微观环境如供应者、竞争对手、营销中介、最终顾客、投资者和公众。这些都直接或间接地影响产品在市场中的发展。所以在制定广告目标的时候，应该建立在对市场环境充分分析的基础上。

(4) 广告对象。广告对象也称为目标受众，广告只有针对目标受众才会起到传播和销售产品的作用，所以广告对象对于广告目标的制定有重要的影响。策划时常以产品的认知度、广告的回响率、品牌知名度和消费者行为态度的转变作为广告活动的目标。消费者的购买行为一般要经历认知、了解、信任、行动这个基本过程，这也为广告目标的制定提供了方向。

4. 广告目标的设定

根据企业经营的各种环境，营销的目标，产品所处生命周期和供求情况，以及广告对象的特点来制定广告目标。在制定的广告目标应具体化和数量化，能够考核。也可以理解为广告目标要指标化。

2.4.3 广告定位

1. 广告定位的基本原则

广告定位属于心理接受范畴的概念。所谓的广告定位是指广告主通过广告活动，使企业或品牌在消费者心目中确定位置的一种方法。广告定位是现代广告理论和实践中极为重要的观念，是广告主与广告公司根据社会既定群体对某种产品属性的重视程度，把自己的广告产品确定于某一市场位置，使其在特定的时间、地点，对某一阶层的目标消费者出售，以利于与其他厂家产品竞争。它的目的就是要在广告宣传中，为企业和产品创造、培养一定的特色，树立独特的市场形象，从而满足目标消费者的某种需要和偏爱，为促进企业产品销售服务。

广告者应该分析其产品最能满足消费者需求的是哪方面，进一步分析这种产品还有哪些属性，消费者最关心的是什么，怎样才能够牵动受众心灵，找到广告心理诉求点，确定广告主题定位。定位的基本原则并不是创造新奇和不同，而是要寻找消费者心中的阶梯，站在消费者的角度，重新对产品定位，将产品定位和确立消费者合二为一，而不是将它们彼此分离。在对消费群体进行细分的基础上确立目标消费者，然后在这群消费者的心中寻求还未被占用的空间，再让产品的信息钻进这个未被其他品牌或产品使用的空间。广告定位就是要在目标消费者心中寻找产品最有利于被接受的信息。

由于受经济、社会、心理等各因素的影响，消费者的消费需求呈现出千差万别、纷繁复杂的状态，但从总体上看，各种需求之间又存在着共性。消费者的行为受消费者心理活动支配，按照心理学"刺激－认识"的理论，人们的行为动机是一种内在的心理活动过程，是一个不可捉摸的神秘过程。客观的刺激，可以使消费者心理产生主观的认识，认同产品。所以要为广告主题定位，必须先研究受众心理。

2. 广告定位的策略

(1) 市场定位策略，即把产品宣传的对象定在最有利的目标市场上。通过整合市场，寻找到市场的空隙，找出符合产品特性的基本顾客类型，确定目标受众。可根据消费者的地域特点、文化背景、经济状况、心理特点等，进行市场的细致划分，策划和创作相应的广告，才能有效地影响目标受众。

例如，宝洁号称"没有打不响的品牌"，这源自宝洁成功的市场细分理念。以洗发水为例，宝洁有飘柔、潘婷、海飞丝三大品牌，每种品牌各具特色，占领各自的市场。海飞丝(图2.2)的个性在于"头屑去无踪，秀发更出众"；飘柔(图2.3)突出"飘逸柔顺"；潘婷(图2.4)则强调"营养头发，更健康更亮泽"。三大品牌的市场个性鲜明，消费群体需求划分明确，可根据自己的需要对号入座。这种细分，避开了自己同类商品的竞争，强有力地占领了市场。

(2) 产品定位策略，即最大限度地挖掘产品自身特点，把最能代表该产品的特性、性格、品质、内涵等个性作为宣传的形象定位。可以从以下方面入手，如产品的特色定位、文化定位、质量定位、价格定位、服务定位等。通过突出自身优势，树立品牌独特鲜明的形象，来赢得市场和企业发展。

图2.2 海飞丝"去屑实力派"

图2.3 飘柔"高端柔顺享受"

图2.4 潘婷"如此健康，焕发光彩"

在奶制品竞争激烈的环境下，各种品牌可谓八仙过海各显其能。"健康的牛"伊利牛奶广告（图2.5）充分体现了伊利奶的定位策略是"健康的牛，运动出好奶"。此定位的优势是抓住了产品原材料的特点，从奶的源头上做文章。充分挖掘消费者追求健康、新鲜、优质奶的心态，从而抢先占领了奶制品市场，赢得了良好的市场效益。

图2.5 伊利纯牛奶广告——"健康的牛"篇

这则轻松、有趣的广告主要传达了两个要点：一是强调伊利品牌得天独厚的"天然"资产；二是力求与竞争对手和同类品牌产生明显的区别。

（3）观念定位策略，是指在广告策划过程中，通过分析公众的心理，赋予产品一种全新的观念。这种观念要既符合产品特性，又迎合消费者的心理，这样才能突出自身优势，从一种更高层次上打败对手。这里融入更多的是思想、道德、情感和观念等。

脑白金的孝心和传统观念定位，使该产品在保健品市场上独占鳌头。广告语有"今年孝敬咱爸妈，送礼还送脑白金""今年过节不收礼，收礼还收脑白金"。中国是一个节日和庆典比较多的国家，自古以来，民间就有互相送礼表示祝贺的风俗习惯。脑白金定位成一种礼品，并且是一种能带给人健康的礼品，极力宣传送礼更要送健康的理念。这个"送礼"观念定位恰好顺应了中国的传统。同时，中国自古就有尊老爱幼、孝敬父母的传统美德。脑白金增加礼品观念，增加孝心观念的策略，是其他竞争者所不具备的。

（4）企业形象定位策略。企业形象定位策略把定位的重点放在如何凸显企业的形象和树立一个什么样的企业形象上。通过注入某种文化、某种感情、某种内涵于企业形象中，形成独特的品牌差异。真正成功的企业形象，是恰到好处地把握住时代脉搏，击中人类共同的感动与追求。定位可以从企业文化的角度、企业情感的角度、企业信誉的角度、企业特色的角度来树立企业的形象。

"大红鹰——胜利之鹰"（图2.6和图2.7）的定位是从企业的文化和内涵出发，树立企业的形象。每个人的内心深处都渴望胜利，都渴望被认同，大红鹰定位"胜利之鹰"，符合了时代特点和企业精神。大红鹰主要是做烟草的，但是我们国家不允许烟草做广告，所以它就以它的品牌，做其他形式的广告，不谈烟草，只反映他们的品牌理念和价值。这与湖南的白沙集团一样，他们是说"鹤舞白沙，我心飞翔"。别小看这短短的一句话，却折射出一个公司的形象，折射其品牌的价值。

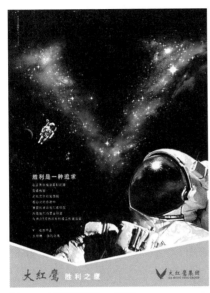

图2.6 大红鹰形象篇——宇宙

图2.7 大红鹰形象篇——三峡大坝

(5) 品牌定位策略，即把定位的着眼点落在扩大和宣传品牌上。目前的市场竞争已进入了同质化时代，很多同类商品使消费者无法从简单的识别中辨别优劣。正如人们很难说出可口可乐和百事可乐哪个更好喝些。企业之间的竞争就在于品牌的竞争。谁抢先树立了自己的品牌，谁就抢先赢得了商机。消费者有时购买商品就是选择自己所喜爱的品牌。

广告策划时可以通过求先定位、求新定位、空隙定位、竞争定位等手段在第一时间树立起自己的品牌，建立起自己的消费群。例如，阿迪、耐克、李宁都有自己的品牌特色，人们购买商品就是选择这个品牌。成功的广告定位策略能帮助企业在激烈的竞争中处于不败之地，能够赋予竞争者所不具备的优势，赢得特定而且稳定的消费者，确立产品在消费者心目中的与众不同的位置。因此，在广告策划中，应准确把握广告定位。

3. 广告定位的作用

(1) 广告宣传的基准。企业的产品宣传要借助广告，但"广告什么"和"向什么人广告"，则是广告决策的首要问题。

在现实的广告活动中，不管你有无定位意识，愿意或不愿意，都必须给拟开展的广告活动进行定位。科学的广告定位对于广告战略的实施与实现，会带来积极的、有效的作用，而失误的广告定位必然给企业带来损失。

(2) 有利于进一步巩固产品和企业形象定位。企业在产品设计开发生产过程中，根据客观现实的需要，必然为自己产品所针对的目标市场进行产品定位，以确定企业生产经营的方向，企业形象定位又是企业根据自身实际所开展的企业经营意识、企业行为表现和企业外观特征的综合，在客观上能够促进企业产品的销售。无论是产品定位还是企业形象定位，都要借助于正确的广告定位来加以巩固和促进。

(3) 说服消费者的关键。 一件商品能否真正促成消费者的购买行为，首先就要看广告定位是否准确，否则，即使是消费者需要的商品，由于广告定位不准，也会失去促销的作用。在现代社会中，消费者对商品的购买，不仅是对产品功能和价格的选择，更是对企业精神、经营管理作风、企业服务水准的全面选择，而企业形象定位优良与否，又是消费者选择的依据之一，优良的企业形象定位，必然使消费者对产品产生信任，促进商品的销售。

(4) 有利于商品识别。在现代营销市场中，生产和销售某类产品的企业很多，造成某类产品的品牌多种多样，广告主在广告定位中所突出的是自己品牌的与众不同，使消费者认牌选购。在消费者购买行为产生之前，需要此类产品的信息，更需要不同品牌的同类产品信息，广告定位所提供给消费者的信息，其中很多为本品牌特有性质、功能的信息，有利于实现商品识别。广告定位告诉消费者"同类产品的有用性"，更告诉消费者"本品牌产品的与众不同性"。

(5) 广告表现和广告评价的基础。在广告活动中，必须以广告定位为基础进行广告视听觉表现，广告表现要以广告定位为目标与导向，体现广告定位思维逻辑。一则广告的好与坏、优与劣，要以表现广告定位情况来进行分析和评价。这是因为对广告所进行的评价，实际上是对广告表现及产生的社会效果的评价，广告表现是以广告定位为核心展开工作，对于广告表现进行评价归根结底就是对广告定位的评价。也就是说，评价广告，首先要依据广告是否表现出准确的广告定位思想，是否比较准确地表现出广告定位的主题，而不能单纯围绕广告表现形式而大发议论。准确的广告定位既是广告表现的基础与基准，又是广告评价的前提基础之一。

(6) 有助于企业经营管理科学化。广告作为企业行为中的重要内容之一，是企业战略目标实现的重要手段，广告定位看起来仿佛仅仅属于广告活动的问题，实则属于企业经营管理中不可缺少的重要组成部分，科学的企业经营管理有助于准确地进行广告定位，而准确的广告定位在促进企业营销目标实现的同时，又反过来促进企业管理的科学化和规范化。

4. 广告定位的具体内容

广告定位主要有实体定位和观念定位两大类。实体定位就是在广告宣传中突出产品的新价值，强调本品牌与同类产品的不同之处，以及能够给消费者带来的更大利益；实体定位又可以分为市场定位、品名定位、品质定位、价格定位和功效定位。观念定位是在广告中突出宣传品牌产品新的意义和新的价值取向，诱导消费者的心理定式，重塑消费者的习惯心理，树立新的价值观念，引导市场消费的变化或发展趋向；观念定位在具体应用上分为逆向定位和是非定位两种。

2.4.4 广告创意表现

这部分内容是要将广告策划人头脑中的东西从无形转为有形的阶段，也是广告策划的重点。首先是广告主题的确立，即明确所要表达的重点和中心思想。广告主题由产品信息和消费者心理构成，信息个性是广告主题的基础与依据，消费者是广告主题的角色和组成，消费心理是广告主题的灵魂和生命。只有将两者合二为一的主题才能打动消费者，在此基础上进行广告创意，并将创意表现出来。广告创意是一个极其复杂的创造性思维活动过程，其作用是要把广告主题生动形象地表现出来，创意的确定是广告表现的重要环节。广告表现是由决策进入实施的阶段，即广告的设计制作。广告表现直接关系到广告作品的优劣。广告的创意既要创新，也要能够创造良好的效益。广告的水准必须立足于市场，必须在经受市场的考验后才会得到进步和提高。任何一个广告公司的脚本、提案，都可能是一个好的创意，但好的创意并不一定构成好的广告，因为好的广告重在实效。也就是说，广告创意活动所带来的效果必须达到广告目标所提出的要求。因此必须将广告的产品或服务和广告目标结合起来通盘考虑，通过一定的方法，适应广告对象的要求，从而提炼出广告主题，构思出广告创意。同时，也要研究确定广告表现策略，通过对各种广告媒体、表现方式、地区时机等的选择，作为实现目标的手段。

2.4.5 广告媒介选择和规划

广告活动最基本的功能即广告信息的传递，选择广告信息传递的媒介，是广告运作中最重要的环节之一，也是广告媒介策略需要解决的问题。广告活动是有价的传播活动，需要付出费用，而广告预算是有限的。因此，要在有限的费用里得到比较理想的传播效益，如何运用好广告媒介，便是一个关键问题。广告媒介策略主要包括媒体的选择、广告发布日程和方式的确定等内容。媒介策划是针对既定的广告目标，在一定的预算约束条件下利用各种媒体的选择、组合和发布策略，把广告信息有效地传达到市场目标受众而进行的策划和安排。媒介没有好与不好之分，只有针对特定广告活动有效与无效的区别。媒介之间不同的特性是不能相互替代的。事实上媒体的评估与选择是技术也是艺术，成功的媒体策略就是在分析目标顾客特点、产品特点和媒体特点的基础上求得三者的统一，进而实现目标顾客的针对性、表达力的适宜性和广告开支的经济性。

2.4.6 广告预算

广告是种付费活动，广告界盛传："花的广告费一半浪费掉了，但却不知道是哪一半。"如果不对广告活动进行科学合理的预算，浪费的将不只是一半的广告费。广告预算就是广告公司对广告活动所需费用的计划和匡算。它规定在一定的广告时期内，从事广告活动所需的经费总额、使用范围和使用方法。准确地编制广告预算是广告策划的重要内容之一，是企业广告活动得以顺利展开的保证。广告预算的制定会受到各方面因素的制约，如产品生命周期、竞争对手、广告媒介、发布频率及产品的可替代性等。

广告的作用在于将产品的需求曲线向上移动。企业希望花费实现销售目标所需要的最低的金额，也就是追求预算效率的最大化。所以制定广告预算时应考虑以下因素：产品不同生命周期的不同策略、市场份额大小和消费者基础的不同、竞争的力度和市场宣传的强度不同、产品替代性的不同情况等。

2.4.7 广告实施计划

这是广告策划在上述各主要内容的基础上，为广告活动的顺利实施而制定的具体措施和手段。一项周密的广告策划，对广告实施的每一步骤、每一层次、每一项宣传，都规定了具体的实施办法。其内容主要包括：广告应在什么时间、什么地点发布出去，发布的频率如何，广告推出应采取什么样的方式，广告活动如何与企业整体促销策略相配合，等等。其中较为重要的是广告时间的选择和广告区域的选择，这二者都与媒介发布的具体实施有着密切关系，可以说是媒介策略的具体化。策略是达成某种目的所采用的方法和手段，广告策略是为了达成企业营销目的而采用的广告方法和手段。广告策略决不可以凭空杜撰，一定要先消化广告主的营销目的、营销策略，因为广告是营销的手段之一，广告策略是营销策略的延伸。广告策略的把握主要是对广告目标策略、广告定位策略、广告表现策略、广告预算策略、广告媒体策略和广告创意的方法与技巧的把握。

2.4.8 广告效果评估与监控

广告发布出去之后，想要知道有没有达到广告的目的或有没有产生对其他方面的影响，就要对广告效果进行全面的评估。为了增加广告的有效性，还会在广告活动中甚至广告活动前，进行广告效果的监控和评估。通过广告效果的评估，可以了解到消费者对整个广告活动的反应，对广告主题是否突出、诉求是否准确有效及媒体组合是否合理等做出科学判断，从而使有关当事人对广告效果做到心中有数。

广告效果的评估和监控不能仅仅局限在销售效果上，而传播效果作为广告效果的核心应该受到重视。此外，广告还会对整个社会的文化、道德、伦理等方面造成影响。

2.4.9 整合营销传播

随着整合营销传播的作用越来越受到营销和广告人士的认同，广告主为了能在爆炸的媒体环境中追求产品的统一声音，希望广告公司同时也能承担起整合的传播功能。现代广告公司逐步向整合传播公司转型，在承担原先的工作任务的同时，强调将其他的传播方法，如人员推销、直销营销、公共关系、销售促进等与广告结合，产生协同作用。其内容一般包括收集资料和细分消费者、确定营销目标、传播策略思考、传播整合、接触管理以及效果测量。

单元训练和作业

1. 优秀作品赏析

一汽奔腾广告如图 2.8 所示。

图 2.8 一汽奔腾广告："让爱回家"篇

(1) 项目背景。

推广目标：借助腾讯媒体的国人影响力，提升一汽奔腾"让爱回家"理念的关注度，打造时段热点话题；传播"让爱回家"主题TVC，与目标受众建立情感共鸣，提升一汽奔腾品牌美誉度。

目标人群：春运返乡情结深厚的25岁以上的人。

推广主题：一汽奔腾汽车"让爱回家"理念。

推广周期：2011.01.17—2011.03.10

(2) 传播内容。

2011年1月17日开始，一汽奔腾全媒体推广的一则TVC感动了无数国人：一个离家3年的年轻人准备开车回家过年，半途接到老板电话，让他立刻赶回公司。低矮的平房里，母亲守着一桌菜，父亲枯坐门外。年轻人心声："我没算过这条路到底有多长，我只知道，我让他们等了很久！"

广告语响起："别让父母的爱，成为永远的等待""让爱回家，一汽奔腾"。

(3) 作品分析。

创意亮点：帮助品牌通过价值观的输出与消费者建立情感共鸣。

一汽奔腾并没有将营销诉求放在强调车型性能上，因为消费者对于产品的外观、功能等的偏好是经常变化的，因此，诉求消费者头脑中所坚持的价值取向，激发消费者内心深处的情感宣泄，让品牌的核心价值构建在产品之外，才能更深刻地引起消费者共鸣。

2. 课题内容

课题时间：4课时。

教学方式：广告策划基础理论和实际广告案例相结合，鼓励学生从身边常见的广告中找到对应的广告策划理论，进行初步的策划性实践活动。

要点提示：重点掌握广告策划的特性、原则以及内容。

教学要求：通过理论学习和案例分析重点掌握广告策划的内容。包括市场分析、广告目标、广告定位、广告创意表现、广告媒介、广告预算、广告实施计划及广告效果评估与监控等内容的策划。

训练目的：使学生掌握进行初步广告策划活动的相关理论知识，能够主动从策划的角度对常见的广告进行深入分析和比较，从而加强对理论知识的理解。

3. 其他作业

(1) 案例分析：千金市骨。

古代一个国王想用千金求一匹千里马，历时3年而不得。一位内侍进言："让我去为您找吧！"他3个月就找到了一匹千里马，但马已经死了，他以500金买下它的骨头，回来交给国王，国王大怒："我要活马，你却花500金买回一匹死马，该当何罪？"

内侍说："_____"

不到一年，就有3匹千里马送上门来。

补充内侍的话，并分析案例，找出策划的目标、策略及效果。

(2) 市场调查。

每2～4个人一组，针对"肯德基和麦当劳""中国联通和中国移动"两组竞争品牌进行市场调查分析，通过资料收集、市场调查、销售员走访、店面拍照等方式，整理出竞争品牌各自的定位和市场策略。

4. 理论思考

(1) 广告策划的本质是什么？

(2) 广告策划的意义表现在哪些方面？
(3) 进行广告策划必须遵循哪些原则？
(4) 简述消费者行为对广告策划的意义。

5. 相关知识链接

[1] 孙有为. 广告学 [M]. 北京：世界知识出版社，2001.

[2] 黄升民，段晶晶. 广告策划 [M]. 北京：中国传媒大学出版社，2006.

[3] 金力. 广告营销策划经典案例分析 [M]. 北京：北京大学出版社，2009.

[4] 王吉方. 广告策划与实务 [M]. 北京：中国经济出版社，2009.

第 3 章　广告策划的程序

课前训练

训练内容：根据第 2 章所学内容，以恒大冰泉广告为例，说明广告策划过程的各个内容，使学生明白广告策划是一种运动的状态，是遵照一定的步骤和程序进行运作的系统工程。

训练要求和目标

要求：学生理解广告策划是广告人对所要进行的广告活动在调查和分析的基础上，所进行的整体计划与安排。广告策划有其特定的程序，这种程序应该是科学、规范的，以保证广告策划不是漫无目的设想和缺乏章法的随心所欲。

目标：了解不同类型的广告策划的特点和策划要点；熟悉影响广告策划效果的不同策划模式；掌握广告策划的全部流程，并能结合实际广告案例分析其广告流程。

本章要点

(1) 广告策划的类型。

(2) 广告策划的基本模式。

(3) 广告策划的阶段。

(4) 广告策划策略和计划的制订。

(5) 广告策划的流程。

引言

广告策划的程序指广告策划过程的顺序与步骤。从原则上讲,广告策划的程序安排应从营销实际出发。在广告策划中,由于企业营销实际、产品的广告基础、广告活动的内容重点不同,广告策划的程序不可能千篇一律。因此,这里对广告策划程序的介绍,主要就广告活动的一般规律而言。

3.1 广告策划的类型

3.1.1 不同范围的广告策划

按照广告影响的范围和影响的深远程度,可以将广告分为广告运动和广告活动两个类型。

1. 广告运动策划与广告活动策划

广告运动:指广告主要基于长远发展的目的,在相当长的时期内按照一定的广告战略持续开展的所有有机联系的广告活动的总和。

广告活动:指广告主要为了实现短期的效益目标,在相对较短的时期内,按照一定的广告策略独立开展的单项广告活动。

广告运动和广告活动具有比较显著的区别。

以深圳海王药业为例,其旗下有3个主要产品,分别如下。

海王银得菲(图3.1):感冒药——"关键时刻怎能感冒"。

海王金樽(图3.2):醒酒护肝——"要干更要肝"。

海王银杏叶片(图3.3):心脑血管疾病——"三十岁的人,六十岁的心脏"。

针对这3个产品展开的一系列长期的广告活动共称为深圳海王药业的广告运动。而每个产品各自的策划宣传营销活动则属于广告活动。比如海王金樽(图3.4),其广告活动有3点成功之处,分别是:同时期产品的独一无二性、诉求对象的针对性、形象代言人的正确性。

图3.1 海王银得菲"剃头篇"

图3.2 海王金樽

图3.3 海王银杏叶片

图 3.4 海王金樽——张铁林篇

2. 广告运动策划

(1) 广告运动策划内容上的要求。

① 前期市场调查与分析要全面、细致、深入。

② 在广告目标的制定上以长期目标为主，兼顾短期目标，既要突出主要目标，又要兼顾次要目标。同时，广告目标要能被划分为具体的广告活动目标。

例如，农夫山泉"阳光工程"6 年广告运动目标。

总目标：继续借体育、借奥运推广"农夫山泉"的品牌。

分目标：传达"一分钱"活动。由"申奥"变为为贫困中小学校捐赠体育用品的信息，主要通过电视媒体让大中城市中多数人知道此活动，每年捐赠一定数额的体育器材，及时把受赠情况传达给消费者，通过这项活动使"农夫山泉"的美誉度达到一定指标。

③ 要根据不同广告对象的特点，分别采取有针对性的广告主题、诉求策略及表现手法等。

针对消费者的广告——注重情理交融，晓之以理，动之以情。

针对经销商和零售商——以理性诉求为主。

针对社会公众——强调树立和提升企业形象。

针对不同地域——地域文化与风俗上的差别。

例如，方便面的广告，在湖南、四川地区策划时强调"辣"，而在上海、广州地区策划时强调"鲜"。

④ 要针对具体情况进行媒介的选择与组合。

⑤ 广告预算要有全局观念，要懂得统筹规划、合理使用，尤其要注意为可能的市场变化留有一定的余地。

广告运动的预算应该协调好 3 个层面的费用投入比例。

第一，广告运作不同环节的投入比例。

第二，不同媒体的投入比例。

第三，不同地区的投入比例。

⑥ 广告运动的规模越大，范围越广，越要加大广告运动效果评估和监控的力度。

(2) 广告运动策划运作的要求。

① 策划中要有全局观念，协调好各方面、各环节的关系。

② 广告运动计划要有很强的调试性，能及时根据环境变化做出调整。

③ 广告运动策划还要有一定的前瞻性。

④ 发挥团队精神。

⑤ 要注重与广告主的沟通。

3. 广告活动策划

广告活动的优势包括灵活机动、针对性强、简便易行、见效较快等。

(1) 广告活动策划的注意点。

① 广告活动的目标应与企业长期的营销总目标一致。

② 要注意与企业整体广告运动彼此之间的协调。

③ 充分发挥广告人的创造性思维。

(2) 广告活动策划过程中的执行要点。

① 需求沟通：通过与客户的不断沟通了解客户的真实需求。

② 目的实现指标：客户想通过活动实现什么目标或目的。

③ 实现手段：活动形式的确认及关键目标实现手段的计划。

④ 内容与手段结合：对应各种道具、程序的业务内容与会议内容，避免出现载体无法反映内容的尴尬。

⑤ 资源整合供应：活动形式确认后，作为资源整合性服务机构需要对各相关单元的资源供应能力进行评估和选择。

⑥ 活动亮点和卖点：针对不同客户的不同需求做出亮点和卖点，促进项目的价值最大化。

3.1.2 不同生命周期产品的广告策划

产品处在不同的发展阶段，它的工艺成熟程度、消费者的心理需求、市场竞争状况和市场营销策略都有不同的特点，因此，广告目标、重点、媒介选择和广告实施策略也应有所不同。

产品的生命周期是指产品从上市到衰退的整个过程。大多数产品在市场上都要经过引入期（导入期或投入期）、成长期、成熟期、衰退期4个阶段。

1. 引入期（导入期）的广告策略

(1) 引入期的市场特点。引入期是产品进入市场的第一个阶段，其主要特点如下。

① 目标市场上的消费者还不了解产品的功能。

② 产品的品牌还没有给大家留下任何印象，消费者对新产品还比较陌生，缺乏全面的了解和信任。

③ 产品的销售量增长缓慢，普及率很低、生产批量小，销售缓慢。

④ 企业可能无利可图。由于前期投入较大（如产品的研制费用、开发费用、材料成本及销售网络的建设费用等），生产费用和营销费用较高，企业基本上无利可图。

⑤ 同类产品较少，市场竞争环境较为宽松。

(2) 引入期广告目标。根据该阶段市场特点，广告宣传的目的是使消费者产生新的需要，执行开拓市场的战略，引导广大消费者了解产品，并开始试用产品。

(3) 引入期的广告策略。

① 进行充分的广告宣传。发起强大的广告攻势，投入较高的广告费，运用各种媒介，配合宣传，加大刊播频率，以使新产品迅速打开市场。投入大量的广告，可增加产品的暴露度。只有当产品的暴露度达到一定程度，媒体受众才能对产品产生初步的印象，促使最先使用者购买，并在带头人的推动下，争取更多的早期使用者。

② 广告内容以介绍产品的新特征、新用途为主。引入期的广告宣传是一种典型的"信息型广告"，

它主要是针对产品的基本情况向目标市场"广而告之"。例如，将产品的价格、功能、品牌、产地、售后承诺等情况告诉媒体受众。这里要特别注意突出新旧产品的差异，将产品的新特征、新用途，以及使用这种新产品的好处告诉目标消费者，使消费者对新产品有所认识，从而引起兴趣，产生信任感。

2. 成长期的广告策略

(1) 成长期的市场特点。

① 产品的产量和销量迅速上升，利润大量增加。产品在市场上有较大的吸引力并已普遍被消费者接受，已经形成了一定的需求。大批量生产产品，使生产成本下降，企业经济效益明显提高。

② 产品在目标市场已有一定的知名度。一些消费者对产品已建立了初步的品牌认知，有的顾客由于认识到产品的质量较好，开始成为企业的回头客，已形成了一定的品牌忠诚感。

③ 产品的销售网络基本建成。

④ 市场竞争加剧。市场上出现了更多的竞争对手，出现了许多仿制品，竞争更加激烈。

(2) 成长期广告目标。巩固已有的市场，扩大市场潜力，引导消费者认牌选购，最大限度地占有市场份额。

(3) 成长期的广告策略。

① 由宣传产品的基本特点到重点宣传品牌和商标转变。着重宣传产品的商标和品牌，以提高产品品牌的知名度，树立品牌形象。这时市场上已出现同类产品或仿制品，广告宣传的重点不再像引入期那样希望大家都来买这种新产品，而是转为品牌和商标的声誉。宣传本企业的工作质量、产品质量与服务，突出介绍最重要的优点和特点，促使消费者形成偏好，在创名牌上下功夫。

② 采取适当的优惠酬宾、有奖销售等促销手段与广告宣传配合进一步鼓动消费者的消费热情，吸引更多的消费者。

③ 实施"差别化广告策略"。针对竞争对手的挑战，展开"差别化策略"，强调产品的特色，突出产品的优越性及与其他同类产品的差异性，使消费者对产品的辨认和印象加强，以对付竞争。

④ 开展打假以对付竞争。当有假冒伪劣产品冲击市场时，积极、有力地开展打假活动，并适当地发布提醒消费者注意的广告，借此提高产品的地位。

3. 成熟期的广告策略

(1) 成熟期的市场特点。

① 产品销量、企业利润达到最大化。在这一时期，市场上观望类消费者也已购买了产品，企业的利润达到最大化，但市场需求基本趋于饱和，销售增长率下降。这时的多数购买行为属于重复购买。不像以前的一次性和尝试性购买。

② 竞争达到白热化。由于利润的诱惑，市场上涌现出大量替代产品或类似产品。竞争者产品的质量差距在缩小，在价格、广告、服务方面的竞争已趋白热化。产品相继降价搞促销，许多企业在竞争中感到了巨大的压力。此时，企业的广告费用和广告宣传第二次达到高峰。

(2) 成熟期的广告目标。尽可能地吸引和稳定消费者，维持产品的市场占有率，并有效应对竞争。

(3) 成熟期的广告策略。

① 更加突出商标宣传。巩固企业和产品的声誉，加深消费者对企业和商品的印象。对于名牌企业和名牌产品，应善于提高和保持顾客的忠诚度。

② 宣传的重点在于提高服务质量、降低价格等优惠政策。利用这些策略吸引更多顾客继续购买产品。

③ 进一步采取"差别化策略"。广告诉求必须具有强有力的说服力，突出本产品同其他品牌同类产品的差异性和优越性，强调产品与同类产品相比带给消费者的额外利益，同时，企业应抓住该阶段产品

销量大、成本低的有利时机改进产品性能，提高产品竞争能力。

④ 产品宣传与企业宣传相结合。使产品和企业形象根植于消费者心中，为下一个新产品上市做铺垫工作。

4. 衰退期的广告策略

(1) 衰退期的市场特点。由于同类新产品的出现、消费方式的改变、技术进步等因素，原来很热门的产品，最后也不得不从市场上退出来，此时产品进入衰退期。

① 产品的销售量、需求量和利润率急剧下降。

② 这时许多竞争对手纷纷转产，即使增加产品的广告投入，市场也不会得到明显改善。

(2) 衰退期的广告目标。重点放在维持产品市场上，采用延续市场的手段，保持产品的销售量或延缓销售量的下降。最好能保持产品的销售量，如不能则尽力延缓销售量的下降。

(3) 衰退期的广告策略。

① 广告策略以"提醒式"广告为主。企业如果进行广告宣传，其规模也一定非常小，属于"提醒式"广告，大幅度削减广告费用，减少到保持坚定忠诚者需求的水平。企业只是提醒媒体受众注意该产品的存在，某品牌产品依然是消费者忠实的朋友。提醒式广告主要突出产品的品牌，以唤起媒体受众对产品的回忆。同时也使对本品牌产品持有忠诚感的顾客感到欣慰——让他们认为他们所购买的产品"还是有人要的"，并不像人们想象的那样过时。

② 广告的诉求重点应该是产品的销前和售后服务，以保持企业荣誉，稳定产品的晚期使用者及保守者，同时对仍在使用老产品的消费者提供良好的服务，使他们得到实惠。

③ 开发新产品来替代老产品。企业应该开发新产品，或者进行品牌延伸，将成功的品牌引用到新产品上。它可以将媒体受众对原有品牌的认知自然过渡到新产品上，从而为新产品打开市场奠定基础。例如，国产品牌"金正"的VCD产品进入衰退期后，转而开发DVD产品，这样就可以直接将原有品牌的认知自然过渡到新产品上，新产品称为"金正DVD"。

3.1.3 不同活动规模的广告策划

1. 整体广告活动策划

整体广告活动是指多个按照统一的目标与计划开展的广告活动，是多个相关联广告活动的总和形成的广告系列，又称为广告运动对整体广告活动的策划。

整体策划在统筹企业广告活动、集中力量树立商品品牌形象方面具有重要的意义。整体广告活动策划具有规模大、持续时间长、内容复杂、难度高等特点。例如，伊利牛奶2008年的整体广告推广活动。作为唯一一家符合奥运标准和为奥运会提供乳制品的中国企业，伊利集团在"奥运时代"背景下对全新品牌形象进行了整合推广。伊利集团以"宣传奥运、支持奥运、服务奥运"作为自身参与奥运推广的理念和根本目标，同时在具体的广告活动设计上，也从社会公益和服务的角度出发推广奥运，从而获得了消费者的信任和认同。

2. 单项广告活动策划

单项广告策划是指按照单一目标开展的某一项具体广告活动。单项广告活动策划具有规模小、持续时间短、内容简单、难度小等特点，例如旅游节、美食节等，会指定某个媒体为其做广告。又如，潘婷洗护系列有许多类型的洗护产品，所邀请代言的明星各具其一，其中每位明星代言的一种产品的广告即为一个单项广告。

3.1.4 按广告策划内容的全面性划分

1. 战略型广告策划

战略型广告策划指企业发展的广告战略规划，涉及范围较广，规模较大，时间周期较长且投资也较大。战略型广告策划是企业经营发展战略的一个重要组成部分，只有制定出一个科学的广告战略规划，企业的广告目标才会明确，广告活动才会更有针对性和实效性。

2. 战术型广告策划

战术型广告策划指企业针对细分市场，某些产品在一定时期内进行的广告活动所制定的广告规划，是在广告战略的指导下进行的具体广告活动的执行计划。不同地方的风俗民情是不同的，这就需要企业针对不同地区的人们制定适合他们的广告。

3. 单一型广告策划

单一型广告策划指企业针对某一目标市场，某一产品在一定时间里进行广告活动所制订的广告执行计划，是对战术型广告策划的进一步细分化。例如，到了夏天，由于天气炎热，冷饮、饮料等商品销售紧俏，所以每当快到夏天的时候，人们总能看到冷饮的广告络绎不绝，但是一到冬天就消失得无影无踪，这就是单一型广告策划。

3.1.5 不同功能的广告策划

1. 促销广告策划

促销广告策划是指在较短的时期内投入较多的广告费，以创造消费者需要，为直接促进销售而进行的广告策划。促销广告策划的要点如下。

(1) 设定量化的目标。
(2) 必须提供一个能够打动人心的"刺激"，并以生动的形式表现出来。
(3) 要以促销活动为中心。
(4) 要注意时机的选择和广告媒体的使用。

2. 形象广告策划

形象广告是指企业长时期内持续投入稳定费用进行宣传，逐渐使企业或品牌形象为受众所认可，达到树立形象、增强信任的目的。

(1) 品牌形象策划的要点。

① 在长时期内，产品的品牌名、包装、价格及每一则广告的风格都必须服务于某一统一的形象。
② 广告目标定位准确是品牌脱颖而出的保证。
③ 注意分析研究消费者的心理需求和形象消费情况。
④ 一个经久不衰的品牌形象需要一种精神内涵。

案例："动感地带"（M-ZONE）的品牌塑造

2003 年，"动感地带"作为与全球通和神州行并行的第三大子品牌，一经推出就受到了广大用户的认可。其品牌塑造的成功之处如下。

- 灵活的定价措施。"动感地带"这一新品牌主打的短信套餐，从定价方式上真正做到定价的人性化和市场化。

- 合适的品牌代言人。周杰伦的代言（图3.5），让"动感地带"人气飙升。拥有健康、阳光、个性形象的周杰伦在15～25岁年轻人中极具号召力，其影响力不仅提升了"动感地带"在年轻人中的知名度，也使得"动感地带"的品牌内涵更加彰显。
- 广告宣传独树一帜。频频出现在报纸、杂志、电视、广播及网站上的"动感地带"广告惟妙惟肖地传达该品牌的核心价值与定位。同时，独特的广告语——"我的地盘，我做主"（图3.6）——更是从内心深处触动了青少年们渴望自由、独立的心，引起了广大动感用户的共鸣，得到了越来越多年轻人的认可。

图3.5 动感地带宣传广告A

图3.6 动感地带宣传广告B

(2) 企业形象广告策划的要点。

① 主要着眼于长远规划，应持续不断地坚持下去。

② 广告应该与企业的CI、公共关系、促销活动等相配合，才能取得相得益彰的效果。

③ 既要准确地、完整地、快速地传达企业的信息，又要注意各方信息的反馈。

3. 观念广告策划

观念广告策划就是意图改变或树立人们的某种观念而进行的广告。在一段较长的时间内持续投入稳定费用，逐渐使所要传播的观念为受众所接受，一是改变某种偏见而建立某种观念，二是逐渐培养起某种新观念。

观念广告策划的要点如下。

(1) 要对所倡导的观念有深入的了解，包括社会背景、核心主张、结果等。例如，要对"绿色食品"的观念进行广告策划，首先要了解什么是"绿色食品"，它有什么科技支撑，它是如何风行的，等等。

(2) 观念广告活动持续时间长、见效慢，要确定长期稳定的广告预算策略。

(3) 在创意表现上切忌刻板说教，要以情动人。

(4) 目标难以量化，需要定性的认识，因此，对观念广告的效果评估要有正确的认识。

(5) 转变或培养观念是长期的，广告策划应该分阶段实施，不可急于求成。

例如，对"男性香水"的观念进行广告策划时，首先要对男士香水本身进行深入了解，包括它产生、发展的历史过程，它的成分、味道的特点，它在西方国家被普遍接受的原因等。同时对我国市场进行调查，了解不同消费人群对它的看法和接受程度等，在此基础上明确广告目标，这个目标不是要达到多少销售额，而是让更多的人从心理上接受男士香水、喜欢男士香水、使用男士香水。在广告创意和表现形式上尽量做到新颖独特，既让人印象深刻又能打动人心。当然，这个广告一定要长期性、阶段性地进行，在不同阶段要有不同的阶段目标、战略策略、创意表现策略、预算策略和效果评定模式。

4. 解决问题广告策划

解决问题广告策划是在短时间内集中投入较多费用，为直接解决广告主面临的紧迫问题而进行的广告策划。解决问题广告策划的注意点如下。

(1) 要深入了解问题的实质。
(2) 要以解决问题为导向。
(3) 要运用恰当的诉求方式。
(4) 要遵循道德性原则。

5. 竞争性广告策划

竞争性广告主要是指比较广告，分直接比较与间接比较两种。竞争性广告策划的要点如下。

(1) 真实性原则。
(2) 可比性原则。

6. 应变性广告策划

应变性广告策划是配合危机公关的一种手段，旨在重塑企业形象，澄清事实，向公众致歉等。

(1) 危机的主要类型。

① 公害（环境污染）问题而引起的危机。
② 意外灾难性事件而引起的危机。
③ 次货或劣货而引起的危机事件。
④ 反宣传事件而引起的危机。

(2) 应变性广告策划的要点。

① 原来进行的广告计划要及时撤换，尤其是那些与危机事实相悖的广告论调。
② 要反应迅速。
③ 要注意内部沟通，统一口径。
④ 要以诚待人。
⑤ 要对症下药。

例如，2008年奥运会，耐克公司与刘翔签订了高达400万元人民币的广告赞助合同，2008年8月18日，刘翔退赛，面对突发事件，耐克在事发后短短的12个小时内就推出了新广告（图3.7）进行悲情营销，其反应之迅捷，令人称道。

7. 事件性广告策划

事件行销通常是借助话题，甚至制造话题，吸引众多的参与者，引发媒体的争相报道和大众的口耳相传，在短时间内炒热某一事件，实现高效的传播效果和迅速提升知名度。

图3.7 耐克"刘翔退赛"

(1) 事件的类型。根据事件产生的原因，可分为自发的重大事件和人为事件。
(2) 事件性广告策划的要点。
① 事件必须与所要塑造的企业形象或促销的产品相吻合、相协调。
② 事件既要吸引人、有趣，又不能故弄玄虚、哗众取宠、流于庸俗，要有品位。
③ 要顾及相关的法律规定。
④ 要善于把握事件性广告的时机。
⑤ 要认准目标对象。
⑥ 事件性广告效果的巩固。

3.1.6 不同市场地位的广告策划

1. 市场领导者的广告策划
(1) 市场领导者的竞争策略。
① 扩大整个市场需求。
② 保护市场占有率。
③ 扩大市场占有率。
(2) 市场领导者广告策划的要点。
① 领导者要保持现有的市场地位，就需要不断地宣传最初的产品概念。
② 用潜在顾客的话来建立并巩固领导地位，而不能用自己的话。
③ 根据竞争对手的广告攻势，做出适当的反应，决不让竞争者有机可乘。
④ 生产多个品牌以压制竞争品牌，多品牌的力量来自各个品牌定位的单一性。

2. 市场挑战者的广告策划
(1) 市场挑战者的竞争策略。
① 正面进攻——在产品、广告、价格等方面进行直接的较量。
② 侧翼进攻——集中力量填补竞争对手在现有市场上无法覆盖的缺口。
③ 包围进攻——向市场提供对手所能供应的一切，甚至还要多。
④ 迂回进攻——绕过对手，转向较为容易进入的市场发动进攻。
⑤ 游击式进攻——向不同的地区发动小规模、断续的攻击，加强干扰，巩固永久性市场份额。
(2) 市场挑战者广告策划的要点。
① 与竞争策略相对应，广告策划首先也要明确竞争对手。
② 根据进攻策略进行广告策划。

3. 市场追随者的广告策划
(1) 市场追随者竞争策略。
① 紧随市场新趋势，在尽可能多的细分市场和营销组合领域模仿领先者。
② 保持距离，但又在主要市场和产品创新、一般价格水平和分销上追随领先者。
③ 有选择地追随，可能具有完全的创新性，又避免直接竞争。
(2) 市场追随者广告策划的要点。
① 核心问题是走一条不会引起竞争性报复的发展路线，避免发生持久广告战。
② 可以在价格、产品、分销等多方面模仿领先者，但广告策略一定要突出差异性。

3.2 广告策划的基本模式

3.2.1 广告运作的总体模式

现代广告运作的基本模式如图3.8所示。

(1) 广告主是广告的发起者，他们依据自身营销的需要发起广告，并且承担广告目标、广告进程、广告费用的总体计划和管理任务。

(2) 广告代理商是广告的规划者，他们受广告主的委托，依据广告主的要求，负责制定广告策略、制订广告运动和广告活动的具体计划、创意设计广告作品并且提交广告媒介发布。

(3) 广告媒体是广告的发布者，他们主要承担将广告信息传达给广告客体的任务。

在"广告主—广告代理商—广告媒体"的运作链条上，现代广告展开了"发起—发展策略—执行"的运作过程。广告运作是一个动态的过程，是一个

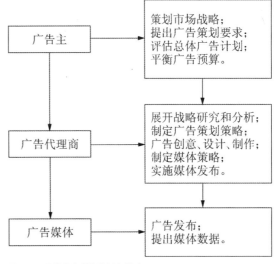

图3.8 现代广告运作的基本模式

业务展开需要环环相扣的过程，也是一个可以根据广告主的要求，增删业务展开的环节的流程。在这个运作过程中，广告主、代理公司、广告媒体将会表现出各自鲜明的功能和充分的配合。其中，人们最关注的还是站在广告代理公司的角度，展开动态的策略研究、分析，完成策略制定，以及创意、制作、执行的业务内容。

3.2.2 广告策划中的战略分析模式

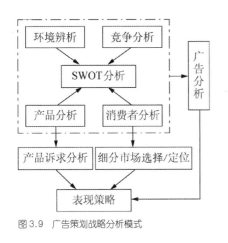

图3.9 广告策划战略分析模式

当接受委托，开始接触一种产品或服务，并围绕它展开调研时，广告的战略分析就开始了。广告策划战略分析模式如图3.9所示。

1. 环境分析

广告的策略分析要从环境分析入手。环境会对企业营销和广告策划都有框定性的、渗透性的甚至是决定性的影响。比如，经济萧条使消费者预算收缩、奢侈品销售下降；网络技术的发展对销售通路产生影响；OTC政策（非处方药政策）使消费者形成新的药品消费观念；人口结构老化提供新的市场需求；文化潮流变迁改变传播话语；环境意识要求企业和产品有新的绿色形象；等等。在制定广告战略的过程中，必须关注大环境，并在动态环境中使广告战略创造性地适应它。

怎样才能从身边众多的变化中筛选出重要的东西呢？建议大家集中精力考虑最基本的若干问题，比如经济环境、技术环境、产业政策环境、人口环境、文化环境、自然环境等。当然，也可根据实际需要进行安排，如某些行业特别受环境因素影响时，可加大这部分的分析力度。

环境分析的重点在于判断环境中哪种趋势会对策划产生至关重要的影响，以便寻找企业可利用的机会，及时规避威胁。

2. 竞争分析

产品总是归属于某个市场范围。市场竞争分析的目的是认清所处市场中的格局，确定竞争对手范围，并分析竞争对手的长处和短处，从而为挖掘和完善自己的优点提供方向。

市场格局是由众多的参与者相互作用而形成的。从广义上说，这些参与者都可以囊括在竞争对手的范围内，他们包括直接竞争对手、进入者、替代者、消费者、销售商。这些市场参与者中任何一方的战略调整和实力变化，都会引发更多的调整和变化，从而使市场格局发生变化。

在上面的5种力量中，人们最为关注的是现有竞争对手。对竞争对手进行监控可以使人们熟悉竞争对手的长处和短处，并且对他们的潜力、目标、当前的和未来的战略做出判断。这样就能努力挖掘自身产品的优点，努力在竞争对手相对薄弱的环节获得突破，建立竞争优势。

直接和竞争对手对比的确是辨别优势——劣势的比较简单和直接的方法。虽然各个企业的产品不完全一样，但对每个企业来说，都可以将自己的产品和竞争对手的加以比较，以便能够确定扩大市场份额的独特方法。

3. 产品分析和产品诉求分析

了解一个企业可以从企业产品与市场的沿革入手。掌握了体现在产品上的企业的竞争力——企业的核心能力，可以更本质地理解企业的营销意图，把握广告战略的方向。

在产品与企业分析中，对产品的看法应该是立体的。

(1) 这里所指的产品既包括基本的产品或服务，也包括售前、售中、售后所提供的服务。

(2) 要考察产品所处的生命周期，使广告战略切实为产品营销服务。

(3) 还要将单独的产品放在企业的产品组合中进行综合考虑，明晰产品在企业产品队伍中应承担的角色和功能，了解产品所能获得的营销支持，从而使广告战略和企业的营销思路相吻合。

若要使产品出彩或使服务更具竞争力，光依靠功能利益的营销理念已是远远不够的了。如今，人们寻求的不仅是物美价廉的服务，而且更强调服务利益和关系利益。服务使得买卖双方的交易更加简便、快捷、省钱，更令人愉快。

在把握了产品的核心竞争力后，也就掌握了广告诉求的核心内容。如果同类产品的同质化程度非常高，难以捕捉到产品的差异点，那么有意识地强化广告中的感性一面是必要的。

4. 消费者分析和细分市场选择

消费者分析的主要目的有两个：一个是了解消费者的购买潜力和生活形态，捕捉到属于本产品或品牌的消费者；另一个是了解本产品或品牌的消费者的购买习惯和媒体接触偏好。从操作的难度来说，完成前者需要花费的精力是比较大的。

在市场中捕捉自己的消费者通常采用的方法是市场细分法。市场细分法是以消费者正在或打算寻找的东西为标准，将一个较大的、复杂多样的市场分解成较小的、具有共性的细分市场，从而提供针对性的产品、服务和广告诉求。

消费者分析有很多不同的角度，比如有地理细分法、人口统计细分法、消费过程中的细分法、消费心态学和生活方式细分法等。细分市场的选择反映了细分市场的消费者需求、市场竞争强度、企业竞争优势之间的三角关系，其目的就是寻求三者之间的匹配，完成企业的抉择，以保持与环境的和谐。

5. SWOT分析

在以上各部分分析的基础上，可以将以前的许多分析进行总结，并最后以SWOT的思路做一个简洁的总结分析。SWOT 分析的目的是确认组织的当前战略与其优势 (Strength)、劣势 (Weakness)、机会 (Opportunity) 和威胁 (Threat)，并寻找以下结论。

（1）在产品和企业现有的条件下，如何最优地利用自己的优势条件。

（2）为了更好地对新出现的竞争做出反应，必须对产品或服务采取哪些调整。

（3）与以上两个问题相配合，必须采取哪些广告行动。

只有回答了这几个问题，SWOT 分析才算结束。

6. 广告目标

制定广告目的和广告目标是继分析之后，为了明确广告活动的任务，使广告策划的方向有所保障，而设定的一个工作环节。广告目的是指广告活动的大方向，而广告目标则是在目的基础上，以具体的数字来量化说明广告目的，使得广告策划能够依据具体的任务，有理、有据、有效地完成广告任务。

7. 广告的表现策略

广告的表现策略的制定在广告策划过程中是一个承上启下的环节。在完成了策略分析的基础上，需要完成广告作品的创意、设计、制作，为了使广告作品与策略决策思路的要求保持一致，制定表现策略，对诉求风格、创意、设计、制作的原则进行判定和说明是十分必要的。

3.2.3 广告策划中的制作表现模式

广告策划中的制作表现模式如图 3.10 所示。

在广告策划过程中，基于明确的广告目标基础可以发展出合理的广告创意。而这种展现表现策略的创意原则，将在后续广告策划活动中分别引领综合促销战略以及大众媒体广告的展开。

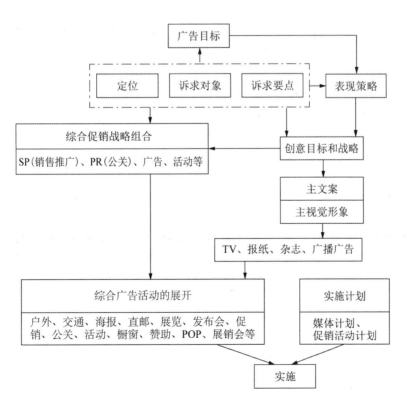

图 3.10 广告策划中的制作表现模式

3.3 广告策划的阶段

广告策划集谋略与科学程序于一身。一个广告策划的完整过程，通常业务涵盖面广、执行的难度大、工作量也比较大，而且需要一个人员配备完善的工作队伍。因此，可以把一个完整的广告策划周期划分为多个阶段，每个阶段可能仅仅涉及相对独立的一小部分策划工作，比如媒体策略、广告创意制作、某项广告推广活动计划的安排等，在不同阶段，策划工作的对象、内容、目标均有所不同。这样划分后，每个阶段的工作难度相对降低，工作的流程也更为简单，工作人员的配备也可以比较单一。同时，通过阶段性的工作对整个广告策划运作过程加以把握，更有助于抓住中心，突出重点，明确各个阶段不同方面的特殊性，保证策划工作有条不紊地进行。

通常情况下，一个规范的广告策划过程可分为组织准备、市场调研、战略规划、制订计划、实施与总结 5 个阶段。

1. 组织准备阶段

(1) 成立广告策划小组。策划小组应由客户主管、策划创意、文稿撰写、设计制作、摄影摄像、市场调查及媒介公关等方面的人员组成。成立策划小组意味着要用集体智慧来完成广告策划工作，是广告策划活动由经验化向规范化、科学化发展的有效途径。

(2) 规定工作任务，安排时间进程。

2. 市场调研阶段

广告调研是广告策划的前提与基础。这一阶段，主要是进行市场调查与分析研究，并根据市场调查所取得的资料进行分析研究。

(1) 调查、搜集市场信息和相关资料。其中包括企业产品的历史、现状、特点及营销状况，品牌及产品调查、品牌形象调查，消费者的需求、动机及购买能力，市场的社会经济环境、对产品的容量及竞争者状况调查等内容。针对品牌及产品调查，既要详细了解品牌各构成要素的具体内容，又要详细了解产品的外观、结构、功能、原理、材料、技术、质量、价格、制作工艺、使用方法及保管、养护、维修措施等。

(2) 分析、研究相关资料数据。对调查、搜集的全部资料和数据进行归纳、总结、分析、研究，根据市场调查资料和分析研究结果写出市场调查报告，要求能够描述现状，揭示趋势，为企业营销和广告决策的制定提供参考依据。

3. 战略规划阶段

战略规划是整个广告的核心与主体，主要对广告活动的整体过程和具体环节进行决策和计划。

(1) 在前期市场调查、分析研究的基础上，作出决定性、战略性选择，包括制定广告战略，确定广告目标、广告重点、广告地区等。

(2) 进行战略规划。以策划创意人员为中心，决策广告策略，结合相关人员对广告目标加以分析，根据目标市场策略确定广告的定位策略和诉求策略，进而发展出广告创意和表现策略，根据产品、市场及广告特征提出合理的媒体组合策略、促销组合策略等。

(3) 这一阶段的规划还涉及广告机会的选择、广告计划的制订以及有关广告预算和策划报告的写作等。

4. 制订计划阶段

(1) 把战略规划用具体系统的形式加以规范，要确定广告运作的时间和空间范围，还要对媒体的选择和运用做出限定，包括用怎样的媒体组合比较合理；广告的频率如何；需要多少经费预算才能支持这样的频率；等等。

(2) 编制广告策划文本，即策划书。策划书既是策划成果的集中体现，也是策划人员向客户说明并争取广告业务的文本依据，因而必须经过认真修改与审定之后才能完成。

(3) 与客户进一步沟通，并对策划阐释说明，最后就广告策划方案达成一致意见。

5. 实施与总结阶段

(1) 执行并实施广告决策与计划，同时对实施过程进行监控。广告计划经过有关部门批准之后，广告策划小组分工合作，按照计划要求，对广告进行创作、设计，并对广告作品进行事前测定与评价，然后定稿并按计划实施发布，之后对整个过程进行监控和调节。

(2) 评估与总结。对广告发布后的传播效果和促销效果进行测定评估。广告作品发布之后，要运用各种方式对广告效果进行调查，并根据调查结果写出广告总结报告。

3.4 广告策划的流程

广告策划的程序是指广告策划工作应遵循的步骤和方法。广告策划是一项科学活动，不能盲目进行，必须按照一定的步骤和程序进行。广告策划实际上属于营销战术的范畴，精心策划出的广告计划，会产生具有竞争力的战术。一般来说，广告策划可由企业提出构想和说明，具体实施运作可委托广告代理公司。当某家广告公司参加企业的产品说明会后，或直接接受某个广告主的委托后，一般按照以下步骤展开工作。广告策划的基本作业流程如图 3.11 所示。

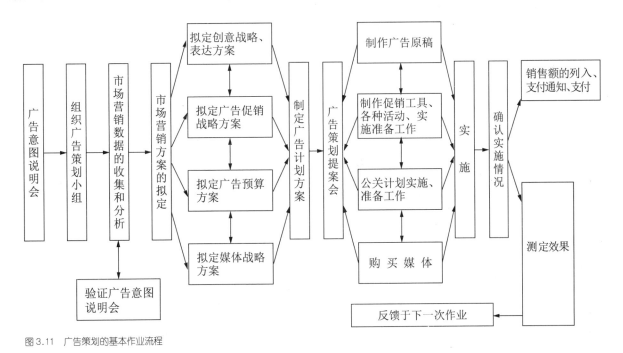

图 3.11 广告策划的基本作业流程

3.4.1 选择合适的成员，组建广告策划小组

一般情况下，广告策划小组一般在调查工作开展前成立，具体负责某一特定广告的策划工作。一个策划小组以 3～6 人为宜。除了核心的策划小组，最好还能够有一个外围的支持小组，为策划小组提供

咨询与资料等。广告策划小组需要集聚多方面的人才组成，一般包括以下方面。

1. 业务主管

业务主管（Account Executive，AE）具有特殊的地位，一般由业务部门经理、创作总监或副总经理甚至总经理担任，负责与广告主的联络和业务洽谈，保持和发展与广告主的良好关系以及进行沟通，保证广告客户在广告公司的活动得以开展。

业务主管具有双重身份，是双方沟通的桥梁。一方面，他们代表公司深入了解客户，与客户洽谈广告业务，同时参与广告目标及策略的制定；另一方面，他们又代表客户，把上述的详细信息传递给公司的制作人员，并监督广告活动的开展。显然，业务主管往往是一次广告策划活动的中心，他实际上领导着整个广告策划小组工作的开展。因此，对业务主管的知识和素质有较高的要求，他们水平的高低是衡量一个广告公司策划水平高低的重要标志之一。

2. 策划人员

专门负责广告策划工作，主要负责编拟广告计划。策划人员要有统筹全局的能力，归纳整理并协调各种意见与建议，编拟成具体计划，并推行实施。

3. 文案创作人员

专门负责撰写各类广告文案，包括标题、正文、新闻稿及说明书等。文案创作人员要有较强的营销思维和撰写文字的能力，能够将广告信息通过文案销售给广告对象。

4. 美术指导和设计人员

他们在策划小组中担当着极为重要的角色，专门负责各种视觉形象的设计。各种媒体上发布的广告，只有在艺术视觉效果方面有突出的表现，才能在第一时间吸引消费者。

5. 摄影员

负责提供美术设计人员所需要的各种摄影资料素材。

6. 市场调查员

负责各种市场的信息收集、调查和分析，写出市场调查报告，提供给策划小组参考讨论。

7. 媒体联络人员

媒体联络员要熟悉每一种广告的优势劣势、刊播价格、传播效果等，并且与媒体有良好的业务关系，能够向主要的媒体争取到广告版面或播出时间。

8. 公共关系人员

负责公共活动的组织和执行，能协调有关方面的公共关系以获得支持和帮助，并且要能够提出公共关系建议。

广告策划小组详细的人员分工保证了整个广告策划过程能够顺利、有条不紊地进行。在实际广告策划活动中，根据广告活动的规模大小和难易程度，在人员配备上可能有所出入，有时候小组成员可能会身兼数职。但是在小组中，业务主管、文案创作人员、美术指导和设计人员非常重要，是必不可少的，其他人员则配合整体策划活动的进行。总之，以业务主管为中心，组织各方面的专业人员组成广告策划小组，是完成广告策划工作的主体，也是广告策划工作的第一个环节。

广告策划的主体是广告策划小组而非个人，策划的效果必须由广告策划的团队的运作来保证。广告策划的多人协作并不是人员数量的简单叠加，而是根据不同内容和环节的需要，寻求在知识技能经验等方面的最佳组合。

3.4.2 明确分工，深入调研，下达任务

根据广告客户提出的要求，策划小组初步规划出广告策划活动的大致工作任务，进行分工，并向有关部门下达任务。

1. 内部项目说明会：介绍客户情况，传达客户的意图、想法

第一步是要充分占有和掌握有关信息资料，如了解市场状况、目标消费者的基本情况、企业产品的生产与开发等。广告客户在广告意图的说明会上，或者广告业务洽谈过程中，已经做过一些介绍，但还是不够的，需要更深一层做好市场调研方面的工作。

(1) 市场调查、搜集信息和相关材料。立足于与消费者的良好沟通，有选择地吸取营销调查的相关成果。或者通过直接调查获得第一手资料，或者通过其他间接途径搜集有关信息，最大限度地占有相关材料。

(2) 研究和分析相关资料。对所得的材料进行整理、归类，剔除多余信息，将有用信息总结分析，制定出真实确凿的数据报告，为进一步制定策略提供依据。

首先要向公司内市场调研部门提出明确的要求，下达任务。同时，要求创意、媒体、制作设计等部门做好配合。

2. 拟定工作计划并向有关部门下达任务

确定广告任务与工作计划，各部门任务分工。

需要落实任务分工的部门主要有市场部、媒体部、策划部、设计制作部等。例如，为了了解产品在市场上的情况以及消费者和竞争者的状况，广告策划小组要向市场部下达市场调研的任务，以保证整个广告策划的有效进行。

3.4.3 会商研讨广告策划活动的战略策略，进行具体的策划工作

在得到有关信息资料之后，要在此基础上进行消化，着手拟定广告战略，确定广告目标。以此为起点和方向，对品牌策略、广告主题、广告媒体战略和广告创意表现战略等，以及与之相配合的其他营销策略进行决策和筹划。

1. 广告战略

广告战略是指企业为了实现一定的经营目标，通过对企业内部条件与外部环境的调查分析，在把握广告活动规律基础上，制定出对广告活动具有全局性和较长时期指导意义的决策。广告战略具有全局性、长期性、方向性、平衡性和指导性的特点，是广告规划期内广告活动的核心，所有其他有关内容都是围绕这一中心展开的。其核心内容是广告策略。

2. 广告策略

广告策略是广告策划者在广告信息传播过程中，为实现广告战略目标所采取的对策和应用的方式方法与特殊手段。广告策略可划分为产品策略、广告市场策略、广告发布时机策略、广告媒体策略、广告表现策略、广告促销和活动策略等。

3. 广告目标

在这一步骤中，提出和确定合适的广告目标是非常重要的，它是企业广告战略的核心部分，其他的一些策略构想，则是实现广告目标的战术措施。需要注意的是，不论是广告战略目标，还是战术策略，

都不是凭空臆想，闭门造车出来的，既要重视对有关资料的分析研究，还应多进行集体讨论，充分利用大家的智慧。

4. 广告创意与表现策略

广告创意与表现策略是以策划创意人员为中心，结合相关人员对广告战略目标加以分析，根据广告战略确定广告的定位策略、诉求策略，进而确定广告的创意和表现策略，根据产品、市场及广告特征提出合理的媒介组合策略、其他传播策略等。它是整个广告策划的核心运作阶段，也是广告策划的主体。

5. 广告媒介策略

（1）媒介选择与组合：首先对媒介形态及具体时间（空间）进行选择，然后进行科学合理的媒介组合。

（2）媒介排期与购买：确定发布广告信息的具体媒体、时段、频次、价格等。

6. 其他活动策划

（1）公共关系策略：企业通过开展公关活动，维持或促进与政府、公众等的关系。

（2）销售促进策略：企业通过某些促销手段，带动产品的销售，保持竞争的主动性。

（3）其他活动策略：企业通过事件营销、信息发布会、示范、表演、馈赠等手段与消费者进行的营销沟通。

7. 广告策划方案制定

一般包括以下内容。

（1）拟定广告主题。

（2）进行广告语的创作。

（3）确定广告表现形式。

（4）选择广告媒体。

（5）广告预算与效果评价。

3.4.4 撰写广告策划书

各部门完成既定的工作任务后，策划人员将根据研讨的结论进行收集整理工作，把各部门提出的原始方案重新梳理归纳，然后负责编制成完整的广告策划书。

广告策划书是广告策划的产物，是广告策划过程中所决定的战略、策略、方法、部署及步骤的书面体现。撰写广告策划书目的是给广告活动提供一个行动大纲，对复杂的广告活动的进程和行动予以协调。广告策划书没有标准格式，完全依据广告活动的规模和要求或长或短，或简单或复杂。

尽管广告策划书没有固定的模式，但是在实际撰写过程中，其内容可以依照策划的流程，按以下纲目依次撰写。

（1）前言。主要阐明广告目的，说明这套计划的任务和目标。广告公司各部门和广告主一看这部分的内容，就可以对整个广告策划的主要内容有所了解。

（2）市场环境分析、产品分析和消费者分析。

（3）广告定位和广告目标。

（4）目标消费者和目标受众的确定。

（5）广告表现。

(6) 媒介策略。

(7) 广告预算分配。

(8) 广告效果预测及安排实施广告效果测定。

以上是广告策划书的主要内容,但不是唯一的格式,广告策划小组在撰写广告策划书时,既要考虑其实用性和科学性,还应用广告主容易接受的形式作为广告策划书的主要表现手段。

3.4.5 向客户递交广告策划书并由其审核

这部分的工作内容主要包括召开提案会、修改策划方案。

美国广告专家威廉·博伦认为,广告策划书是广告代理(广告公司)给客户(广告主)的一份作战计划。

广告策划能否被广告客户采纳接受,还有一道工序需要重视,这就是准备参加向广告客户说明介绍广告策划的决策构想的提案会。大型企业、较大规模的广告活动,往往会采取竞标的方式来决定采用某一广告决策方案,在提案会上能否成功,很大程度上决定着广告策划方案能否顺利通过。故而一定要充分准备,必要时可在公司内部进行彩排,以便发现不足,精益求精。

广告提案是广告策划的有效阐述形式,简单地说,广告提案就是运用口头说明的方式,以视听媒介为手段,将广告策划书的重点呈现给广告主的一种形式。由于多数广告主在广告方面的知识有限,加之广告主高层主管的工作往往十分繁忙,花在广告方面的时间和精力是有限的,不可能有充裕的时间来消化甚至阅读一份完整的广告策划书。因此,采用面对面的口头报告,可以充分利用人际传播的特点,形成双向沟通,使广告主对广告策划书的背景和要点更易于理解,广告策划的结果也就更具有说服性,加上采用一些辅助手段,可以使得纯文字的广告策划书具有形象、具体的理解层面。广告策划出来之后,能否被广告主接受,在很大程度上要依赖于提案。提案是一种传播过程,也是一种说服手段。

在提案会上,广告主可能会提出一些新的要求或者对广告策划提案提出修改建议,这就需要策划小组及时根据客户的反馈修订策划书,待双方达成一致后,将广告策划书提交给广告主并由其进行审核。

3.4.6 实施广告策划

将广告策划意图交各个职能部门实施,并监督实施情况、评估广告效果。内容包括媒体选择与落实、广告效果的监测与调整。

广告策划书提交客户审核认可后,则交职能部门实施,包括组织广告作品的设计、制造和发布。负责最终实施广告策划意图的职能部门主要有设计制作部门(创作部)、媒体部门和公关部门。要按照广告策划书的要求购买媒体的时间和空间,同时针对所购买媒体的要求对广告作品(文字、图片、视频等)进行设计、制作。除此之外,广告策划小组依然是存在的,以便监督各职能部门的具体实施过程,针对实施中出现的问题进行及时的修正和解决,并着手安排进行广告效果的测定等。

总之,科学而周密的广告规划再加上具体扎实的行动,是达成广告策划最终目标的基础。表 3-1 直观地给出了一般广告策划活动的具体程序,它分为 5 个阶段,共 41 个步骤。

表 3-1　一般广告策划活动的具体程序

阶　段	步　骤	具　体　内　容
组织准备	1	组建广告策划小组；
	2	策划小组制定工作时间表；
	3	经协商向各部门具体工作人员下达任务。
市场调研	4	对产品进行分析，明确产品定位；
	5	对同类产品进行分析，明确竞争对象；
	6	对市场进行分析，明确市场目标；
	7	对市场发展机会进行分析，明确潜在市场在何处；
	8	对消费者进行分析，明确广告对象；
	9	对企业指标进行分析，明确销售策略；
	10	撰写市场调查分析报告。
战略规划	11	确定广告目标和广告指标；
	12	明确广告目的和重点；
	13	确定广告战略；
	14	制定最佳推销综合方案；
	15	明确创意观念、广告创意要点；
	16	决定广告表现战略；
	17	决定广告内容；
	18	确定广告文案方案；
	19	决定广告预算；
	20	确定广告地区；
	21	确定广告媒体策略；
	22	确定广告时间；
	23	确定广告单位数量。
制订计划	24	制订实现广告计划的不同方案；
	25	对不同广告计划方案进行评估；
	26	决定最佳广告计划方案；
	27	广泛征求意见，取得广告负责人认可；
	28	撰写广告策划书；
	29	召开客户参加的广告策划提案会；
	30	根据客户的反馈修订策划书；
	31	向客户递交广告策划书并由其审核。
实施评估	32	落实广告媒体；
	33	制作广告作品；
	34	检查广告作品的质量，进行评议或修改；
	35	将完成的广告作品送媒体刊登或播放；
	36	搜集广告信息反馈；
	37	对实施中出现的问题进行及时修正和解决；
	38	评定广告效果；
	39	总结经验教训；
	40	再次进行市场调查；
	41	制订新的广告计划。

单元训练和作业

1. 优秀案例赏析

2003 年海尼根（喜力）啤酒在我国台湾地区的广告策划如图 3.12～图 3.14 所示。

(1) 市场分析（我国台湾地区啤酒市场概况）。

本地啤酒市场占有率：60% 左右。

进口啤酒市场空间：40% 左右。

市场接近饱和。

(2) 消费者分析。

目标人群：年轻的上班族、聚会的朋友（调查显示）。

消费条件：时机、场合、方式、态度。

消费需求："气氛对就会多喝！""难忘的欢聚时刻，饮酒作乐！"

图 3.12　海尼根（喜力）啤酒平面广告

图 3.13　海尼根（喜力）啤酒 KTV 内灯箱广告

图 3.14 海尼根（喜力）啤酒 KTV 内墙面装饰广告

对"喜力"品牌的印象：

有距离感（高价格）；

"外国来的好朋友"（高知名度）；

"重要的日子常会想起它"（高质量、高档）。

(3) 竞争分析。

① 本地品牌的价格优势。

② 国外品牌的水货较多。

③ 与消费者存在距离。

(4) 广告营销计划策略。

① 与消费者拉近距离，强化本土消费者的品牌认同。

② 开拓重点特殊通道，保持进口啤酒品牌的领导形象。

(5) 目标市场。

针对主要消费场所——KTV（营销重点推广地点）。

原因分析：

① 欢聚畅饮的场合。

② 年轻上班族的休闲场所。

③ 其他竞争者投入和表现一般。

(6) SWOT 分析。

优势	劣势
高品质 高级品牌形象	价格高 销量低 水货多
竞争大多降价 促销缺乏整合力	KTV 啤酒竞争者多 没有价格优势
机会	威胁

(7) 广告战略策略。

① 通路选择：运用KTV通路（难点：KTV里的杂音大）。开发KTV里每一个可能进行沟通的机会点，做到全面化的气氛营造。

② 媒体选择：根据KTV中消费者的行为，掌握各个接触点，强调品牌和产品的沟通。

③ 广告创意策略：根据接触点的特性和功能，度身定做品牌信息。同时增加互动体验，加深注意、引发话题，增加品牌好感度。

④ 广告语："欢乐唱饮，就要海尼根！"

⑤ 广告目标：增加KTV内的现场气氛，刺激群体饮用兴致，提高海尼根啤酒品牌好感度，从而增加其销售量。

(8) 活动计划。

时间——暑期开始，持续6个月（销售旺季）。

地点——我国台湾地区61家KTV连锁点。

(9) 广告媒体策略。

① KTV 杂志广告。

② 大厅专区布置。

③ 电梯门贴。

④ 歌本插页广告。

⑤ 店头、餐桌、包厢广告POP。

(10) 促销策略。

推出"欢唱99"活动，将海尼根（喜力）啤酒包装成店内推荐的餐饮商品。

拼盘套餐——"人来疯"拼盘 + 99元 = 3罐啤酒 + "人来疯"拼盘。

(11) 广告效果。

① 销量提高3倍。

② KTV受访者表示海尼根（喜力）是一个高品质且亲切的大品牌。

2. 课题内容

课题时间：4课时。

教学方式：以讲授为主，理论与实践相结合，结合市场案例等实际问题布置作业，适当组织课堂讨论。

要点提示：掌握广告策划的类型，熟悉广告策划的程序，了解策划过程中的阶段性要求。

教学要求：通过理论学习和案例分析重点掌握广告策划的阶段和程序。

训练目的：锻炼学生的动手能力，特别是要在市场研究和广告策略制定方面有一定的实战经验。

3. 其他作业

(1) 某地的一家超市连锁商店要在社区开业了，请你考虑或揣摩其短期的广告策略要点（可假设），并在此基础上，拟定其开业典礼当天的商场现场广告活动计划。

(2) 选择一个知名品牌的男性香水，收集其相关资料，并针对情人节做一个促销广告策划，那么它的广告策划要分为哪几个阶段？分别包括哪些内容？具体程序是什么？

4. 理论思考

(1) 广告策划有哪些类型？

(2) 怎么理解广告的阶段性运作和整体运作？

(3) 广告策划中的战略分析模式是什么?

(4) 广告策划程序中哪些部分是最重要的,为什么?

(5) 概述广告策划的流程。

5. 相关知识链接

[1] 陈培爱. 广告策划与策划书撰写 [M]. 厦门:厦门大学出版社,2009.

[2] 黄升民. 广告策划 [M]. 北京:中国传媒大学出版社,2006.

[3] 金力. 广告营销策划经典案例分析 [M]. 北京:北京大学出版社,2009.

[4] 王吉方. 广告策划与实务 [M]. 北京:中国经济出版社,2009.

[5] 孙有为. 广告学 [M]. 北京:世界知识出版社,2001.

第4章 广告媒体策划

课前训练

训练内容：请大家思考，在日常生活中都会经常在什么场合接触到什么类型的广告。学生自由发言，并说明在这些五花八门的广告中，哪些广告给你印象最深刻，为什么？

训练注意事项：本训练题目的答案是多样的，建议学生畅所欲言，说出各自理解的广告类型。

训练要求和目标

要求：学生从生活当中发现广告的多种形态及特点。

目标：根据不同的广告宣传目的，科学合理地制订广告媒体计划，准确选择广告媒体并开展广告媒体战略，从而发挥它们的传播优势，增强广告效益。

本章要点

(1) 广告媒体的作用。

(2) 广告媒体的种类及特征。

(3) 广告媒体的评价指标。

(4) 影响广告媒体选择的因素。

(5) 广告媒体的组合运用。

引言

广告活动与传播密切相关，而传播活动是通过媒体来实现的。不同的媒体发挥其自身的优势，及时、准确、巧妙地把有关信息传递给目标消费者。广告借助于媒体可以传播，反过来又给各类媒体造成一定的影响。正确地选择与组合媒体，是广告活动取得成功的重要因素之一。

4.1 广告媒体概述

广告媒体是动态的，并永远在改变当中。不断有新的报纸杂志出版、广播与电视媒体为满足受众不断变化的需求而频频改版、设置新栏目。而当今可以用来发布广告的媒体更如繁星般让人眼花缭乱，且不断有人推陈出新，创造出全新的广告媒体。面对如此纷繁复杂、变幻莫测的广告媒体世界，首先要弄清楚的问题是：什么是广告媒体？

4.1.1 广告媒体的概念

广告宣传必须通过能与广告宣传对象的视觉、听觉或其他感官相联系的物质，借助这些物质所固有的吸引力和适合性极其普遍的传播作用，使广告力求准确、传播广远、深入人心。这种物质被称为"媒体"。

媒体又称媒介，属于典型的外来语，即英语 Media。媒体为 Media 的意译，媒介为 Media 的音译，在应用中，两个词基本通用不加区分。其意为"中间的""手段""工具"等。

广告媒体就是指在广告活动中负责把商品与劳务信息传递给目标受众的物质载体，即能够被用以向消费者传递广告信息的中介物。任何一种事物，只要加上广告信息，都可以成为广告活动的载体，即广告媒体。所以广泛地讲，凡是能在广告主与广告对象之间起媒介和载体作用的物质，都可以称为广告媒体。

从上述广告媒体的定义中，可以明确以下几方面的内容。

（1）广告信息是指广告主所要传达的主要内容，包括商品信息、服务信息、劳务信息、观念信息等。

商品信息，是广告内容中最简单的一种，也是商品广告中最主要的内容。这类广告的主要作用是使消费者能及时了解某种商品信息，并且能在更大范围内销售。劳务信息包括各种非商品形式买卖或半商品形式买卖的服务性活动的信息。例如，文娱活动、旅游服务、艺术摄影、饮食及信息咨询服务等行业的经营项目。观念信息是指通过广告活动倡导某种意识，使消费者从态度上信任某一企业，在感情上偏爱某种品牌，从而树立一种有利于广告主的消费观念。

全面理解广告所传递的信息内容，有助于更好地进行媒体选择，从而更充分地发挥广告的作用。

（2）媒体作为信息传递、交流的工具和手段，在广告信息传播中起着极为重要的作用。但是，媒体一词具有多义性，在不同场合有不同的含义。比如，可以说语言、文字是传播媒体，也可以说计算机、电话、报刊、书籍、广播、电视等是传播媒体，还可以说报社、出版社、电台、电视台是传播媒体。

概括起来说，传播媒体大致有两种含义：①它指信息传递的载体、中介物、渠道、工具或技术手段；②它指从事信息的采集加工制作和传播的社会组织，即传媒机构。这两种含义指示的对象和领域是不同的，但无论哪一种意义上的媒体，都是社会信息系统不可缺少的重要环节和要素。

媒体这个概念并不像看上去那么简单，在没有引入传播媒体理念之前，传媒便早已存在，如击鼓传讯、烽烟、驿站等古已有之的传递信息的方式，也都是传媒，因为它们都是人们传播能力的延伸。

充分理解媒介的特性，有助于准确把握广告媒体的实质，合理地开发和利用不同媒体的多种功能。

（3）凡能在广告主与广告对象之间起媒介和载体作用的物质都可以称为广告媒体。这表明广告媒体是一种物质，这种物质不是恒定不变的，而是不断变化着的。

广告媒体是传播广告信息的中介物，是连接广告主与消费者的一座桥梁。现代科技的高速发展为广告提供了用之不竭的传播手段。除了大众传播媒体之外，凡是可视、可听、可触、可摸、可嗅的媒体都可以作为广告媒体。广告媒体的市场是动态的，现存的媒体不断地改变自身以适应需要，而新的媒体也正不断出现。

4.1.2 广告媒体的作用

广告和媒体相互依存。广告的信息无法脱离广告媒体而单独存在；媒体机构的资金支持来自广告收入。这种相互依存的关系会促进双方的发展。

广告在媒体的帮助作用下才能更好地发挥效力。广告媒体的作用表现在以下4个方面。

（1）广告媒体规范了现代广告的主要传播模式。广告的策略、定位分析、创意、文案一起构成了广告活动的主要体系。

（2）广告媒体定位广告市场。广告媒体在选择和组合上，如版面大小、时段长短、刊播的次数、媒介传播时机等，都对广告的运行进行了准确把握。

（3）广告媒体决定广告是否能够达到目的。

（4）广告媒体决定广告效果。

4.1.3 广告媒体的分类

广告媒体的范围很广，它随着人类社会的发展及社会科技的进步而不断变化发展。从古代的招牌、幌子、彩楼、灯笼等一些简单的传播媒介，发展到后来出现的被广泛运用的电视、报纸、杂志等媒介。尤其是科学技术、通信卫星和互联网技术突飞猛进的发展，使广告媒体的表现形式日新月异，其传播方式也层出不穷。

常用的分类方法是按照其传播途径来划分的。目前，我国使用的广告媒体可以归纳为以下13类：报纸类、杂志类、电视类、广播类、邮递类、户外类、交通类、录像类、电子类、店铺类、包装类、书籍类、网络类。

广告媒体种类繁多，不同形式的媒体有不同的表现形态。常用的13类的广告媒体还可以依照不同的标准进行再归纳和再分类。分类的意义在于对各种广告媒体的特点有一个初步的了解，这是认知、熟悉广告媒体的基础，也是选择媒体的依据之一。

（1）从媒体的受众面分，可分为大众媒体和小众媒体。大众媒体有报纸、杂志、电视、广播、互联网等。小众媒体有楼宇电视、交通广告等。

（2）从表现形式可以分为印刷媒体、电子媒体等。印刷媒体包括报纸、杂志、说明书、挂历、传单、直邮广告等。电子媒体包括电视、广播、互联网、LED广告牌等。

（3）从功能感受可以分为视觉媒体、听觉媒体和视听结合媒体。视觉媒体包括报纸、杂志、传单、招贴、橱窗布置、户外广告。听觉媒体包括无线电广播、有线广播、宣传车、录音和电话等媒体形式。视听媒体包括电视、电影、网络信息、戏剧、小品及其他媒体形式。

(4) 从影响范围上，可以分为国际性广告媒体、全国性广告媒体和地方性广告媒体国际性广告媒体，指可传播到多个国家的媒体。如美国的《时代》《生活》《新闻周刊》《读者文摘》等面向全球的报纸杂志，它们以多种文字印刷发行，销量达世界各地。除此之外还包括卫星电路传播（如中央电视台的国际频道）、商品展览会以及展销会、博览会、巡回展览船等形式。全国性广告媒体，如国家电视台、全国性报刊等。地方性广告媒体，如省市地区的电台、电视台、报纸、杂志等；还有少数民族语言文字的电台、电视台、报纸、杂志等。

(5) 从与广告主的关系来分，可分为间接媒体和专用媒体（或称租用媒体与自用媒体）。间接媒体（租用媒体）指广告主通过租赁、购买等方式间接利用的媒体，如报纸、杂志、广播、电视、公共设施等。专用媒体（自用媒体）指属于广告主所有，并能为广告主直接使用的媒体，如产品包装、邮寄、传单、橱窗、霓虹灯、挂历、展销会、宣传车等。

(6) 从广告在媒体中展露的时间，可分为长期性媒体、短期性媒体、瞬时性媒体。长期性媒体包括产品说明书、产品包装、厂牌、商标、挂历等。短期性媒体包括海报、橱窗、广告牌、报纸等。瞬时性媒体包括广播、电视、幻灯、电影等。

(7) 从广告的传播内容可分为综合性媒体和单一性媒体。综合性媒体指能够同时传播多种广告信息内容的媒体，如报纸、杂志、广播、电视等。单一性媒体指只能传播某一种或某一方面的广告信息内容的媒体，如包装、橱窗、霓虹灯等。

广告要达到预期的效果，就要通过媒体传送信息来实现。综上所述，广告媒体的分类比较复杂，不同的媒体在不同标准的分类中占有不同的位置。了解媒体的分类，一方面可以在选择广告媒体时，更准确地把握其特点；另一方面可以根据所要宣传的商品的特点、要宣传的广告内容及表现手法对同一类媒体进行比较，以选出最佳广告媒体。

4.2 广告媒体的种类及特征

从传统的报纸、杂志、广播、电视等广告媒体，到近几年出现的又一大众媒体互联网络，再到各式各样五花八门的楼宇电视、手机媒体等新媒体，虽然它们有各自的发行目的与发生背景，但都因能将广告信息传给广大的观众，使得广告主的媒体选择机会大大增加。而由于媒体类型的不同，以及传送、接受的时空差异，使广告信息的传播效果差异明显。因此，了解不同广告媒体的优势与不足，熟知各种媒体特性的程度，直接关系到广告策划活动的成败。只有对各种广告媒体有一个十分清晰的概念，把握各种媒体的特性，并广泛应用于广告策划活动中，才不至于陷入盲目的境地。

4.2.1 报纸广告

报纸是最古老也是最主要的广告媒体之一，它与杂志、广播、电视等一同被看作是传播广告信息的最佳媒体，常被称之为四大媒体。

报纸广告（Newspaper Advertising）是指刊登在报纸上的广告。无论是大广告主还是小广告主，甚至是个人的身份证丢失声明，都可以运用报纸广告这个媒体。虽然新媒体层出不穷，但因其具备许多难以取代的优秀属性，目前报纸仍是世界上公认的最主要的广告媒体。

1. 报纸广告的特征

(1) 覆盖面广，读者广泛。报纸种类很多，发行面广，阅读者多。所以，报纸上既可刊登生产资料类的广告，也可刊登生活资料的广告；既可刊登医药滋补类广告，也可刊登文化艺术类广告等；可用黑白广告，也可套红和彩印，内容形式是很丰富的。同时作为"公众读物"的报纸，还能满足各阶层人物的不同阅读需求，因此读者范围也广泛。

(2) 传播快速，时效性强。报纸一般是当日发行，其印刷和销售速度非常快，具有很强的时效性。并且不管是寒冬酷暑，还是刮风下雨都能送到读者手中，所以能适合于时间性强的新产品广告和快件广告。经验证明，报纸广告在达成快速销售上，有其独有的价值。

(3) 每日发行，连续型强。广告利用报纸每日发行，具有连续性的特点，可发挥重复性和渐变性，吸引读者，加深印象。

(4) 形式灵活，费用低廉，经济性强。报纸广告制作简易，形式灵活。运用黑白构成的设计，无疑会相对方便且经济。即使如今图文并茂的报纸广告形式多样，但相对于其他媒体，报纸广告的费用还是比较低廉的，对大多数中小广告业主来说是很实际的选择。

2. 报纸广告的局限性

(1) 时效性短。人们读报，一般对最新的最有吸引力的内容感兴趣，旧报纸中的广告犹如明日黄花，其宣传作用会大大降低。只有连续地重复刊登，才会逐渐强化读者的感知意识。

(2) 干扰信息多。报纸上的广告内容五花八门，包罗万象。若读者事先没有既定目标或广告本身表现方式不突出新颖，广告往往会被人们忽视。这就要求广告主要在限定的版面内，用独特的效果吸引读者。此外对众多的小广告进行分类编排，便于读者查找阅读。

(3) 印刷质量较差。由于纸张材料和技术设施以及价格的限制，报纸广告的印刷质量普遍显得粗糙，一定程度上影响了广告的视觉效果。虽然现在套色的报纸广告众多，但仍无法与其他印刷类广告媒体相比较。

3. 报纸广告的类型和形式

报纸广告的分类，按办报方针分为：政治性报纸、商业性报纸、企业服务性报纸；按报纸内容分为：综合性报纸与专业性报纸；按影响范围分为：国际性报纸、全国性报纸、地方性报纸；按出版时间分为：日报、早报、午报、晚报、周报。

报纸广告的一般形式：普通广告、分类广告、公告、软文广告、报纸夹页广告。

4.2.2 杂志广告

杂志广告(Magazine Advertising)是刊登在杂志上的广告。它不像报纸以新闻为主，内容上具有较强的专业性、知识性和趣味性，所以各类杂志的读者群比较明确，使之成为专业商品广告的良好媒介。其独有的特性，使它获得了"广告媒体中的贵族"的称号。

杂志广告的版面划分，常见的规格有全页、1/2页、1/3页、2/3页、1/4页、1/8页、封二、封三、封底、跨页等。

1. 杂志广告的特征

(1) 对象明确，针对性强。不同的杂志有不同的读者群，不同的产品也有不同的消费对象。专业性杂志固定的读者层面，可以使广告宣传深入某一专业行业，受到不同读者对象的欢迎，获得良好的广告效应。例如，在时尚杂志上刊登化妆品、服装广告；在医药类杂志上刊登医药器械广告；等等。从广告传播上来说，这种特点有利于明确传播对象，广告可以有的放矢。

(2) 可读性强，保存周期长。杂志是除了书以外，比报纸和其他印刷品更具持久性和可保存性。杂志可供读者长时间反复阅读并传阅，这就增加了杂志广告的阅读者，使得杂志广告的覆盖率增加。同时，杂志装订成册，便于保存，有利于广告长时间发挥作用。

（3）印刷精致，视觉效果强。杂志的编辑精细，纸质上乘，印刷精美。杂志的封面、封底常彩色印刷，图文并茂。同时，由于杂志应用优良的印刷技术进行印刷，用纸也讲究，一般为高级道林纸，因此，杂志广告具有精良、高级的特色。精美的印刷品无疑可以使读者在阅读时感到是一种高尚的艺术享受。它还具有较好的形式来表现商品的色彩、质感等。广告作品往往放在封底或封里，印制精致，一块版面常常只集中刊登一种内容的广告，比较醒目、突出，有利于吸引读者仔细阅读欣赏。

（4）发行量大，发行面广。许多杂志具有全国性影响，有的甚至有世界性影响，经常在大范围内发行和销售。运用这一优势，对全国性的商品或服务进行广告宣传，杂志广告无疑占有优势。

（5）内容深细，编排空间灵活。杂志广告携带的信息量比其他任何纸质媒介都丰富得多，并且广告的内容一般较精细，阅读对象文化水平普遍较高。同时杂志篇幅多，空间大，封页、内页及插页都可做广告之用，而且广告编排灵活，可以突出广告内容，激发读者的阅读兴趣。

2. 杂志广告的局限性

（1）出版周期长，时效性差。杂志的出版周期长，有旬刊、半月刊、月刊、双月刊等，广告信息不易及时传递。杂志广告的功效是延续的和持续的，而非及时的和快捷的，这使得杂志广告的时效性没有报纸快速。

（2）发行范围局限。由于杂志的阅读人群相对集中，虽然有些杂志是全国发行，甚至国际发行，但群体相对单一，容易失去潜在消费群体。特别是适用面广的商品和服务，单纯使用杂志广告媒体显然是不够全面的。

4.2.3 广播广告

广播是一种声音媒体，它是通过无线电波或金属导线，用电波向大众传播信息、提供服务和娱乐的一种大众传播媒体。广播广告是指通过广播媒体传播，专门诉诸人的听觉的广告。它是一种以广播为传播媒体的有偿宣传活动。通常运用播音语言，或其他语言形式，如对话、小品、相声，或语言与音乐、音响相配合的形式来表现其内容。一般在广告节目中播出，或利用各类节目的间隙播出。

1. 广播广告的特征

（1）传播及时，时效性强。广播能够及时地把信息传送给听众，一方面是信息转换较简便，只要把声音变成电波，播发出去就可以了；另一方面是接收信息较方便，无论在什么地方，只要一台半导体收音机，或者一部带收音机功能的手机就可以接收到广播电台发出的信息。所以，广播几乎不受截稿时间的限制，可以随时播出刚刚发生或正在发生的新闻。

（2）范围广泛，传播率高。广播广告的覆盖面大，不受时间、空间的影响。不论乡村、城市，不论国内、国外，不论走路还是坐车，听众可以自如地收听。同时，广播听众不受限制，只要有语言感知能力和一定的理解能力，不用考虑年龄、文化程度等因素。因此，广播拥有广泛的听众。

（3）声情并茂，亲切感人。从人的生理现象看，听觉最容易被调动和激发。广播通过播音员抑扬顿挫、声情并茂的播音，能够感染听众的情绪。一些现场直播、录音报道，听众可以直接"听"到来自空中的信息，可以在"声"的愉悦中产生共鸣，在"情"的氛围中被同化，从而得到较强的传播效果。这种情感效果，是冷冰冰的文字媒体无法企及的；这种无限的遐想意境，是真实的视听媒体也无法超越的。

（4）制作灵活方便，成本低廉。广播节目的制作不需要太多的道具、设备，节目形式可以根据需要随时做调整，灵活性较大。或用变换语调的方式；或用对话混播的办法；或配以音乐；或穿插现场实况；或在"黄金时间"反复重播；等等。这些，对于广告节目的制作和播出，都是非常有利的。另外，较其他广告媒体来说，广播广告信息量大，收费标准较低。在我国广播广告的价格只相当于电视广告价格的1/10，是一种经济实惠的广告媒体。

（5）流动感与兼作性。很少有人在大街上，边走路边拿着报纸看；更没有人在大街上，边走路边捧着电视看，但有人在大街上，边走路边听广播，这就是广播媒体的流动感。

广播的兼作性表现在，一方面广播携带方便，便携收音机、带收音功能的手机都可以使用；另一方面，广播是传送声音的媒体，只需要耳朵来听，而不需要眼睛和人体任何其他器官来接收信息。也就是说，除了耳朵外听广播不会影响人体任何部位和器官的功能和运动。所以，人们就可以在各种状态下收听广播。洗菜做饭可以听；刷牙、洗脚可以听；晨练运动可以听；上街逛商店可以听；坐着可以听，躺着可以听；田间地头也可以听……

2. 广播广告的局限性

（1）转瞬即逝，保存性差。广播的声音看不到摸不着，其宣传过程也同样短暂，转瞬即逝，一遍的播放给人的印象不够深刻。如果一不留神没听清楚，又无字可寻，就无法补救，故而广播广告大多采用多次重复的方式以加强人们的印象。

（2）听众分散，随意性强。广播的频率众多，内容丰富庞杂。人们听广播大多是不经意的，带有很大随意性。因此广播广告的听众就会比较分散，针对性也不强。

3. 广播广告的几种类型

（1）普通广告。普通广告即正常播放的广告，分为黄金时间广告、非黄金时间广告和随时插播广告。

黄金时间广告为甲级收费，主要安排在听众收听率最高的时间播出，如早晨上班前、中午吃饭时和晚上下班后，时间比较固定。非黄金时间广告为乙级收费标准，大都在听众不怎么集中的时间播出，如凌晨、上班后和深夜。随时插播的广告时间则相对较为游移不定，不能造成较大的广告声势，因而费用较低，属丙级收费。

（2）特约广告。由广告客户特别约定播出的广告主要有两种：①必须严格按照广告客户的要求在规定时间里播出，如我们经常在广播中听到"×××提醒您准确对时"，这类广告比较独立，前后没有其他广告影响，效果强烈，但收费也较高；②由广告客户选定在某些听众比较喜欢的精彩节目间播出，听众多而集中，针对性较强，效果好，因此收费比较高。

（3）赞助广告。由客户出钱或出物，赞助广播电台举办节目或组织社会活动，在节目中插播客户的产品广告或厂名、店名。赞助项目一般有社会公益赞助，还有各种有奖知识竞赛赞助、电台重要节目的转播赞助等。赞助广告一般不收或少收广告费，电台一般也不通过赞助广告赚钱。

（4）专栏广告。由广播电台安排固定时间广播专栏节目，并插播广告，如药品专栏广告、农机产品专栏广告、文化活动专栏广告，使有关的广告对象能按时收听。

4.2.4 电视广告

电视媒体虽然在几大媒体中发展历程最短，但是它是一种特殊的传播媒体。电视媒体能充分利用语言、文字、音乐、舞蹈、绘画、图像、雕刻、建筑、戏剧、电影等各种艺术表现手法，集时间艺术、空间艺术和综合艺术形式于一身，声形兼备，视听结合，具有极强的感染力。

电视广告是一种以电视媒体传播的广告，是电子广告的一种形式。电视广告发展至今，各式各样的产品皆能经由电视广告进行宣传，从家用清洁剂、农产品、服务，甚至到政治活动都有。它特有的特征，备受广告客户的青睐。

1. 电视广告的特征

(1) 视听兼备，效果独到。电视是透过视觉和听觉二者向受众传递信息的，有极强的现场感。同时，用电视媒体制作的广告可以从形态、使用方法、使用效果等多方面给人形成印象，且形式丰富多彩，能创造出最佳效果。并且在观赏电视节目时，收视者必须抛开一切，寸步不离地坐在电视机前。否则，不是错过了电视情节，就是耽误了做事。所以，电视广告的传播效果当然相对报纸、广播要更加强烈。

(2) 覆盖率高，宣传广泛。电视的覆盖率在中国已经超过了85%，这个数字在我国巨大的人口基数上计算来说，中国已成为世界上电视观众最多的国家。如此高的覆盖率让其他广告媒体望尘莫及。从城市到农村，从老人到孩子，从高级白领到普通工人，都会收看电视。因此在电视上做广告，信息的宣传范围非常广泛。

(3) 印象深刻，保存性强。很多人认为电视广告，不具有保存性。但也有人认为电视给人很强的直观效果，既然报纸的内容可以记住，电视广告每晚都播，也具有保存性，即保存在人们的印象之中。

2. 电视广告的局限性

(1) 针对性不强，专注度差。穿插在电视节目中的广告，常是无固定目标的广泛传播，广告的针对性不强。虽然电视有很多不同的频道，如财经、农业、教育等，但观看电视的人层次多样，兴趣不一。自从电视广告产生以来，人们对在电视节目中播放广告的态度大不相同，有人认为可以了解一定的市场信息和产品资讯，但更多人认为是一种干扰，往往通过换台、上卫生间等方式来逃避这段时间，也导致大多数人对电视广告的专注度较差。

(2) 制作时间长，成本高。电视广告不像报纸、广播广告那样可以一蹴而就，往往需要一个团队来策划、拍摄、剪辑，花费的时间较长，工时费昂贵。在电视台播放时根据不同的时间段，和广告的长短虽然播出费用有差别，但每秒的费用也不是一般中小企业可以承担的。

3. 电视广告的表现形式

(1) 演员直接陈述式。指一个演员直面镜头，向观众真诚地介绍产品或服务。这是电视广告中常用的形式，在这种形式里，演员是关键。如何选用演员，怎么设定场景和对白，就要看广告的诉求对象是谁，根据商品的用途和特点而定。

(2) 名人推荐式。利用名人的社会影响来扩大广告产品的知名度。名人推荐式的关键取决于对名人的选择，况且名人的声望就是本钱，就要付巨额资金作为酬劳。

(3) 情节式。这是一种类似短剧的形式。情节中引入产品广告，让产品的性能、特点随情节的展开而得到说明。目前我国电视广告中这类形式逐渐增多，表明了电视广告工作者制作水平和创意的提高，同时也反映了大众在接受商品信息的同时也需要美的享受。

(4) 动画式。动画式广告在产品内部构造的图解方面占有优势，许多生活中观察不到或深奥复杂的原理(如机械原理、病理、维修或治疗、保养等)，利用动画来进行图解就变得一目了然。目前，随着电视技术的迅猛发展，"三维动画"也被引入了电视广告的行列，强烈的立体感、逼真的效果，使人仿佛置身其中，但三维动画制作复杂，时间很长，技术性高，且制作费用昂贵，令中小企业不敢问津。

(5) 音乐式。音乐式广告主要以一段乐曲或广告歌配合产品服务画面。音乐式电视广告适合表现一种服务观念、企业宗旨或对观众所熟悉的品牌、企业进行形象上的提升。音乐式电视广告一定要画面优美、曲调动听且富有特色，使人百看不厌，百听不烦，这样才能达到预期的效果。

（6）字幕式。字幕式广告是以字幕为主，配旁白的电视广告表现形式。这种电视广告的表现形式在前些年比较普遍，是电视广告中最原始初级的表现形式。尽管如此，但由于字幕式电视广告制作简单、方便灵活、费用低廉，目前仍不时地出现在电视屏幕上。这种广告适合销售预告、服务预告和启事等，但画面、音调乏味，旁白迅速，文字繁杂，感情色彩方面有时甚至不如广播广告。

电视广告的表现形式很多，每种形式各有特点，所以一则优秀的电视广告往往是各种形式的综合运用，不管采用什么形式，都要从产品的内容出发，形式为内容服务，否则将会造成喧宾夺主或给人以华而不实和牵强之感。

4.2.5 互联网广告

互联网在短短数年内迅速普及，作为"第五传媒"，它对传统媒体形成了强有力的冲击，也给广告带来了发展的机遇。

互联网广告，就是在网络上做的广告，是电子广告的一种。要构成互联网广告媒体，应当满足3个本质的特征：①采用网络信息技术，这是互联网广告媒体的技术基础；②利用网络作为广告信息发布和互动沟通的平台和载体，这是互联网广告媒体的载体特征；③除了具有一般广告媒体的通用特征外，还具有优于传统广告媒体的崭新特征，这是互联网广告媒体之所以成为广告媒体的行业特征。

1. 互联网广告媒体的特征

与传统的四大媒体（报纸、杂志、电视、广播）广告及近来备受垂青的户外广告相比，互联网广告具有得天独厚的优势，这是实施现代营销媒体战略的重要部分。

（1）自由的传播时间。互联网可以轻易做到随时发布、即时滚动发布各类新闻。近年来，在国内外许多重大新闻，特别是突发性新闻报道上，第一时间公之于众的便是互联网站。在第一时间发布后立刻进行实时滚动报道，做得最频繁、最成功的也是互联网站。传播时间上的自由性还表现在传播本身的可往复性。广播、电视的听众、观众错过了收听、收看时间，很难回过头来再听再看；报纸可能会好一些，但对于网络而言，它的易于检索是传统媒介无法比拟的，即使是时间跨度很大的检索，也是轻而易举之事。

（2）无限的传播空间。互联网的传播空间无地域、无疆界，这是传统媒体望尘莫及的。其次它所具有的海量信息，也是任何传统媒体无可比拟的。通过网络传递和交流信息，不需要纸张，不需要印刷、投递，也不需要广播电视节目发射时的昂贵而复杂的设备，它将信息拨号入网，在通信线路上进行自由传送，不分地区，不论国界，随传随至，既方便快捷，又节省钱物。

（3）高度的综合能力。它将计算机、声像、通信技术合为一体，是计算机、电视机、录像机、录音机、音响、电话机、游戏机、传真机、打印机等媒体的性能大综合，同时又是报纸、广播、电视等大众传播媒体的优点大综合。互动媒体既有印刷媒体的可保存性和可查阅性，又具有电子媒体的新鲜性和及时性，还具有自身的图文阅读性和音像视听性。

（4）多元的传播方式。传统媒体的传播方式通常是单向的，而互联网媒体的信息传播具有很强的交互性。网民与网站之间、网民与网民之间可以通过BBS、聊天室、网络电话等很多工具即时沟通，实现互动，针对新闻内容也可以随时开展讨论，甚至可以举行网络会议。传播方式有：①多媒体传播，互联网集文字、图片、音频、视频于一体，集合了传统媒体之长，是地地道道的多媒体；②个性化传播，传统的报纸、杂志、广播、电视等媒体使得大家在同一时间、同一媒体所看到或听到的内容相同。但在网上，人们可以订阅自己喜欢看的新闻类别、邮件列表，定制自己喜爱的页面风格。诸如此类，网络媒体显得特别善解人意，能够提供各种真正个性化的服务。

2. 互联网广告媒体的不足

(1) 缺乏严谨性。目前国内网站编辑发布新闻，比较普遍的现象是重数量，不重质量，以至于在导向的把握、事实的把握和语言文字的运用上谬误连连，屡见网端。久而久之，极易令人对网络新闻的真实性、公信力产生怀疑。

(2) 缺乏深刻性。目前多数的互联网媒体，尚未形成一支训练有素的网络新闻采编队伍，有深度、有力度的报道少。同时，由于网络新闻太芜杂、网络言论太散漫，即便有一些具力度、具深刻性的文章也易被湮没。

(3) 缺乏权威性。网络上信息纷繁，真实性存在很大的疑问，而且，正是因为网络的平民化，网民素质参差不齐，发表的言论也就会多样。针对同一种观点，今天你说对，明天就有人反对。究竟孰是孰非，谁都莫衷一是。试想一下，一旦网上发布的都是些仅供参考、姑妄听之的东西，那会有什么权威性可言呢?

3. 网络广告的表现形式

从广告形式上来看，互联网广告可以分为如下几类。

(1) 网幅广告(包括 Banner、Button、通栏、竖边、巨幅等)。网幅广告是以 GIF、JPG、Flash 等格式建立的图像文件，定位在网页中大多用来表现广告内容，同时还可使用 Java 等语言使其产生交互性，用 Shockwave 等插件工具增强表现力。

(2) 文本链接广告。文本链接广告以一排文字作为一个广告，单击可进入相应的广告页面。这是一种对浏览者干扰最少，但却较为有效的网络广告形式。有时候，最简单的广告形式，效果却最好。

(3) 电子邮件广告。电子邮件广告具有针对性强(除非你肆意滥发)、费用低廉的特点，且广告内容不受限制。特别是针对性强的特点，它可以针对具体某一个人发送特定的广告，为其他网上广告方式所不及。

(4) 赞助式广告。赞助式广告的形式多种多样，在传统的网络广告之外，给予广告主更多的选择。其中，广告与网页内容的结合可以说是赞助式广告的一种，表面上看起来它们更像网页上的内容而并非广告。在传统的印刷媒体上，这类广告都会有明显的标示，指出这是广告，而在网页上通常没有清楚的界限。

(5) 插播式广告(弹出式广告)。访客在请求登录网页时强制插入一个广告页面或弹出广告窗口。它们有点类似于电视广告，都是打断正常节目的播放，强迫观看。插播式广告有各种尺寸，有全屏的也有小窗口的，而且互动的程度也不同，静态的和动态的都有。浏览者可以关闭窗口不看广告(电视广告是无法做到的)，但是它们的出现没有任何征兆。

(6) Rich Media。一般指使用浏览器插件或其他脚本语言、Java 语言等编写的具有复杂视觉效果和交互功能的网络广告，这些效果的使用是否有效一方面取决于站点的服务器端设置，另一方面取决于访问者的浏览器是否能顺利查看。一般来说，Rich Media 能表现更多、更精彩的广告内容。

除此以外还有其他一些新型互联网广告，包括视频广告、路演广告、巨幅连播广告、翻页广告、祝贺广告等。互联网虽是一个全新的广告媒体，但它的广告形式多样，传播速度快，是中小企业发展壮大的很好途径。

4.2.6 户外广告

户外广告可能是现存最早的广告形式之一，它是创意空间最开阔的广告传播方式。有学者曾经说过，一个城市的繁荣程度，完全可以通过街头的户外广告来展现。

户外广告是指在城市道路、公路、铁路两侧，城市轨道交通线路的地面部分，河湖管理范围和广场、建筑物、交通工具上发布的广告。英文为 Out Door，简称 OD，它几乎将所有存在于室外的各种媒体都包括在内。

户外广告的分类比较复杂，从空间来看，可以分为平面户外广告和立体户外广告；从技术水平来看，可以分为普通户外广告和电子类户外广告等。一般来讲，大多数学者将户外广告分为路牌类、招贴类、灯箱类、交通设施类、电子类、充气类、飞行器类等大类。

1. 户外广告媒体的特征

(1) 视觉冲击力强。户外广告的面积大、色彩鲜艳、主体鲜明、设计新颖、具有形象生动鲜明的特点，这些都使得户外广告的视觉张力扩大。

(2) 易接受和记忆。户外广告不具有强迫性，多是不经意间给受众以视觉刺激，信息容易被认知和接受。户外广告的形象突出，容易吸引行人的注意力，并且宣传内容、广告语等简单明确、容易记忆。

(3) 广告发布周期长。户外广告一般都有固定的场地设施，发布的期限一般以一年或半年为单位，周期较长，能造成区域性印象的累积效果。

(4) 形式自由，成本低。户外广告由于媒体的丰富性，创作空间非常广阔，手法表现上也没有太大约束，这就使它的传播形式比其他广告媒体更加自由、丰富。不同的户外广告媒体虽然价格不同，但是它的成本可以说是所有媒体中最低的。

(5) 户外广告与周围环境和谐相处，既起到产品宣传和引导消费的作用，同时又能起到美化环境的作用，成为现代都市的象征。

户外广告的这些特征，还决定了它在树立企业形象方面具有相当的优势。

2. 户外广告媒体的局限

户外广告所处的特殊的环境和自身的条件限制，使得它有一些不足之处，具体表现如下。

(1) 接收对象无法选择，也不易为观者提供仔细浏览的机会，因此户外广告尽管巨大醒目，但都是力求简单，有时甚至是仅有品牌名称或商标符号。

(2) 宣传范围有限。一块户外广告牌只能在相应区间产生效力，一般情况下是 3000 米左右。

(3) 宣传画面容易破损。户外的风吹日晒，再加之一些人为因素或不可控因素，户外广告的宣传画面容易破损，造成信息传递不全面，时间效果不长久。

4.2.7 直邮广告

直邮广告（Direct Mail Advertising，DM）是通过邮政系统直接传递广告信息的一种媒体广告。它与其他媒体最大的不同是以明确的信件形式把信息传送到指定的消费者手中。但从实际情况来看，有些 DM 广告是在活动现场直接派发给消费者的。直邮广告的主要形式包括商业信函、（邮政）明信片、产品目录、企业宣传册、DM 杂志、广告单页等。

1. 直邮广告媒体的特征

(1) 对象明确，准确发行。它可以选择确定的广告受众，具有很强的针对性。发行渠道建立确定之后，直邮广告效果直接，发行范围准确，避免造成浪费。

(2) 形式灵活。直邮广告的发行形式、内容、篇幅不拘一格，自由掌控。发行周期都非常灵活，可以作为产生即时效果的短期广告，也可以作为经常性的长期广告。

(3) 信息反馈及时。直邮广告摆脱了中间商的控制和时间拖沓，信息反馈真实快速，有利于买卖双方更好地沟通。

(4) 费用低廉。由于印刷技术的普遍运用，以及直邮广告的批量印制，使得它的广告费用较之其他大众传播媒体非常低廉。再加上有的放矢地投递，避免了盲目的铺张浪费，其费用可以说是低之又低。

2. 直邮广告媒体的不足与注意事项

虽然直邮广告价格低廉，优势特征明显。但是在投递过程中由于地址不详、中途过滤等各样的原因导致到达率不高；也有很多消费者认为直邮广告是垃圾广告，影响人们的正常工作与生活而产生抵触心理，拒绝接受与查看。

直邮广告在设计使用时需注意：由于针对性强，所以推销产品的功利性就特别明显，往往使有些接收者产生一种戒备心理，所以直邮广告的文稿一定要写得诚恳亲切。在寄送时，先不要贸然大规模寄送，应根据最初的信息反馈，然后再做决定。

4.2.8　POP广告

POP，是英文 Point Of Purchase Advertising 的缩写。POP 广告，又称售点广告或销售现场广告。稍加注释，就是"商品交易场所的终端广告，它将购买据点外所有大众媒体广告的累计效果浓缩在贩卖场所，做最有效、最直接的演出。它能代替推销员传递顾客想要知道的商品情报、生活情报，是帮助顾客方便购物的广告"。

POP 广告的定义可以具体化为：建筑物外悬挂的几十丈的大型吊旗，商店内悬挂的天花板 POP、柜台上放置的展示架、落地式的贩卖台、玻璃门上的贴纸、商品旁的价目表、墙壁上的海报、橱窗内的展示卡等，这些都属于 POP 的范畴。

POP 广告根据形式以及放置位置的不同，会产生不同的效果。按照 POP 广告的设计形式和功能，可分为壁面类、悬挂类、陈列类、摆放类和橱窗式、动态式等类型。

1. POP 广告的功能

POP 广告的目的最终是促进产品的销售，但作为能参与购销活动的广告媒体，具有新颖与特殊的功能。它借着自身强烈的色彩、优美的图形、可人的造型、诙谐幽默的构思唤起消费者的兴趣与亲切感，从而产生购买动机。

(1) 唤起潜在意识，诱发购买动机。POP 广告的现场展示，可以唤起报纸、杂志、广播、电视等媒介先期已做的宣传，恢复消费者的潜在记忆。在实际购买过程中有 2/3 的消费者是临时做出购买决策的，POP 广告可以加强其购买动机，促进其下定决心购买，帮助消费者选择商品等。

(2) 塑造新型推销员。POP 有"无声销售员""最忠实的推销员"之美誉。经常使用 POP 广告的环境是超市，而在超市的自选购买方式中，当消费者面对诸多商品无从下手时，摆放在商品周围的 POP 广告，忠实地向消费者提供商品的优点、内容、质量与使用方法等信息，吸引并促成其购买活动。

(3) 促成终端销售。激发消费者产生最终的购买行为，是 POP 广告的核心功效。有效的 POP 广告应针对消费者的关心点进行诉求和解答，解除消费者由于对所需商品尚存有疑虑，而产生的犹豫心理，最终产生购买行为。

(4) 升华企业的形象。POP 在各种场合反复地出现，可以调动消费者的潜在意识，增进企业与消费者的良性循环。POP 广告可以提高企业信誉和知名度，树立和提升企业形象，增进企业和消费者关系。不同卖场，相同 POP 广告对同样产品、服务的宣传，让消费者更进一步了解企业，亲信企业，使企业获得良好的社会效应与经济效益。

2. POP 广告的作用

POP 广告虽起源于超级市场，但由于它具有很高的经济价值，所以也同样适合于一些非超级市场的普通商场，甚至一些小型的商店。也就是说，POP 广告对于任何经营形式的商业场所，都具有传递信息、招揽顾客、促销商品的作用；同时，又具有提高商品形象和企业知名度，提高企业商品市场竞争力的作用；又能对销售场所和环境起到一定的美化作用。

以上是常见的现代广告媒体的种类与特点。既然广告媒体的种类繁多，特色明显，在广告实践活动中，广告主以及广告代理公司就要根据各种广告媒体的类别和特征进行媒体选择与系统组合。这一过程的核心是：通过最低投入、最恰当的媒体传递形式，达到最佳的广告信息传递效果。

4.3 新媒体广告及特征

中国的广告市场无比巨大，恰似一桌丰盛的宴席，吸引了众多人前来分得一杯羹。其中，新媒体广告就是引人注目的一个。近几年来，以数字技术和双向互动为特征的新媒体的触角已深入社会生活的方方面面，新媒体广告也以火爆之势迅猛发展，其占有的广告份额逐年递增，正蚕食着原先由电视、报刊、广播等传统媒体把持的广告阵地。

4.3.1 新媒体的概念及特征

1. 新媒体的概念

新媒体是相对于传统媒体而言的，它是一个不断变化的概念。新媒体可以定义为"互动式数字化复合媒体"。

新媒体是一种以个性为指向的分众媒体，而非大众媒体，传播模式是窄传播，而非广播；新媒体是一种信息的发送者与信息的接收者之间具有充分互动性的媒体；新媒体是一种复合媒体，即多媒体。新媒体的内容呈现方式可以根据需要，在文本、视频和音频之间任意转换或兼而有之；新媒体是一种跨越国界的全球化媒体。全球的网络市场消除了国与国的界限，家庭甚至个人与跨国公司一样有机会拓展全球市场，信息以最低的成本让无数人共享。

2. 新媒体的特征

(1) 消解性。一是新媒体消解了传统媒介之间的界限，例如，网络可以包含文字、图片、声音、影像视频数据等多种信息形式，因此，网络媒体实际上也就是包含了多种媒体形式的综合型媒体；另外，新媒体也消解了国家之间、地域之间、社群之间、产业之间的边界，消解了信息发送者与接收者之间的边界。

(2) 新媒体具有交互性。网络诞生以来，媒体传播的互动性大大加强，传者与受者之间可实现即时互动和角色转换。

(3) 新媒体的跨时空性。例如，通过网络可以超越现实时空限制认识不同地域的人们，也可以知道更多的信息。

(4) 新媒体的大众性。向公众开放的平台，可以实现资源的共享。

4.3.2 新媒体广告的表现形式及特点

以新媒体为传播载体的广告叫作新媒体广告，它具有新媒体的所有特征。新媒体广告在国际上更通行的叫法是互动广告（Interactive Advertising）。

众所周知，在传播学领域里，传统媒体环境下的广告传播是一种单向传播，换而言之，就是硬塞给受众。对于这些广告，消费者无可奈何，只能被动接受。在新媒体环境中，传播的通道将不再是线性的，而是非线性的；传播的载体也不再是独立的，而是多元的。这时候，广告作为一种传播的通道和载体，在新媒体环境中也必然会呈现出新的、有别于以往的内容和形式。

1. LED户外新媒体广告

目前，以LED彩屏媒体为主的户外新媒体广告投放，包括户外视频、户外投影、户外触摸等多种形式。LED彩屏的户外新媒体，以与众不同的传播介质和地理位置，丰富的色彩、生动的表现力，塑造了其独特而时尚的媒体价值。在众多户外媒体广告中，其到达率仅次于户外大牌。这些设置于城市时尚地段的户外新媒体广告，摆脱了单一无声的静止画面，避免了审美疲劳。它与行人停留、浏览习惯相吻合，从而使其接触率和留意度大增。同时，这些户外新媒体都包含一些户外互动因素，以此来达到吸引人气、提升媒体价值的目的。

2. 移动电视广告

以楼宇电视、移动车载电视、移动地铁电视等为主要表现形式，通过移动电视节目的包装设计来增加受众，便于广告投放，让消费者无论何时何地都被广告信息覆盖。

3. 手机广告

手机通过短信和彩信的形式发送广告，作为一种新媒体，它被认为是最精准的广告之一。手机搭建的是一个随身携带的新媒体形式，它集多媒体、移动性、随身性、私密性、交互性、定向传播、定向记录、即时反馈等特色于一身，是一种比较理想的新型媒体。它是到目前为止所有媒体形式中最具普及性、最快捷、最为方便并具有一定强制性的平台，它的发展空间将非常巨大。智能手机的普及，使手机媒体成为普通人在日常生活中获得信息的重要手段。

4. 电子邮件、MSN及QQ广告

这种广告通过向用户发送带有广告的电子邮件和在MSN及QQ登录窗口、聊天窗口嵌入广告信息，来达到广告的传播效果，发送者既可以是网络服务商，也可以是广告商家。用户也可以根据自己的兴趣和喜好向广告提供者主动订阅。这类广告针对性强、费用低廉，包含了丰富的广告内容。

5. 网络游戏广告

网络游戏广告，是把广告预先设计在互动游戏中，是一种嵌入式广告。在游戏开始、中间、结束的时候，广告随时出现，以不同的形式对产品或品牌进行宣传，也可以利用游戏中的人物情节来设计广告内容。目前在我国主要有游戏道具广告、游戏场景广告、游戏公告广告和游戏参与式广告等几种方式。

广告行业以新媒体形式为依托，新媒体也利用了广告的传播效应，促进了自己的发展。新媒体广告、广告新媒体、未来的广告行业、媒体世界紧密联系。从传统意义上，广告由媒介传播转向了二者在共同传播的基础上获益。在信息越来越发达，媒介资源不断扩展的未来，想必这两者的关系又会发生微妙的变化，而随之变化的，就是永远有创新的新媒体广告。

4.4 广告媒体策划的流程与选择

广告媒体策划是指在广告活动推出之前，针对媒体的选择、媒体的刊播时间及广告量在各媒体上的分布等做出的通盘性计划，这其中最重要的是广告媒体的选择。

4.4.1 广告媒体策划的流程

1. 广告媒体调查分析阶段

这一阶段主要搜集足够的情报，加以分析、整理，供拟定媒体目标时参考。分析的主要内容包括整体市场分析、自身商品分析、消费者研究、竞争状态分析等。

2. 拟定媒体阶段

媒体目标的设定通常以广告信息基础目标市场的情形作为决策依据。包括媒体的性质、特点和地位作用，受众对媒体的态度分析，媒体的广告成本分析等。比如，多少目标对象可以接触到广告信息，什么时间接触到，频率是多少。经由数量化目标的设定，一方面能预估广告的传播效果，另一方面可以作为开展媒体策划的依据。

3. 拟定媒体战略阶段

本阶段将上个阶段拟定的目标转化为具体可行的方案，主要包括目标消费者的设定，广告传播时间与范围的选择等，并根据上述分析决定媒体的组合及时间安排。

4. 执行媒体计划和媒体购买阶段

本阶段包括与广告主签订媒体费用支付合同，购买广告媒体的版面、时间与空间，推出广告等方面。

5. 评估执行结果阶段

评估的内容包括执行进度、执行效果、信息反馈以及对传播效果做出评价。评估的结果将作为下次广告活动的参考依据。

4.4.2 广告媒体的选择

广告媒体的选择，不是简单地选择媒体。因为商品的特性、目标顾客、媒体效率特征等都起着很重要的作用，只有对这些因素认真分析、仔细研究并直至掌握后，才能选择一个好的媒体，策划出一则好广告。这不仅能为企业节省大量的广告费用，而且会有事半功倍的效果，否则也就达不到自己预期的目的。

1. 广告媒体的评价指标

广告媒体作用的评价主要根据媒体播出后产生的市场反馈效果。这涉及一些具体的评价指标，这些指标直接影响广告的成本费用和最终效果。

（1）覆盖率，指广告媒体传播的范围，包括覆盖地区和覆盖人数两方面。例如，中央台覆盖的地区是全国，地方台覆盖的地区是某个地方；电子媒体覆盖人数用视听人数表示，印刷媒体覆盖人数用阅读率表示。

（2）接触率，指广告发布后，接触到的人数与覆盖区域内总人数的比率。接触率越高，媒体的可选择性越强。接触率＝受众／覆盖区域内总人数 ×100%。

(3) 毛感点，指广告在各媒体的接触率的总和，即广告媒体的总效果。它的作用在于，既可以明确表示每则广告的效果，又可将不同广告的效果以及同一广告的不同推出效果相加，测量出广告活动的总效果。

(4) 重复率，指每个接收到广告信息的人，看到同一广告的次数。重复率＝毛感点／接触率 ×100%。

(5) 有效到达率，指目标受众在指定时间段内（通常指一个星期或一个月）接触媒体的人均次数或户均次数。这一指标可以解决的重要问题是：到底要投放多少次广告才有效？

(6) 广告千人成本，指一则广告信息到达每 1000 个受众所花费的成本。千人成本＝广告费／到达人数 ×1000。

2. 影响广告媒体选择的因素

广告媒体选择根据广告产品定位策略和市场策略，对广告媒体进行选择或搭配使用。其目的在于以最低的投入取得最大的广告效益。这既涉及各媒体的优、缺点，又涉及消费者群体的诸多因素，受到商品自身特性的制约，也受到周围大环境及广告策略的影响，即使是有一些媒体经验的广告作业者，也会因如今媒体环境的日趋复杂而面临挑战。因此，为产品广告选择合适的媒体要有系统的思想，从策略上整体把握。总之，媒体选择应从广告整体的效果出发，思考媒体如何为创意提供最佳的舞台与空间，使广告对消费者产生最佳说服的效果；同时也要从避免品牌形象及广告效果被稀释的角度，思考媒体在选择与使用上应避免投入的环境。

具体而言，广告媒体的选择主要受以下几种因素的影响。

(1) 商品特性因素。每一种商品都有其种类归属，而每一种类都有其明显的特征。商品的种类特性决定了广告适用的媒体类别。如有的是一次性消费品，有的可以长期使用；有的用途单一，有的用途多样；有的商品需要给人带来翔实的理性认识，有的则需要给人以生动的感性介绍；有的适合文字，有的适合图片，还有的需要图文并茂。如经久耐用的消费品需向消费者做详细的文字说明，以告知其结构、性能、使用规范等，可选择报纸杂志、说明书、样本等作为广告媒体；规格式样繁多的日用品、时装等，适宜采用声形并茂的广告媒体，向消费者直观形象地展示商品的性能、用途和效果，电视广告就成为其首选。

(2) 广告诉求特性因素。不同的商品广告诉求都要通过选择特定的一种或多种媒体加以表现。由于各种媒体在声音和画面上表现力不同，对广告创意的表现能力也不同，在实际操作中，必须针对特定的广告诉求，就不同的媒体类别对创意的承载能力和所能提供的价值进行全面评估，来选择合适的媒体。一般而言，就权威性、新闻性诉求来说，报纸最为适合。因为其以传达真实新闻为主，具有较高权威性；如果是示范性诉求，则具有画面和文字说明功能的电视比较适合；对于娱乐性的广告诉求，电视和网络媒体所提供的娱乐性功能及创意为最佳；如果广告诉求属于私密性的，则一对一形式的网络媒体最佳，杂志、广播次之；户外媒体的放大性特征，则适合识别性诉求的广告。

(3) 目标消费者因素。任何商品的广告传播都针对具体的消费对象，由媒体为广告与消费者最终接触提供渠道，对其进行信息的传播与说服。也就是说，广告因消费者的媒体接触而产生效果，因此，广告目标消费群的年龄、性别、职业结构、文化背景等特性决定了其所需的媒体匹配，而合适的媒体匹配，将有利于对产品的主动关心者充分获取所需信息和品牌刺激。

同时，各媒体受到传播特性的限制，各有不同的传播对象和传播范围。中央及各地的日报具有党的喉舌作用，有一定权威性，它们拥有大量的各地政府官员及白领阶层读者。因此，针对白领阶层的汽车、银行类广告一定要选择此类报纸。而各地的晚报与日常生活紧密相关，颇受当地家庭的青睐，所以，针对普通家庭的消费性商品，选择晚报刊登广告效果不错。

（4）媒体效率因素。媒体效率也是影响媒体选择的一个重要因素。一切营销战略的确定、广告目标的制定、创意的形成直至最后的表现，最终只有借助媒体才能加以展现和回报。正确的媒体策略只有结合较高的媒体效率才能发挥最佳效果。

媒体效率受亮相、档次、刊载、收视率、覆盖域、有效到达率、接触率等多种因素制约，也与媒体操作的规范性和有效性密切相关。没有哪个广告主愿意把成百万的费用投入一个低效率的媒体，也没有哪个低效率的媒体能够稳定而持久地发挥广告传播的应有效果，以帮助建立或维持一个强大的品牌。

（5）竞争策略因素。无论该商品进入市场时处于引入期、成长期、成熟期还是衰退期，它的广告传播都会在各媒体上面临不同品牌的挑战。通过对竞争品牌在媒体选择上的分析，可以了解它们企图接触的对象阶层，也可以了解它们在媒体选择上的习性，然后根据自身情况针对竞争品牌选择合适的媒体，采取有效的媒体应对措施。或者选择加大量上的投放；或者选择放弃局部，集中兵力在主要媒体上压倒对方；或者改变可能出现的正面冲突，选择新的媒体进行广告宣传。

（6）广告预算成本因素。广告是有偿的宣传活动，并且是费用很高的信息传播手段。不同的广告媒体，收费存在差异，广告主应该从自己的支付能力出发，确定预算，再结合上述的因素，选择广告费用与自己期望最终广告效果相适应的媒体。

由上可见，商品的广告媒体选择涉及商品自身、创意设计、广告传播、媒体特性、社会人文、市场营销等许多方面。必须指出的是，其中任何一种因素都不是孤立起作用的，只是发挥影响的程度有所差异。因此在进行广告媒体选择的时候，必须将各种相关因素综合起来加以整体考虑。媒体选择的过程是一个复杂的系统工程，需要用系统化的思想从策略上整体把握，并加以整合，才有可能在激烈的市场竞争中为商品建立起有效的广告传播。

4.4.3 广告媒体组合策略

广告的宣传活动是一个复杂的运作过程，仅靠一次广告或者单一的媒体很难达到预期效果。由此看来，在一定时间、空间内，有目的、有计划地利用多种媒体来开展广告活动，能够充分发挥各类广告媒体的优势，将广告信息传播给更多的目标消费者，从而增强广告的接触率和有效到达率，取得最佳的广告效果。

1. 媒体组合的作用

采用媒体组合的形式，一方面可以扩大媒体对消费者的影响力。组合的媒体之间可以取长补短，相互协调，增强广告的效果，同时扩大影响范围，提高商品的品牌普及率，抢占市场先机。另一方面，媒体的组合运用可以更加全面地发挥媒体功效，形成强劲的广告宣传力度，既可以加强商品的市场竞争性，也可以加强消费者对产品的印象。其次，还可以延长媒体的功效，提高媒体频率，不至于出现由于商品广告信息的中断或残缺，而造成的对商品或品牌的淡忘。

2. 媒体组合策略的类型

广告媒体的组合可以分为集中的媒体组合策略(Concentrated Media Mix)和分散的媒体组合策略(Assorted Media Mix)。

（1）集中的媒体组合策略是指广告主集中在一种媒体上发布广告。它主要集中影响被进行特别细分的受众，集中的媒体组合策略能创造出品牌易于被大众接受的氛围，尤其对于那些接触媒体有限的受众。

其优点在于：①使广告主在一种媒体中相对于竞争对手占主要地位；②使消费者尤其是接触媒体范围狭窄的受众更加熟悉品牌；③激发消费者对产品或品牌的忠诚度；④集中购买媒体可以获得大的折扣。

（2）分散的媒体组合策略是指选择多种媒体到达目标受众。这种策略对那些有着多样市场细分的商品或服务更加有效，可以通过不同的媒体对不同的目标受众传达不同的信息。

其优点在于：①能向不同的目标受众传达关于品类或品牌的各种独特利益；②不同媒体的不同信息到达同一目标受众，可以加强其对信息理解的效果；③运用多样的媒体策略，可以增加广告信息的到达率；④分散式媒体的组合，更有可能到达那些接触不同媒体的受众。

分散的媒体组合包括以下几种。

① 同类媒体组合。把属于同一类型的不同媒体组合起来刊登或播放同一广告，或同一媒体在不同级别和不同时间段的组合，就是同类媒体的组合运用。此时要考虑媒体的性质、级别、传播内容、出版周期、发行量、视听率等众多因素，以便各取所长。比如，同一商品运用同为印刷媒体的杂志、报纸、DM等媒体组合；或者把全国性报纸与地方性报纸组合等。

② 不同类型的媒体组合。是将不同类型的两种以上媒体组合使用，使广告信息传播更全面、更完整，是目前应用最多的组合方法。如报纸和电视媒体的组合，电视与广播媒体的组合或是电视、网络、POP的综合使用等，多管齐下，扩大覆盖范围和接触群体，充分调动消费者的感官刺激，取个最佳的传播效果。

③ 租用媒体和自用媒体组合。把需要购买的大众传播媒体与企业自用的促销媒体进行组合，如通过报纸、电视发布，同时还利用企业自备的销售点广告相配合。

但是，分散的媒体组合策略也有自己的缺点：不同的媒体需要不同的创意和制作效果，可能导致成本增加，增大制作费用比例，有可能影响其他重要目标的实现。

运用多种媒体推出广告时，要善于筹划，深入分析媒体组合所产生的效果进行优化，使组合的媒体能够发挥整体效应。

3. 媒体组合要注意的问题

（1）要能覆盖所有的目标消费者。把选中的媒体排在一起，将覆盖域相加，看是否把大多数目标消费者纳入了广告影响的范围之内，即媒体能否有效地触及广告的目标对象。

还可用另一指标来衡量：将媒体的针对性相加，看广告目标消费者是否能接收到广告。如果这两种形式的累加组合，还不能够保证所有的目标消费者接收到广告，就说明媒体组合中还存在着问题，需要重新调整。但是也要注意，媒体覆盖的范围不能过多地大于目标市场的消费者，以免造成浪费。

（2）选取媒体影响力的集中点。媒体的影响力主要体现在两个方面：一方面是量，指的是媒体覆盖面的广度，即广告被接触的人数越多，影响力越大；另一方面是质，指的是针对目标消费者进行说服的深度，即媒体在说服力方面的效果。组合后的媒体，其影响力会有重合。重合的地方应是企业的重点目标消费者，这样才能增加广告效益。如果媒体影响力重合在非重点目标消费者上，甚至是非目标对象上，就造成广告经费的浪费。因此，要以增加对重点目标消费者的影响力为着眼点，确定媒体购买的投入方向，避免浪费。

（3）与企业整体信息交流的联系。企业要实现营销目标，也要运用营销策略，进行多种营销策略手段的组合。广告的媒体组合要与营销策略组合保持一致，要符合整合营销传播的要求，还要注意与企业公共关系战略相互配合，善于运用各种媒体，发挥整体效用。

总之，广告媒体的策划选择作为整个广告宣传策划活动中的重要环节，承担着重要的任务，也带有一定的原则性和方法性。广告媒体选择得恰当与否，直接关系着整个广告策划活动的效果，更是广告决策成功与否的关键。因此，广告媒体的选择应当引起广告主和广告代理机构的重视。

单元训练和作业

1. 优秀案例赏析

野马车轰动上市的媒体组合

20世纪60年代美国福特汽车公司生产了一款名为"野马"的汽车，这种车一经推出，一年内就销售了41万辆，创纯利润11亿美元。当时，购买野马车的人打破了美国的历史最高纪录，顾客简直到了饥不择食的地步。不到一年的时间，野马车风行整个美国，连商店里出售的墨镜、帽子、玩具等都贴上了野马的商标。

为什么野马汽车如此受欢迎呢？得从该公司的总经理亚科卡说起。1962年，亚科卡担任福特汽车分公司经理后就想策划、生产一种受顾客喜爱的新车型，他从大量调查材料中发现未来的10年是年轻人的世界。于是，他将未来的新车型定位为：款式新、性能好、能载4人、车子较轻、价钱便宜，以及车型独树一帜、车身容易辨认、容易操作，既像跑车还要胜过跑车，用以吸引年轻人。

亚科卡非常重视广告策划和宣传，为了推出新产品，他委托沃尔特·汤姆森广告公司为新车型进行了一系列广告策划。其实施步骤大致如下。

(1) 组织汽车大赛。在汽车正式投放市场的前4天，公司邀请各报纸的编辑到场，并借给每人一辆野马新型车，组织他们参加野马大赛，并邀请100名记者亲临现场采访，以充分证实野马的可靠性能。几百家报刊都以显著位置报道了野马大赛的盛况和照片，借助新闻力量造成轰动效应。

(2) 采用纸媒广告。在新车型上市前一天，根据媒体选择计划，让2600家报纸用整版篇幅刊登野马车广告。广告画面：一部白色野马车在奔驰。大标题："真想不到"。副标题：售价2368美元。这一步主要用以提升产品知名度，进而为提升市场占有率打基础。

在有影响的《时代周刊》和《新闻周刊》杂志上刊登广告画面，广告标题都是："真想不到"。

(3) 采用电视广告。从野马汽车上市开始，在各大电视网天天不断地播放野马车的广告，展开电视广告攻势。采用电视媒体广告的主要目的是扩大广告宣传的覆盖面，进一步提升知名度，达到家喻户晓。

(4) 选择最引人注目的停车场，竖立巨型广告牌，上面写着"野马栏"，既引起停车者的注意，又引起社会公众的关注。

(5) 在美国各地客流量最大、最繁忙的15个飞机场，以及200多家度假饭店的门厅里陈列野马汽车，通过这种实物广告形式，进一步激发消费者的购买欲。

(6) 采用直邮形式，向全国各地几百万小汽车用户寄送广告宣传品，直接与消费者建立联系。

上述分6步实施的广告活动，可谓铺天盖地、排山倒海，仅在一周之内，"野马"轰动整个美国，风行一时。据说，野马上市第一天就有400万人涌到福特代理店购买。通过这一系列媒体广告活动，原来年销 5000 辆的计划，被远远超出，实际年销 418812 辆。在野马汽车开始销售之后的头两年，公司就获得纯利润 11 亿美元。亚科卡由于这一显赫成绩被视为传奇式人物，被誉为"野马车之父"。而给亚科卡带来奇迹的正是媒体组合策略。

2. 课题内容

以某品牌洗发水、化妆品或手机产品为主题，拟写一份广告媒体计划书（推荐品牌参考：飘柔、海飞丝、玉兰油、华为、三星）。

课题时间：4 课时。

教学方式：分析现实生活中不同类型产品的广告媒体计划书，启发大家研究和讨论广告媒体的选择与策划及相关的写作练习。

要点提示：要注意针对限定的产品类型选择适合的广告媒体。

教学要求：①突出产品的特性，准确分析媒体种类特性，适当、合理地进行媒体的组合策划；②收集并参考列出品牌的相关媒体计划书格式；③字数 5000 字以内，A4 纸打印、装订。

训练目的：通过市场调研分析产品的市场定位、产品特征分析等，准确地选择适合媒体或者媒体组合的形式，掌握相关的媒体策划方法。

3. 其他作业

认真收看一个小时的电视节目，记录下广告的数量，以及其中每条广告的时间长度。你认为在这一小时的电视节目中，哪些广告劝服力最强，哪些广告劝服力最差。

运用自己对此的看法，说明电视广告的时间长短的价值，并分析广告主在什么情况下可以选择长广告，什么情况下选择短广告，它们分别可以达到什么样的广告目的。

4. 理论思考

(1) 根据相关商品的媒体广告，分析不同商品选择广告媒体的原因。

(2) 根据已知的媒体组合的方式类型，列举 3 种具体的媒体组合形式，并分析其优缺点。

(3) 查阅课外资料，结合相关广告媒体知识，分析在当今的广告市场发展中，不同媒体的发展趋势，以及如何将传统媒体与新媒体结合运用。

5. 相关知识链接

[1] 唐先平，左太元，李昱靓. 广告策划 [M]. 重庆：重庆大学出版社，2008.

[2] 邓相超. 广告媒介策略 [M]. 济南：山东大学出版社，2004.

[3] 陈俊良. 广告媒体研究 [M]. 北京：中国物价出版社，1997.

[4] 何佳讯. 现代广告案例理论与评析 [M]. 上海：复旦大学出版社，1998.

第5章 广告战略策划

课前训练

训练内容：运用理论与实践相结合的方法，通过实践性教学环节，指导学生进行广告战略策划的训练，让学生学会分析产品、分析市场、分析竞争对手和目标消费人群；学会制定广告策略，编制广告策划书；获得广告策划创意的能力。

训练注意事项：建议每位学生了解广告设计过程中的战略策划。

训练要求和目标

要求：广告策划的中心任务是以尽可能少的经费达到最佳的广告效果，搞好广告策划的前提条件就是要对各种市场情况了如指掌，通过广告，让消费者了解企业的产品，对企业形成积极认可的态度，最终提高企业的销售业绩。因此，广告战略策划是学习广告策划与创意课程的一项重要内容。

目标：熟悉不同条件下的广告策略定制，形成完整的理论体系架构，能紧密联系实际，初步学会分析案例，解决实际问题。掌握广告战略策划的基本概念、内容、作用、分类和步骤，并能将所学的知识应用于具体广告策划运作、分析和管理过程中。

本章要点

(1) 广告战略策划的概念及主要内容。

(2) 广告战略策划与广告市场的关系。

(3) 广告战略策划与提高认知度的手段。

(4) 广告战略的选择与常见问题分析。

(5) 广告战略策划目标的确定。

引言

广告的成功与否,关键在于广告策划。在现代商品经济活动中,市场情况极为复杂,搞好广告策划的前提条件就是要对各种市场情况了如指掌。通过广告,让消费者了解企业的产品,对企业形成积极认可的态度,最终提高企业的销售业绩。广告策划已经成为企业实践科学经营管理的重要组成部分。广告战略策划是指对整个广告活动指导思想、目的、原则的宏观运筹与谋划。

广告战略策划是广告策划的中心,是决定广告活动成败的关键。一方面,广告战略是企业营销战略在广告活动中的体现;另一方面,广告战略又是广告策划活动的纲领。它对广告推进程序策划、广告媒体策划、广告创意等都具有统率作用和指导意义。

5.1 广告战略策划的概念及主要内容

广告策划是广告制胜的关键。在实际操作环境下,如果不能准确把握广告战略与广告策略的内涵及关系,必然会导致整个广告策划失败。鉴于此,有必要把广告战略与广告策略区别开来,掌握各自运用的要领。当今社会,世界进入了策划时代,国家、企业、产品、事件、个人都处于一张策划的大网之中。普通人通过策划可以一夜成名,名不见经传的产品经过策划变成品牌,知识通过策划会带来财富,新闻通过策划能引起轰动。那么,策划是什么?从字义上分析,"策"与策划有关的义项有"谋略"。

广告战略策划是指对整修广告活动指导思想、目的、原则的宏观运筹与谋划,对于整体广告策划具有一种统领性的作用,对广告过程中的各个具体环节都有指导意义。战略:军事术语。"泛指重大的、带有全局性和决定性的计谋"。广告战略是指在一定时期内指导广告活动的带有全局性的宏观谋略,或者说它是一定时期内广告活动的指导思想和总体方案。

5.1.1 广告战略策划的概念

广告战略策划是指对整个广告活动指导思想、目的、原则的宏观运筹与谋划。

广告战略目标是广告活动所要达到的预期目的。

广告目标的确立要符合营销目标。首先细分市场,选定目标市场,然后确定量化、细化的具体广告目标。它是企业经营战略的一个重要的组成部分,是企业为实现其经营目标而对其规划期内的广告活动拟定的指导思想和总体设计,是根据市场分析、受众分析和企业、产品分析所获得的资料,为实现广告各目标而制定出全局性和长远性的广告活动原则和策略。

5.1.2 广告战略的主要内容

1. 广告战略的内容

(1) 广告目标,即通过广告战略的实施所要达到的预期广告效果。

(2) 广告对象,即广告受众。

(3) 广告诉求重点,即要突出宣传的重点。

(4) 广告表现,即是将广告诉求转化为生动活泼、具体实在的广告作品的过程。

(5) 广告媒介,即广告信息的物质载体。

2. 广告战略的类型

广告战略是企业为了适应千变万化的市场环境而在广告活动中所采取的宣传策略。由于企业及其产品类型不同,所采取的广告战略也各不相同。

3. 广告战略的作用

(1) 有助于提高企业的市场占有量。站在竞争的角度看企业的生命力,产品的市场占有量自然成为它的重要标志,而广告战略在实现各阶段广告目标、保证市场旺盛方面起着无可替代的功能。

菲利浦·摩里斯公司初期推出的"万宝路"香烟,由于缺乏对广告策略的精心研究,始终难以领先市场。20世纪50年代初,"万宝路"对企业内因外因再次进行分析,重新进行市场定位,确立新的广告战略,以"西部牛仔的男子气概"为主题,配合各种营销策略,展开了大规模的广告轰炸。结果取得了惊人的业绩,把原来在美国市场占有率不及1%的万宝路香烟,推上世界销售量的第一位。

(2) 有利于企业自身的发展。现代企业管理包括生产管理、销售管理、行政管理和信息管理。成功的广告战略非常注重企业管理的整体协调,通过市场调查分析和广告反馈,克服消极因素,拓宽销售渠道,不断提高企业的管理能力。

具体来说,广告战略对企业主要有以下几个作用。

① 加快生产技术的进步和规模化经营。企业通过有计划的广告活动,获取准确而及时的市场信息,加强对新产品的开发和现有产品的更新改造,及时地调整生产计划,扩大适销产品的生产规模,提高生产能力。随着广告战略的推进,企业为了使产品在价格上具有与其他品牌的同类产品进行竞争的能力,势必加强对生产过程的管理,节约能源,降低消耗,以达到降低产品价格的目的。

② 增强企业行政管理能力,充分发挥人才作用。企业面对竞争,必须要求内部的行政管理机构和人员精简强干,工作效率高而运作有序,更好地协调企业内部各有关部门的整体运转。同时,"优胜劣汰"气氛在企业各层次的形成,削弱和淡化了非明智行为对人才发挥的干扰,并且宣传媒介对企业实力的显示,也强烈吸引着社会各方面人才的加入,这样企业不仅使管理资源得到优化组合,还能不断扩充人才资源的新生力量,从而为企业的整体发展创造良好的条件。

③ 提高企业的信息收集和信息处理能力,来增强企业决策能力。广告战略中每个策略和目标的形成都来源于信息的综合结果,因此,企业在运转广告战略的同时,也必然增强对其他方面的信息管理能力,减少决策上的短期行为。

(3) 提高企业的形象和知名度。广告战略意义下的广告不但向市场有效地传播产品信息,而且不断向广大社会成员施加影响力,灌输企业的观念,从而在社会中树立起良好的企业形象,扩大企业的知名度,于无形中创造名牌的价值。良好形象的确立和知名度的渗透势必增进受众对企业的好感和信赖感,然后移情于产品。当某个品牌发生了深远的社会影响时,其无形价值比有形价值还要高。正如可口可乐公司的总裁说:"只要'可口可乐'的牌子不倒,即使所有的可口可乐公司在一夜烧光,不用多久,强大的可口可乐公司又会屹立在世人眼前。"

(4) 为企业实现各阶段的广告目标提供保证。正确的广告战略不但对企业的广告活动具有长期的、全面的指导意义,而且是以正确的经营战略为基础的一种决策。正确的广告战略是实现各阶段广告目标的保证。一是提供了信息上的保证;二是提供了策略上的保证;三是提供了方向上的保证。

(5) 可以最大限度地有效利用广告经费。成功的广告都遵循"以尽可能少的经费,获取尽可能多的利益"这一原则。而成功的广告战略对怎样分配、使用、节约经费去配合每个广告计划的重点、目标、运作,都要进行周详的谋划。借助它,不但能合理使用广告费,降低成本,而且使有限的经费得到有计划的预算和管理,从而有步骤、有重点地协调开展整个广告活动,不至于因为经费的脱节而导致整个广告计划的夭折。

5.1.3 广告战略策划的特征

1. 全局性

广告战略策划是对整个广告活动总的指导思想和整体方案的谋划、确定，当然具有明显的全局性。它体现在以下方面。

（1）服务于企业营销战略。广告战略是企业营销战略的一部分，它既要体现企业营销总体构思的战略意图，又要服从于企业营销战略，并创造性地为企业营销战略服务。

（2）着眼于广告活动的全部环节。广告战略作为对广告活动的整体规划和总体设计，本身就是一项系统工程。它研究广告活动在整体上应持什么态度，坚持什么原则，把握什么方向，统率广告活动的各个环节，全程始终。因此，广告战略的策划必须着眼于广告活动的全部环节。

2. 指导性

在广告策划过程中，广告推进程序策划、广告媒体策划都是操作性、实践性极强的环节，而广告战略策划所要解决的是整体广告策划的指导思想和方针的问题，它对广告策划的实践性环节提供了宏观指导，能使广告活动有的放矢、有章可循。

3. 对抗性

广告是商品经济的产物。商品经济的显著特征之一就是竞争。因而广告战略策划必须考虑竞争因素，针对主要竞争对手的广告意图，制定出针对性强的抗衡对策。所谓"知己知彼"，体现的就是对抗性。

4. 目标性

广告活动总是有着明确的目标的。广告战略策划要解决广告活动中的主要矛盾，以保证广告目标的实现。因此，广告战略策划不能脱离广告目标这一中心。

5. 稳定性

广告战略是在市场调查的基础上，经过分析研究制定的，对整个广告活动具有牵一发而动全身的指导作用。广告战略在一定时期内具有相对的稳定性，没有充分的理由和迫不得已的原因，不能随意改变。

5.1.4 广告战略策划的指导思想

广告战略思想是广告活动的指南。比如日本松下电器公司在中国市场上的广告活动，其广告目标是扩大松下电器在中国市场的占有率，为实现这一战略目标，他们以"长期渗透"的观念来确定广告战略思想。十余年来，不惜重金通过长久有效的广告终于在中国消费者心中树立起了松下电器的品牌形象，使松下电器在中国拥有了21%的市场占有率，居日本电器行业之首。这与松下广告战略思想中的长期渗透观念不无关系。根据不同情况，可以确定不同的广告战略的思想观念对广告战略产生的影响也不同。常见影响广告战略的主要观念有如下几个。

1. 积极进取的观念

一般而言，持积极进取观念的广告策划者对广告的作用十分重视，持这种思想的企业大多在市场上尚未占有领导地位，而处于二三流的位置，但它却具有较强的竞争实力，因此，他们希望通过积极的广告宣传向处于领导地位的竞争对手发起进攻，扩大自己的影响，积极夺取市场领导者的地位。此外，进取的思想也较多地出现于企业在推广新产品和开拓新市场的过程之中。

2. 高效集中的观念

持高效集中观念的广告策划者很重视广告的近期利益，在广告策划中，强调"集中优势兵力，打歼灭战"。以集中的广告投资和大规模的广告宣传，在某一市场上或某一时间段内形成绝对的广告竞争优势，以求在短期内集中奏效。持这种观念的企业，一般具有较强的经济实力，能达到集中投资、及时见效的目的。另外，有些产品生命周期较短，也迫使企业必须持高效集中的战略思想。以高效集中思想为战略思想的广告策划风险较大，所以对广告战略策划的质量要求较高。

3. 长期渗透的观念

持长期渗透观念的广告策划者特别注重广告的长期效应，在广告战略中强调"持之以恒，潜移默化，逐步渗透"，持长期渗透观念的企业一般面临的市场竞争比较激烈，产品的生命周期较长，企业要在广告宣传上及时奏效困难很大，需要花费较长的时间付出较高的代价。所以企业往往采取长期渗透的战略，逐步建立企业目标市场上的竞争优势。

4. 稳健持重的观念

持稳健持重观念的广告战略策划者对广告的作用也比较重视，但在思想和行为上却体现为慎重，一般不轻易改变自己的战略方针。主要以维持企业的现有市场地位和既得利益为主要目标，很少有进一步扩张的要求。其战略姿态往往是防御型的，以抵御竞争对手的进攻为主。持稳重持重观念的企业一般有两种：一种是已经处于市场领导地位的，因对使自己获得成功的传统手法充满信心而持之；另一种是受主、客观因素制约，一时无力开展积极竞争而不得已而为之。

5. 消极保守观念

持消极保守观念的广告战略策划者对广告的作用不是很重视，在思想和行动上较为消极、被动。广告活动的主要目标在于推销产品，一旦销路打开就停止广告宣传。

5.2 广告战略策划与广告市场的关系

5.2.1 广告战略目标与广告市场

广告战略目标是广告活动所要达到的预期目的。

广告目标的确立要符合营销目标。首先细分市场，选定目标市场，然后确定量化、细化的具体广告目标。

1. 市场细分与目标市场选定

市场细分是市场的划分，即以消费者的需求为立足点，根据消费者购买行为、购买习惯等方面的差异，将消费者总体市场进行归类，分割为若干项类似的消费者群，其中每一个消费群就是一个子市场。

(1) 市场细分的定义。首先，它把市场从单一整体看成多元异质的分割体，这更符合当今消费品市场的特点。其次，它体现了市场竞争从主要是价格竞争转向产品差异性竞争、服务多样化竞争。最后，由于细分市场的出现，就有了运用目标市场与广告策略组合的前提条件。

(2) 市场细分的标准。
① 地理因素（地理区域、人口密度）。
② 人口因素（年龄、性别、民族、文化、职业、家庭）。
③ 心理因素（个性、生活方式）。
④ 行为因素（利益细分、购买时机、购买频率、用户身份、品牌信任度）。

地理细分案例：俄罗斯和东欧市场，这些国家的自行车基本自给，仅进口高档自行车和赛车；英国市场，英国是自行车的创始国之一，名牌产品畅销世界各地。20世纪80年代后，英国自行车的不景气使英国改变了原来的自行车生产体系，开始从日本、中国台湾购买大量零部件组装成车，以降低成本，提高产品竞争力。德国市场，德国是欧洲最大的自行车市场，其特点是适销品种以 BMK 车和十速运动车为主；要求产品物美价廉，款式多变；从低档到高档，从童车到赛车，品种齐全，重视安全；市场上出售的自行车必须符合国家安全标准，否则不准出售。意大利市场，意大利自行车制造业已有百余年的历史。随着收入的增加，童车和少年车、运动车、折叠轻便车和旅游车需求量大幅增加。

(3) 市场细分的作用。

① 有助于将广告诉求重点对准广告目标。

② 有助于确定最好的广告对象。

③ 有助于广告定位与广告创作。

④ 有助于提高广告的效益。

2. 确定广告战略目标

广告战略目标按内容分为如下几类。

产品推广目标：注意知名度、广告覆盖面、接受率。

市场扩展目标：注重形象、改变消费观念。

销售增长目标：注重刺激欲望。

企业形象目标：注重美誉度、公关、沟通目标顾客。

3. 产品生命周期分析

产品生命周期是指产品在市场上营销的延续时间，具体是指产品从投放市场到最后被淘汰的全过程。典型的产品生命周期包括 4 个阶段：投入期、成长期、成熟期和衰退期，如图 5.1 所示。

图 5.1 的产品生命周期变化曲线表明，在产品周期的第一阶段为投入期，又称介绍期，是指新产品经过了开发设计和试制阶段转入小批量生产，投入到市场进行试销的阶段。第二阶段为成长期，又称增长期，是指产品经过引入期开始为市场接受，大量上市，扩大销售阶段。第三阶段为成熟期，是指产品已占有一定的市场份额，销量大而稳定，但增长率已不如增长期。第四阶段为衰退期，又称滞销期，是指产品已经老化，不能适应市场的需要，市场上已有更新、更廉的产品，足以满足消费者的需要。

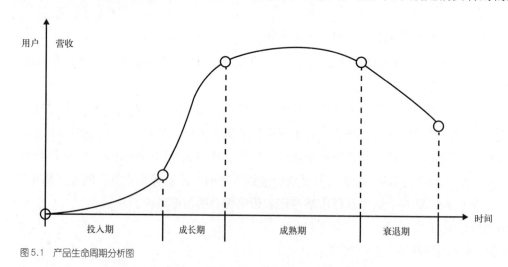

图 5.1 产品生命周期分析图

5.2.2 产品生命周期与广告战略策划

1. 投入期

在产品的引入期，新产品刚进入市场，产品的品质、功效、造型、结构等都尚未被消费者认知。在

这一阶段,广告的目标从介绍产品、提高知名度转到突出产品特色,建立产品与品牌形象,争创名牌上来。广告宣传对象主要针对产品的中期与中后期使用者,以巩固原有市场并开拓新市场,展开竞争性广告宣传,引导消费者认牌选购。广告诉求必须具有强有力的说服力,突出宣传厂牌与商标,巩固企业和产品的声誉,加深消费者对企业和产品的印象。

2. 成熟期

在产品进入成熟期后,产品在市场上已为消费者广泛认识与接受,销售量稳步增长,利润已有保证。与此同时,同类产品也纷纷投入市场,竞争日趋激烈。尤其是在产品进入成熟期后,产品工艺稳定成熟,消费者已形成使用习惯,产品销售达到顶峰,新产品变成普及产品,同类产品竞争更为激烈。在这一阶段,广告的目标从介绍产品、提高知名度转到突出产品特色、建立产品与品牌形象、争创名牌上来。广告宣传对象主要针对产品的中期与中后期使用者,以巩固原有市场并开拓新市场,展开竞争性广告宣传,引导消费者认牌选购。广告诉求必须具有强有力的说服力,突出宣传厂牌与商标,巩固企业和产品的声誉,加深消费者对企业和产品的印象。

3. 衰退期

在产品进入衰退期之后,产品供求日益饱和,原有产品已逐渐变成老产品,其他新的产品已逐步进入市场。广告目标重点放在维持产品市场上,采用延续市场的手段,保持产品的销售量或延缓销售量的下降。适时运用广告提醒消费者,以长期、间隔、定时发布广告的方法,及时唤起注意,巩固习惯性购买。广告诉求重点应该突出产品的售前、售中和售后服务,保持企业荣誉,维持老用户和吸引后期新用户。影响广告目标制定的因素包括:①企业经营战略(渗透式与集中式);②商品供求状况及生命周期;③市场环境(4种);④广告对象。

5.2.3 广告战略的策划程序

不管选择哪种广告战略,它的基本内容及策划程序一般包括:①广告市场环境分析;②广告战略目标的确定;③广告战略方案的制定;④广告战略预算。

5.2.4 广告战略策划的环境分析

广告环境是指存在于广告传播活动周围特有的情况和条件的总和。它主要包括广告市场环境、企业环境、产品环境、消费者环境、媒介环境等。广告环境是决定广告活动、广告战略确定的重要因素之一,所以要很好地确定广告战略,就必须对广告环境有正确的分析。

1. 广告市场环境的分析

市场环境的分析内容主要包括:①人口情况;②社会风尚分析;③政治经济环境分析;④市场竞争状况分析。

2. 企业环境分析

企业环境包括的内容很多,如企业视觉识别、品牌形象、技术形象、企业风气、经营者形象等。

3. 产品情况分析

为了准确确定产品的诉求重点,在进行广告战略策划和广告制作中要有计划地对该产品进行全面了解和分析。

4. 消费者情况分析

为了确定广告目标和广告策略，有必要对消费者的需求、消费方式及购买决策等情况进行分析。消费者情况分析是广告战略里最为关键的分析要点，包括：①消费者需求情况；②消费方式状况；③购买决策分析。

5.2.5 广告目标与诉求重点

广告诉求通过作用于受众的认知和情感的层面使受众的行为发生变化，因此作用于认知层面的理性诉求和作用于情感层的感性诉求，就成为广告诉求两种最为基本的方法，在此基础上，产生了同时作用于受众的认知和情感的情理结合诉求策略。

1. 理性诉求

理性诉求指的是广告诉求定位于受众的理智动机，通过真实、准确、公正传达广告企业产品、服务的客观情况，使受众经过概念、判断、推理等思维过程，理智地做出决定。理性诉求广告的内容特性，消费者不购买产品或不接受服务可能会受到的影响。

2. 感性诉求

感性诉求指广告诉求定位于受众的情感动机，通过表现与广告企业、产品、服务相关的情绪与情感因素来传达广告信息，以此对受众的情绪与情感带来冲击，使他们产生购买产品或服务的欲望和行为。

感性诉求广告的内容特性如下。

(1) 爱情：其中包括爱情的真挚、坚定、永恒和爱情所赋予人们的幸福、快乐、忧伤等。

(2) 亲情：包括家庭之爱、亲人之爱及由此而来的幸福、快乐、思念、牵挂等。

(3) 乡情：包括与此相联系的对故乡往事的怀念、对故乡景物的怀念等。

(4) 同情：主要是对弱者和不幸者的同情，常常用于慈善机构的广告中。

(5) 恐惧：一些广告也常常使用恐惧诉求，通过描述某些使人感到不安、担心、恐惧的事件或这些事件发生的可能，引起受众对广告信息的特别关注，从而达到广告目的。

(6) 生活情趣：利用日常生活中大部分人都有切身感受的生活情趣进行诉求，也是许多感性诉求广告常用的手段，这些情趣包括悠闲、乐趣、幽默等。

(7) 个人的其他心理感受：在1998年新甲壳虫推出后，甲壳虫的生命力更加旺盛，对时尚的演绎再造新的传奇。2006年款新甲壳虫和新甲壳虫敞篷车则更引人注目，外观充满更多神采和灵气，优雅的车身比例，圆润而流畅的线条，炯炯有神的前后椭圆形大灯，让人心动的多种明亮色彩，加之卓越的安全性、完美的制造工艺以及大众汽车有口皆碑的品质，成为新时代新的经典之作。新甲壳虫是辆车子，也是一种生活方式。这种滥俗的广告词换别的产品就是不靠谱，但甲壳虫凭借它优秀的产品设计，完全撑得起这样的说法，让人想到海滩、花圃、美好的郊外、惬意的早餐等，全都暗隐着Beetle的样子，画面清新可爱。

5.2.6 广告战略方案的制定

1. 市场广告战略制定

市场广告战略以市场划分来进行广告活动的战略，这样有利于广告传播的针对性，如保健品广告信息向中老年类人群传播。按广告目标市场的特点，可将市场广告战略分为同质市场、异质市场、集中市场广告战略。

(1) 同质市场广告战略，就是企业面对整个市场，通过广告媒体做同一主题内容的广告宣传。

(2) 异质市场广告战略是企业在一定时期内，针对细分的不同目标市场，运用不同的广告内容，针对不同的消费人群进行广告宣传。

(3) 集中市场广告战略指企业把广告宣传的力量集中在已细分的市场一个或几个目标市场的战略。

2. 企业形象战略制定

提高企业美誉度的广告战略，要注重广告受众对广告主体的认识度、品牌识别度和市场忠诚度。侧重于消费者对企业的好感和信任，在消费者心中树立企业的良好形象，从而对产品的销售起到间接的推动作用，如多做捐款和公益广告，增加公共关系的力度等。

(1) 企业形象树立的最好方法之一是展开各种广告促销形式的活动。它常包括馈赠、奖励、文娱、服务、折价、公关、示范表演等活动。

(2) 馈赠广告。

(3) 公关性文艺活动广告。

(4) 体育赞助广告。

(5) 中奖广告。

3. 产品形象战略制定

产品形象的广告战略内容主要包括产品定位策略和产品生命周期策略。另外，还有新产品开发策略、产品包装和商标形象策略以及统一品牌和多品牌战略等。

(1) 产品定位策略的原则：由于不同的企业、不同的产品具有不同的特点与优势，广告产品定位到底运用哪种或哪几种策略，应进行具体分析。一般有以下几种选择方法：一是直接传播产品的特点和价值；二是让产品给消费者带来利益；三是明确产品的市场地位。产品定位策略还可分为效益定位策略和理念定位策略两大类。

(2) 产品生命周期策略。按照产品生命周期的原理，针对某一产品所处的产品生命周期的不同阶段，采取相应的广告策略，这就是产品生命周期广告策略。

4. 时空性广告战略策划

时空性广告战略也就是人们常说的时间性广告与区域性广告战略的简称。

(1) 时间性广告战略：按广告从第一次传播到结束期间的时间长短来划分的广告战略。它可分为长期广告战略、中期广告战略和短期广告战略。

(2) 区域性广告战略策划：它是按照市场区域大小所实行的广告战略策划。一般可分为局部区域广告战略策划或全球广告战略策划。实际上，它是市场战略的另一种表现形式，即以空间大小作为分类。

5.3 广告战略策划与提高认知度的手段

5.3.1 提高消费者认知度

1. 打破产品同质化的手段之一

中国科技的飞速发展，制造能力的不断提高，造成产品同质化现象日益严重。中国企业最初就是从模仿的方式起步的，因为缺少核心技术，很多企业更是采用了OEM的方式，这也加重了中国产品的同质化现象。

产品本身没有区别，并不意味着品牌就没有区别，也就是消费者对品牌的品质认知度没有区别。消费者毕竟不是专家，可以对产品品质进行一个量化的评判。消费者往往是根据他们所接收到的产品的所有信息，而做出一种主观的判断，甚至是一种偏差很大的判断。因此，完全可以通过改变消费者对产品品质的认知，来实现品牌的差异化。

2. 进行品牌定位

在给品牌进行定位时，一种常用的策略是把品牌与产品品质或特征相连，根据品质认知度进行定位。例如，海信空调作为国内率先推出变频空调的企业，在消费者的品质认知里面，变频意味着更高的技术，因此，海信空调将自己定位为"变频专家"。

对于很多的产品来讲，品牌不同，品质认知度也是不同的。例如，海尔意味着更细致周到的服务，创维则意味着对健康的更多关怀。

3. 有利于企业采用溢价策略

当消费者对产品的品质认知度评价十分满意甚至佩服得五体投地时，就可以适当地提高价格，从而实现产品更大的溢价能力。

4. 进行品牌延伸的基础

如果某个品牌在某一市场表现良好，则人们往往认为，在相关的市场上该品牌的质量也比较高，所谓的"爱屋及乌"就是这个道理。这也就为一个品牌的品牌延伸提供了捷径与可能。因此，一个品牌要进行品牌延伸，开发新的市场，就需要转嫁消费者对品牌已有市场产品的品质认知度。一个消费者对其品质在现有市场不信任的产品，同样也很难在其他市场上有什么好的表现。

5.3.2 中国企业如何提高品质认知度

1. 提高产品质量或服务水平

如果一个产品本身的质量不高，却想让消费者相信产品质量非常高，无疑是不可能的。即使在短时内可以蒙骗消费者，但是消费者很快就会察觉，这反而更会加剧品牌的危机。因此，要提高品质的认知度，第一步要做的就是要不断地提高产品的质量或服务水平，提供更高品质的产品或服务，这是提升品质认知度的基础。

2. 提高消费者购买数量及频率的促销战术

(1) 积点有奖。

① 这是一种较好的促销方式，兼顾了促进消费者在购买数量和购买频率上的增长，它是通过为消费者设定一个有吸引力的目标，然后引导消费者在一定的时间内将精力都放在推广的品牌上，从而促进品牌影响力的增长。

② 积点包括收集分数和收集凭证，前者为购买到一定的数量，就可以获得不同层次的累计分数，然后可以根据标准获得相应的礼品；后者只是换一种形式，将分数变成了凭证，比如集够一定量的啤酒盖，就可以兑换相应的礼品。前者的适应性更广泛，而后者则带上了行业或产品的特色。

③ 积点促销适用于销量较大的产品，因为只有消费者已经具有了足够的需求，在此基础上才能激发出一种购买冲动，如果产品的销量不大，就表明消费者较少或者是消费量不大，那么这种情况下就不能引起消费者的兴趣，也就达不到预期的效果。

④ 积点促销需要一定的时间周期，因此它适合消费周期短、购买频率高、购买量大的产品，例如

纯净水，使得消费者在短期内就能得到利益。另外，积点促销需要做好的是奖品的设置、参与方式及兑换工作，奖品是吸引消费者参与的根本目的，而参与方式和兑换涉及的是促销的便利性，否则也将使效果降低。

(2) 抽奖活动。

① 抽奖的目的在于提高消费者的购买量，它利用的是大众的博彩心理，通过设置非常有吸引力的大奖来调动广泛的消费群体参与。

② 在实际的操作过程中，抽奖形式主要有回寄式抽奖、即开即中抽奖和连环抽奖三种。从实际的效果来看，回寄式抽奖需要较长的周期，还需要消费者花时间邮寄，这已不太适应现代社会的快节奏和消费者日益浮躁的心理，实施的效果较差。即开即中抽奖符合消费者的心理，即时可以获知结果，简单方便，而连环抽奖则是依靠提高中奖概率来吸引消费者的广泛参与，并在一定程度上可以提高消费者的购买频率。

③ 抽奖的运用需要建立在一定的市场基础上，其在市场上要有一定的品牌知名度和部分固定的消费群体，因为消费者是不会对他了解不多的产品花费时间和精力的。

④ 抽奖最关键的是奖品的设置，由于目前国家规定最高奖金不得超过人民币 5000 元，在一定程度上限制了抽奖的发挥，所以更要在奖品的形式上突出创意，突破有形物质的限制，赋予奖品更深的内涵，比如化妆品公司可以为中奖者提供拍摄广告片的机会，VCD 企业则可以为中奖者制作个人碟片。

(3) 赠送礼品。

① 赠送礼品除了在吸引新消费者的试用外，同样可以提高现有消费群体的购买数量，尤其是对于有一定知名度的品牌，效果更为显著。

② 这个时候在选择礼品方面应和试用阶段有所不同，更应该将礼品与品牌形象结合起来，要通过礼品使消费者对本品牌加深认知，并能达到情感上的交流，从而更加巩固品牌在消费者心目中的地位。

(4) 价格折扣。

① 以价格折扣来提高销量的增长也是具有一定市场基础的品牌常运用的战术，而此时该战术的运用效果也好于试用阶段，因为消费者对于有一定认知的品牌更能激发出购买的冲动。

② 此时的价格折扣不外乎是直接折价和间接折扣两种，后者较为常用，而前者的运用较为谨慎，同时也最敏感，经常引发业界的争论。直接折价在操作上很简单，但是其带来的后果也最难把握，尤其对于已有一定基础的品牌，因此在采取直接折价时，一定要对市场形势进行准确的判断，从国内彩电大战、VCD 大战、微波炉大战的实况来看，最先采取降价策略的品牌成功率较高。采取直接折价的时间不能太长，否则将影响到正常价格的恢复。

③ 间接价格折扣在这个阶段常用的形式有"买 ×× 送 ××"和特惠包装，两者都相当于变相降价，但是对价格都没有直接影响。"买 ×× 送 ××"的方式比较灵活，在实际运用中既可以送同类产品，也可以送其他不同规格、种类的产品或礼品；后者在形式上属于"加量不加价"，它的效果在于可以延长消费者的使用周期，在一定程度上可以阻挡竞争品牌的攻势。需要注意的是，"买 ×× 送 ××"的方式并不适用于产品的试用期阶段，因为如果消费者还没有接受一个产品，那他是不会对这种产品上的优惠感兴趣的，这种方式只适合有一定品牌基础的产品。

3. 提高品牌知名度、美誉度和市场占有率

当前，全国各个行业、各个省市都在实施名牌战略。其中，提高品牌知名度是名牌战略的一项重要内容。从品牌营销的角度看，提高品牌知名度的核心就是提高目标消费者对该品牌的知晓水平。接下来将在讨论品牌知名度、品牌知晓概念的基础上，来说明品牌知名度对品牌营销的价值以及如何提高品牌知名度。

（1）品牌知名度的概念。所谓品牌知晓，即目标消费者再认或回忆品牌名称及其所属产品类别的能力。换言之，仅仅知道品牌名称不能算品牌知晓，只有能够将品牌名称与其所属产品类别联系在一起才算品牌知晓。例如，虽然"娃哈哈"这一品牌名称已家喻户晓，但如果消费者不能将其与纯净水相联系，娃哈哈纯净水的知名度就不高。

可见，品牌知晓与品牌知名度是从两个不同角度说的同一事物。前者是从消费者角度而言，后者是从品牌角度而言。消费者的品牌知晓水平越高，品牌知名度越高。要提高品牌知名度，就是要提高潜在消费者对该品牌的知晓水平。

品牌知晓就其程度具有不同的水平。大致可分为品牌再认、品牌回忆、品牌浮现3种。其依次上升，呈金字塔状。

① 品牌再认：塔底。是品牌知晓的最低水平。是指在有提示的情况下，能够鉴别出那些以前听说过的品牌名称。例如，你到商店买热水器，售货员可能会向你介绍五六个品牌，如"万家乐""燕山""美人鱼"等，在给出的这些品牌名称中，你认为自己听说过、感到熟悉的那些品牌，就达到了品牌再认的水平。品牌再认虽是最低水平的品牌知晓，但对购买者的品牌选择却是非常重要的。

② 品牌回忆：塔腰。品牌回忆是品牌知晓的中级水平，即在没有任何提示的情况下，你能够回忆出某类产品的某些品牌。例如，当谈及空调时，你可能会随口说出"春兰""同力""三菱"等品牌名称，这些品牌就达到了品牌回忆的水平。显然，品牌回忆比品牌再认困难得多。品牌回忆要求人们不仅听说或见过某类产品的某个品牌，而且对它有一定的了解或比较深刻的印象。

③ 品牌浮现：塔顶。品牌浮现是品牌知晓的高级水平，即在上述品牌回忆中说出的第一个品牌就达到了品牌浮现的水平。有时候，虽然人们能够随口说出两三个品牌，但一般说来，最先说出的品牌往往是在其心目中占第一位的品牌。例如，一提到可乐甚至软饮，许多人头脑中就首先浮现出可口可乐。毋庸置疑，品牌浮现不仅比品牌回忆困难得多，而且只有很少品牌能够达到这个水平。显然，达到这个水平的品牌具有很强的竞争优势，在许多购买情景下，它意味着其他品牌将不予考虑。

（2）品牌知名度对品牌营销的价值。品牌知晓对品牌营销的价值主要表现在以下3个方面。

首先，品牌知晓有助于引起品牌喜爱。研究表明，品牌知晓与品牌喜爱关系密切。一项研究表明，在消费者心目中占第一位的品牌，即达到品牌浮现水平的品牌比占第二、三位的品牌更为其所喜爱。美国兰道公司(LANDOR ASSOCIATES)的品牌影响力研究也证明了这一点。该研究表明，品牌知晓水平与品牌喜爱程度大体一致，即知晓水平越高，喜爱程度越高。而人们对某一品牌的喜爱程度是影响其是否购买的一个重要因素。这就是为什么有些广告即使水平不高，但由于多次广告，受众对广告品牌产生了熟悉感，进而引起品牌喜爱，最终引起广告品牌销售量提高的原因。

其次，品牌知晓是品牌选择的基础。一般来说，品牌再认对选购现场进行品牌决策尤为重要。例如，如果未曾听说过长虹或康佳彩电，在商店选购时，即使被告知其质量同进口产品不相上下，人们还是不大可能选择它们。因为，陌生的东西总是不怎么令人放心。品牌知晓，特别是品牌回忆对耐用消费品的品牌决策尤为重要。因为，在前往商店购买大件（如空调）之前，人们往往要对其心目中的几个品牌（即达到品牌回忆水平的品牌）进行一番比较，以决定购买哪个品牌。然而，如果人们未能想到春兰或美的，它们就失去了被比较的机会，当然也就不会被选中。

最后，品牌知晓的最高水平——品牌浮现可直接引起购买。品牌浮现对日用消费品的品牌决策尤为重要。这是因为，在选购像口香糖、冰激凌等日用消费品时，人们常常是那么漫不经心，哪个品牌最先出现在脑海里就购买哪个品牌。不仅如此，品牌浮现还常常阻碍人们对其他竞争品牌的回忆。研究发现，当给出某些品牌名称，如可口可乐，让被实验者列出其竞争品牌时，被实验者的回忆往往受到提示品牌的抑制，只能列出比无提示情况下更少的品牌名称。

国外关于品牌市场占有率的研究也有力地证明了品牌知名度的重要。一项研究表明，在品牌喜欢程度相同的情况下，品牌知名度越高，其市场占有率越大；一项关于咖啡广告费与市场占有率关系的研究表明，广告对市场占有率的影响不是直接的，而是通过知晓水平的影响间接实现的。知晓水平是直接影响市场占有率的重要因素。

(3) 提高品牌知名度的途径。品牌知晓如此重要，作为品牌营销人员就应努力提高目标消费者对该品牌的知晓水平，即提高品牌知名度。

一般来说，要提高品牌知名度，特别是新品牌的知名度，需在两个方面下功夫：一是广泛宣传品牌名称，二是建立品牌名称与产品类别的连接。当然，如果品牌名称已经明示其所属的产品类别（如孔府家酒、旺旺雪饼），品牌营销人员的任务就单一了。另外，如果品牌名称，如"娃哈哈"已经家喻户晓，要提高娃哈哈矿泉水的知名度，品牌营销人员的任务就是建立"娃哈哈"与矿泉水的连接。

根据国外的品牌营销经验，可从以下几个方面来提高品牌知名度。

要提高品牌知名度，首先必须能引起人们对该品牌信息的注意。引人注目的方法虽然很多，但其关键是要标新立异、独具一格。要打入品牌林立的产品市场，广告宣传只有新颖独特、不落俗套，形成一定的视觉或听觉冲击力，才能引起人们的注意，并令人看后难忘。遗憾的是，能够产生如此效果的广告不多。许多产品类别的电视广告，如洗发品、护发品、化妆品等，各品牌广告大同小异、如出一辙。如果漫不经心，很可能会张冠李戴。

生动活泼、朗朗上口的广告语是提高品牌知名度的一个好方法。当然，如果能够将品牌名称、产品特性巧妙地编入广告标语或小诗歌，如"维维豆奶，欢乐开怀""人头马一开，好事自然来"，效果就更好了。因为这样的小诗歌可使人们轻而易举地想起品牌名称及其所属的产品类别。一项旨在测验58个新品牌知晓水平的研究表明，朗朗上口的广告语是影响品牌知名度的最重要原因。

广泛宣传品牌符号，也是提高、保持品牌知名度的一个上等方法。这是因为，图像不仅生动、直观、形象，而且可以反映品牌寓意或产品特性，而这些无疑有助于品牌回忆。例如，人们可以由红彤彤的缺口苹果想到苹果电脑，由3个菱形组成的图案想到三菱电器。

同广告相比，公众宣传是提高品牌知名度的一个有效且花钱少的途径。这是因为人们对新闻事件更感兴趣，能够引起轰动效果。因此，想方设法在自己的品牌或产品上制造新闻，并争取媒体的宣传报道，是提高品牌知名度的一个理想方法。山东秦池酒知名度的迅速提高，与其说是5秒标版广告的结果，不如说是其争夺广告标王这一事件引起的新闻效果。

活动赞助是保持、提高品牌知名度的一个重要途径。小天鹅影院、上海申花足球队、中国一汽汽车比赛等，能在所有观看、知道该活动的人中提高知名度。值得注意的是，只有知名度达到一定程度的品牌才适合采取这种方式，而对不太知名的品牌，特别是新品牌来说，采用这种方式则获益很少。

(4) 提供信息。通过对象提供各种信息。例如告诉目标市场将有一种新产品上市行销，介绍某种产品的新用途或新用法，通知社会公众某种产品将要变价，介绍各种可得到的劳务，纠正假象，说明产品如何使用，减少消费者的顾虑，建立企业信誉等。以向目标沟通对象提供信息为目标的广告，叫作提供信息的广告，又称为开拓性广告。这种广告的目的在于建立基本需求即使市场需要某类产品，而不在于宣传介绍某种品牌。

(5) 诱导购买。通过广告活动建立本企业的品牌偏好，改变顾客对本企业产品的态度，鼓励顾客放弃竞争者品牌转而购买本企业品牌，劝说顾客接受推销访问，诱导顾客立即购买。以上述这种劝说、诱导、说服为目标的广告，称为诱导性（或说服性）广告。这种广告的目的在于建立选择性需求，即使目标沟通对象从需要竞争对手的品牌转向需要本企业的品牌。近几年来，在西方国家，有些诱导性广告或竞争性广告发展为比较广告，即广告主在广告中拿自己的品牌与若干其他品牌相比较，以己之长，攻人之短，以宣传自己品牌的优越性。

（6）使用提醒，即企业通过广告活动提醒消费者在不久的将来（或近期内）将用得着某产品（如秋季提醒人们不久将要穿御寒衣服），并提醒消费者可到何处购买该产品。以提醒、提示为目标的广告，称为提示广告。这种广告的目的在于使消费者在某种产品生命周期的成熟阶段仍能想起这种产品。例如，可口可乐公司在淡季耗费巨资在杂志上做彩色广告，其目的就是要提醒广大消费者，使他们时时刻刻不要忘记可口可乐。还有一种与此有关联的广告形式称为加强性广告，其目的在于使现有用户确信自己所做出的选择是正确的。例如，美国汽车制造商常常用广告描述其顾客对于他们已购买的汽车很满意，以加强其购买选择。

5.3.3　广告战略策划的宗旨——改变消费者的态度

1. 用双向沟通来代替单向沟通

不同的消费者的认识能力是不同的。针对知识水平较高、理解判断能力较强的消费者，广告应采用双向沟通较好，即把商品的优、劣两方面都告诉消费者，让他们感到广告的客观公正，由他们自己来拿主意。因为这些消费者普遍对自己的判断能力非常确信，不喜欢别人替自己做判断。如果广告武断地左右他们的态度，会适得其反，使他们拒绝接受广告内容。但对判断力较差、知识面窄、依赖性较强的消费者，采用单向沟通信息的方式，广告应明确指出商品的优势以及给使用者带来什么好处，直接劝告他们应该购买此物，效果更明显。

2. 用感性诉求来代替理性诉求

消费者态度由认知、情感和行为倾向3种因素构成，其中感情成分在态度的改变上起主要的作用。消费者购买某一产品，往往并不一定都是从认识上先了解它的功能特性，而是从感情上对它有好感，看着它顺眼，有愉快的体验。因而广告如果能从消费者的感情入手，往往能取得意想不到的效果。前几年有个电视广告：女儿为年迈的老母亲洗脚，孩童见此，转身端来一盆水，稚嫩地说："妈妈，您洗脚"……画面与语言的配合，烘托出一个感人的主题：献给母亲的爱。虽然整个广告只字未提产品的优点，但却给人以强烈的情感体验。这个广告巧妙地把对母亲的爱与产品相连，诱发了消费者爱的需要，产生了感情上的共鸣，在心中留下深刻美好的印象。因此，在广告有限的时空中以理服人地呈递信息，固然显得公正客观，但以情动人的方式，更容易感染消费者，打动他们的心。

广告策划不仅具有科学性，更具有独特的艺术性。但无论广告信息呈递的方式如何，其基本原则都是要了解消费者的真正需求，找到消费者心理变化的新特点。这样才能有的放矢地选准广告诉求点，策划出成功的广告。

5.4　广告战略的选择与常见问题分析

5.4.1　广告策略的选择

众所周知，企业投放广告的最终目的是宣传产品知名度，促进消费者购买，提高销量，但是并非所有人都会接触到宣传产品的媒体，看到广告的消费者也并非都会成为潜在顾客。这就需要企业选择合理的媒体，并投放优秀的广告。媒体选择与投放科学合理可以为企业发展作出贡献。广告媒体在围绕产品受众接受心理的同时坚持走以销售为中心的道路，真正达到整合媒体、优化传播的效果。而在策略上，以整体协同、相互配合的战略发挥广告宣传职能。在电视、报纸、宣传小报、广播等媒体之间，根据实际情况"整合搭配"。而整合仍然有法可依。

不同媒体之间的整合必须要立足产品本身，才能称得上是成功的媒体整合。

1. 整合媒介，延展广度

不同媒介具有不同范围的局限性，因此，需要通过媒体整合来达到准确传播，增强广告效力，延展广度的目的。广告正面报道或传播得越广，产品的知名度、认知度就越高。例如，"敖东鹿筋壮骨酒"是敖东集团巨资投入推出的甲类OTC产品，在产品宣传推广中运用整合媒介的广告策略，一炮走红，让同行啧啧赞叹，纷纷效仿。

在高频率信息传播环境中，企业认识到不同媒体有不同的功能，对各种媒体的特性、优缺点都有一个理性的认知，并实现强大的媒介整合支持，使电视与平面媒体高效结合，硬性和软性广告优势互补，网络与声讯媒体得以有效互动。在大众媒体上，针对"敖东鹿筋壮骨酒"受众人群，将新华社、中央电视台、《人民日报》《中国医药报》《中华风湿病学杂志》等国内知名的媒体整合起来，作为宣传产品的"武装力量"。同时，极尽新闻舆论造势、活动策划作秀之能事，加强上述媒介整合广告传播的说服力与靶向性。良好的舆论加上媒介的整合传播，延展了产品的广度，让受众更放心地接受产品，增强认知度，并帮助产品获得良好的美誉度。

2. 反复整合，深度传播

由于各种媒介覆盖的对象有时是反复的，因此，媒体整合兼顾覆盖的反复性特点跟进传播，增加广告的传播深度。消费者接触广告频率越高，对产品的闪亮点、新颖点、功效点、认知度就越高，消费的欲望就会空前高涨，最终促成购买。

3. 广告互补，相得益彰

集中多种广告媒介来传播同一产品或相关系列产品的广告内容，对受众来说，可以给企业带来的广告效果是相辅相成、互相补充的。由于不同媒介各有利弊，因此媒介整合还要兼顾取长补短，相得益彰的广告形式，帮助市场迅速实现盈利。

无论是上述的保健酒、芦荟胶囊，还是六味地黄丸，其成功在很大程度上是合理整合媒体的结果。毋庸置疑，媒体的选择及投放要结合当地媒体的实际情况进行。如二、三级市场中，因为消费者大多接受电视媒体，所以主要选择电视媒体来做宣传。

此外，电视、广播、报纸等广告媒体在传播速度、覆盖面上也存在差异，必须实现媒体的整合营销，让媒体相互取长补短，发挥抓住消费者心理的强大作用。因此，企业在选择广告媒体时，首先就应在确定目标顾客的基础上根据目标顾客接触媒体的习惯，选择合适的媒体及传递方式，使广告信息能够有效地覆盖企业的目标顾客。同时，尽可能使市场媒体得到营销整合，凸显广告为市场营销服务的职能。

近年来，广告媒体的费用是很多企业最关心的话题，每年企业老板都会被千万元、亿万元的广告支出却换来微小的利润这一残酷现实而搞得焦头烂额。可见，合理选择广告媒体，制定具有导向性、针对性、独创性、实用性的广告策略已是当务之急。

当然，企业做广告总希望以有限的广告费用开支来获得最佳的广告效果。在保证广告效果的前提下，精打细算，合理选择，应是企业选择广告媒体的一个原则。

不可否认，广告三折页、POP、展板等在传播速度、覆盖面及表达力等方面不及电视、报纸等媒体广告，但只要能够突出产品卖点，形成认知度，无形中节约一笔可观的广告开支，并能取得很好的营销效果。

媒体选择与投放同时应做到重点市场重点投放、次重点市场有效投放，在战术上完成分割、包围、各个击破的战略动作，力争以最小的投入获取最佳的广告效果和经济效益，发挥广告传播作用的价值最大化。

总体来说，以市场作为媒体宣传导向的广告任务就是要进一步增强市场的竞争力，稳定经销商，迅速培育消费者对产品及品牌的购买忠诚度、信任度和美誉度，以此确保市场的稳健拓展，力争实现市场销售新突破、高提升的目标。

5.4.2 广告战略策划中常见的问题

1. 定位不准确或广告诉求主题过多

广告定位即广告给产品确定什么样的位置，突出宣传产品哪一方面的特点、功效及优势，能解决消费者哪些方面的问题等。广告应尽可能地创造出产品在市场上有别于竞争对手的独特定位。

广告要明确地告诉消费者，产品会给他们带来什么好处，这就是通常说的广告诉求，有的产品花了大量的广告费，把广告做得美轮美奂，但广告诉求却与产品本身的优势以及定位相脱节。消费者记住了广告，却不了解产品是干什么用的。不知道产品对于自己有什么好处，当然也不会去购买这个产品。也有一些企业为了展示自己产品的功效，在有限的篇幅或时间内把产品所有的功效和针对的人群全部罗列出来，唯恐消费者不知。事实上，针对消费者的心理研究表明：人们在观看广告时只选择性地注意很小一部分与自己的需求或兴趣有某些联系的信息。所以，过于复杂的广告诉求也很难有好的效果。广告之父大卫·奥格威一直告诫广告主说："广告一定要谨守单一诉求。不仅节约企业的成本，而且提高效率，何乐而不为呢？"

2. 广告策划缺乏创意、过分创意或盲目创意

不少广告策划平淡无奇、千篇一律，毫无创意可言，因此根本无法吸引消费者。创意被称为广告的灵魂，广告创意的生命在于"创"，一个好的创意可以提高消费者对广告的记忆度和关注度，最忌人云亦云，模仿抄袭。当前的实际情况是，只要有一条好广告出台，马上就有一则甚至数则雷同的广告出现。最近几年酒类广告铺天盖地，然而像"孔府家酒，叫人想家"这样让人回味无穷的广告语却不多。许多广告为了通俗上口，陷入了模式化的窠臼，比如说"可以喝一点儿；或者，不要贪杯哦！"等毫无新意的广告语。看了这样的广告，消费者难免会觉得他们的酒就像其广告一样淡而无味，毫无特色。这样的酒，谁还会去喝呢？

相反，有些广告为了吸引消费者的注意力，过分创意，忽略了产品本身，以至于消费者记住了广告的故事、情节、表现手法，却忘记了产品，更不要谈产品的独特卖点和其他因素了。这样的广告出力不讨好，对企业来说更是致命的。事实上，广告创意应该与产品相吻合，并不是所有产品的广告都需要过度地吸引人注意。对于一些极度理性的商品，就应该采用理性诉求的广告手法。哗众取宠地在吸引消费者注意力，只会浪费金钱和时间。比如，药品本身是一个理性商品，而且受众性很强，只有当消费者出现某种病症或者得到医生推荐的情况下，才会去注意该药品的广告，但现在很多药品类广告，企图用一些感性诉求的方式去影响消费者，却忽略了介绍产品本身的药效，得不偿失。

3. 广告策划与媒体策划不配套

媒体是广告信息传播的载体。广告要通过一定的媒体才可以表现出来，现在可供选择的媒体越来越多，这里面就一定有取舍的问题。在媒体选择上，很多企业通常是一个媒体坚持到底，采用单一媒体，必然减弱企业宣传的有效性、缩小广告辐射的范围。每一种媒体都有其长处和短处，将两种或两种以上的媒体组合起来使用，发挥其优势，克服其弱点，才能使广告达到最佳效果。如果采用错误的媒体去传递广告信息，就无法将信息全面地传达给目标受众，说服目标消费者来购买产品的目的也不能实现。

但是，在媒体投放上，也要注意时机的把握。在适当的时候做适当的事，时机把握不当，就会花大钱办小事。不少企业通常是将电视广告、广播广告、报纸广告、杂志广告、POP和促销等放在一个盘子里搅拌，然后一起撒向市场，强行向消费者灌输信息，认为这样就会产生叠加效应。殊不知，不同的媒体具有不同的作用，虽然不分青红皂白的广告轰炸多少也能带动销售，但广告成本的浪费却不容忽视。

5.5　广告战略策划目标的确定

广告战略策划是以分析企业外部环境和内部因素为前提，以广告战略目标为核心，以实现广告目标为方向的，因此，广告战略应以企业实力、市场、产品和广告的实施4个方面的战略分析来选择确定。

1. 从企业发展方面选择广告战略

在市场经济大潮中，一个企业要获得生存和发展，必然涉及许多复杂情况，其中最突出的是时时处处都面对着激烈的竞争。

竞争对手之间实力的消长、地位的优劣，将直接影响甚至决定企业的存亡。因此，每个企业都力求制定一种正确的发展战略，以求在竞争中增强实力，确立优势。在这个意义上，企业发展相应地就成为广告战略选择的主要根据之一。企业发展首先应"知己知彼"，即在与同行业的竞争中充分认识自身的实力，全面了解本企业在经济、技术、产品、设备等方面的优劣，把握竞争对手的实力，在充分调查和客观分析的基础上，明确本企业在同行业中的地位次序。处于不同地位次序的企业，其发展战略各不相同。第一位次企业的发展战略是稳定自己在本行业的中心地位，着重注意保持或拉大同第二位次企业的差距，尽量发挥规模优势等。

第二位次企业的发展战略是联合第三、第四位次企业，形成合作力量，在灵活机动和新颖领域方面，争取机会向第一位次企业挑战，同时注意保持与第三位次企业的差距。第三位次企业则着重于和第一位次企业结成同盟，借助其力量打破市场的相对稳定性，促成市场的多变性，以创造超过第二位次企业的机会。第四位次企业是弱者，互相联合、避免摩擦、集中力量、注重开发，积蓄形成与第一位次企业对等的力量，是其正确的战略。

相应地，广告策划也要采用位次竞争广告战略，即根据客户企业的位次来确定广告战略。对于第一位次企业，广告战略重点应放在稳定优势商品市场占有率上，只要使优势商品建立了第一的稳固地位，其他非优势商品也可能因为社会心理作用而一样畅销。广告不必再重复宣传"我们是第一"，优势商品已经代替了这种宣传。此外，对其经营规模的宏大进行宣传也是必要的，可以加强人们的信任感和加深人们对企业优势的了解。对第二位次企业，战略重点应放在把握广告时机和对新领域的宣传。此外，在广告的一些敏感因素方面要注重与低位次企业的协调，谨防它们变成第一位次企业的同盟。对于第三位次企业，广告战略重点应放在争取大众市场、细致地迎合顾客需要、着力宣传自己的短期更新产品。此外，要注意暗示其与第一位次企业的同盟关系。对于第四位次企业，广告战略重点应放在对自己有利的某些特定市场环节上，或者足以发挥自己特长的某些特定有限区域内，切忌不顾自己的实际情况仿效高位次企业。例如，1984年邯郸召开电子仪器仪表专业订货会，华阳电子仪器厂因属第四位次企业没有资格参加。他们制定了良好的广告战略：先在《邯郸日报》连续刊登祝贺广告，既沟通了需方代表，又制造了进入会场的条件，然后利用这1000份刊登祝贺广告的报纸，夹入自己的产品说明书，专人送交各位需方代表。"表示祝贺"正是对华阳厂有利的特定市场环节，他们抓住这个环节，在订货会代表住所内成功地达到了自己目标，成交10万元。假如华阳厂仿效高位次企业在报纸上刊登自己的产品广告，情况恐怕就完全两样了。

2. 从配合市场方面选择广告战略

市场的需求范围和需求目标具有多样性和变动性。任何企业的产品，都只能在一定范围某种目标或某段时间内去满足市场需求，而不可能包揽市场的全部需求，因而产品和市场需求范围及需求目标之间必然产生配合关系。配合适宜，市场繁荣，企业实现利润；配合失误，则供需失调，企业受害。在确立产品与市场适宜的配合关系过程中，广告担负着重要职责，甚至足以决定得失成败，因此，选择广告战略必须以配合市场为原则。换而言之，配合市场是广告战略选择的又一个主要根据。首先，广告策划时要善于洞察市场转化的预兆，注意市场周期变化效应，并据以选定广告战略。市场周期变化效应，是指随着某一产品在市场上供求关系的规律性变化所带来的循环往复的动态效应。比如，市场上某一产品的"旺季"和"淡季"、某类商品的"畅销"和"滞销""热门"和"冷门""走俏"和"疲软"等，都有其变化规律，在周期变化中都有一定的转化预兆。广告战略的重点不是考虑如何"凑热闹""赶浪潮"，而是要考虑如何抓住转化的时机，按照规律科学地预测市场趋势，使产品在最恰当、最有利的时机先人一步取得市场优势。

其次，广告策划时要充分考虑市场需求范围的多样性和变动性，并据此选定相应的广告战略。市场需求范围是不断变动的，影响其变动的主要因素来自消费者。消费者的需求具有层次性，首先是基本需求层次，满足之后进入选择需求层次，同一需求层次的消费者，组成若干各具特点的购买者群体，这些群体的购买行为不断划分着市场需求范围。此外，关于市场区隔的专门研究成果还表明，地理区划因素、人口统计学方面的因素、心理状态和生活形态方面的因素乃至消费者对商品的购买习惯或使用习惯等，都足以影响市场需求范围的变动。因此，广告战略策划一定要与产品将进入的市场需求范围相配合，针对不同的需求范围而选择不同的广告战略。

选择确定广告战略，还要充分考虑市场需求目标的多样性和变动性。比如，在同一需求范围内，一种产品上市之前以带动需求为目标的广告与该产品上市之后以促进需求为目标的广告，在战略策划上就应该有所不同。又比如，在同一市场需求范围内，某一产品的更新换代或系列化，也必然涉及不同的需求目标，其广告战略也应据此慎重选择。

3. 从产品生命周期方面选择广告战略

在产品投入期，由于其刚投放市场，尚未引起消费者注意，因而在广告战略上要侧重于尽快在消费者头脑中建立良好的"产品第一印象"。

美国著名广告家大卫·奥格威曾强调：当你为客户策划时，一开始就要假定客户永远经营这种商品，并以此为立足点，以高瞻远瞩的眼光来为他们的品牌树立明确突出的性格，因为最终决定市场地位的是品牌总体上的性格，而不是产品之间微不足道的差异。产品投入期的广告预算要与广告战略相适应，尽可能多拿出一些经费，以保证其广告在规模声势上的效果。

在成长期则与此不同，产品已经在市场上销售一段时间，其竞争对手相应就比较多，这时的广告战略要侧重于宣传产品的特点，并通过这种宣传巩固厂名和商标的声誉，取得市场优势地位。产品越优秀，效益越好，名声越大，别人仿制的可能性也就越大，必须充分估计仿制品在市场上的冲击力量和威胁性。同样，为其所做的广告越优秀，影响力越大，仿制品也就越容易借助这种影响力，达到让你出钱为他做宣传的目的。因此，成长期内的广告在战略上必须考虑能最大限度地遏制仿制品。这种遏制，除了在广告经费、规模声势等方面外，还要力求广告本身有一两手独特的东西，是竞争者或仿制者所无法借用的。产品能否稳步立足于市场，这时的广告战略策划具有关键性意义。

在产品成熟期，产品已进入旺销的阶段，消费者开始大量购买，广告的推销效果也较明显，容易"立竿见影"。这时的广告战略应侧重于劝说老顾客继续购买本产品，并劝说潜在消费者试用本产品，尽量通过广告挖掘潜力，扩大销售。由于此时产品营销已形成某种"传统"，所以广告经费预算要精细，尽可能节省。让广告基本上起到维持这种"传统"的作用，是这一时期广告策划的基本战略。

产品成熟期的最后一段时间，接近衰退期，但尚未完全进入衰退期，一般称为"下坡期"。这一时期产品的竞争焦点已从功能、质量方面转移到价格、服务方面，因而广告战略的侧重点应放在宣传价格优惠和售后优质服务方面。但是必须充分分析企业自身情况及竞争对手的情况，审慎行事，因为宣传价格优惠有一种潜在的危险性。企业竞争对手之间为了争取顾客，确保自己的市场优势，不断竞相降低价格，无疑也是在不断削减自己的利润。这种"拉锯战"的结果是把双方都赶进了死胡同，导致两败俱伤。明智的广告战略策划，是审时度势，如果本身是高位次企业，而且足以能够承受因降价而带来的利润损失，那么可以着重宣传价格优惠。如果本身与竞争对手相比是低位次企业，而且不能承受因降价而带来的利润损失，那么就应该转移阵地，伺机而动，另谋新策，而不要孤注一掷硬拼价格战。日本的新日君电器公司的老板就曾有过这方面的英明的广告战略决策。他与松下、东芝、日立、索尼等老牌大型电器公司相比，确认"己不如人"，处于产品下坡期的劣势地位，于是他不参与价格战，而是另出新招，推出了悬赏广告：谁能找到本公司的一台不合国际质量标准规定而给用户带来麻烦的产品，就可获得相当于产品价格一倍的高额奖金。广告刊出后产生了强烈的宣传效果，许多人跃跃欲试，结果几个月后仍没有人来领赏，这使人们对其产品产生了极大的信任感，因而公司声名大噪，产品销量大增。这种广告战略是很值得借鉴学习的。

在产品衰退期，产品已逐步失去市场，正在被其他产品取代，因而这一时期的广告战略，重点不能再放在宣传产品本身上，而应该着重宣传商标，通过广告维护企业的良好形象，保持企业的良好声誉，等待新一代产品出现。广告战略制定者应该有一个明确的观念：广告战略是企业整个营销战略的一部分，从全局和整体上看，一种产品走向衰退，绝不是商标也走向衰退，更不是企业走向衰退。相反，企业要利用这一商标开发新产品，跨越现在，赢得将来的更大发展。

每一种产品都要经历从投入到衰退的各个阶段，这是客观经济规律。但是企业为了其经济效益，可以采取有效的措施来延长产品的生命周期。这些措施一般是改进产品质量、外观和包装，扩大功能，降低价格，改善售后服务等，这些可以统称为改进措施；或者到另外一个地区扩大销售范围，以延长产品生命周期；或者直接将生产场所迁移到新的地区，在那里生产产品投入市场，也可因该地区尚未流行这种产品而达到延长其生命周期的目的。在采取上述措施延长产品生命周期的情况下，广告战略也必须进行相应的选择。

4. 从广告的实施方面选择广告战略

广告的实施要受多种因素制约，企业本身的资源能力、位次高低、规模大小、活动范围及市场目标、产品特点等，都可能给广告实施造成限制。比如，一份广告策划十分优秀，但预算经费100万元，企业只能承受50万元，那么这份广告策划是无法实施的。因此，选择广告战略必须充分考虑其实施的现实可能性。常见的情况有以下3种。

(1) 产品生产周期较短，波动性较大，或者企业本身资源能力有限，活动范围不大，属低位次企业。这种情况下,广告实施要力争既省钱又便于控制,不宜采用长时间的大规模宣传措施。"广种薄收"的办法不利于企业,而只能重点突破,发挥专一独特、机动灵活的优势,以求获得高效益。广告的实施结果不是在较大或较多的市场上去占有较小份额,而是要在较小的细分市场上或少数几个市场上获得较高的市场占有率,即以追求市场占有率为重点。据此,广告实施宜采用集中方式,即针对一个或少数几个细分市场,调动各种广告宣传方式与手段。与此相应的广告战略,应当是密集性战略。

(2) 小批量多品种生产的企业,必然实行多渠道销售,通过市场细分,每个目标小而具体,可以增加对市场情况的认识深度,根据每一个细分市场的特点,灵活机动地制订不同的市场营销计划。在这种情况下,广告策划也要考察各个细分市场之间的差异。针对这种差异,广告的实施要采用差别选择方式,即分别采用不同的宣传内容和主题以及不同的媒体与手段去迎合各种类型的消费者,以多种劝说方式推销多元化的产品。与此相应的广告战略,应当是差别性战略。

(3) 几乎是独家经营该产品的企业,或者是生产消费者选择性不大、需求弹性较小的产品(如日用品)的企业,或者是实力雄厚、竞争力较强的企业,它们推销大众化日用品和处于成长期的生命周期较长的产品,其广告的实施一般采用统一的广告宣传内容与主题,将总体市场看成同质的一个大市场,只管需求的共同点,不管其差别点,而且在广告文字、形象方面力求大众化,选用的媒体以电视、报纸、网络等为主。与此相应的广告战略,应当是无差别性战略。

上述密集性、差别性、无差别性 3 种广告战略,都是从广告的实施方面着眼而选定的。比较而言,密集性战略适宜大型企业或有实力的中型企业采用,以求向经验性广告策划过渡。差别性战略涉及的宣传形式复杂,难以把握,但针对性强,效果明显,适应消费者需求个性化的总趋势,因而将越来越受到普遍重视。无差别性战略追求广告形象、广告口号,重点是长期稳定性、连续性、统一性,因而易于把握,但预算经费数目庞大,应变性也较差。

单元训练和作业

1. 优秀案例赏析

重庆卫视——中国红广告如图 5.2 所示。

作品策划分析:

红色已成为中国人的文化图腾和精神皈依,代表勇敢、奋进、热忱、顽强、繁盛、爱、和谐、喜庆、忠诚等,长江是中国的母亲河之一,它孕育了华夏儿女,是中国人的血脉,中国红的精神深深地嵌入了中国人的灵魂。作品以长江为基本形状,列举了近年长江流域的重要事件及个别企业,具体地表现了中国的红色文化、红色精神。

我心中的中国红是什么?是重庆火锅火辣的激情味道;是胸前飘扬的鲜艳的赤子之心;是略施粉黛的优雅风韵。中国红有太多的意义,火辣辣的辣椒、鲜艳的红领巾、水墨画的一笔点睛之妆,这些都是中国红的内涵所在。设计师采用水墨画的形式和毛笔笔触来表现,传达了浓厚的中国味和中国红的内涵和意义。

2. 课题内容

课题时间:4 课时。

教学方式:列举大量现实生活中各种媒介的广告策划案例,启发大家研究和讨论广告策划书的写作练习。

 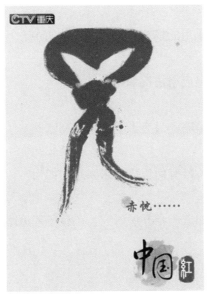 

图 5.2　重庆卫视——中国红广告

要点提示：重点掌握广告战略策划的内容和广告策划的创意办法。

教学要求：要求学生掌握基本的广告战略策划理论，熟悉不同条件下的广告营销策略，形成完整的理论体系架构，能紧密联系实际，初步学会分析案例，解决实际问题。能把理论学习融入对经济活动实践的研究和认识中，进一步提高分析问题、解决问题的能力，提高学生应用能力和将来就业的竞争力。

训练目的：主要讲授广告战略策划的基本理论、基本原理、基本策略和基本方法；使学生掌握广告策划与技巧，培养学生的创新能力和实践能力，为今后进一步学习和就业、创业打下坚实的理论基础，并能运用相关知识开展营销策划训练。通过理论教学与技能训练，培养学生分析、解决问题的能力与创新精神，挖掘广告策划在学生就业、创业中的指导意义，让学生结合所学知识、运用市场学技能解决工作、生活中的实际问题。

3．其他作业

欧莱雅公司的战略策略分析

(1) 概述。

选题依据欧莱雅公司在行业中的地位和影响分析其战略策划的代表性。简述公司的基本情况、历史沿革（主要归纳总结别人对该类题目的主要研究观点，500 字左右）。

(2) 市场分析。

行业竞争的现状，市场容量。

主要经营的方式。

前 5 名的竞争对手。

(3) 欧莱雅的发展历程。

品牌历程划分及消费者购买行为分析。

消费群体分类分析。

(4) 市场定位与品牌定位。

如何细分市场，如何进行定位和目标市场选择，如何与竞争对手进行区隔？

(5) 产品策略。

产品及产品组合，采用何种策略？

(6) 分销渠道策略。

如进行分销，有何特点？主要采用的模式，如何管理营销中介？

(7) 价格策略。

采用何种价格策略，非价格策略应用情况如何？

(8) 促销策略与公共关系。

近 3～5 年主要采用哪些组合策略，最有影响的策略有哪些？

(9) 竞争策略。

主要采取何种竞争策略，竞争策略有何优势？未来趋向如何？

(10) 主要结论与展望。

本次研究得出哪些主要结论，如进一步开展研究，还有哪些策略值得进一步研究？

4. 理论思考

(1) 消费者行为研究的内容主要有哪些？
(2) 简述产品成长期的市场特点、营销策略和广告策略。

5. 相关知识链接

[1] 陈培爱．广告原理与方法 [M]．厦门：厦门大学出版社，2001．

[2] 初广志．广告文案写作 [M]．北京：高等教育出版社，2005．

[3] 郭肖华．广告创意训练教程 [M]．北京：高等教育出版社，2005．

[4] 丁柏铨．广告文案写作教程 [M]．上海：复旦大学出版社，2006．

第6章 广告创意策划

课前训练

训练内容：通过阶段式专题实验和相关的同步训练，引导学生掌握广告创意策划的基本原理和作业流程，指导学生运用理论知识分析问题，综合运用广告创意策划的具体方法与技巧解决问题，激发学生的创造性思维，使学生初步具有广告策划与创意的工作能力。

训练注意事项：建议每位学生根据主题目标，展开合理想象。

训练要求和目标

要求：学生了解广告创意的基本知识，熟悉广告创意的规律，掌握广告创意的原则和方法，具有相当的广告创意能力和独特的创新思维能力。

目标：通过本章的学习，使学生能够对广告创意的规律和原则有一定的了解，并且能够进行常规的广告创意活动，培养创新性、实用性广告人才。

本章要点

(1) 广告创意的基本角度。

(2) 广告创意的特征与内容。

(3) 广告创意的流程。

(4) 广告创意的方法。

(5) 广告创意的评价。

引言

创意是现代广告策划的灵魂与生命，在广告活动中具有举足轻重的作用。随着现代广告行业的发展，广告创意已成为现代广告学研究的重要课题。无论从广告战略的角度看，还是从广告创作的角度看，创意都是一种具有潜在号召力的活动。通过广告创意的含义、广告创意的角度、广告创意的特征与内容等关键点，全面揭示广告创意策划的过程。

当代市场经济条件下，广告已经深入人们日常生活的方方面面，而在每一个广告产生、传播之前，都必须经过细致缜密的广告策划。广告策划是策划者在充分考虑广告主、市场、受众等若干问题的基础上，有针对性地按照一定程序对广告活动的总体战略进行前瞻性预谋的活动。当前，许多广告业发达的国家都建立了完善的广告运作体制，在这种体制下，广告策划成为主体，创意居于中心。缺乏创意的广告策划，广告主题就难以充分体现。因此，在广告界常以精彩的创意方案来展现广告人员的才华，广告创意在广告策划和广告活动中的重要性是不言而喻的。

6.1　广告创意的基本角度

广告创意是整个广告策划活动的中心环节，创意角度的选择直接决定了此次广告活动的成败。正确的创意角度是广告活动成功的良好开端和基本要求。反之，创意角度的偏差必然导致广告活动劳而无功，甚至失败。

6.1.1　创意角度的类型

创意角度可分为多种类型，常见的主要有以下3种类型。

（1）广告策划者或设计者以自我为中心，从自身出发而选择的创意角度。这种角度把广告主、企业的产品及消费者的需求放在从属地位，一心想表现个人或团体的艺术才华，把广告当作艺术工具，把媒介或媒体当作展厅或表演舞台。从这个角度出发的广告创意，可能会产生较高的艺术价值和审美情趣，但更多的是给视听众一种纯艺术享受，至于能否吸引消费者产生购买行为，广告主的大笔广告投入能否产生预期的效果和回报，则不得而知。这种创意角度可能导致某个广告作品艺术表现手法的成功，同时也导致整个广告策划活动的失败。

（2）以企业产品为中心，从生产厂家或销售商场的根本利益出发，站在经理、主管的立场上进行广告创意。这种广告创意致力于宣传本产品的真正价值，主要目的是向受众宣传产品的质量、功能、价格、特点。至于受众是否需要这些产品或商品，消费者购买这些产品或商品有什么好处，是否值得花钱购买等，则不得而知。确切地说，这种创意角度往往有利于该产品、商品参加评优评奖活动，而不利于参加市场推销的竞争活动。例如现在很多电视产品促销广告一味强调"王婆卖瓜，自卖自夸"，忽视消费者的购买动机、购买利益，必然会招致消费者的反感。如果该产品不断地重复出现在目标市场内，敏感的消费者可能产生抵制性心态，那么，由这类创意角度出发的广告活动必然会导致失败。

（3）以消费者的需求利益为中心，从消费者的价值观念出发，站在受众和消费者的立场上进行广告策划。这种广告创意的根本出发点是：如果消费者购买了本商品或产品，可以获得多少利益，还可以得到多大的价值服务等。这类创意角度使受众或消费者倍感亲切和温馨，主观上认为广告是同消费者站在同一立场上，为消费者切身谋取利益的，因而在心理上很容易产生"消费认同"感，也很容易接受广告宣传的观点和事实。此时，一旦他们经济条件允许并有实际需求时，会毫不犹豫地选择购买，甚至有些勇敢的"探险者"，即使本无实际需要而为了夸示于人，也会率先购买试用。

因此，综合对这 3 种创意角度的理解，可以得出一个比较确切的表述：广告策划者或设计师在进行广告创意时，为了宣传顾客的购买利益与意识，应保持与消费者完全一致的立场观点和价值观察角度。

6.1.2 确定创意角度的理论依据

从思维过程或制作流程上看，在进行广告创意之前，必须首先确定广告策划者或设计师的立场，以哪方面为出发点去说话，即广告的创意角度。广告创意作为一种承诺，它向消费者展示可获得的利益或实际价值，会因企业、产品或商品的品质、功能、卖点、适应人群等不同而各有差别。但对其承诺的对象来说，却毫无例外，都是针对消费者和潜在消费者。从市场和销售的观念上来讲，广告创意的承诺对象是不能改变的。广告创意的内容要根据实际情况，在接受任务并与顾客沟通后再进行思维构想和灵感创造，而不是套用的模板。

创意角度不完全是心智的创造，也不是刹那间迸发的火花，而是一个广告人所必备的职业素质、理论修养和基本知识。因此，讨论创意角度的问题，必须进一步从理论上理解创意的依据，揭示其自身的规律。

1. 广告增强消费者的品牌信任感

任何商业广告的最终目的都是吸引消费者的目光让其购买该产品。因此，首先要让消费者对该商品或产品产生信任感，信任感的产生来源于对广告宣传活动的诚意。如何才能让视听众感到广告宣传的"诚意"呢？最聪明的办法是，毫不隐讳地直接表明广告宣传的目的是销售。消费者如果对广告的宣传产生了"真诚""实话"的感觉，就会在心理上接受广告的宣传，觉得广告宣传尊重他，没有欺骗愚弄他，进而对广告持一种"友好态度"，达到心理上的认同。

而消费者本身是由社会各层中因某种需求而"耦合在一起"的临时性的购买行为群体，他们除购买该产品之外，一般不会存在任何联系，尽管这一购买行为群体的性别、年龄、文化、职业等各不相同，但是他们都能敏感地意识到，广告就是为了让人们从口袋里掏钱买东西。美国 DDB 广告公司负责人伯恩巴克被广告界誉为当代最伟大的广告创意人物，他给后人留下一句名言："广告业界的任何人如果说他的目的不是销售，则他不是无知就是骗子。"因此，广告创意首先要考虑给视听众留下一个"真诚"的印象。

广告是为了销售，这是众人皆知的生活常识。公开地承认这一点，就等于公开表明了广告的诚意。相反，玩弄花招，灌输虚假口号，诱使顾客接受"我们不是为了赚钱，而是为了给您服务"这类宣传而让他们花钱购买产品，是十分愚蠢的。当部分消费者看到或听到这类隐瞒销售目的的广告时，会产生厌恶、反感的心理，会对产品的宣传和商品的品牌不信任，产生不购买的行为。所以，从理论上来说，为了向消费者表明诚意，获得消费者的支持，必须从消费者的立场出发确定广告的创意角度。

2. 消费者重视广告的销售信息

广告心理学的研究表明，每一则广告都有明确的目标，都要向消费者传达某种销售信息。例如，使消费者注意新的品牌，记住已有的品牌，说服消费者改变对某一品牌的态度。作为广告策划者或设计师，销售信息的表达必须符合各类目标所必须遵循的心理法则或规律，同时希望这种销售信息能够快速有效地指引或引导消费者，并产生心理上的共鸣，以达到广告宣传的目的。受众或消费者在接收广告信息后，一般要产生如下心理过程。

(1) 引起注意。这种心理反应一般不易消失，它贯穿于广告心理过程的始终，是维持并保证其他心理反应进行和深化的前提条件。

(2) 产生兴趣。在广告所传达的销售信息产生之后，如果可以引起消费者的"利益点"，他们会积极主动地去认知广告所宣传的内容，对广告的销售信息产生兴趣。这种兴趣会引导消费者去了解商品用途和效益。

(3) 衍生欲望。欲望是购买行为的原始动力。消费者因兴趣、爱好的推动，心理过程的发展，并确认了广告销售信息中的某个利益点，于是由兴趣演变为对商品的占有欲望，即对该点利益的需要。

(4) 坚定信念。消费者对商品产生需要感和强烈的占有欲望之后，接着进行购买决策的心理活动过程。在购买行为的心理决策过程中，消费者会理智地、冷静地、客观地分析评价广告销售信息的可信度，商品的优、缺点及购买行为所产生的利益程度。当他确认销售信息可靠，商品经济适用时，决定"应该买"或"可以买"。这时，购买欲望经过反复审慎的心理评价之后转变为信念，即对广告销售信息、商品品质及利益程度都建立了不再动摇的信念。

(5) 购买行为。在这一阶段，只要没有其他信息干扰和冲击已有的信念，那么这种信念会长时间保存。随着思想意识的稳固，消费者只要条件方便，即会产生购买行动。

从理论上来说，消费者比较重视销售信息的传达，它是视听众心理认知和心理评价的焦点。而销售信息又是广告创意内容的基本构成成分，因此，广告创意除了从内容上考虑外，也必须从消费者的角度考虑。

3. 广告激发消费者的购买欲望

消费者有了购买的需要和欲望，并不一定马上采取购买行为，也不一定必然购买这种商品。在需求欲望和购买行为之间，还有一个"桥梁"，这就是价值比较过程。根据购买与销售原理研究，消费者的价值比较过程如下。

首先，消费者要知道商品的价格。价格是消费者为了取得某种商品或广告所必须付出的金钱款额计算标准，不按价付款，就不能取得或不能全部取得该商品或广告的承诺利益。了解市场价格，是为了计算出购买该商品或劳务要支付多少钱，即要付出多大的代价。

其次，消费者要知道购买了这一商品或劳务之后，它能给自身带来多大的利益和价值。价值在这里指带给购买者的利益的强度，价值是进行比较的结果，通过对一件商品与另一件商品的对比可以得出哪个更具有价值。每位消费者对商品的获得价值都有不一样的理解，比如在冬季，一件厚厚的羽绒服对生活在哈尔滨的居民来说非常有价值，而对广州的居民则可能根本用不着。因此，这种价值的相对性，主要由消费者比较评估而决定。

另外，消费者还要知道，购买这一商品或劳务后，自己能获得多少实际利益。这种实际利益的计算，实质上就是进行价值比较。在购买行为发生之前，消费者还要进行购买决策。消费者购买决策是指消费者在购买动机的支配下，从两件或两件以上的商品中选择一件满意商品的过程。一方面，对于产品或劳务提供给自己的价值做一个估算，另一方面对自己将支付的金钱也做一个价值估算。它是购买过程中最重要的组成部分，它反映了网络消费者的购买动机。根据消费者的主观感受进行估算的结果，主要有以下3种。

(1) 按价格支付金钱的价值等于商品或劳务带来的利益。

(2) 按价格支付金钱的价值小于商品或劳务带来的利益。

(3) 按价格支付金钱的价值大于商品或劳务带来的利益。

4. 广告影响消费者的购买行为

消费者购买行为受消费者偏好、购买能力和购买意愿的影响，而消费者的购买偏好和购买意愿是消费者的性格和对相关产品的态度共同决定的。从企业营销的总体战略来看，降低价格吸引顾客只是某些场合下可用的临时性措施，而不是根本大计。俗话说"江山易改，本性难移"，可见性格一旦形成，就很难改变，而消费者对某产品的态度会随着消费者的认知程度的变化而变化。根本大计是通过企业的销售方式和产品特点而保障顾客的购买利益得到切实兑现。而在顾客未发生购买行为之前，则只能通过广告宣传使顾客确信其购买利益必将兑现。在这里，广告的成功与否直接关系到消费者购买行为是否发生及发生的频率。

要使广告有效地影响消费者的购买行为，就应该使广告能有效地影响消费者的态度。消费者态度按来源可分为以下3种。

(1) 以认知为基础的态度。根据相关事实而形成的态度。
(2) 以情感为基础的态度。根据感觉和价值观形成的态度。
(3) 以行为为基础的态度。根据人们对某一对象所表现出来的行为的观察而形成的态度。

以行为为基础的态度是一种尝试后的态度，并不是广告所要影响的，广告的作用是让没有使用过该产品的人来购买产品，是一种事前影响消费活动的行为。因此主要影响以认知为基础的态度和以情感为基础的态度。以认知为基础的态度的改变是要给消费者树立一种意识，即使消费者认为消费某种产品是合理且应该的。例如，脑白金的广告：两个卡通老人，跳着舞，背景音乐是"今年过节不收礼呀！收礼只收脑白金！"，加上它的广告一天放很多遍，在一些消费者的意识中，就会逐渐把脑白金看成是过节送礼的必需品。

6.2 广告创意的特征与内容

所谓广告创意的特征，指只有广告创意具有足以体现广告活动的某种规律性的共同特点。优秀的广告创意，就其对表现手法的设想而言，可有多种角度，但是就其创作目的和利益承诺对象而言，却只能有一种角度，即消费者的角度。这说明优秀的广告创意，有一个把握共性和表现个性的问题。

6.2.1 广告创意的特征

广告创意主要有4个特征。

1. 主题构想单纯

单纯主题是指整体创意完全围绕着一个主题进行构思，不允许多余的概念介入，以免造成干扰，冲淡主题效果或给人造成散乱的印象。单纯主题显得清晰、明了、鲜明、突出，容易给人留下深刻的印象，并有利于这种印象的长久保留。同时，也有利于在设计作品时提高技术成分的表现效率，使表现技法达到简洁明快的效果。

2. 表现方式构想新颖

新颖是精彩的必要前提。在广告宣传商品的优点和功能的同时，能给消费者的生活带来何种改观，能给消费者带来什么利益，所有这些，都必须通过一定的表现方式才能传递给受众。表现方式越精彩，其传达功能越强烈；传达效果越好，给受众的印象也就越深。从心理学角度来说，直觉刺激越强烈，印象就越深，记忆就越容易巩固。将生活中很寻常的事物，以精心设计的表现方式传达给别人，给人以崭新的感觉，使人久久难以忘怀，这是一切优秀广告创意都努力追求的。

3. 广告形象构想确切

任何广告作品都要确立一种广告形象，包括文字的、声音的、图形的形象。一方面，广告形象包含特定的传播内容和传播方式，使消费者轻易就可以识别，使竞争者无法模仿或不便模仿。另一方面，广告形象与其所宣传的产品或劳务必须相吻合，即广告创意所构想的广告形象在"性格"上要与广告策划中所确定的商品的"性格"相吻合。优秀的广告创意，总是力求让自己构想的广告形象既能淋漓尽致地表现产品的性格，又足以流传千家万户，妇孺皆知。广告形象构想的确定性和贴切性，是广告创意的重要特征。

4. 情感效应构想自然

优秀的广告创意，无一例外地避免用硬性的或牵强附会的推销表现去劝说消费者，而是力图在亲切感人的气氛中含蓄地劝说消费者，使受众在欣喜愉快或感动的情绪中自然而然地接受广告宣传。广告创意中，应对这种情感因素所引起的视听众的反应进行预先估计，应对如何利用情感因素去最大限度地打动人心进行构想，这就是所谓的情感效应构想。情感效应构想要亲切自然，牵强附会无法打动人心，而矫揉造作会失去视听众的信任，导致"虚情假意"的负效应。合情合理、和谐自然的情感效应构想，是优秀广告创意的又一大特征。例如，中央电视台曾播出的佳洁士牙膏广告，内容是妈妈牙疼，小女儿看在眼里急在心里，砸碎心爱的存钱罐，给妈妈买了一支佳洁士牙膏。这则广告一改过去与高露洁广告相似的实证风格，采用情感诉求的方式，让娇生惯养的"小皇帝"以崭新的形象出现，既突出了广告的文化导向，提升了广告的文化品位，使受众产生情感上的共鸣，又使纯真可爱的小女孩与佳洁士品牌形象一同在消费者的脑海里打上深深的烙印。

广告创意的四大特征是相辅相成的。对具体的某一广告创意过程来说，可能有某些特征比较突出，而另一些特征则比较隐蔽，但从广告创意的普遍规律性意义上来说，它们是相互联系、有机配合的，不能把它们分割开来。

6.2.2 广告创意的内容

讨论广告创意的内容，首先要对"广告内容""广告设计内容""广告创意内容"三者加以区分。广告内容是指具体的广告作品所宣传的内容，比如商品的名称、性能、功用、品质等，对消费者的益处以及价格、购买方式等有关销售的具体事项。不同的广告作品，其宣传推销的商品或劳务不同，广告内容也各不相同。广告内容所告知的具体事项是无法罗列穷举的。可以说，它触及社会生活的各个方面，几乎是包罗万象、千变万化。

广告创意的内容是指有效沟通消费者的构想方案。由于目标市场的情况变化以及商品与消费者之间关联因素的变化，为了有效地沟通消费者，需要构想多种构思方案。广告创意的成果自然是千姿百态，异彩纷呈。但是，所有的优秀广告创意，就其内容来看，又都具有同样的核心，即沟通消费者的筹划。

对于如何有效沟通消费者的构想方案，可以从以下3个方面去理解。

1. 任何广告都永远是一种信息

信息包含着对产品或劳务的真实介绍及对消费者的利益承诺等。广告创意将信息加工处理并构想有效的传播方案，最后经由广告作品和传播媒介送达消费者，实现沟通。对于某一个广告创意来说，只能选定某一标准下的某一个或几个信息目标，但是对于所有的广告创意来说，却必须对上述目标逐一进行考虑，因而上述的信息目标便成为广告创意的理论上的内容。

(1) 信息主题发掘。以调查素材为基础，提炼出一个凝聚性的意义核心，这个意义核心用最简洁的形式表达，表达所做的陈述在字面意义上要符合商品特点和消费者需求特性，陈述在深层意义上是利益承诺。

(2) 信息表达形象化。进行创造性艺术构思，塑造典型形象（包括视觉形象、听觉形象、文字形象等），并用以传达信息。

(3) 媒体适应措施。广告媒体确定之后，信息通过媒介进行传达，信息策划必须首先考虑如何适应媒体特性要求的问题。

(4) 信息传播策略。为了让消费者更好地理解和接收信息，必须考虑策略问题。根据目标市场情况，可选用理智性策略、情感性策略或者二者相结合的综合性策略。

2. 将广告创意作为各种要素的组合

最初的广告收集获得了大量的资讯材料，之后对这些资讯材料进行分析研究，便可得到市场原有的广告创意各种要素。各种要素之间存在各种各样的关系，这些关系把旧要素联系在一起，构成了现实的市场格局。比如，本产品正在行销，具有高品质，拥有喜爱高品质特性的顾客；另一同类产品虽无高品质，但具有多功能，拥有喜爱多功能特性的顾客。两种产品之间存在竞争关系，每种产品特性与它所拥有的顾客需求特点之间，存在和谐适应关系。为了取得竞争的优势地位，双方都力图打破现有的市场格局，比如改进产品，促使潜在消费者发生购买行为等，于是市场格局发生波动性变化，出现新格局。

市场格局的变化，除了新的科学技术的应用影响之外，一般情况下主要由市场各要素之间关系的变化而引起。因此，通过市场原有要素的重新组合而引发市场要素关系的变化，可以导致市场格局的波动变化。

根据这个原理，广告创意就是要对市场原有各种要素的重新组合，以及对市场原有要素间新关系的产生进行构想。比如，洗发水有清洁去污功能、护发素有营养发质的作用，这是市场上已存在的两个旧要素。最初，人们接触的广告，只宣传洗发水有清洁去污功能，人们买洗发水也只是为了清洁去污，而尚未与保护发质建立关系。广告创意师与产品开发者偶然发现可以把两者的功能相融合，便把洗发水的清洁去污功能与顾客的护发需求组合在一起，使它们之间建立起新的关系。所以，有关洗发水的品质特性、功能特性、目标市场、品牌定位、竞争产品等方面随之产生新的组合，建立了新的关系。

由此可知，广告创意的内容包括以下几点。

(1) 掌握与本产品销售有关的全部要素。

(2) 了解它们之间的各种关系。

(3) 发现知识结点。

(4) 构想对旧要素进行重新组合的方案。

在影响广告创意的诸要素中，广告创意人员是最关键的。他是创意中唯一具有能动性、能进行思维，甚至于将"原有要素"进行重新组合以至再创造的因素，所以"人"是现代广告创意的主体。广告创意的主要任务是创造意境和塑造商品个性，达到为主题服务的目的。现代广告创意已不再是个人主观意识的表现与发挥，而是一种信息传播，是企业营销活动的一个组成部分。

3. 可以从广告创作的观点出发理解"广告创意内容"

广告创作的观点认为，所有的广告策划活动，最终都必须落实到广告作品。广告作品的创作，必须考虑主题、方式、形象、情感等几个基本方面的要求，否则难以构成完整的广告作品，因此，广告创意作为广告创作的中心环节，其内容由以下几方面决定。

(1) 题材选择和主题构想。比如，万宝路广告创意，选择商品性格为题材，以西部牛仔为切入点，构想了"男人的香烟"这一主题。

(2) 表现方式构想。必须突破常规，力求新颖，比如荣获 1998 年度戛纳广告节平面广告大奖的奔驰 SLK 的"刹车痕"。它是一辆惹人注目的跑车，俊朗的外表、酷酷的外形使同行的车辆都要"急刹车"停下，往后看个究竟。久而久之，刹车痕一度又一度地留在了道路上。试想，如何能够不依靠文字、标题的解释，仍然可以将创意和信息清楚地表达出来，可以肯定，这创意一定简洁而鲜明。

(3) 广告形象构想。比如，河南省政府重点打造的宣传片——《老家河南》形象广告在中央电视台播出后，对河南地区在全国旅游市场的开发和国际市场的影响力提升都将起到非常积极的推动作用。在恢宏大气的音乐中，古都安阳、洛阳牡丹、龙门石窟、少林寺、云台山等一系列代表河南文化、中原风光的城市、景区依次展现，在影片的结尾处，"新乡万仙山"浑雄壮阔的太行风光，成为整部广告片的压轴之作，给人留下深刻的印象。

(4) 广告情感效应构想。利用节日进行情感的诉求是一种很普遍的广告形式。如劲酒的广告就是利用中国最浓重、重要的传统佳节——春节来进行情感诉求的：过年了，朋友相聚，难免吃吃喝喝，在大家正热闹的时候，一位美丽的女人出来提醒自己的丈夫"劲酒虽好，可不要贪杯哦"，然后是一片爽朗的笑声。其中表现出朋友之间浓浓的友情，妻子对丈夫甜蜜的爱意，愉快、欢乐的气氛洋溢其中，广告贴合过年时候的喜庆气氛，为商品注入了浓烈的情感因素。

从广告创意的规律性来看，所有的广告创意在内容上都必须进行这四项构想。"信息策划"是构想方案，重新组合旧要素也是构想方案，总之方案越能有效地沟通消费者越好。这就是对创意内容的简单理解。

6.3 广告创意的流程

现代广告创意应建立在广泛而准确的统计资料的基础上，再由广告人进行形象的再创造的过程，即先确定说什么、对谁说，再确定如何说。具体地说，广告创意是内容与形式的统一体，它产生于广告公司内部意念营运流程的终端。这种分而合的广告创意模式，同计算机的运作模式一样，所有工作都是有序的、受人的理智控制的，因而又是能动的。它最明显的标志是人的智慧的联网，形成最有效的信息收集与分析系统。

6.3.1 广告创意的依据

广告创意是非常复杂的智力活动，其过程受主、客观诸多因素的制约和影响。相对于广告人的其他因素，即商品、消费者和竞争对手广告，均为广告创意的客体，是广告人进行分析研究的对象，是广告创意的依据。

当前社会广告创意容易产生两种误解：一是误认为广告创意的产生只是简单地形成构思即可；二是误认为广告创意是单凭灵感、不可捉摸的主观臆想。

广告创意不是简单构思，它是整个广告策划系统工程的一个重要环节。它不仅要研究大量的市场调研资料，而且要与广告策划的其他环节相协调，同时还要运用广告学理论知识，了解类似环境下广告业界创意实践的历史等。特别是要进行创造性思维，要避免抄袭与模仿，提高创新意识。在广告铺天盖地、强手如云的情况下，要突出特色、取得成功，简单构思是绝对不够的。所以，从宽泛的意义来说，广告创意的依据是创意者平时一点一滴所积累起来的全部知识和创意过程中所有可能获得的知识，以及创意者本人的综合素质与实践经验的积累。

广告创意不是主观臆想，而必须依照事实，不偏离广告策划的整体框架。从严格的意义上来说，事实和框架才是创意的依据。

"框架"是由广告策划总体规划确定的，诸如广告对象的确定、广告战略的总体思路、产品的定位及广告预算方案等，构成了总的框架。广告创意只能依照框架的限定，沿着战略大方向进行。单凭主观臆想，或许可能产生新奇的念头，但那是无缰的野马，任意狂奔，不可能成为某一特定广告活动的创意环节。

"事实"是客观存在的，比如市场情报、信息、消费者资料及有关本商品或劳务的各种真实情况等，都是创意所必须尊重的事实。离开事实虚谈广告创意，要么是主观臆想，无的放矢，要么是凭空捏造，损害广告的真实性。偏离目标的广告和失真的广告，其结果都会导致广告活动的失败。有的广告学专家甚至强调"事实是广告的生命"，可见对广告创意来说，以事实为依据是何等重要。

6.3.2 广告创意的过程

某种商品与其消费者之间的特性关联是创意过程中极其重要的因素。抓住了这种特性关联，就等于找到了说服、打动、吸引消费者和潜在消费者购买该商品的好办法，创意的好点子也会随之而产生。因此，广告创意过程，必须经过以下程序，广告创意的流程如图6.1所示。

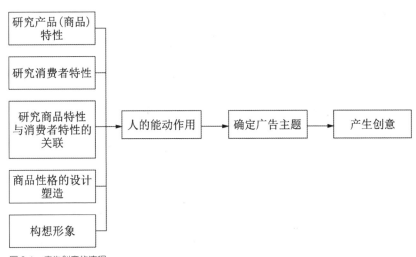

图6.1 广告创意的流程

1. 研究产品（商品）特性

创意过程对商品特性的研究，其兴趣和注意力不是放在对该商品的情况介绍上（如产地、型号、功能、操作方法或产品说明之类），而是要放在"它为消费者提供什么"这个问题上。

一般来说，商品有以下3类。

(1) 提供维持人的肉体生存所必需的基本条件，比如大米、面粉、土豆、鸡蛋、白菜等，就是这类商品。

(2) 提供人们的满足感，比如戒指、耳环、领带，没有它们，人的生存丝毫不受威胁，它们也不能提供人体必需的养分。人们购买它们，是因为它们可以提供人的身份感或服饰感方面的满足。

(3) 既提供生存必需的条件，又提供满足感。比如一件高档衣服、一双高档皮鞋、一套装修得体的住宅等，既可提供御寒、居住、养分和解渴等功用，又可提供服饰上、身份上或性格上等方面的满足感。

这些说法表明，人们对一种商品能提供舒适是时刻关心处处注意的，而且时刻都在对他所接触的商品进行这方面的评判。

对于上文所述的前两类商品，一般容易判断，难以判断的是第三类商品，尤其难于判断它们主要提供什么或对于某一类型的消费者主要能提供什么。而第三类商品恰好又占市场商品的绝大多数。所以创意过程中的困难，首先在这里表现出来。为了摆脱这种困难，仅从商品特性方面去研究，显然已经不够，必须研究消费者特性，以求获得印证或启示。

2. 研究消费者特性

这种研究的重要意义在于：人们的生存必需条件差异较小，容易把握，而人们的满足感差异极大，很难把握。决定受众具有什么样的满足感，一方面受社会文化因素的制约，另一方面又受个人购买决策的制约。以北京果脯为例，中国文化素来注重亲情，某人到北京出差或旅游都会买一些当地特产带回来给亲戚朋友品尝，为了送礼，要买包装精美的名牌产品，因为"体面"使消费者得到满足感；家人自己品尝，可选择买散装的可口实惠的产品，因为精美的包装使价格变贵而包装又不能吃，经济上不合算。这时，"少花钱而没有影响家人品尝美食"是消费者的满足感，甚至还会为自己的精打细算而感到得意，附加产生心理满足感。广告创意研究消费者的特性，可以把人们的满足感类型化，具有同一类型的满足感，会购买相关的一类产品。

对于一种商品来说，研究消费者特性可以获得或确认某一种事实，根据这种事实，可以识别该商品中最主要的可能顾客。"可能顾客"是指根据事实而预测将会发生购买行动的那些潜在消费者，"最主要的"是指购买行动会长时间多次发生。识别该商品最主要的潜在消费者，也就确定了广告创意主要针对这一群人去进行构思。广告创意者要树立正确的观念：任何名牌产品，购买它的人都只占社会公众的少数，因此广告只是对某一小部分人讲话。广告创意所要考虑的不是沟通所有的消费者，而只是沟通"最主要的潜在消费者"。资料显示，在美国经常饮用普通啤酒的主要顾客，他们喝掉了市场上普通啤酒的85%，但他们的人数却只占成年男人的25%。购买精装书的主要顾客，购买量占市场精装书总销量的54%，而人数却只占成年男性的4%。

3. 研究商品特性与消费者特性的关联

商品特性是复杂多变的，因为每一种商品都不是单从一个方面提供生存必需条件或满足感，而是从多方面提供生存必需条件和满足感。

4. 商品性格的设计塑造

品牌个性是在品牌定位的基础上创造人格化、个性化的品牌形象，用以识别某个销售者或某群销售者的产品或服务，并使之与竞争对手的产品和服务相区别。它代表特定的生活方式、价值观与消费观念，目的是与目标消费者建立有利的情感关系。作为产品的感性形象，品牌个性所倡导的生活方式既要与产品的特色相适应，又要能引发符合目标消费者个性欲求的、心理上、情感上的联想，如热情奔放、休闲安逸、浪漫情怀等，目的是激起消费者的购买欲望，此时的产品已不仅仅是某种具有自然属性的商品，而是一种有生命、有个性的东西，是消费者生活中的一个好朋友。一个品牌必须具备一定的内涵，否则它只是一个名称而已，不能带来其他的产品附加价值，也不能带来良好的经济效益，从而使品牌失去意义。

随着科技的进步和社会的发展，同质化的产品逐渐让消费者不再像过去那样只在乎产品的功能性，而是转向超出功能需要的感性价值，这就势必更要求商家打好品牌这一战，让消费者对他的品牌产生良好的印象，并成为该品牌的忠实消费者。因此，品牌的重要性日益彰显出来，企业的战略也随之转移到差异导向化的品牌传播上来，并期望通过广告宣传等手段建立良好的、有独特感性利益的品牌形象，以吸引消费者来购买。美国可口可乐品牌之所以百年不衰，就在于其对品牌的不断完善和不断注入新的血液，不论包装还是理念的塑造皆随着社会的进步而改进。

品牌个性是适应市场发展趋势的企业核心竞争力。竞争战略必须从决定企业吸引力的竞争规律中产生。在任何行业，无论是在国内还是在国外，无论是生产一种产品还是提供一项服务，竞争规律都寓于5种力量之中，即新竞争者进入、替代品的威胁、买方的讨价还价能力、供方的讨价还价能力及现有竞争者之间的竞争。在传统意义上，这5种力量决定了企业的盈利能力，其原因是它们影响了行业内的价格、成本和企业所需要的投资，进而影响投资收益率。这5种影响更多地表现为物质性和地域性，即在某一地区范围内呈现某一商品的物质成本与价格优势或缺陷。显然，随着经济的发展和消费意识的改变，这5种力量的影响强度在慢慢削弱，企业转向以品牌获利的机会在迅速增大。在市场中，消费者从原来注重物质消费，转向注重物质与精神并重甚至精神第一，而且各个企业之间，由于技术生命周期的缩短使得彼此产品之间并没有明显的区别，从而使消费者摒弃了理性而选择感性，并依据各企业的品牌吸引力去选购商品。由于品牌具有极强的市场穿透能力，从而使竞争力突破了物质性和地域性的局限。一旦一个企业拥有强势品牌的优势，传统的这5种竞争的力量就显得软弱无力或者微不足道。

5. 构想形象

商品特性是商品本身所固有的，是一种无法改变的事实。任何广告作品都要确立一种广告形象以区别于其他同类作品，包括文字、声音、图形等。广告形象包含着特定的信息和传播方式，是经过创造性的构想而确立的。一方面，广告形象必须是确定的、容易让消费者识别并使竞争者无法模仿的；另一方面，广告形象必须与其宣传的品牌特征相吻合。或者说，广告形象应成为表现品牌个性的形象。创意人员不能把商品性格变成商品特性的介绍翻版，而必须根据上述的关联关系，创造性地构想商品性格。商品性格应当能对消费者能起暗示、引导的作用，是新颖独特的。优秀的广告创意能给一种特性普通的商品赋予独特鲜明的性格。

为了便于消费者认识和接受一种商品性格，需要把这种商品性格加以形象化，通过广告形象来揭示该商品能为消费者提供什么，哪些方面值得消费者关注等。因此，构想形象是广告创意过程中不可缺少的环节。

例如，麦当劳的"婴儿"篇。电视广告中，一位躺在摇篮里的很逗人喜欢的婴儿，一会儿哭丧着脸，一会儿笑逐颜开。当摇篮悠起来靠近窗口的时候，这位婴儿就高兴地露出笑脸；而当摇篮悠下来的时候该婴儿就哇哇大哭。这一过程反复持续了多次。这是怎么回事？当广告的镜头指向窗外的时候，我们才恍然大悟：原来婴儿是因为看到金黄色的"M"标志时才欢笑。麦当劳的品牌个性体现在它那金色的双拱门标志。强化这个标志的诱惑力，理所当然地成为麦当劳与消费者沟通的重点。长期以来，"M"标志已成为"世界通用的语言——麦当劳"。

综上所述，现代广告创意流程，是以市场为目标、以消费者为中心，为企业的战略目标服务的艺术表现手法。它是在广告策划全过程中确立和表达主题的创造性思维活动。构想形象完成后，广告设计制作人员便可以据此进行具体的技术操作，考虑作品的布局和艺术表现等问题，再进行新的组合，直到创意脱颖而出。

6.3.3 关于詹姆斯·韦伯·扬的理论

詹姆斯·韦伯·扬是举世公认的美国广告界泰斗。他从事广告工作50余年，不仅广告实务成就举世瞩目，而且专业研究深邃，著述甚多。他在1960年发表的《产生创意的方法》中提出了"产生创意的5个阶段"的著名理论。这一理论中所提出的"5个阶段"：①收集原始资料；②消化资料；③深思熟虑，顺其自然，抛开问题，任其在潜意识中酝酿；④实际产生创意；⑤发展评估创意使其能够实际运用。

从正确的语义分析来说，创意过程是客观的，无论多少项创意活动，都要经历大致相同的过程，因为创意者能力的差异，或者知识基础不同，可能某些环节会一闪而过，而某些环节却要花费很长时间，但这些环节都要经过。对创意过程只有加以描述，不能临时变换。创意过程有"客观性""单一性""描述的一致性"。

创意方法不是从客观性去考虑，而是要从科学性、适用性、有效性方面去考虑。过程无所谓好坏，而方法则有优劣之分，可见创意方法带有很强的主观性。方法不限于一种，可以采用多种方法进行创意。另外，方法虽然也可以加以描述，但描述的结果却不一样。假设有10位创意人员，他们对创意过程的描述结果应该是大体一致的，而他们对创意方法的描述结果，却可能是各有一套，甚至是10种不同的结果。简单概括起来，创意方法有"主观性""多样性""描述的差别性"。

创意过程和创意方法还有一个重要区别：创意过程可以"遵循"，但不能"使用"，而创意方法则具有"可使用性"和"效果的可检验性"，在实际构思过程中应区别对待。

6.4 广告创意的方法

詹姆斯·韦伯·扬认为："创意不仅是靠灵感而发生，纵使有了灵感，也是由于思考而获得的结果。"创意是从"现有的要素重新组合"而衍生出来的，创意并非天才的专利。广告创意的思考方法主要包括以下3种。

6.4.1 两种经典创意方法

现代广告学趋于成熟，当代对广告创意方法的研究也比20世纪90年代更加深入。但是，历史上的经典理论，毕竟引导许多人获得了广告事业的成功，并为理论新发展奠定了基础。下面介绍两种影响最大的经典创意方法。

1. 詹姆斯·韦伯·扬的"5个阶段"创意方法

这种创意方法的要点如下。

(1) 收集原始资料，包括解决眼前问题的资料和平时不断积累储存的一般知识资料。

(2) 用心智去仔细检查这些资料。

(3) 深思熟虑，让心智的触角到处触试，把一件事反复从不同角度、用不同的见解、不同的方式加以观察；然后记录忽隐忽现的、不完整的创意片段；再使大脑处于完全轻松不问正事的娱乐状态，让心智在下意识中自然而然地"消化"材料，寻求相互关系并进行汇聚组合的综合工作。

(4) 在一段休息和放松之后，创意产生。

(5) 耐心工作，使新生的创意完善并最后形成；然后征询意见，完成适应性部分，把它发展成能够实际应用的创意。

心理学家在研究人的思维规律时，曾进行过开关电灯的分布实验，实验对人脑中新联系形成的神经动力机制进行了观察研究。结果证明，人有一种特殊形式的思维活动——想象。想象是在头脑中改造记忆中的表象而创造新形象的过程，也是对过去经验中已经形成的那些暂时联系的形象再进行新的结合的过程。这个过程，是由大脑皮层内部机能之间的相互作用促成的。

心理学研究还证明，在创造性思维过程中，新形象的产生带有突然性。在一段紧张工作之后适当休息或转换活动，可以使思路开阔，有利于创造想象的进行和创造性假设的提出。

拿心理学研究韦伯的这些成果来评判詹姆斯·韦伯·扬的"五阶段"理论，可以看出，他的理论不仅深刻洞察人的创造思维能力的奥秘，站在坚实的科学基础之上，而且密切结合广告创意的实际，深入创意的核心，令人信服地提出了一种组合旧要素产生新创意的有效方法。

"5个阶段"理论的价值，不仅在它细致中肯地叙述了广告创意的一种有效方法并具有经典示范性质，更重要的是，它明确表达了一个思想："知识是杰出创意思想的基础，但不止于此，知识必须经过消化，最后以一种鲜活、崭新的相互关系与组合出现。"这一思想对于人们掌握正确的思想方法具有持久的、普遍的教育意义。

2. 亚瑟·科斯勒的"二旧化一新"创意方法

"二旧化一新"严格来说并不是专门针对广告创意方法而提出的，它只是在研究人们心智作用对创意的影响时提出的一种构想。但是由于这一构想被描述为"创意的行动""解放的行动""以创造力击败习惯"，实际上对创意的构想和发展影响很大。可以理解为两个原有的相当普遍的概念，或者两种想法、两种情况甚至两个事件，将它们放在一起，甚至将两个完全相互抵触的想法放在一起，结果得到一个以前所未曾考虑过或根本未曾想到的新组合，这个新组合就是"二旧化一新"的结果，它会导致一个创意的新构想。

"鸡蛋"，人们都非常熟悉。它是一种食品，能为人体提供必要的营养，这是每个人都知道的常识。把它作为创意的元素可以形成怎样的组合？维珍航空公司的广告创意带给人们意外的惊喜：在飞机场的行李输送带上，与各种行李放置在一起的是一盘盘鸡蛋。一盘盘堆放整齐、完好无损的鸡蛋上粘贴着醒目的标签："由维珍航空托运。"在此，鸡蛋是易碎品的象征，如此脆弱的鸡蛋经过维珍航空公司飞机的长途飞行，最后毫无损伤地出现在行李输送带上，航空公司货物托运的安全可靠、值得信赖跃然纸上，让人过目不忘、印象深刻。在这个绝佳创意中，易碎、不好搬动的鸡蛋与航空公司安全可靠的货物托运组合在一起，极好地凸现了广告主题，完成了利用人们几乎熟视无睹的元素形成让人耳目一新的广告创意的思维飞跃。由此，该广告获得了1999年戛纳国际广告节平面广告金奖。

"二旧化一新"的创意方法的主要价值在于，能使创意者把各种不相关的甚至相抵触的事物经过冲突组合而产生另一个更使人注目的创意构想。它的科学性同样可以从心理学关于想象和创造思维方面的研究成果中得到证实。

6.4.2 经过移植的"水平思考"创意方法

英国心理学家狄波诺博士在进行管理心理学研究时，提出了"管理上的水平思考法"这一概念。其本意不是用于广告创意，而是用于管理。但是广告创意人员及广告学者发现，水平思考法在帮助产生广告创意新构想方面也有其独特作用，因而将其移植于广告创意方法，这里简称其为"水平思考"创意方法。

1. 水平思考法

水平思考不是单独孤立的思考方法，它是以垂直思考为比较前提的。因此，理解水平思考法，一是要明确垂直思考法的含义，二是要时刻与垂直思考法加以对照比较。

传统逻辑上的思考法有其公认的明显特点，即思考的连续性、方向性。所谓连续性，是指思考从此状态开始直接进入相关的下一状态，循序渐进，直到把问题彻底想通为止，中间不允许中断，假如长时间还想不通，就沿着此思路长时间思考下去。所谓方向性，是指思考问题的思路或开始思考时所预定的框架不得在中途改变。运用水平思考法进行创意的关键是突破原有的思维原点，找到新的思维原点，也就是独特的销售主张（USP），如"百事可乐"的"Diet"可乐平面广告，"Diet"——低热量的概念被转化为"瘦身"的承诺。

当人们要在横向的广泛的面上或点上的思考时，传统逻辑上的垂直思考法就不够用了，对那些不连续的多方向的思考来说，简直无能为力。这时就需要使用"水平思考法"。

2. 水平思考法的要义主旨

水平思考法的要义是作"不连续思考""多方向思考"，寻求"突破"，即不必"彻底想通"，只务求突破已有定型，想出在此以前并没有考虑到的可能会解决某一个问题的方法与途径，对新的和以前未探讨的关系或范围进行可能性探讨。

水平思考法的主旨在于补充垂直思考并特别导入不连续思考，以利于"再形成构想"。在许多情况下，创意人员的思考行为已经定型，这样将不利于再形成另外一些构想，因而也就会缺乏最新的可充分使用的资讯。这种情况下继续进行传统的垂直思考，对创意的产生极为不利，必须特别导入不连续思考，即水平思考。此后，水平思考将避开那些旧构想而激发出一些新构想，这样在形成构想后，又使用传统的垂直思考法，将新构想加以拓展，直至完善创意。

3. 水平思考的特点

水平思考与垂直思考的区别见表 6-1。

表 6-1 水平思考与垂直思考的区别

垂直思考	水平思考
选择性的	生生不息性的
在假定有一个方向时思考才会移动	在没有任何方向时思考移动，以求产生出某个方向
是分析性的	是激发性的
按部就班地	可以跳来跳去的
每一步都必须正确	不必考虑这一问题
为了需要封闭某些途径时要使用否定	没有否定
要集中排除不相关者	欢迎不相关者闯入
遵循最可能的途径	探索最不可能的途径
类别、分类法和名称都是固定	不必固定
是无限的过程	是或然性的过程

4. 激发水平思考的情况

在下面 7 种思维环境条件下，可以突破垂直思考的局限而激发水平思考。

(1) 对目前情况产生选择。

(2) 对目前假定进行挑战。

(3) 着力创新。

(4) 暂停判断一个时期。

(5) 把一个普通方法反其道而行之。

(6) 为情况作类推。

(7) 采用脑力激荡。

5. 水平思考与垂直思考的互补

不受常规约束，摆脱旧经验、旧意识的思考方式被称为水平式思考。水平思考法能够产生有创见的想法，产生意想不到的新创意。它有利于克服垂直思考法所引起的头脑中的偏执性及老经验、老观念等对思考的局限，它有利于突破定型，转变观念，获得新构想。但并不是排除垂直思维，一旦运用水平思考法得到了一个创意，还要用垂直思维法继续下去。对于完整的广告创意来说，要充分认识两种思考法各自的特点作用，看到它们之间的互补关系，并利用其产生和发展创意。一旦通过水平思考获得了某种满意的新构想，就要紧接着运用垂直思考法使这种新构想继续深入，得到发展并具体化、完善化。

6.4.3 "集脑会商思考"创意方法

这种方法是管理决策的一种基本方法。运用于广告创意很有成效，故而也被作为广告创意的一个重要方法。这种方法的基本特点是，不是由某一个创意人员去单独思考构想，而是有目的地组织一批专家、学者、创意人员和有关人员，对广告创意主题进行集中讨论，面对面商量，是一次规模性的智力活动，但会商的具体题目和内容却不加任何限制。汲取与会人员的建议和意见，依靠集体智慧，最后形成创意构想，并加以发展完善。

参加会商的人员应当思维敏捷，头脑灵活，尤其要保持大脑的高度兴奋状态，全神贯注投入，要让每一个人的构想对别人产生启发、导引和冲击作用，激荡起波澜，碰撞出火花。因此，集脑会商思考法也被形象地称为"头脑激荡法"或"头脑风暴法"。

集脑会商思考是一种规模性智力活动，因而对所要解决的问题必须具体化，针对性强，探讨要深入，不允许作长时间的、散漫的马拉松式低效率思考。参加人员要有一定代表性，并能无拘无束地发言。会商会议上禁止批评意见，对别人意见不允许会上即时反驳，只鼓励欢迎正面阐述自己意见，想法越独特越好，提倡在适当限度内标新立异。会商会议力求产生大量构想，越多越好。会后再由专人负责整理会议记录。形成结果后，或者由创意负责人员直接归纳，改进他人的构想，通过启发、联想、补充后而产生新的好的创意；或者条件尚未成熟，将本次会商结果带到下一次会商会议继续讨论，直至好的创意产生为止。

集脑会商思考法符合创意产生的规律。创意是一种艰巨的脑力劳动和复杂的心智活动，因而，最开始要经过长时间的反复构想，但当创意真正来临、构想浮现时，又具有瞬时的、确切的爆发性。集脑会商法把开始的长时间的心智活动过程留给与会人员自己把握，而把短时的爆发安排到会商会议上去。多位人员的思想火花的爆发汇聚在一起，自然容易产生集体智慧的光彩夺目的"结晶体"。

6.5 广告创意的评价

随着信息时代步伐的加快，一方面，新品迭出对商品信息的传播提出了更高要求；另一方面，信息手段更加丰富和便捷，使得商品信息传播方式的选择更加灵活，这就加强了广告业的地位。与此同时，也对广告业提出了更高的要求，其中核心的要求就是如何才能使自己的广告在广告满天飞的环境中凸显出来，并被真正的广告目标群体所认识，从而切实提高行销的效率和质量。这就要求广告的相关主体切实做好广告创意工作，广告创意的评价也就应运而生。对广告创意进行评价，是使其完善的重要手段，也是促使广告收到预期效果的关键措施。

6.5.1 对广告创意进行评价的意义

一个新的广告创意刚产生时，可能是不完整、不清晰的，需要对它进行修改和完善。在这个创意得到发展并趋于清晰、完善之后，创意活动就基本完成了，下一步工作将是付诸执行，即推出这个广告。

然而，在付诸执行之前，能不能保证这个已完成的创意质量及预期效果呢？这是一个投资方担心的问题，如果该创意是低劣的或者选择主题不当的话，执行后达不到预期理想效果，这是设计师、投资方、广告人都不愿意看到的结果。比如一些名人代言的广告，在推出市场不久或几周后，由于名人本身的问题，导致受众的反感甚至厌恶，那就会给整个广告带来灾难性的后果。因此，对已完成的创意进行评价就显得十分重要了。这种评价等于是对已完成的创意再次进行审验，以便确保其良好或优秀程度，预防执行低劣创意可能带来的不良后果。形象地说，广告创意的评价好比是配电房里的"保险丝"，一旦创意低劣，超出所能承受的负荷，"保险丝"中断，评价不予通过，创意便中止执行。

对创意的评价，实际上不仅是在完成创意之后才发生，对于创意人员来说，在整个创意过程中随时都可能进行评价性思考，当出现多个构想方案而需要进行选择或综合时，尤其是如此。

首先在于广告创意的自身价值。抛开广告媒体、广告资金等广告物质性因素，人们比较一致的看法是：广告创意主宰着行销的效率和质量。引用世界著名的未来学家托夫勒的话"主宰21世纪商业命脉的将是创意，因为资本的时代已经过去，创意的时代正在来临"。对于广告创意的含义来说是非常贴切的。其次，广告创意评价的意义在于其丰富的实践意义。现实中，征集广告创意、评选广告创意的活动层出不穷，广告主选择广告代理商时，也多是从考察广告代理商的广告创意、设计作品入手。然而在评判广告创意时，存在一定不完善的地方，往往又是仁者见仁，智者见智，缺乏有章可循的、具有说服力的评价模式。最后，广告创意评价的意义还在于其蕴藏的理论价值和实践意义。从广告理论上讲，广告创意是广告中最核心、最活跃，也是最能表征广告价值的因素；在实践意义中，对广告的评价无法避开对广告创意的评价，对广告创意评价应该作为广告评价的重要组成部分，成为广告理论实践研究的重要课题。

在更大的范围内，也存在对广告创意进行评价的问题。一个创意付诸执行后，创意人员为了从其他创意中得到参考借鉴，也要对各个广告的创意进行评价。广告学研究者和广告人员从专业研究或知识扩展的目的出发，也要进行创意评价。最后，消费者也可能出于兴趣对广告创意进行评价。因此，创意评价的意义不仅在于对一个创意进行最后审验，而且还在于对一切广告创意的导向可能发生累积性重要影响。

6.5.2 创意评价的标准

要对广告创意进行正确的评价，必须建立一定的评价标准，建立创意评价标准是项复杂的困难的工作。

首先，评价标准的统一性问题。从理论上来说，建立一个评价标准，并且能够得到大家的认可，对任何创意都可以适用，这是有可能实现的。然而在现实中不容易办到，因为每个人的思想观念、知识结构、职业构成、消费习惯、接受程度、心理状态、评价动机乃至兴趣爱好不同，对同一事物会有不同的看法。因此，从人们的主观因素出发，不可能有统一的评价标准体系。要想统一标准，必须根据一定的社会文化背景、相同的群体利益观念以及人们对动机和效果统一程度的推断规则等，"客观"地寻求人们评价标准方面的同一性或一致性，进行正确的评价。

其次，评价标准的科学性问题。一个评价标准体系要具备科学性，以下4点必须具备：①体系内的各项指标之间应该有内在相互联系，而不是孤立、零碎的堆积；②在整体上应与广告创意活动的原则和规律相吻合，不能离开创意活动的基本原则和规律特点另定标准；③该评价标准在使用时不会导致或引起知识上或含义上的混乱；④该评价标准使用起来是合理有效的，即用它去评价某个或某几个创意时，能够得出有意义的结果。

最后，评价标准的实用性问题。一种标准应该是评价者能够掌握和控制的。标准太烦琐，不容易掌握各项标准的覆盖范围和控制标准的使用界限，容易出现评价标准交叉使用的情况；标准太简略，不容易得出明确的评价结果。最优秀的创意和最低劣的创意很容易准确把握，而大量处于两极之间的创意评价，可能会得出同样的结果。

目前用来评价创意的标准，大致有以下几条：①符合总体战略的主题；②主题集中突出；③构想新颖独特；④塑造鲜明形象的商品性格；⑤妙语连珠的服务承诺；⑥情感诉求的冲击力。

由于广告创意受策划者和设计师的心智因素影响较大，因而使用这6条标准评价创意，也很难用数量关系的精确程度表示评价结果。即使在实验测试中，数量关系也只能表明某种趋势或某种限度，这给把握标准带来一定难度。通过具体分析可以得出，第一条标准由广告策划者的主观意识决定，一般容易把握。其余5条标准，则主要由该创意在消费者接受意识中的影响来决定，因此评价者把握这些标准，一定要有沟通和承诺的观念，一定要用消费者的眼光来衡量比较。比如，创意是否集中突出主题思想，可以通过对受众产生印象的深刻程度、产生印象的记忆保留时间的长短等方面的预测来确定。构想是否新颖独特，可以通过对受众感兴趣的程度、重复视听时的情绪观察，以及跟其他创意的构想进行横向比较等方面的预测来确定。

故弄玄虚、哗众取宠的广告创意，虽然主观上想要博得受众欢心，给人以新颖独特的感觉，但实际上往往适得其反，给人一种肤浅拙劣、牵强附会的感觉。创意的精彩程度，不在于如何故弄玄虚、哗众取宠，而在于能否把诉求对象的注意力引向产品。

作为一个优秀的广告创意，除了符合上述标准之外，还应在文化意蕴、借鉴创新、幽默风趣等方面进行不懈的努力。

6.5.3 广告创意的文化意蕴

优秀的广告创意必须能对产品的文化内涵进行深层开发，从文化内涵的边际效应中寻找创意的切入点，使消费者得到最大的购物满足感。

创意文化首先以人的价值为核心，在满足人的生存需求、发展需求和享受需求的基础上进行文化的扩展。广告创意必须考虑最容易被接受、最易于切入的诉求内容和诉求方式。而一般情况是，最具有民族特色的创意，同时会产生意想不到的感染力，最容易被本民族认可和接受。同时，创意的民族风格问题是一个复杂的问题，体现民族风格需要多角度、多层次的构想，需要进入较高的文化精神境界。中华民族的文化传统有深厚的根基，广告创意在体现民族风格方面，要讲究"传神"，即要充分体现中华民族的文化内涵，以真情去潜移默化地打动消费者。成语典故、佳作名句在民间流传极广，影响极大，广告语运用成语典故、佳作名句，就可以借它们的东风，迅速地传播开来，让人们牢牢记住。如丰田汽车的广告语"车到山前必有路，有路必有丰田车"。活用中国谚语"车到山前必有路，船到桥头自然直"。只是将后一句变换一下，突出了丰田车的无所不在，传达了丰田车质量好、销量大的广告信息。此广告语利用了中国喜闻乐见的名句，让很多中国人记住了这一广告语。

广告创意文化还必须创建产品的独特精神价值，这种价值观不仅是精神追求的反映，同时也是一种社会导向。它应该鼓励人们奋发向上，追求更加美好的未来，促进社会的健康发展。如香烟广告本来不应大力宣传，但美国"万宝路"香烟广告却充满了自然的色彩，让人们充分领略男子汉开拓进取的风采，处处感觉到力量的骚动，创立了独特的"万宝路"精神。美国野马汽车针对向往独立、自由、自信的年轻一代大做文章，在轿车文化上呈现自由与独立的理想，即"带你到任何想去的地方"吻合了年轻一代追求自我满足与自我实现的消费心理趋势。近年来，广告创意文化还深入到企业文化建设中，许多企业借此树立独特的企业价值与形象。如海尔集团的广告语"海尔——真诚到永远"，这不仅是对企业产品的承诺，也是企业精神的追求。美菱冰箱集团提出了"中国人的生活，中国人的美菱"的口号，通过唤起人们的国货精品意识，折射出企业振兴民族工业的奉献精神。

广告创意策划中对文化意蕴的挖掘，不仅使广告宣传更具魅力，更加吸引人，而且提高了广告中精神文明的含量，使先进的文化价值观念与市场经济活动融为一体。如果广告只是真实可信地表达商品本身的个性与特征，仅仅做到了"广而告之"的目的，没有进一步满足消费者更深层次的需要，体现人的价值和精神的追求，就不能更好地诱导消费者的购买行为。

6.5.4 广告创意的幽默风格

幽默风格是一种生活情趣，是一种生活的艺术。广告中的幽默创意可以增添一种生活情趣，赋予广告创意丰富的蕴含量。无论是滑稽可笑、令人忍俊不禁的，还是含蓄巧妙、令人回味无穷的，都可以最大限度地吸引受众的注意，在令人向往的生活情趣中，商品的性格形象也同时深入人心。因此，幽默风格是评价广告创意的又一项较高的标准。要正确把握这一项标准，必须首先认清以下几点。

(1) 幽默风格的本质特征。幽默是艺术表现的高境界，它是对生活进行观察概括后而采用深刻凝练的表现手法再现生活中的某种典型。它不仅具有巧妙、诙谐、风趣等特点，而且它来源于生活，扎根于生活，又对生活进行概括，具有长久的艺术生命力。创造幽默，从美学上讲，最基本的前提是使心灵摆脱与事物之间的功利关系，尽可能地使心灵处于审美观和自由的状态。幽默广告将创意主体的敏锐和巧思通过轻松诙谐的情节表现出来，使广告充满了浓郁的感情色彩和艺术的美感，从而淡化了广告直接的功利印象，让人们在艺术的感染和享受中潜移默化地接受广告的信息，达到自然传播的默契。

优秀的幽默广告往往运用打破常规的艺术表现手法，以作品的原创性来震撼受众。在"百事可乐——冰天雪地篇"中，创作人员大胆运用了夸张的表现手法：男青年在冰天雪地里贪婪地饮用百事可乐，嘴唇因为低温而粘在可乐罐上，去看医生时发现与自己一样的大有人在，男女老少，连小狗也不例外。这种大胆的夸张，使广告别开生面，促销效果自然不言而喻。

(2) 幽默的目的不仅是引起受众注意，更重要的是增添生活情趣，加深受众的印象，在轻松愉快的气氛中与消费者沟通交流，产生共鸣，以便将商品性格留在受众记忆之中。例如大众汽车做的降价广告：一位西服革履正为新婚夫妇拍照的摄影师，却被刚刚停在旁边的大众汽车上的新价格广告吸引，他竟把新郎新娘拍虚了，而那条价格广告却十分清晰，整体画面生动诙谐，很有趣味。

(3) 幽默要受一定的文化背景和风俗习惯的制约。在特定地区、民族和阶层，必有与之相应的文化背景和风俗习惯，这种文化背景和风俗习惯的差异，决定了对幽默感的理解也有差别。运用幽默表现方式要考虑受众的地区特点、民族特点、阶层特点，避免文化背景和风俗习惯上的抵触，防止产生副作用。

正如广告大师波迪斯所说："巧妙运用幽默，就没有卖不出去的东西。"幽默广告能够引起受众对广告的注意，提高受众的广告接触率，使人们在一种轻松愉快的心境下完成对广告的商品或服务的认知、记忆、选择和决策的思维过程，促进受众对广告品牌形成良好的态度，形成一种娱乐性的消费文化，成为现代营销中有效的"软销"策略，在商业广告领域有极为广泛的应用价值。

6.5.5 广告创意中的借鉴创新

创意就是推陈出新,它不是直接简单地创造一种物质或思想,而是在观念、行为和物质形式等方面的创新。在信息满天飞的今天,广告像空气、流水、云雾一样存在于人们生活的每一个角落。广告设计师面对紧张的、源源不断的创意压力,想尽办法收集资料、寻找创意,激发创作灵感,同时运用创造性的思维方式,产生新的思维成果。然而优秀的广告都是以市场为基础、以创意为核心打动消费者的。选择最能反映产品本质的东西,提炼出具有促销力的艺术形象是创新的主要手段。有的广告平淡无奇,有的却表现独特,给人们留下深刻的印象。

广告创意应当力求创新,但是要求每一个创意都能创新,彻底避免模仿,这是不现实的。一方面,创意人员的知识、能力不同,不可能都达到创新这一水平线;另一方面,即使创造能力很强的创意人员,也不能保证每个创意都达到创新水平。

从科学技术和文化艺术的发展历史来看,模仿是有积极意义的。伟大画家、音乐家、文学家并不是天生的,在他们最初学习时,总是模仿再模仿,最后才创造出伟大的作品,形成自己的独特风格。对广告创意进行评价,也不能片面地、绝对地排斥和反对模仿。但是,不能一味地模仿,应该在合适的环境条件下,逐步探索新路子,创造新的作品。创造阶段的开始,意味着原有模仿阶段的结束。创造成功之后,又意味着新的模仿阶段的开始。遵循这样一条思路,才可真正产生新的创造性构想,也才能客观中肯地对广告创意进行评价。如万宝路香烟开创的以美国西部牛仔和西部原野营造的"万宝路动感世界"取得了成功之后,其他几家香烟广告也模仿它的做法。健牌香烟表现的是蔚蓝的大海边的清凉世界,充满青春活力。而万事发香烟则带你来到奔腾不息的河流和郁郁葱葱的森林边上,给你一个豁然开朗的纯净世界,让你体会"怡然一刻"的美好时光。

单元训练和作业

1. 优秀案例赏析

宝马汽车中国 2010 年广告策划案如图 6.2 所示。

(1) 营销环境和行业分析。

营销环境:汽车业的迅猛增长,是新一轮产业增长的主动力之一。2009 年国内汽车销量达 1364.48

图 6.2 宝马汽车中国 2010 年广告策划案

万辆,同比增长46.15%,可以说2009年汽车业达到了"井喷式"发展。2010年产销量突破1700万辆,这两年是汽车销售市场发展最快的两年。由此看来,近几年我国汽车产业的发展态势可以说是疾风骤雨般的,而且其发展可以带动相关产业的快速发展。

通过环境分析可以看出,汽车企业应充分考虑市场环境,对营销环境进行调查是制定营销策略的前提和基础,只有将买卖各方的营销环境分析清楚,考虑到自身的情况,企业才能制定出较为合理有效的营销策略。

(2) 形势与背景。

BMW集团将长期贯彻明确的高档品牌策略,在未来几年内,这将体现在大范围内的产品和市场攻势上。在注重各品牌独特性的同时,BMW集团将通过推出新产品进军新领域,并把公司的系列产品推广到更多新市场。借此,公司将跨入一个全新境界。

(3) 竞争状况分析。

企业在竞争中的地位:市场占有率。产品的市场占有率居于同类产品首位,显示出该品牌在市场中的领导地位。消费者认识,在众多消费者心目中,该品牌具有较高的信誉。企业自身的目标,在汽车方面,求新、求异,拓展市场。竞争对手分析:奔驰、大众、保时捷是汽车市场的主要竞争者,另外,丰田、本田等也相继推出新型车。它们短期内虽不会对宝马构成威胁,但是也为宝马汽车敲响了警钟。

竞争态势总结:现阶段宝马汽车应该以奔驰、奥迪、雷克萨斯为主要的竞争对手,但同时也应该看到丰田、本田等品牌的介入是一股不可忽视的力量。

(4) 宝马汽车品牌理念。

创新为本:唯有不断创新,企业才能保持旺盛的生命力和持续的新鲜感。作为第一品牌,宝马在造型、选材和品质上当然要求同类第一,而且需要不断更新;通路为王:通路的重要性毋庸置疑。宝马汽车深耕通路的渠道策略在业内颇为称道。宝马内部有句名言:驾乘乐趣。目前,宝马已在全世界建立了非常完善的营销网络;零距离碰撞消费者,虽然已经拥有了近一半的市场份额,但市场还可以进一步拓展,即使在已有的市场中,维护也很重要。其中,很重要的一点就是与消费者直接的沟通。

(5) 中国宝马品牌定位分析。

追求驾乘乐趣、创新的理念。体现中国传统文化,崇尚个性;强调产品质量,推出多元化产品;信奉"通路为赢",实行"通路深耕"的渠道策略;确保高级轿车的霸主地位,引导该市场潮流。

(6) 诉求对象。

总体看来,中国宝马汽车的消费者可分为两大类别,富人阶层(新贵+成功人士)、中产阶层(内敛型+张扬型)。

(7) 目标市场策略。

产品现在所面对的目标市场。宝马汽车现在主要针对25~40岁年龄段的消费者进行营销,对不同消费者的需求是不加区分的,包括不同年龄段的消费者、不同收入的消费者。从目前的市场占有率看,它已达到5.5%,占据了本行业高端的霸主地位,但就今年的市场竞争情况看,若想保住其霸主地位,它的市场规模则显得很有限。

(8) 形象广告目标。

短期目标:以品牌形象宣传为主,通过一定阶段的广告宣传,增加宝马品牌的知名度和美誉度,巩固市场地位。长期目标:以品牌形象带动产品宣传,凸显系列产品特性,提高促购度,逐渐步入中国市场。

(9) 宝马的广告策略。

以传播宝马品质为核心内容的广告宣传:宝马为亚洲地区制订了一套广告计划,保证在亚洲各国通过广告宣传的宝马品牌形象是统一的。同时这套广告计划要通过集团总部的审查,保证与公司在欧美地区的广告宣传没有冲突。宝马公司借助了香港、新加坡等地的电视、报纸、杂志等多种广告媒体开展广告宣传活动。这些活动主要分为两个阶段:第一阶段主要是告知消费者宝马是第一高级豪华车牌,同时介绍宝马公司的成就和成功经验;第二阶段宝马用第七系列作为主要的宣传产品,强调宝马的设计、安全、舒适和全方位的售后服务。

(10) 宝马广告表现的策略。

宝马的广告传播也总是极尽所能地演绎出品牌核心价值,如宝马有一则非常幽默、有趣的广告,标题是"终于,我们发现了一个未能享受 BMW 驾驶乐趣的人",原来这个人是个机器人,寓意宝马把多功能智能化,相当于有个机器人把驾驶者的复杂操作分担了,所以机器人未能享受驾驶的乐趣而很辛苦,驾驶者则享受了前所未有的驾驶乐趣。

宝马不仅在广告中淋漓尽致地紧扣品牌核心价值,而且创造性地通过品牌延伸推广新产品来低成本地传播品牌精髓。因为宝马不仅象征着非凡的制车技术与工艺,还意味着"潇洒、优雅、时尚、悠闲、轻松"的生活方式,车和服饰都是诠释宝马核心价值观的载体。宝马延伸到服饰不仅能获得服饰的利润,但还有另一层深意,更重要的是通过涉足服饰领域向更多的消费者推广宝马生活方式与宝马品牌。

2. 课题内容

课题时间:4 课时。

教学方式:从学生感兴趣的生活事例入手,引导学生认识到策划、广告策划的乐趣,学习全球十大著名广告策划案,启发大家研究和讨论广告创意策划在广告策划书中的重要作用及学习方法。

要点提示:重点掌握广告创意策划的要求和方法。

教学要求:通过实际项目和公司实习掌握广告创意策划原则。包括广告表现的策略、广告媒体选择、广告片、宣传片、促销海报及新包装方案图片等。

训练目的:理解广告创意策划内涵,掌握确定广告诉求重点的方法,了解广告创意策划的要求。重点难点为确定广告诉求的方法。

3. 其他作业

诺基亚系列品牌影视广告创意策划

(1) 媒介分析。

(2) 该系列影视广告在诉求重点上的变化。

(3) 创意策略的由来、内容和格式。

(4) 影视广告诉求最佳点。

(5) 品牌策略与创意策略之间的关系。

4. 理论思考

(1) 学习中国十大经典策划案和中国微博营销十大经典案例,分析广告创意设计的重要性和媒体实施方法。

(2) 查阅课外资料,讲述知名品牌的策略与创意策略的流程。

5. 相关知识链接

[1] 卫军英. 广告策划创意[M]. 杭州:浙江大学出版社,2006.

[2] 唐佳希,李斐飞. 广告策划与创意[M]. 北京:北京大学出版社,2009.

[3] 蒋旭峰. 广告策划与创意[M]. 北京:中国人民大学出版社,2011.

第 7 章 广告策略策划

课前训练

训练内容：消费者的行为以广告的策略和宣传诉求形式为指导，因此，合理的广告策略策划对广告信息的准确传达具有十分重要的意义。训练的主要内容是加深对广告策略策划案的了解程度，从而把握广告策略的整体脉搏。

训练注意事项：建议每位学生了解广告策略策划中的各种方法，以及如何利用广告不同策略的体现形式来引导受众行为的能力。

训练要求和目标

要求：广告策略策划要以市场为导向，真正能够做出及时的适应性调整。要求学生通过本章的学习，能够梳理出广告策略策划的整体脉络和规律。

目标：了解各种广告策略策划的方案实施过程及所达到的效果。学习和掌握广告策略策划的具体方法。

本章要点

(1) 广告策划与定位策略。

(2) 广告的市场策略。

(3) 广告的实施策略。

(4) 广告创意的视觉表现策略。

引言

广告策略是一种以市场为导向,以广告的传播媒介为依托,以宣传商品为重点,以明确的诉求对象为准则所进行的策划与设计活动。为了使广告的策略策划让受众认可,传达具有实质性的广告内涵,发挥广告宣传的真正价值,在广告创意与策划实施过程中,要考虑广告的创意策略、定位策略、市场策略、实施策略和视觉表现策略等。

7.1 广告创意与定位策略

如今,无论是广告商还是广告理论学者,对于广告创意与定位的关注和研究都非常重视。在广告创作过程当中,直接影响到最终传播效果的就是广告创意与定位这一环节。它是一个广告创作的开端,并决定了广告其他因素的选择。尽管广告创意与定位需要考虑诸多综合因素,但是它也具有一般创意思维的许多重要特点,在现实的生活中,一个好的创意和定位可以创造出一个经典的广告,可以给商家带来巨大的经济效益。因此,对于广告创意与定位的探讨研究就显得十分的必要了。

7.1.1 广告创意策略

创意策略(Creative Strategy)是对产品或服务所能提供的利益或解决目标消费者问题的办法,进行整理和分析,从而确定广告所要传达的主张的过程。广告创意是使广告达到广告目的的创造性的想法意念,在商业广告中能使广告达到促销目的的独特主意。它是决定广告设计水准高低的关键环节。

广告策划中的"创意"要根据市场营销组合策略、产品情况、目标消费者、市场情况确立。针对市场难题、竞争对手,根据整体广告策略,找寻一个"说服"目标消费者的"理由",并把这个"理由"用视觉化的语言,通过视、听表现来影响消费者的情感与行为,达到信息传播的目的,消费者从广告中认知产品给他们带来的利益,从而促成购买行为。这个"理由"即为广告创意,它以企业市场营销策略、广告策略、市场竞争、产品定位、目标消费者的利益为依据,不是艺术家凭空臆造的表现形式所能达到的"创意"。广告创意贵在创新,只有新的创意、新的格调、新的表现手法才能吸引公众的注意,才能有不同凡响的心理说服力,加深广告影响的深度和力度,给企业带来无限的经济价值。

设计师要有正确的广告创意观念。在创意过程中,应从研究产品入手,研究目标市场、目标消费者、竞争对手、市场难题,确定广告诉求主题,到确定广告创意、表现形式。创意始终要围绕着产品、市场、目标消费者,只有有的放矢地进行有效的诉求,才能成为优秀的广告创意。设计师在思维上要突破常规和恒常心理定式,从点的思维转向发散性思维、多渐性思维。善于由表及里、由此及彼地展开思维,学会用水平思维、垂直思维、正向思维与逆反思维,以使思路更开阔、更敏捷,在发散思维的同时把握住形象思维与逻辑思维的辩证规律,充分发挥设计师的想象力,使广告更加富有个性和独创性。

根据市场的变化,广告创意策略应进行相应的调整,符合产品在市场当中的定位,广告创意策略大致可分为5个方面。

1. 广告创意的目标策略

一个广告通常只能针对一个品牌,且还要针对该品牌的市场定位,因此也就决定了一个广告的策略往往也要针对一定范围内的消费者,只有这样才能做到目标明确,针对性强。目标过多、目标定位不够准确的广告策略往往会失败。

例如，哈弗 H6 款 SUV 汽车针对的消费人群是喜欢玩越野的男性。这决定了它和其他注重商务性的 SUV 车型品牌的最大不同，因此广告的内容放在以体现高强度的车身和驾驶乐趣为重点，同时也请影星胡军作为广告代言人，通过他刚毅的特点来体现这款汽车的设计理念。显然，这是一个有效针对既定市场目标和消费者的广告创意策略。

2. 广告创意的传达策略

广告的文字、图形避免含糊、过分抽象，要通过图形清晰准确地反映广告的主题，否则不利于信息的传达。总的来说，不但要体现出广告画面的创意和显著的视觉冲击力，同时要讲究广告创意的有效传达。

3. 广告创意的诉求策略

广告往往需要在有限的版面空间、时间中传播更多的信息，因此，决定了广告创意要诉求的重点为该商品的主要特征，把主要特征、特色、差异性通过简洁、明确、感人的视觉形象表现出来，使其强化，以达到有效传达的目的。

4. 广告创意的个性策略

广告创意策略在宣传商品的同时，还应赋予企业品牌个性，树立和打造品牌的形象，逐渐提升品牌的定位，使品牌与众不同，以求在消费者的头脑中留下深刻的印象。

5. 广告创意的品牌策略

广告创意策略要把商品品牌的认知列入重要的位置，并强化商品的名称、牌号，对于转瞬即逝的视听媒体广告，通过多样的方式强化，适时出现、适当重复，以强化公众对其品牌深刻的印象。

7.1.2 广告定位策略

广告定位策略是指在众多的产品机会中，寻找具有竞争力和差别化的产品特点，配合适宜的广告宣传手段，使产品在目标消费者心中占据理想的位置。广告定位的正确与否直接影响整个策划的最终成败，是最能体现策划者的策划水平和策划能力的关键环节。谁能挖掘到消费者的潜在需求，确定恰当的定位，谁就能在激烈的竞争中取胜。广告定位策略的构成概括起来有以下几方面。

1. 市场定位策略

市场定位策略即把产品宣传的对象定在最有利的目标市场上。要依据市场细分的原则，找出符合产品特性的基本顾客类型，确定自己的目标消费者。通过整合市场，寻找到市场的空隙，找出符合产品特性的基本顾客类型，确定目标受众。可根据消费者的地域特点、文化背景、经济状况、心理特点等，进行市场的细致划分，策划和创作相应的广告，才能有效地影响目标公众。在广告定位中，如果市场定位失误，整个广告活动就会失败。反之，市场定位准确，那么广告诉求就能发挥市场促销作用。

例如，"庄吉 JUDGER"把目标市场瞄准男性，并通过"庄重一生，吉祥一世"这句广告口号把庄吉的产品直接定位在男人市场上，准确、清楚、无误，因而庄吉在公众中的固定印象就是：男性的庄重与气质。可见，广告定位的正确与否直接影响产品的市场效应和未来发展，成功的定位策略对整个品牌有着起死回生的作用。

2. 产品定位策略

产品定位策略即最大限度地挖掘产品自身的特点，把最能代表该产品的特性、品质、内涵等个性作为宣传的形象定位，可以从以下方面入手，如产品的特色定位、文化定位、质量定位、价格定位、服务定位等，通过突出自身优势，树立品牌独特鲜明的形象，来赢得市场和企业发展。

例如，标致307刚上市，广告主题是"品味成功，品味生活"，由于初次定位，标致307的定位比目标消费群要高，目的是利用消费者追求向上的心理，广告反映出标致307是一辆家用和商用兼顾的车型，但其定位偏高让消费者感到不解，当看过原车或时间一长会对成功的提法表示赞同。因此，标致307的产品定位策略是给人带来"活力""优雅"的形象。

3. 观念定位策略

观念定位策略指在广告策划过程中，通过分析公众的心理，赋予产品一种全新的观念。这种观念要既符合产品特性，同时又迎合消费者的心理才能突出自身优势，从更高层次上打败对手。这里融入更多的是一种思想、道德、情感和观念等。

例如，丰田汽车的广告主题是世界各地的心动时刻，分别选择了西雅图、悉尼、马赛、伦敦、里约热内卢、纽约、北京、罗马、上海，在不同的时间展示城市一角的情景，每个情景都有丰田的出现，令人陶醉其中，最后旁白"全球信赖品质丰田，带来世界心动时刻"。广告的内容不涉及商务用车，明确了诉求对象就是家庭用户，与轿车市场定位相同，其创意在中档轿车中还无人能够超过，是难得的既有艺术感又有好效果的广告。

4. 企业形象定位策略

企业形象定位策略是指把定位的重点放在如何凸显企业的形象和树立一个什么样的企业形象上。通过注入某种文化、某种感情、某种内涵于企业形象之中，形成独特的品牌差异。真正成功的企业形象，是恰到好处地把握时代脉搏，击中人类共同的感动与追求。定位可以从企业文化的角度、企业情感的角度、企业信誉的角度、企业特色的角度来树立企业的形象。

例如，"四川全兴大曲"广告定位中融入了四川源远流长的酒文化，通过"品全兴，万事兴"的广告语，树立其在众多中国酒品牌中的独特文化定位；"孔府家酒"一句"孔府家酒，叫人想家"，注入了浓浓的思乡情感；号称中国第一酒的"茅台酒"，融入的是企业的信誉和品质。这些都成功地树立了企业独特鲜明的形象。"大红鹰胜利之鹰"的广告定位是从企业的文化和内涵出发，树立企业的形象。每个人的内心深处都渴望胜利，都渴望被认同，没有人会心甘情愿地主动放弃胜利选择失败。大红鹰定位"胜利之鹰"，符合了时代特点和企业精神。

5. 品牌定位策略

品牌定位策略即把定位的着眼点落在扩大和宣传品牌上，将创新、审美、活力、安全的品牌价值传递给消费者，增强消费者的品牌认知度。目前的市场竞争已进入了同质化时代，很多同类商品使消费者无法从简单的识别中辨别出优劣。正如人们很难说出可口可乐和百事可乐哪个更好喝些。企业之间的竞争就在于品牌的竞争，谁抢先树立了自己的品牌，就抢先赢得了商机。消费者有时购买商品就是选择自己所喜爱的品牌。

可以通过求先定位、求新定位、空隙定位、竞争定位等手段来第一时间树立起自己的品牌，建立自己的消费群。例如，阿迪、耐克、李宁都有自己的品牌特色，人们购买商品就是选择这个品牌。

成功的广告定位策略能帮助企业在激烈的竞争中处于不败之地，能够赋予竞争者所不具备的优势，赢得特定而且稳定的消费者，树立产品在消费者心目中的与众不同的位置。因此，在广告策划中，应准确把握广告定位。

7.2 广告的市场策略

广告的市场策略应以市场为导向，根据市场的变化及时做出相应的调整，才能使广告的宣传达到实质性的效能。广告的市场策略主要包括3个具体内容：广告目标市场定位策略、广告促销策略和广告心理策略。

7.2.1 广告目标市场定位策略

所谓目标市场定位策略，就是企业为自己的产品选定一定的范围和目标，满足一部分人的需要的方法。任何企业，无论其规模如何，都不可能满足所有顾客的要求，而只能为自己的产品选定一个或几个目标市场，这就是所谓的市场定位。企业的目标市场定位不同，销售策略不同，广告策略也不一样。目标市场是广告宣传有计划地向指定市场进行传播活动的对象。因此，在制定广告策略时，必须依据企业目标市场的特点，来规定广告对象、广告目标、媒介选择、诉求重点和诉求方式等。

1. 细分市场

按消费者的需求和满足程度来分，商品市场有同质市场与异质市场两类。同质市场是消费者对商品的需求有较多共性、消费弹性小、受广告影响不大的商品市场。一些生活必需品就是属于这一类型。异质市场则与同质市场相反，它是指顾客对同类产品的品质和特性具有不同的要求、强调商品的个性、消费弹性较大、受广告的影响也较多的商品市场。绝大多数商品市场都属于异质市场。在满足消费者需求时，不仅要考虑其生理上的需要，还要考虑其心理上的需要。生理上的需求有一定的限度，心理上的需求则是变幻莫测的。因此，在同类商品市场上，企业可以依据消费者生理上和心理上的需求，以及企业自身的经营条件，将市场细分成许多子市场，然后再依据目标市场的特点，制定企业的营销策略，并采取相应的广告策略。由于市场可以细分，在市场经营和广告宣传中就可以运用不同的策略手段，争取不同的消费者。依据市场来制定销售策略，一般可分为无差别市场策略、差别市场策略和集中市场策略三大类。

(1) 无差别市场广告策略。无差别市场广告策略是在一定时间内，向同一个大的目标市场运用各种媒介搭配组合，做同一主题内容的广告宣传。这种策略一般应用在产品引入期与成长期初期，或产品供不应求、市场上没有竞争对手或竞争不激烈的时期，是一种经常采用的广告策略。它有利于运用各种媒介宣传统一的广告内容，迅速提高产品的知名度，以达到创牌目的。

(2) 差别广告市场策略。差别广告市场策略则是企业在一定时期内，针对细分的目标市场，运用不同的媒介组合，做不同内容的广告宣传。这种策略能够较好地满足不同消费者的需求，有利于企业提高产品的知名度，突出产品的优异性能，增强消费者对企业的信任感，从而达到扩大销售的目的。这是在产品进入成长期后期和成熟期后常用的广告策略。这时，产品竞争激烈，市场需求分化较突出。由于市场分化，各目标市场各具不同的特点，所以广告设计、主题构思、媒介组合、广告发布等也都各不相同。

(3) 集中市场广告策略。集中市场广告策略是企业把广告宣传的力量集中在已细分的市场中一个或几个目标的策略。此时，企业的目标并不是在较大的市场中占有小的份额，而是在较小的细分市场中占有较大的份额。因此，广告也只集中在一个或几个目标市场上。采取集中市场策略的企业，一般是本身资源有限的中小型企业，为了发挥优势，集中力量，只挑选对自己有利的、力所能及的较小市场作为目标市场。

例如，英国一家小油漆企业无力参与整个油漆市场的竞争，只集中将公寓青年夫妇这一细分市场作为目标市场，依据消费策略和顾客心理要求，广告宣传以产品的"低价"和"满意的质量"为号召，定期更换靠近公寓附近的零售店的商品陈列和广告媒体。

这3种广告策略既可独立运用，也可综合利用，灵活掌握，主要以企业的基本情况而定。

2. 广告促销策略

广告促销策略是一种紧密结合市场营销而采取的广告策略，它不仅告知消费者购买商品的获益情况，以说服其购买，而且结合市场营销的其他手段，给予消费者更多的附加利益，以吸引消费者对广告的兴趣，在短期内收到即效性广告效果，有力地推动商品销售。广告促销策略包括馈赠、文娱、服务、折价、公共关系等促销手段的运用。馈赠广告是一种奖励性广告，其形式很多，如广告赠券等。食品、饮料和日用品的报刊广告多用此法，优待方法多半采用折价购买或附赠小件物品。这种方法既可以扩大销售，又可检测广告的阅读率。除广告赠券外，广告与商品样品赠送配合也是一种介绍商品的有效方法，但费用很高。

文娱广告也是广告促销的常用策略，如出资赞助文艺节目和电视剧、广播剧的制作等。此外，如猜谜、有奖征答等，也是广告的有效形式。中奖广告是一种抽奖中奖形式的广告推销手段，在国外很流行，也具有一定的效果。公益广告是把公益活动和广告活动结合起来的广告策略，通过关心公益、关心公共关系，开展为社会服务活动，争取民心，树立企业形象，从而增强广告的效果，能给人一种企业利润取之于社会、用之于社会的好感。

3. 广告心理策略

广告的作用与人们的心理活动密切相关，而广告的促销心理策略，则是运用心理学的原理来策划广告，诱导人们顺利地完成消费心理过程，使广告取得成功。消费者从接触广告到产生购买是一系列的心理变化过程，且这个过程是环环相扣、逐级递进的。国外广告学家将这个过程分为5个阶段，即注意(Attention)、兴趣(Interest)、欲望(Desire)、记忆(Memory)、行动(Action)，又称为AIDMA阶段。具体的过程又包括：诉求诸多的感觉，唤起受众的注意；赋予新奇的特色，激发受众的兴趣；确立坚实的信念，刺激人们的欲望；创造美好的印象，加强人们的记忆。广告活动中常用的心理学原理有心理需要策略、唤起注意策略、联想与兴趣策略、增强记忆策略、促使购买策略等。

(1) 心理需要策略。心理需要策略是人们进行实践活动的原动力。人们之所以购买这种商品，而不购买别的商品，就是由于这种商品能够满足他们的某种需要。广告的促销活动不但要告诉人们有关商品的知识，而且要说明这种商品是符合他们需要的。当人们认为这种商品符合他们的某种需要时，他们才会购买。成功的广告，就是首先掌握人们的需要，并针对人们的需要确立广告诉求的重点和创作设计广告。需要是广告诉求定位的主要依据。同一个商品，它有许多属性，而只有那些最能满足需要的诉求定位才能导致购买行为，使广告获得成功。消费者不仅对商品的使用价值有所要求，而且要求获得心理上的满足。广告要同时掌握人们对商品实用价值和心理价值的需要，才能获得成功。同时，广告还必须能引起需要和刺激需要，通过对潜在需要的激发，使消费者产生物质欲求，并加强其信心，排除障碍，促使购买。这也是现在所说的广告指导消费的作用。

(2) 唤起注意策略。唤起注意策略是广告成功的基础。引起注意的广告手法有：①增大刺激强度，如采用鲜明的色彩、醒目突出的图案和文字、富有动感的画面、特殊的音响等；②突出刺激元间的对比，如静动对比、虚实对比、色彩对比、节奏对比等；③增强刺激物感染力，即在广告设计中采用新奇独特的构思、生动活泼的形式和诱人关心的题材、选择适当的时间和空间等。广告若不能引起注意，肯定要失败。因为注意是人们接触广告的开端，只有注意了广告，才能谈得上对广告内容的理解。在广告设计中有意识地加强广告的注意作用，是广告的重要心理策略。广告引起人们注意的方法有多种，主要是扩大空间面积，延长广告时间，突出广告色彩，增强广告的艺术化和使广告具有动态感等。

(3) 联想与兴趣策略。联想能够使人们扩大和加强对事物的认识，引起对事物的兴趣，使消费者产生愉悦的情绪，对形成购买动机和促成购买行为有重要影响。兴趣的产生基于两点：一是由强烈的刺激引起；二是由内心的需求引起。欲望常由兴趣引起，兴趣常由欲望而增强。广告的时间和篇幅都是有限的，仅靠直接印象取得的广告效果也是有限的。只有通过各种手段激发有益的联想，才能加强刺激的深度和广度。这是有意识地增强广告效果的重要手段。在广告中，主要运用接近联想、连续联想、相似联想、对比联想、记忆联想和颜色联想等手段。

(4) 增强记忆策略。广告运用记忆原理，使人们在实现购买时能记起广告内容，并起到指导选购的作用。广告是一种间接的促销手段，消费者从接触广告到实地购买还有时间和空间的隔离。广告要不断反复，并通过多种媒介组合宣传，增强消费者对广告品牌的记忆率和认识率。要考虑不同的广告对象的记忆特点来策划广告，要尽可能按需要的、注意的、有趣的、形象的、活动的、联想的、易于理解的和反复的要求来设计广告，使人容易留下深刻的印象，保持记忆，便于回想。

(5) 促使购买策略。利用广告策略促使消费者购买商品的关键在于把握广告的诉求重点，诉求是指外界事物促使人们从认知到行动的心理活动。广告诉求是告诉人们有哪些需要，如何去满足，并促使他们去为满足需要而购买商品。促成购买是广告成败的最关键一步，虽是一步之差，但却可以使所做的一切努力前功尽弃。广告诉求一般有知觉诉求、理性诉求、情感诉求和观念诉求等多种。广告心理策略实质上就是对这些诉求的灵活运用。

薇姿 (VICHY) 润泉保湿系列的广告不得不说是一个典型的案例。一位女性的脸部侧面特写占据整个画面，大量的水从眉毛顺着脸庞往下流，眼睛里透露出混合着担忧、恐惧的复杂情绪。广告语："皮肤每天丢失 1/2 升水分，润泉保湿日霜一整天补充并锁住皮肤的水分。"并配有使用前和使用后的皮肤断面比较图。这则广告触目惊心。当你知道脸上的水分像瀑布一样流失时，你简直坐立难安。这时产生的恐慌感和急迫感起着放大和增强内驱力信号（缺水）的作用，并与之合并而成为驱策你行动（购买）的强大动机。

7.2.2 产品生命周期与广告策略

广告的最终目的是促进产品的销售。对企业而言，企业与消费者的关系是通过产品来沟通的，产品有没有吸引力，能不能满足消费者的需要，是企业经营成败的关键。但从一定的时间来看，绝大多数产品都有其产生、发展、消亡的过程，即产品的生命周期。任何一种产品通常都有生命周期，只是周期长短不同。不同生命周期产品的广告策略在本书 3.1.2 中已进行了讲解，此处不再赘述。

7.3 广告的实施策略

广告的实施策略是针对广告以市场为导向，在具体创意、策划与实施过程中的表现方式。其主要包括广告差别策略、系列策略和时间策略等。

7.3.1 广告的差别策略

广告的差别策略是以发现差别和突出差别为手段、充分显示广告主企业和产品特点的一种宣传策略，包括产品差别策略、劳务差别策略和企业差别策略这 3 方面内容。

1. 产品差别策略

它是突出产品的功能差别、品质差别、价格差别、花色品种差别、包装差别和销售服务差别的广告宣传策略。因为产品的上述差别可以是新旧产品之间的差别，也可以是同类产品之间的差别，因此，广告的产品差别策略是具有竞争性的。运用广告差别策略时，首先要发现该产品的功效差别，在设计制作广告作品时要突出它的功效差别，给予消费者能够获得某种利益的鲜明印象。

例如，高露洁在进入中国市场之前，曾花大力气做市场调查。调查发现，国内牙膏广告竞争激烈，但日趋同质化，诉求对象几乎都是中老年消费者，格调老式，广告表现手法也平淡无奇。针对这些弱点，高露洁采取了独树一帜的广告策略。首先，高露洁风格鲜明，它都以少年儿童做广告片的主角。高露洁为什么不以成年人做广告主角，而"反其道而行之"呢？因为当时的牙膏广告，往往都是比微笑、比洁白，让消费者心中生厌。高露洁采用迂回战术，打出了青少年品牌，风格马上与国内大量雷同的牙膏区别开来，赢得了消费者观感上的好评。此外，高露洁想通过儿童来影响他们父母对牙膏品牌的选择。高露洁充分考虑了儿童对父母购买决策的影响，因此制作了以少年儿童为主角、适合广大儿童口味的广告。另外，高露洁想让中国新一代儿童在"高露洁"的陪伴下成长。这些每天都使用高露洁牙膏的未来一代，一旦建立了对高露洁的亲切感，培养了忠诚度，消费者就必将持续选择高露洁，并且影响到他们的下一代子女，无形中又延续了这个品牌的生命周期。由此可见高露洁野心之大。高露洁广告以产品功能差异的诉求为导向，是它能在国内众多牙膏品牌中立于不败之地的重要因素。

2. 劳务差别策略

它的基本原理与产品差别相同，主要是突出和显示同类劳务中的差别性，从而说明本企业的服务能给消费者带来更多的方便与得益。

3. 企业差别策略

主要包括企业设备差别、技术差别、管理水平差别、服务措施差别和企业环境差别等在内的各项内容。

产品差别策略、劳务差别策略和企业差别策略是在实践中运用较多、效果也较好的差别策略。此外，心理差别策略和观念形态差别策略等也较为常用。

7.3.2 广告系列策略

广告系列策略是企业在广告计划期内连续地、有计划地发布有统一设计形式或内容的系列广告，达到不断加深广告印象，增强广告效果的目的。在时间与空间上连续出现主题及风格相同的广告，其目的是加强品牌在消费者心中的印象。广告系列策略主要有形式系列策略、主题系列策略、功效系列策略和产品系列策略等。

1. 形式系列策略

形式系列策略是指在一定时期内有计划地发布多项设计形式相同但内容有所改变的广告策略。设计形式相对固定，有利于加深消费者对广告的印象，增加企业的知名度，便于在众多的广告中分辨出本企业的广告。这种策略的运用，适宜于内容更新快、发布频度大的广告，如旅游广告、文娱广告、交通广告和食品广告等。

2. 主题系列策略

主题系列策略它是企业在发布广告时依据每一时期的广告目标市场的特点和市场营销策略的需要，不断变换广告主题，以适应不同的广告对象的心理欲求的策略。

例如，中兴百货的系列广告并不是同一主题的，但是它们仍然是一个系列，针对新装上市、服装折扣、企业形象、服装文化和消费观念等主题一起演绎了这个系列的广告。它们有着相同风格的创意表现，宣传的是同一风格的文化现象，正是由于这一独具个性的系列广告的表现，中兴百货塑造了自己特有的品牌个性。以下是其系列的广告标语。

(1) 我爱流行，所以我存在。
(2) 时尚经济学不是自由竞争，是抢先寡占市场。
(3) 财富重分配是别人没买到衣服，而你统统购并。
(4) 幸福就是一群姐妹淘和一块好布料。
(5) 衣服是这个时代最后的美好环境。
(6) 美丽能拯救世界。
(7) 自我改造，将成为21世纪最时尚的事。

3. 功效系列策略

功效系列策略是通过多则广告逐步深入强调商品功效的广告策略。这种策略或是运用不同的商品观念来体现商品的多种用途；或是在多则广告中的每一则都强调一种功效，使消费者易于理解和记忆；或者结合市场形式的变化在不同时期突出宣传商品的某一用途，起立竿见影的促销作用。

4. 产品系列策略

产品系列策略是为了适应和配合企业系列产品的经营要求而实施的广告策略。产品系列策略密切结合系列产品的营销特点进行，由于系列产品具有种类多、声势大、连带性强的特点，因而在广告中可以灵活运用。

在实际的广告策划和操作中，形式系列策略和主题系列策略应用较为广泛，尤其是形式系列策略。而功效系列策略在宣扬诉求点要单一的广告时代一般较少用，因为一个品牌过多宣传不同的功效会给消费者品牌模糊的印象。产品系列策略是当企业生产众多的产品，每个产品在宣传时都要用到的策略。

7.3.3 广告的时间策略

广告的时间策略，就是对广告发布的时间和频度作出统一的、合理的安排。广告时间策略的制定要受广告产品的生命周期阶段、广告的竞争状况、企业的营销策略、市场竞争等多种因素的制约。一般而言，即效性广告要求发布时间集中、时限性强、频度起伏大。迟效性广告则要求广告时间发布均衡、时限从容、频度波动小。广告的时间策略是否运用得当，对广告的效果有很大影响。广告的时间策略在时限运用上主要有集中时间策略、均衡时间策略、季节时间策略、节假日时间策略、黄金时段策略5种；在频度上有固定频度和变动频度两种基本形式。

1. 集中时间策略

集中时间策略主要是集中力量在短时期内对目标市场进行突击性的广告攻势，其目的在于集中优势，在短时间内迅速造成广告声势，扩大广告的影响，迅速提高产品或企业的声誉。这种策略适用于新产品投入市场前后、新企业开张前后、流行性商品上市前后或广告竞争激烈时，以及商品销售量急剧下降时。运用此策略时，一般运用媒介组合方式，掀起广告高潮。

2. 均衡时间策略

均衡时间策略是有计划地反复对目标市场进行广告的策略，其目的是持续地加深消费者对商品或企业的印象，保持潜在消费者的记忆，挖掘市场潜力，扩大商品的知名度。在运用均衡广告策略时一定要注意广告表现的变化，不断给人以新鲜感，而不要长期地重复同一广告内容，广告的频度也要疏密有致，不要给人单调感。

3. 季节时间策略

季节时间策略主要用于季节性强的商品，一般在销售旺季到来之前就要开展广告活动，为销售旺季的到来做好信息准备和心理准备。在销售旺季，广告活动达到高峰，而旺季一过，广告便可停止。这类广告策略要求掌握好季节性商品的变化规律。过早开展广告活动，会造成广告费的浪费，而过迟开展则会延误时机，直接影响商品销售。

4. 节假日时间策略

节假日时间策略是零售企业和服务行业常用的广告时间策略。一般在节假日前数天便开展广告活动，而节假日一到，广告即告停止。这类广告要求有特色，把品种、价格、服务时间以及异乎寻常之处的信息突出地、迅速地和及时地告诉消费者。

5. 黄金时段策略

在电视广告媒体中存在着黄金时段的情况，尤其在电视作为主流媒体的时代，如何使用电视媒体的黄金时段，显得特别重要。黄金时段应该选择产品宣传的黄金时段，而不是电视收视率的黄金时间。电视媒体的黄金时段一般指19：00至21：00，在这段时间电视的收视率较高，人们往往在投放广告时只考虑一个收视率，而忽视了产品的目标群体以及潜在顾客群体的多少占总收视人口的比重。

例如，海王金樽曾在黄金时段做过广告，"第二天舒服一点"的品牌广告语家喻户晓，广告创意的本身是无须质疑的，该产品的功效诉求是很准确的。但品牌的最终销售效果不理想，原因很多，单就广告时间上来说就是个错误，其定位于高端，特别是商务领袖，而黄金时间这些消费群体在哪里是广告策划人必须考虑的。假如他们经常都是大众化的生活模式，每天7点必守候在电视机旁，那可以说全中国人民都是商务领袖，一般早出晚归是他们的共性，所以应该投放于晚间边缘时段，否则，很容易使产品进入一个高知名度、低销量的品牌误区。或者，从某种程度来说投放黄金时间只能提高知名度。儿童药品的广告时间选择，就不得不涉及一个购买者与消费者的营销错位的问题，儿童药品广告的诉求内容是儿童，但诉求对象却是家长，而信息的识别与最终购买者也是家长，所以不宜投放在下午6：00左右的卡通电视广告时间，晚上黄金时间较为理想。

广告的频度是指在一定的广告时期内发布广告的次数，在策略上可根据实际情况需要，交替运用固定频度和变化频度的方法。

固定频度方法是均衡广告时间常用的时间频度策略，其目的在于有计划地持续广告效果。固定频度法有两种时间序列：均匀时间序列和延长时间序列。均匀时间序列的广告时间按时限周期平均运用。若时间周期为5天，则每5天广告一次；若为10天，则每10天广告一次，依此类推。延长时间序列是根据人的遗忘规律来设计的，广告的频度固定，但时间间隔越来越长。

变动频度策略是广告周期里用各天广告次数不等的办法来发布广告。变化广告频度可以使广告声势适应销售情况的变化。常用于集中时间广告策略、季节与节假日广告时间策略，以便借助于广告次数的增加，推动销售高潮的到来。

变动频度策略有波浪序列型、递升序列型和递降序列型3种方式。波浪序列型是广告频度从递增到递减又由递减到递增的变化过程，这一过程使广告周期内的频度由少到多又由多到少，适用于季节性和流行性商品的广告宣传。递升序列型则是频度由少到多，至高峰时戛然而止的过程，适用于节日性广告。递降序列型是广告频度由多到少、由广告高峰跌到低谷，在最低潮时停止的过程，适用于文娱广告、企业新开张或优惠酬宾广告等。

上述各种广告时间策略可视需要组合运用。如集中时间策略与均衡时间策略交替使用，固定频度与变化频度组合运用等。广告时间策略运用得法，既可以节省广告费，又能实现理想的广告效果。这是广告策略中极为重要的一环。究竟一个商品广告在一种媒介上投放几次，才可以使人们记住它，这一问题的研究目前还处在摸索阶段，但目前亦有研究表明至少是6次，即一个人接触同一个广告6次便会记住这个广告。如果有关此类问题的研究有所突破，将会使广告的刊播工作在科学、合理、有效的轨道上运行。

7.4 广告创意的视觉表现策略

国内的看病讲究"对症下药"，因为只有在针对性明确以后，制定相应的对策，治疗才会行之有效，广告创意亦然。只有针对广告信息过程中可能面临的一系列问题，并就这些问题在创意中作出对策性处理，创意才真正具有价值，创意才能有助于信息的有效传播，才能获得预期的社会效应和经济效能。因此，在创意过程中必须针对如下几个方面的问题进行思考。

1. 对不同的信息受众应有不同的策略

不同年龄、性别、职业、文化程度、社会地位的人，有不同的心理特点、理解能力、爱好和兴趣等。只有首先明确设计是针对哪一个层面和范围的信息受众，然后采用他们能够并愿意接受的语言方式，创造他们喜爱的视觉形式，才能有效地将信息予以传播。例如，针对儿童的广告视觉传播，创意就应先考虑如何塑造可亲近的氛围，如何注入对儿童最具诱惑力的内容。据此要求在画面处理上就应努力追求一种雅趣、活泼和欢快的情调，在信息内容的诉求方式上应力求直观、浅显易懂，甚至还要考虑孩子家长的心理反应，以获取他们的支持从而帮助信息的传播。

2. 对不同的信息类型应采用不同的策略

各种复杂的信息内容归纳起来可分为两大类：一是以商品销售和市场竞争为目的的商业信息；二是关于社会教育的科技文化信息。不同类别的信息需要实现的社会效果截然不同，所以在策略上也不能完全一样。前者允许有适当的服从于商业目的的艺术加工和包装修饰，重在塑造醒目、突出、鲜明和刺激消费的诱惑力，使受众"不得不"接受；后者则应尊重受众的选择，并常常将重点放在准确、客观、详尽、完整、有现场感、真实、深刻性和启发性上。

3. 对不同时代、社会环境应采用不同的策略

不同的时代、社会环境有不同的传播条件，包括政治、文化、风俗、人情世态、生产经济、科学文化等因素。必须充分考虑这些因素并利用其中对信息传播有利的条件、机会，回避其局限性进行创意设计，努力将不利因素转化为优势因素，传播才具有一定的效能。不同的社会环境、时代背景等因素直接影响视觉设计，设计必须作出策略性反应和调整，才能有效地进行信息传播。

4. 对不同的传播竞争应采用不同的策略

也就是说，在创意之前，应先对竞争对手予以研究和了解，做到知己知彼，然后采用相应对策，才能使我们的设计在竞争中脱颖而出。这里说的竞争对手指两个方面：一是同行业者和同类信息的传播者；二是与我们的信息媒介可能并列相处的其他具体信息媒介。只有对别人一贯的战略、表现手段有所了解，对我们的广告周围那些可能构成竞争的其他广告有所研究，然后采用差异策略，设计才能脱颖而出、引人注目。例如，设计一幅路牌广告就得先考虑、研究这一信息媒介所处地点的其他比邻广告，如果它们的设计风格都趋于细腻、复杂，可能就要采用简约取胜；如果它们的表现手法多是写实式的摄影表现形式，也许采用抽象、写意表现形式或有插画韵味的徒手绘画风格，更能使设计具有显著的视觉冲

击力。这是一个既研究对手又研究自己的过程,扬长避短、创造差异是创意表现的主要原则。

5. 对不同的媒体和条件采用不同的策略

任何信息设计最终都要在不同的媒体和材料上展现,而各种媒体形式、不同的媒介材料均有其表现上的优势和劣势。创意必须考虑如何充分发挥其优势因素和工艺特色,回避其局限。如设计户外广告牌时,其制作工艺迫使我们在塑造画面时考虑观众的观察方式和规律,还要考虑加工材料的各种属性和实施的可能性。

6. 对不同的时机采用不同的策略

不失时机就是一种策略。不同的时间阶段,大众心理状态和审美需求也不一样,特别是时代风尚的变化,将直接影响大众的兴趣和爱好。比如在彩色摄影技术还未普及之时,用彩色摄影图像的表现形式,给人的印象是先进、新颖,但现在黑白图像似乎更具艺术的表现魅力。同样的东西,不同时间体现出的内涵、寓意完全不同。如第二次世界大战时的战争动员宣传画,其形式在当时体现的是政治的严肃性,但如果现在将其设计风格或形式引入商品广告的视觉设计,所显示的意味显然是不适合的,甚至是荒唐的。

另外,视觉设计的目的是传播广告信息,创意必须考虑广告传播的主题。一个企业或商品的广告策略,可能它上市之初的重点是进行商品功能和品质的宣传,然后才是品牌形象宣传,最后是企业形象宣传。不同的阶段有不同的诉求重点,设计应因此而采用不同的手段和形式,采用不同的视觉形象作为画面主体。把握步骤和关键因素,不失时机地进行信息传播是创意的任务之一。

7. 不同的主题内容应采用不同的表现策略

一个主题内容的背后连着许许多多的相关因素,创意必须对这些因素进行全面、综合分析,采用与之相适的表现形式和手段,才能完整、准确、有效地传达信息。如广告传播设计就必须采用与该产品市场定位、企业个性、商品特征、商品属性、品质等相一致的立场和态度。因此,如果设计一系列救济题材的公益广告,就不能使用调侃的语言方式进行主题诉求,不然就会破坏其严肃性进而影响其社会效应。而对于一个可以运用调侃方式进行诉求的主题,也应严格把握究竟是运用善意批评式的幽默,还是挖苦、讽刺和嘲笑抨击的态度。

8. 根据不同的环境和场所应用不同的策略

许多信息媒介已经成为人们生活环境的一部分,同时,不同的公共场所对广告的传播效果也有不同程度的影响,创意必须结合这些因素进行考虑并制定相应对策。比如,设计公路旁边的路牌广告,在创意设计时应考虑到如何让人们在高速行驶中也能清楚而准确地获得信息;对处于休闲场所和娱乐场所的广告设计,就必须考虑广告和环境氛围的协调,不能让受众产生反感情绪和排斥心理。总之,创意必须结合丰富的内容进行策略性思考和设计定位,才可能获得成功的效果。

单元训练和作业

1. 课题内容

课题名称: 广告策略策划项目训练。

课题时间: 4课时。

教学方法: ①真实项目导入:参与某广告公司给广告主的广告策略的制定,提交广告策略文案给广告公司；②模拟项目导入：教师可以模拟一个项目并指导学生对该项目的提案进行广告策划。

要点提示：教师可根据以下的项目作为参考，比如某品牌洗发水，能防止脱发和使白发逐渐转黑发，广告预算初步定为 50 万元，让学生根据这一情况提交广告策略文案。

教学要求：无论选择上述哪种项目导入，让学生分组进行方案的制定。在制定方案时，学生要在组内进行头脑风暴，方案提交时，别的小组的学生扮演广告主，对该方案提出修改意见，最后教师做点评，该小组必须按照教师和学生的建议对方案整改，最终成为正式的广告策略文案。广告该文案作为训练成果提交。策略文案均包括分析部分和策略部分，分析部分包括市场总体情况分析、竞争对手分析、消费者情况分析；策略部分包括定位策略、诉求策略、表现策略、媒介策略和投放策略等。

训练目的：通过该课题的训练，让学生熟悉广告策略策划的创意和实施过程，从而不断提高广告策划能力。

2. 其他作业

校园广告推广策略策划案的练习

作业内容：随着高校的后勤社会化，越来越多的商家想进入高校，这也使得专门针对高校的广告明显增多。那么，现在若为客户策划一个针对高校的广告推广，应该采取哪些策略？

问题如下：

(1) 应该如何进行广告推广？

(2) 可以采取哪些广告形式？

(3) 可以采取的广告媒介有哪些？

(4) 学校里有哪些资源可以用来发布广告？

(5) 怎样利用这些资源？

3. 理论思考

(1) 广告策略策划要根据市场及时做出适应性调整，调整策略的关键方法有哪些？

(2) 分析 5 种不同风格广告案例中的策略特征。

4. 相关知识链接

[1] 朱建强. 平面广告设计 [M]. 武汉：武汉大学出版社，2006.

[2] 詹姆斯·韦伯·扬. 怎样创作广告 [M]. 北京：中国友谊出版公司，1991.

第 8 章　广告预算策划

课前训练

训练内容：消费者的行为活动有多种类型，但就广告对消费者所起的作用来说，一般不外乎两种表现：一种是直接购买；另一种是虽不直接购买，但对产品产生了兴趣，如有意识地询查情况、索要资料等。凡经测试证明消费者有购买行为或兴趣意向的，则该广告的效果良好。达成这种良好效果，即为广告目的。

训练注意事项：建议每位学生了解广告设计过程中的预算策划。

训练要求和目标

要求：广告策划的中心任务是以尽可能少的经费达到最佳的广告效果，广告预算的作用就在于使广告经费得到科学、合理的使用。因此，广告预算是广告策划与创意课程的一项重要内容。

目标：了解广告费用的组成和广告预算项目构成；了解影响或决定广告预算的因素；能够掌握制定广告预算策划的方法；能够运用广告预算的分配方法。

本章内容主要涉及广告预算的基本理论，要求学生掌握广告预算的基本概念、内容、作用、分类和步骤，并能将所学的知识应用于具体的广告策划运作、分析和管理过程中。

本章要点

(1) 广告目的与广告预算的关系。

(2) 广告预算的作用和内容。

(3) 广告预算的分类和步骤。

(4) 广告预算的方法。

(5) 广告预算的分配。

引言

广告预算策划不应单纯理解为经费问题,它是以货币的形式来说明广告计划并执行广告活动进程的,是广告策划中策略行为的重要体现。学习本章首先应了解广告预算的内容及性质、广告预算的步骤和影响或决定广告预算的因素;其次应重点掌握广告预算的方法。各种预算方法各有其优、缺点,在实际运用中一般采取组合式,扬长避短,突出效益,特别要避免违背经济规律的广告投入产出法。如何科学合理地确定广告投资方向,控制投资数量,使广告投资能够获取所期望的经济效益和社会效益,是现代广告预算的主要研究课题。

8.1 广告目的与广告预算的关系

企业在市场竞争中必然要投入资金做广告,投入多少资金,怎样分配资金,要求达到什么效果,如何防止资金不足或浪费等,问题很复杂。因此,广告主要事先制定一个能够表明某段时间内所打算进行的各项广告活动的经费开支方案。制订这一方案的过程,就是广告预算的过程。广告预算具有计划工具和控制工具的双重功能,它以货币形式说明广告计划。作为控制工具,它通过财务执行来决定广告计划的阶段规模和执行进程。很明显,广告经费是广告策划和广告运作的基础,广告预算的作用不言而喻。

在通常情况下,广告经费的多少决定着广告活动的规模和广告目的的大小,制订广告预算和确定广告目的之间有非常密切的关系。这种关系可以概括为:广告目的确定了策划者想做什么,而广告预算则限定了策划者只能做什么。因此,在广告策划的实际过程中,总是把广告目的与广告预算联系在一起同时考虑。广告目的的确定,一般是从销售、行为效果或传播效果三者中视情况而选择其一加以考虑,因而广告预算与广告目的之间的关系,可以从如下3个方面分别说明。

8.1.1 广告目的以销售表示时所受广告预算的制约

在产品直接销售给最后的消费者,中间不经过其他配销环节,只通过媒体联系消费者的情况下,广告是唯一的行销方式。因而相应地以销售单位或销售金额来确定其广告目的。这里就发生了一个至关重要的问题:广告目的的实现,有一个金额指标,为了达到这个目的,做广告花费多少广告费用,也有一个金额指标。广告目的实现时的销售金额中包含成本回收和利润,单就利润来说,它与广告费用有明显的对照。假设利润用 Y 表示,广告费用用 X 表示,那么,$Y>X$ 是一条铁定原则。在这个原则下,理想的趋势是 X 趋于极小,Y 趋于极大,即要用最少的广告开支去赢得最大可能的利润。

这个趋势是诱人的,但实际上要做到却会碰到一些很复杂的问题。广告目的很明确,也很单纯,要带来利润。但是,什么时候做广告,以什么形式、做多大规模的广告等,将直接关系到广告费用开支的时机和数额,而时机和数额是否恰当,又直接关系到广告的成效,即利润能否实现及利润大小。那么,如何选定恰当时机和确定恰当的广告开支数额呢?这要根据产品的生命周期及市场上的竞争情况来统筹考虑。要处理好这一系列的连锁式问题,而且是在广告策划阶段就要有预见性地处理好,并为财务部门提供理由充分而且可信的广告预算方案,这的确很不容易。

为了找到广告投资开支和销售利润之间某些规律性的关系,人们进行了多方面的反复研究,后来发现,广告开支和销售利润之间有一种规律性关系。因为广告开支即为这里讨论的广告预算问题,销售利润即是广告目的的体现,所以,这种规律性关系,实际上也反映了广告目的与广告预算之间的关系,如图 8.1 所示。

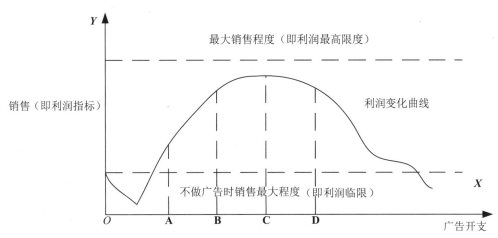

图 8.1　广告投资开支与销售利润之间的关系

图 8.1 的利润变化曲线表明：

(1) 当广告费开支处于坐标原点 O 时，即不做广告、不花广告费时，其他营销活动也能实现利润，但利润低，处于临界线 X。

(2) 当广告费开支列入预算，广告费为 A 时，因为广告费的支出实际上加大了成本，而刚支出广告费时，不能即时发生效果，获得利润，这就等于是广告开支抵消（或挤占）了临限利润，因而刚开始有一个利润低谷，稍后开始回升超过临限利润。

(3) 当广告费增加到 B 时，广告投资效果最明显，销售额大幅度增加，利润也上升到接近最高限度。

(4) 当广告费继续增加到 C 时，广告投资效果却不再那么明显，销售额可以稳定一段时间，而利润却开始下降。这是因为现有市场容量有个限度，销售额因此受到限制，不可能无限增长，只能处于相对稳定状态，但因广告费开支增加导致成本加大，挤占利润，所以利润趋势呈现稳中有降。

(5) 当广告费再继续增加到 D 时，销售反而下降，利润也随之大幅度下降，直至降到临限以下。这是因为，除了市场容量限制销售额，即限制利润增长外，广告费的再增加导致成本更大，挤占利润更多；同时，该产品可能在市场上出现饱和状态，引发滞销；还可能因为同类产品的竞争而导致该产品市场缩小，以及为了参与竞争而实行降价措施或另辟销售渠道等。这时候，显然不宜继续增加广告费，而应考虑产品更新换代，或者另外开辟新的市场，或者采取其他措施强化该产品的市场垄断性优势地位。

如图 8.1 所示的利润变化曲线表明，在以销售利润表示广告目的的情况下，广告开支预算与广告目的之间的关系十分密切，而且广告预算对广告目的有很强的限制作用。预算合理，广告目的可以顺利达到；预算不合理，广告目的会遭受挫折。

8.1.2　广告目的以行为效果表示时所受广告预算的制约

在许多情况下，产品不是与顾客直接见面，如大多数工业产品，都不是顾客直接到工厂去购买，而是通过推销员、配销等中间环节将产品卖给顾客。因而广告目的的制定无法以最终销售额来表示，强行用销售利润来表示广告目的，其间许多不可预知的因素将把广告目的引向错误的边缘。这时，需要用广告对消费者的行为所产生的效果来表示广告目的。

广告效果如何，当然取决于诸多方面的因素，比如创意水平、发布时机等。但是，当假定其他各方面因素都能促成良好效果时，广告预算便成为重要的决定因素之一。首先，广告预算的规模与广告目的是否适应,将直接决定广告目的能否达到。通常情况是预算规模过小,广告缺乏充分的资金支持,在发布的数量或区域及媒体利用率等方面处处受制。产生此种情况的原因是,策划者或管理者急功近利,重视直接销售而轻视间接销售。用广告去影响消费者使其在行为活动方面发生变化,或者购买,或者引起兴趣,这都有利于销售,不过这是间接销售,对消费者和潜在消费者的行为活动变化过程要耐心等待。希望今天发广告明天就顾客盈门,这是不切实际的,要理解人们对一种产品的认识和选择的审慎态度。广告对消费者和潜在消费者起作用,也有一个时间过程,人们对广告多次视听(包括一个地点一种媒体多次视听、一个地点多种媒体同类宣传视听、多个地点一种媒体及多个地点多种媒体的视听等几种情形),逐步加深印象,逐步形成一种认识,最后才做出某种决定。这种决定是迟缓的,但却是十分冷静的。冷静的购买比盲目冲动的即兴购买更有意义、更有价值。因为冷静的购买意味着一种成熟的决定,意味着今后重复购买行为的连续发生。认识到这一点,就不会产生重视直接销售而轻视间接销售的偏向,就不会将广告预算当作一种额外负担而任意压缩削减。广告策划人员应当用测试行为效果的结论资料去说服管理者和财务部门,使其达成预算问题上的共识,以求获得必要的充分的资金支持,保证广告目的的实现。当然,并不是说预算经费越多越好,钱多固然好办事,但必须避免浪费,要力争把钱用在刀刃上,争取用最小的投入获得最理想的结果。所以,要强调的不是广告预算本身的规模大小,而是广告预算规模一定要与广告目的相适应。

其次,广告预算分配是否合理,也是广告目的能否达到的决定因素之一。已经确定的前提是广告预算规模与广告目的是相适应的,也就是说,所计划的广告费数额已定,而且每一笔开支都必须讲求恰当、合理、能产生效果。在这个前提下,广告预算分配上的任何一种失误,都会影响分配的合理性,而任何一种不合理的分配,都是浪费资金,制造困难。不合理的预算分配通常表现为"人情观点分配"和"平均分配",结果是需要多花钱的环节资金不足,办不成事,而不需要多花钱的环节,资金却有剩余而被浪费。

8.1.3 广告目的以传播效果表示时所受广告预算的制约

传播效果主要是指广告在消费者以至社会公众心理上发生的效果,即知名、理解、喜爱、偏好、信服这一心理活动进展过程。如果广告发生了上述传播效果,随之而来的将是消费者的购买行动和潜在消费者的态度改变,以及企业的知名度提高、形象确立、品牌记忆加固等。因此,当广告产生了策划者预期的某种效果时,可以认为是广告目的已经实现,或者说,能否达到广告目的,要看能否获得相应的预期传播效果。基于这种认识,可以通过广告预算对传播效果的影响而看到广告预算对广告目的的制约关系。

这里的关键是如何看待广告的延迟效果。广告效果并不会即时发生,在某些情况下,在某些方面、某些地方对某些人会产生"立竿见影"的效果,但多数情况是广告的效果要经过一段时间才会显露出来,而且这种效果不止是一次性发生,而是长期保留延续下去,这就是"延迟效果"。

延迟效果涉及广告投资的回收问题。广告经费支出,像其他投资支出一样,都要求有助于企业营销,要产生效益,尤其是首先要求回收成本。管理部门和财务部门审查广告预算时,决定是否批准预算,也无疑首先要考虑其成本回收问题。但是,按制度规定,今年的广告年度预算要记在今年的账上。从财务来看,今年开支了一大笔广告费用,但今年既得不到销售利润,又不能回收成本,明显造成资金积压及利润下降,这成为今年年度的困难问题,而广告效果的发生要等到明年或后年。为了减少今年年度的困难问题,管理者和财务部门的想法与广告策划人员的想法可能会很不一致,所计划的预算方案也可能有分歧。再说,传播效果体现于企业知名度等方面是无形的,不能以销售数额来折算衡量,这更加重了管理者的忧虑。如果广告策划人员有充足的理由说服管理者，则预算方案可能被采纳，如不能做到这一点，则预算方案可能被修改。这种复杂情形是由广告的延迟效果引起的。这种情形的实质在于：广告预算在整个企业预算中只是一个组成部分，它必须服从整个预算的年度记账制度，对将来能否发生效益及发生多大效益根本不考虑；而广告目的实现则必须依靠当年度的广告预算获得资金支持。所以，广告预算对广告目的具有强力制约。为了保证广告目的能顺利实现，策划者必须尽一切可能制定一个合理的、能被管理者和财务部门理解和接受的预算方案。

8.2 广告预算的作用和内容

广告策划的中心任务是以尽可能少的经费达到最佳的广告效果，广告预算的作用就在于使广告经费得到科学、合理的使用。因此，广告预算也是广告战略策划的一项重要内容。

企业在确定其营销战略目标时，通常也划拨了与之相应的广告活动资金，并规定了在广告实施阶段内从事广告活动所需要的经费总额、使用范围及使用方法。

广告预算是在一定时期内，广告策划者为实现企业的战略目标，而对广告主投入广告活动所需经费总额及其使用范围、分配方法的策划。

如何合理地、科学地确定广告投资方向、控制投资数量，使广告投资能够获取所期望的经济效益和社会效益，是现代广告预算的主要研究课题。

8.2.1 广告预算的作用

广告预算是以经费的方式说明在一定时期内广告活动的策划方案，因此广告预算在广告战略策划中具有很大的作用。

1. 控制广告规模

广告预算为广告活动的规模提供控制手段。广告活动的规模必然要受到广告费用的制约。广告的时间与空间、广告的设计与制作、广告媒体的选择与使用等，都要受到广告预算的控制。通过广告预算，广告企业或广告部门可以对广告活动进行管理和控制，从而保证广告目标和企业营销目标的一致，使广告活动按计划开展。

2. 评价广告效果

广告预算为广告效果的测评提供了经济指标。广告预算的目的是达到相应的广告效果。较多的广告经费投入必然要求获得较好的广告效果，同时广告预算的策划又要求根据广告战略目标提供相应的广告费用。

3. 规划经费使用

广告预算还可以规划广告经费的使用。广告预算的主要目的之一就是有计划地使用广告经费，使广告经费得到合理有效的使用。广告预算要明确说明广告经费的使用范围、项目、数额及经济指标。这对合理有效地使用广告经费具有指导性作用。

4. 提高广告效益

广告预算还可以提高广告活动的效率。通过广告预算增强广告人员的责任心，避免出现经费运用中的不良现象。同时，通过广告预算，对广告活动的各个环节进行财务安排，发挥广告活动各个环节的工作效率，以促成广告活动的良好效果。

广告预算标志着企业对广告的投入。在进行广告预算策划时要注意纠正一些错误的认识。

(1) 有了广告投入就会有效益，这不一定。如果广告活动有深入的调查、周密的策划、明确的广告目标与广告对象及新颖的、有效的广告策划与创意，那么，广告投入越多，效益就越好。但是，如果没有计划，缺少周密、细致的调查，盲目开展广告活动，随意开支广告费，那么，广告费投入再多，也很难说会取得预期的广告效果。

(2) 广告投入会增加成本，削弱企业与产品的竞争力。其实，广告费控制在适度范围，并不会增加成本，影响销售，削弱竞争力。一般情况下，企业会把运输费、包装费等作为成本加在产品价格上，但大多数产品是广告费只占了销售成本的一小部分。因此，广告投入一般会增加成本，但并不会影响售价，也不会削弱企业与产品的竞争力。

(3) 投入广告费是一种浪费。在国外，不做广告的企业是没有实力的企业，不做广告的产品不是好产品的观念已成了人们的共识。但在我国，人们还不能完全意识到这一点。尤其是广告客户们广告意识较差，对广告投资缩手缩脚，顾虑太多，怕浪费了来之不易的资金而不舍得投入广告费。其实，通过广告，既宣传了产品，塑造了企业形象，又能获得收益，何乐而不为。尤其是名牌商标，越宣传越值钱，无形价值越高。通过广告挣来的利润足以支付广告费，有时还有节余。所以应该将其视为有利的投资，而不要只看成是负担或无意义的浪费。

8.2.2 广告预算的内容

广告预算的内容包括广告活动中所需要的各种费用。具体地说，广告预算包括以下几个方面的内容。

(1) 广告调查费：包括市场调查研究费用、购买所需资料和情报等费用。
(2) 广告制作费：包括照相、翻印、制版、录音、录像、文字编辑、美术设计等费用。
(3) 广告媒体费：购买广告传播媒体的版面和时间费用。
(4) 广告行政管理费：广告人员的行政费用，包括工资、办公、出差和管理费用等。

一般来说，上述广告费用4个方面内容的支出比例大体是：广告制作费用约占广告预算的10%；购买传播媒体的版面、位置和时间的费用约占80%；调查研究与购买调研资料的费用约占5%；行政与管理费用约占5%。当然，每个企业的管理情况不同，因而其广告费用的内容和支出的比例也会有一些区别。

8.3 广告预算的分类和步骤

1. 广告预算的分类

从不同的角度划分广告预算费用，有不同的广告预算类别。

(1) 用途方式。广告费用可分为直接广告费与间接广告费。
① 直接广告费是指直接用于广告活动的设计制作费用和媒体传播所需要的费用。
② 间接广告费是指广告部门用于行政管理的费用。

在对广告费用的管理上，要尽量减少间接广告费的比例，增加直接广告费的比例。

(2) 使用者分类。广告费用可分为自营广告费与他营广告费。
① 自营广告费是广告企业自营广告业务所要使用的广告费用。
② 他营广告费是广告企业委托其他广告专业部门代理广告活动所支付的费用。

在通常情况下，他营广告费用大，但比自营广告费的使用效果好。

(3) 使用方式分类。广告费用可分为固定广告费和变动广告费。

① 固定广告费通常用于广告人员的行政开支和管理费用，其支出相对稳定。

② 变动广告费是因广告实施量的大小而起变化的费用。

在使用时要注意变动广告费的投入与广告目标效益的联系。

2. 广告预算的步骤

(1) 调查研究阶段。在编制广告预算之前必须对企业所处的市场环境与社会环境进行调查，对企业自身情况和竞争对手的情况进行调查，这是广告预算制定的前提。

(2) 综合分析阶段。在进行了全面的调查后，要结合企业的广告战略目标和调查情况进行综合分析研究，进而确定广告预算的总额、目标和原则。

(3) 拟定方案阶段。根据已确定的广告预算总额、目标与原则，拟定广告预算的分配方案。广告预算方案的选择涉及许多部门和许多因素。因此，要集思广益，尽可能设计出切实可行的方案。如果有多种方案，就要通过反复分析与比较，从多种方案中确定费用相对小而收益较大的方案。

(4) 落实方案阶段。将最后确定下来的预算方案具体化。包括：广告经费各项目的明细表及责任分担；广告预算按商品、市场、媒体及别的项目预算分配；广告计划细目的实施和预算总额之间的协调等。方案的落实是广告预算实现的保证。

8.4　广告预算的方法

合理的广告预算步骤必须和科学的预算方法相结合。广告预算的方法多达几十种，选择什么样的广告预算方法，要根据实际情况而定。现在选择其中几种主要的方法加以介绍。

1. 根据营销情况而定的预算方法

这种方法主要根据营销情况和营销需要确定。主要有销售百分比法、盈利百分比法和销售单位法。

(1) 销售百分比法。销售百分比法是以一定时期内销售额或利润额与广告费用之间的比率来预算广告费用的方法。其具体运算程序是，企业根据自身在特定阶段内销售总额的预测，把广告费用的投入确定为销售额一定百分比，就可以预算出下一阶段的广告费用的投入量。

销售百分比法的计算公式为：

$$广告费用 = 销售总额 \times 广告费用与销售额的百分比$$

如果企业去年销售额为 2000 万元，而今年预计的广告费占销售总额的 4%，那么今年的广告预算为：

$$广告费用 = 2000 万元 \times 4\% = 80 万元$$

销售百分比法可以根据销售额、利润额的不同计算标准细分为历史百分比法、预测百分比法和折中百分比法。历史百分比法一般是根据历史上的平均销售额或上年度的销售额加以计算的。预测百分比法一般是根据下年度的预测销售额加以计算的。折中百分比法是对以上两法的结果加以折中计算出来的。

(2) 盈利百分比法。盈利百分比法是根据一定期限内的利润总额的大小来预算广告费的一种方法。这里的利润可以是上一年度已经实现的利润，也可以是计划年度预计达到的利润，可以按毛利计算，也可以按纯利计算，但一般按毛利计算。其计算公式与销售百分比法相同。

如某企业今年预计实现的毛利为 1000 万元，广告费用占毛利的 2%。其广告费用为：

$$广告费用 = 1000 万元 \times 2\% = 20 万元$$

(3) 销售单位法。销售单位法是按照一个销售单位所投入的广告费进行广告预算的一种方法。它的特点是把每件商品作为一个特定的广告单位，对每个特定单位以一定金额作为广告费，然后再乘以计划销售额就可以得出广告费用投入的总额。

销售单位法的计算公式为：

$$广告费用 = 每件产品的广告费 \times 产品销售数$$

如某产品每件的广告费用为 0.1 元，计划销售 100 万件，其广告预算为：

$$广告费用 = 0.1 元／件 \times 100 万件 = 10 万元$$

销售单位法简便易行，容易掌握，而且可了解产品广告的平均费用。

这种方法尤其适合薄利多销的商品，因为这类商品销售快，利润小，能够较为准确地预算出商品被均摊后的广告费。采取这种计算方法可掌握各类商品的广告费用开支及其相应的变化规律。例如，以销售单位法说明广告费用支出，就能清楚地表示出每个商品需花费多少广告费。从企业的静态经营状况考察，还能较为准确地估算出销售单位的数目，进而估算出广告的预算。

2. 根据广告目标而定的预算方法

根据广告目标而规定的预算方法叫目标达成法，这是一种比较科学的计算方法。使用这种方法不仅能够明确广告费用与广告目标之间的关系，而且便于检验广告效果。

目标达成法的实施主要分为 3 个步骤：第一，明确广告目标，即确定广告所要达到的传播目标、销售目标和系统目标；第二，明确达成相应目标所要进行的工作，如广告策划、广告制作、媒体传播、管理活动等；第三，计算这些工作所需要的经费，如调查费用、策划费用、制作费用、媒体租金、管理费用等，从而确定整个广告活动的总体经费预算。

目标达成法根据所依据的目标和计算方法的不同，又细分为销售目标法、传播目标法和系统目标法。

(1) 销售目标法。这种方法是以销售额或市场占有率为广告目标来制定广告预算的方法。它是依据设定的广告目标来拟定广告活动范围、内容、媒体、频率、时期等，再依此计算出每项所必需的广告费用。销售目标法可以根据广告活动的具体情况分为实验性和非实验性两种方法。实验性销售目标法能够较好把握市场占有率和广告费用占有率之间的因果关系，可准确地计算出下期市场占有率及其所需要的广告费用。

(2) 传播目标法。这种方法是以广告信息传播过程中的各阶段为目标来制定广告预算的方法。它是以传播过程的知名、了解、确信、行为几个阶段为目标来具体确定广告预算的。广告费与销售额的关系，是通过消费者对广告信息的反应过程与深浅程度表现出来的。因此，传播目标法较销售目标法更科学。传播目标法为一种中间目标，将各种媒体计划与销售额、市场占有率及利润额等目标有机地连接起来，因而能够更科学地反映广告费用与广告效果的关系，利用现代化的数学模式和计量分析方法已能很好地解决两者之间的关系。

(3) 系统目标法。这种方法是采用系统分析和运筹学的方法，将系统的目标范围扩展到整个企业的生产经营活动之中，是把与广告、销售密切相关的生产、财务等因素一并纳入广告预算所应考虑的范围之内，加以系统分析和定量分析，从而使广告预算更合理、更科学、更完善。

目标达成法的依据是比较科学的，它避免了某种公式化的计算广告预算方法的不足，强调广告预算主要是服从于企业的营销目标。这就抓住了广告预算的主要矛盾，即以广告目标实施为目的来制定具体的广告预算方案，突出了广告手段服从广告目的这一根本。通常情况下，目标达成法对新开发的产品有较大的广告推销优势。

3. 根据广告收益和销售收益而定的预算方法

这是一种动态的广告预算方法,主要有根据广告收益递增广告预算和根据销售收益递减广告预算两种。

(1) 广告收益递增法。这是一种动态的计算广告费用的方法,即按照企业销售额的增加比例而增加广告费用投入比例的方法。这种方法是浮定比率法的一种形式。企业的营销目标是促进产品销售。随着企业营销目标的实施,产品的销售额就会有所增长。销售额增长,广告费的投入也会增加,两者比照递增,这也是广告预算的一种主要方法。

广告收益递增法的特点是使用方便、易于把握。其基本原则是,企业的广告费用按照企业销售额的增加而增加。从理论模式上分析,如果某企业的销售额较之上一年度提高了一倍,那么,广告的投资额相应地也要增加一倍。当广告投资增加一倍时,销售总额也应该增长一倍。

(2) 销售收益递减法。销售收益递减法与广告收益递增法恰好相对照。由于销售收益有时差性变化的特点,所以这种方法也称为销售收益时差递减法。就企业产品销售发展阶段来看,任何产品都不可能永远处在销售旺季,都有其销售的最高点,当此种产品达到高峰后,其销售总额就会减少。如果产品处于供不应求阶段,可以采取广告收益递增法计算广告费用的话,那么,当市场的产品需求量处于饱和状态时,就需要运用销售收益递减法来确定计算广告费用。由于销售额的增加与广告费用的增长不可能完全成正比,这种情况下,就可采用广告费用递减法,把市场处于饱和状态产品的广告费用支出限制在最佳销售额以下。采用此法,关键在于企业是否审时度势,有效利用广告收益递减法做出广告预算。

4. 根据竞争对抗而定的预算方法

竞争对抗的预算方法是根据竞争对手的广告活动来制定广告预算的方法。具体地说,是根据同类产品的竞争对手广告费用的支出情况来确定本企业的广告预算的方法。采用这种方法的依据和参照系数是市场上同类产品的竞争对手。这一方法的基本特点是面对市场产品销售的实际情况,选择或确定广告费用的投入。这种方法强调在与对手竞争相比较中来动态地确定广告预算。

竞争对抗法主要有市场占有率法和增减百分比法。

(1) 市场占有率法。市场占有率法是根据竞争对手的广告费用与市场占有率的比例,来确定本企业产品市场占有率所需广告费用的预算方法。其计算公式为:

$$广告费用 = 对手广告费 / 对手市场占有率 \times 本企业预期市场占有率$$

如竞争对手每年的广告费用为100万元,占有目标市场为50%,而本企业则希望预期市场占有率达到25%,那么其广告费为:

$$广告费用 = 100 万元 / 50\% \times 25\% = 50 万元$$

(2) 竞争比照法。竞争比照法是企业根据其主要竞争对手的广告费支出水平,来确定本企业保持市场占有率所需相应的广告费用的预算方法。其计算公式为:

$$广告费用 = 本企业上年广告费 \times (\pm 竞争对手广告费增减率)$$

如竞争对手上一年度的广告费为500万元,今年比上年的广告费增加了10%,今年投入了广告费550万元,而本企业去年广告费为750万元,为了保持原来占有的市场份额,本企业今年的广告费为:

$$广告费用 = 750 万元 \times (1+10\%) = 825 万元$$

一般来讲,企业应尽可能保持同竞争对手差不多的广告费用水平。这是因为一方面企业虽然不愿使自己的广告费低于其竞争对手,但有可能由于广告宣传量的差异而使企业处于不利的竞争地位;另一方面,企业一般也不想使自己的广告费过多地超出其竞争对手。双方增加广告费用所产生的效应,都有可能相互抵消。因此,企业一般采用广告费与竞争对手保持平衡的策略,避免过多地刺激竞争对手。

5. 根据企业实力而定购预算方法

这种预算方法是根据企业财力和行销情况而定的广告预算方法，主要有全力投入法、平均投入法和任意投入法 3 种预算方法。

(1) 全力投入法。全力投入法是根据企业的财力，将广告资金一次全力投入的预算方法。企业在进行广告预算时，根据企业财力能拨多少钱做广告，就拿出多少钱做广告。这种方法能够保证资金在"量入为出"的前提下进行适度的调整。如广告在某个活动阶段相对地集中使用，而在有些阶段则可以相对减少使用，使广告活动尽可能具有完整性。这种方法适合必须进行广告宣传，而没有必要进行长期规划的中小企业。

(2) 平均投入法。平均投入法是根据企业财力，将广告资金分阶段等量投入的预算方法。如每月平均投资多少，或每季度平均投资多少等。采用这种做法的企业主要是资金不足，或是先要看看广告的实际效果再作决定。这种方法较适用于资金不足，又有必要进行一定期限广告宣传的企业。

(3) 任意投入法。任意投入法是以一时期的广告费用为基数，根据企业财力和市场需要增减费用的广告预算方法。常见的做法是广告主只支付广告活动的启动资金即第一阶段的广告资金，后续资金要看第一阶段的广告促销效果，再考虑投不投入资金或投多少资金。采用这种预算方法通常由企业高层领导决定下一时期的广告费用。这种方法较适用于没有必要进行长期广告规划的中小企业。

6. 资本投资法

这种方法认为广告和广告支出是一项资本投资，它以投资回收或者花费于广告上的资本的某种回收作为基准而评估广告预算。

运用资本投资法制定广告预算的步骤如下。

(1) 为特定的广告专案测定其资金成本。这种测定工作较复杂，一方面要研究资金本身的成本，即花费多少成本才获得了这项资金；另一方面要研究资金的利用价值，即现在运用这笔资金能创造多少价值，获得多少收益，如果现在使用了这笔资金，但现时不能获利，等到将来才能获利，那么将来获利的价值与现在获利的价值相比较，是大致相当、有折损，还是有超盈。当把将来所获利益用一个金额数现在确定下来时，那么这个数额在确定时肯定包含现在价值尺度的衡量。比如说，将来回收或获利为 100 万元，那是说现在的价值 100 万元，实际上将来得到 100 万元时，将来那时的 100 万元已经抵不上现在 100 万元的价值，而只抵得上现在的 80 万元了，这中间有 20 万元的折损。这种利用价值上的折损，是经济规律决定的，企业本身无能为力，只能正视它，并在事前将这种折损因素考虑在内，采取处理折损的合理有效的对策。

(2) 估计将来的投资回收率，并计入因为时间因素所造成的折损，直到所投入的资金全部回收为止。这些估计的回收或现金流量均以折损率计算，然后可计算出整个投资经过时间的价值。计算公式如下。

设定 PV 为每一货币计量单位（一般采用"元"）的现值，n 为投资经过的时间，r 为实际利率或者为资金成本，则：

$$PV = 1/(1+r)\,n$$

要注意的是实际利率计算所使用的时间单位与计算投资经过时间使用的时间单位要一致，如都用"月"为时间单位。

计算出每一货币计量单位的现值以后，即可根据每单位现值所表明的折损率制定广告预算投资。

使用这种方法有一个明显的优点，即有利于管理者把广告投资支出跟其他投资支出加以比较，从而对广告投资的回收有一个比较清楚的看法。但也有明显的缺点，即这样制定的广告预算跟广告目的没有直接关系，将来可能在广告费用开支与广告目的协调上发生一些问题。另外，要正确确定某个期间广告的价值，也可能遇到困难。

7. 新、老产品广告预算的差别

(1) 广告资金来源的差别。从表面看，无论是老产品还是新产品，广告经费都是由企业财务部门按预算拨出的，资金都是来源于企业财务，似乎没有什么差别，但实际情况却不是这样，二者的来源是不同的。

企业本身的资金都有"一本账"，都要归入一定的会计科目，它们的用途也由财务部门实行监控。因此，某一品牌的广告费用从何处支出，预算者不得不予以考虑。一般惯例是，既存产品或老产品已经在市场销售，已经获得销售利润，也就是说，它已经产生并且能够继续产生广告费。因此，其广告预算可以从产品销售的"直接费用"科目中得到解决。如果在某个时候或某种情况下发现以前的广告预算极为不够，对某品牌并未给予足够的广告投资，则需制定或修订出一个新的计划并确定该品牌应增加的广告预算。所增加的预算仍可列入直接费用由财务支出，不过此项广告费增加的支出，会引起产品销售利润的下降。如果既要保证销售利润不下降，又要解决广告预算增加的经费支出问题，那么企业只有挖掘潜力尽可能降低产品的成本。由此可见，既存产品或老产品的广告预算资金来源，实际上在于该产品的销售。广告预算的增加，可以通过增加销售获利、调整现有利润计划或降低成本等办法来解决。

对于新产品来说不是这样。首先，新产品尚未发生销售额，没有销售收入来支付其广告费；其次，新产品在投放市场前，在广告宣传和产品推广上必须投入大量资金才能启动，因而其广告预算数额比老产品要大得多。这时，企业必须先拿出一大笔钱来垫付广告开支费用，直到该产品能够销售获利自行负担广告费为止。企业所垫付的广告费是一项发展性投资，因此，它来源于企业的筹措，比如企业积累、上级部门拨款、银行贷款等。这种广告投资要在将来由该产品偿还，这个偿还过程通常不能在一个年度预算期内完成，需要在两个以上年度预算期间才能完成。对于企业来说，这种偿还实际上是投资的回收。所以为新产品制定广告预算，要充分考虑将来投资的回收问题。

(2) 广告预算指导思想的差别。新产品和既存产品的广告资金来源不同，或者说它们的广告费产生的渠道不同，这是一个客观事实，其决定了它们广告预算的指导思想的差别。广告预算的局外人很容易忽略这种差别，而仅仅注意到它们指导思想的共同点，即都要力求预算合理，与广告目的协调，广告预算能保障广告的效果并产生销售效益。但是作为广告预算策划者，仅仅懂得"每一分钱都要用在刀刃上""力求用最少的钱获取最多的广告效益"是不够的，还要懂得新、老产品广告预算指导思想上的差别，才能在广告实务中恰当地处理有关问题。

既存产品或老产品的广告预算，在指导思想上有一种明显倾向，即不必担心广告费的回收，销售利润的实现早已解决了广告费回收问题。而关心广告效果与销售利润的关系，因为销售利润的保证实现或上升，将给企业带来直接的经济利益，而且销售总额的增加将会带来广告经费的相应增加，在某些特殊情况下，为了保证销售利润提高，在不影响广告效果的前提下，甚至可能把缩减广告预算作为增加利润率的一种手段。

新产品的广告预算，在指导思想上则是另外一种倾向，即关心品牌知名度和广告费的回收问题。这是因为新产品尚未或刚刚投入市场，希望立即获得销售总额和利润率的成功是不现实的，也是不合理的；相反，产品在引入期因大量广告投资而增加成本使利润率下降到临限以下是很正常的。为了企业利益，使销售额剧增，当务之急是要让人们认识新产品，了解它、信任它、购买它，这是不可逾越的一个必然阶段。只有对市场形成一股强大的冲击力，迅速提高产品知名度，才可能增加销售，提高利润率，也是当务之急。新产品的广告预算，要首先考虑如何最大限度地发挥这项投资的作用，迅速形成对市场的广告冲击力、迅速提高知名度，尽量缩短投资回收的时间，尽可能减少投资的折损率。

(3) 涉及若干具体事项时思路的差别。"所谓若干具体事项"主要指在编制广告预算的过程中所涉及的有关问题。比如，如何处理其他一些因素对广告预算的关系问题，如何更合理地分配资金问题等。总体来说，老产品的广告预算在处理这类问题时的思路一般如下。

本项预算的宗旨是要提供立即效果，还是要为品牌建立未来效果？对本品牌来说，是要实现短期目标，还是长期目标？

本项预算跟竞争对手的关系如何？竞争是否已经迫使企业必须多花钱投资来维持品牌占有率？本品牌占有率维持的花费比率应确定为多大才是适当的？媒体发言力占有率跟市场销售占有率应该接近到什么程度？

跟本产品属于同一类的其他产品广告预算的通常模式是什么？本产品的广告预算要跟通常模式接近到什么程度？

既存市场的地理位置对广告预算的影响如何？现在所选择的目标市场对广告预算的影响如何？如果用媒体，销售信息到达目标群体要花费多少？如果改用其他方法又要花费多少？怎样更合算？

本产品的销售区域范围有多大？是通过配销系统去销售，还是在消费者中直接销售？它们对广告预算的影响各有多大？

在计划使用的媒体中，或者计划传播的范围内，存在什么样的干扰？杂乱程度如何？克服干扰要增加多少预算？

上述这类问题无法穷举，只要通过这些问题去揣摩其思路即可。

而新产品的广告预算在处理具体事项时的思路一般如下。

广告投资回收计划起于何时？止于何时？

新品牌进入何种产品类别？在总市场中的占有率为多大？

在引入期中，直接向消费者销售多少？同业的零售货架及仓库中存货有多少？

为了引起消费者对新产品的兴趣并加以试用，采用何种推广活动？采用何种销售激励方式？

该新产品上市，要达到既存产品的一般销售占有率，其所需要相应的广告占有率应为多大？

如果新产品第一年不能达成目标或遇到不可抗拒的意外损失，所负担的风险会有多大？

很明显，两种思路与其各自的预算指导思想有密切联系。

8.5 广告预算的分配

广告预算方法着重解决企业对广告活动的经费投入，而广告预算的分配则着重解决广告经费的使用。

在广告预算中根据不同需要确定广告活动经费投入的方法及总额之后，便要在广告预算总额的范围之内将其按照一定的目的、要求进行合理的分配。广告预算的分配是广告预算的具体规划阶段，广告预算分配的恰当与否，直接影响到广告战略的实现。

1. 影响广告预算分配的因素

广告预算的分配必须考虑到广告活动产生直接或间接影响的因素。一般来说，广告预算分配要考虑以下几种因素。

（1）产品因素。广告预算分配首先应该考虑产品因素，根据产品状况做出合理的广告经费分配。产品是新产品还是老产品，是差别大还是小，是内销还是外销，是日用的还是特购的，是处在产品生命周期的引入期、成长期、成熟期还是衰退期等。以产品生命周期而论，处于引入期和成熟期的产品，一般要投入较多的广告费用，而对于成长期和衰退期的产品则应适当减少其广告经费。

（2）销售因素。广告预算分配要考虑销售目标、销售范围、销售对象、销售时间等因素。不同的产品有不同的销售目标，销售额高、利润率高的产品，广告经费分配也较多，反之较少。不同销售范围其广告经费分配要不同，如本地销售和外地销售、国内销售和国外销售。一般本地销售和国内销售分配的广告经费要少，而外地销售、国外销售分配的广告经费要多。不同销售对象其广告经费分配也不同，销售对象是集团消费还是个体消费，消费者的收入、需求有何不同，这些因素也影响广告预算分配。不同的商品有不同的销售时间，广告宣传时间也有长有短，时间长则广告费用多，时间短则广告费用少。

(3) 竞争因素。广告预算分配还要考虑竞争因素。对市场竞争激烈、竞争对手多且强、市场范围大、供应过于需求的产品，应投入较多的广告经费；而对市场竞争缓和、市场范围小、供不应求、竞争对手少而且弱的产品，则应投入较少的广告经费。对市场占有率低又有潜力可挖的产品应投入较多的广告经费，而对市场占有率高，市场已饱和的产品应投入较少的广告经费。

(4) 媒介因素。广告媒介租用是广告投资的主体。通常要占到广告总投资的70%~90%。广告预算分配还要考虑广告媒介因素。电子媒介尤其是电视融声、光、电为一体，声色并茂，传播广、覆盖率高，分配经费就多。报刊广告图文并茂、传播面广，传播速度快，分配广告经费也较多，而一般的直邮广告、招贴广告、POP 广告等分配的广告经费就少。

(5) 经济因素。广告预算分配还要考虑整个经济背景。如国际国内的经济形势、政府的经济政策、通货膨胀因素、社会自然阻力等大的经济环境。经济环境有利时，要投入较多的广告经费，反之则相应减少。

2. 广告预算的分配方法

广告预算的分配主要有以下几种方法。

(1) 按广告的商品类别进行分类，即按同一企业的不同产品类别进行广告预算分配。通常将同一企业的不同产品分为几大类，凡可以一起做广告的产品归为一类，然后确定每类产品在一定时期的广告经费。按产品的类别分配经费，根据产品的生命周期、竞争状况、市场占有率、在企业产品体系中的地位、利润水平、销售潜力等因素综合考虑。这种分配对企业的发展具有战略意义。

(2) 按传播媒体进行分配，即根据传播同一广告内容所需不同的媒体进行经费分配。广告媒体费用一般占预算费用总额的70%~90%，而广告的传播效果主要是通过媒体传播效果来体现的。因此，按照传播媒体的不同来分配广告预算是企业常用的方法。这种预算分配的目的在于使用综合的传播媒体以达到广告目标所期望的信息传播效果。

按传播媒体进行分配有两种方法：一种是用于综合媒体的不同媒体之间的广告预算分配，即根据不同的媒体需求，分配广告经费；另一种是用于单一媒体的同一类型媒体内的广告预算分配，即根据同一媒体在不同时期的需求来分配广告经费，这种分配方法主要用于单一媒体的广告宣传。总之，按传播媒体分配广告经费，要根据产品、市场、媒体的使用价格等因素综合考虑。在广告预算中，首先应该保证的是传播媒体的经费。

(3) 按广告的区域分配。这里的广告区域指的是广告信息传播的地区，实质上是产品销售地区。在广告策划中将不同的广告地区进行切块，然后根据各个区域分配广告经费。按广告的地区进行分配，要根据各个地区对商品的现时需求和潜在需求、市场细分和目标市场的分布及市场竞争状况等合理分配广告费用。产品销售容易的地区要比销售困难的地区少分，人口密度低的地区要比密度高的地区少分，地方性市场的广告经费要少于全国性市场的经费。总之，广告经费的分配要向产品销售量大的和潜在销售量大的区域倾斜，其最低界限应不少于维持产品在该地区竞争地位所需的基本费用。

(4) 按广告的对象进行分配。如果企业的销售目标比较集中、典型，企业还可以考虑采用按广告对象分配的方法。这里的对象指广告信息传达的受众，通常是广告产品的消费者。一般说来，对工商企业、团体用户为对象的广告应多分配广告费。这种方法有利于提高广告宣传的效果，有利于广告预算及其效果的检验与测定。

（5）按广告的时间进行分配。这里的广告时间指广告活动进行的时间。用这种方法进行广告预算分配主要有两种情况：一种是按广告活动期限长短分配，有长期性广告预算分配和短期性广告预算分配，还有年度广告预算分配、季度广告预算分配、月度广告预算分配；另一种是按广告信息传播时机进行广告预算的分配。对于一些季节性、节日性、流行性商品，要合理地把握广告时机，采用突击性广告预算分配和阶段性广告预算分配抢占市场。对于一些季节性强的商品和一些新上市的产品，用短期性广告和突击性广告预算分配方法较合适。

（6）按广告活动分配。如果企业在规划期内要组织几次大型的广告宣传活动，在广告经费的安排上，则可根据各个广告活动的需要来加以分配。在总费用水平确定的前提下，按各个活动的规模、重要性和技术难度投入广告费用。对于持续进行的广告活动，在广告经费的安排上也要根据不同阶段和时期的广告活动加以统筹分配。

（7）按广告的机能进行分配。在采用以上广告预算分配方法的同时，为了便于对广告财务的管理和监督，企业还经常采用按广告的不同机能分配广告预算的方法。按广告的机能分配广告预算，一般可按广告媒体费、广告制作费、一般管理费和广告调研费进行分配。这些费用还要视企业自营广告还是他营广告，还是两者兼而有之的广告的不同情况而加以细分。

单元训练和作业

图 8.2　Maxim 冰咖啡广告

1. 优秀作品赏析

Maxim 冰咖啡广告如图 8.2 所示。

（1）制作背景。

市场状况：夏季＝咖啡的淡季。

产品：冰咖啡＝麻烦的饮料（热水＋冰水＋冰，费时费力）。

消费者：已习惯速溶饮品的韩国主妇、职业女性，有在夏季方便地喝到冰咖啡的需求。

（2）策划思路。

扩大夏季销售，由瓶装咖啡制作冰咖啡的时代转为速溶冰咖啡的时代。

对竞争公司的速溶冰咖啡及冰"卡布奇诺"的宣传采取对应措施及抢占市场。

（3）作品分析。

速溶冰咖啡上市推广上，与感性的诉求方式相比，物质的诉求方式更合适于速溶的前期推广，创造性地将产品的优点通过印刷技术的形式来展现，以此传达出不管在冷水或冰水中都易溶的信息，从而使它成为夏日咖啡的代名词。

三星火灾企业公益——《世间最美丽的同行》广告策划如图 8.3 所示。

图 8.3　三星火灾企业公益——《世间最美丽的同行》

(1) 制作背景。

很多企业都展开了社会公益事业，但对于保险公司来说是必要的。就如保障客户安全一样，提供社会安全网络也视为保险公司的责任。在这种宗旨下，三星火灾从 1994 年开始至今，开展向视觉障碍人士赠送导盲犬项目。

(2) 策划思路。

此广告是以三星火灾从 1994 年开始至今向视觉障碍人士赠送导盲犬项目为背景的社会贡献广告。三星火灾希望能通过本次广告提高此项目的关注度，同时为残障人士构建和谐环境贡献一份力量。

(3) 作品分析。

本广告以视觉障碍人士昌源大学学生柳石宗及导盲犬"疆土"为真实模特，从乘坐地铁、过马路最后到达学校的过程组成。温馨地表现了由于无私的导盲犬的帮助，残障人士也可以正常生活的情景。此广告的特征在于以导盲犬的角度观察世界，观察角度不同，对于普通事物或现象的诠释也不同。

Pulmuone 汉堡，"豆饭"篇如图 8.4 所示。

(1) 制作背景。

在这个对健康的关注程度日益增加的时代，加强正确的饮食引导正确的饮食文化的食品企业形象。

(2) 策划思路。

Pulmuone 的核心受众为 25～35 岁的家庭主妇，通过她们在日常生活中关于对饮食的闲谈，引起对 Pulmuone 正确饮食的观念的赞同并引导实践。

图 8.4 Pulmuone 汉堡,"豆饭"篇

(3) 作品分析。

"汉堡"篇:对孩子缠着要买典型的快餐汉堡包,爸爸也说就买一个吧,但妈妈为了孩子的健康亲自做了一个"豆腐汉堡"给他(她)。

"豆饭"篇:妈妈虽然很严厉地责骂不喜欢吃豆饭的孩子,但仍很明智地劝告孩子吃豆子能长高,矫正孩子偏食的习惯。

三星电子系列广告如图 8.5 所示。

(1) 制作背景。

与产品广告不同,三星电子通过企业形象广告表现了作为韩国具有代表性的企业,他们倾听国民呼声,并为能制作出引起共鸣的广告不断努力。三星电子这次企业形象广告的策划意图在于,通过发掘具体形象的素材,表现出三星在经济不振中也能成功的原因在于大韩民族的潜力,并具体挖掘形象化的素材,制作出容易引起国民共鸣的企业形象广告。

(2) 策划思路。

三星电子意欲通过此广告活动来说明大韩民族有着不可比拟的巨大潜力。在广告中,三星电子展现了"只要我们相信民族潜力,提高自豪感,我们的未来就充满希望"这一信心。因此,这次广告将大韩民族独有的文化与隐藏的潜力自然地结合,从而获得了有效的信息传达。

(3) 作品分析。

本系列广告分为"筷子"篇、"训民正音"篇及"韩服"篇,通过蕴含于"筷子"文化中的精神,"韩字"中的创意及"韩服"表现出的韩民族的审美感,引申出了成就 IT Korea、Design Korea 的潜力。

图 8.5　三星电子系列广告

LG 集团形象宣传片——Think NEW（男，女）如图 8.6 所示。

(1) 制作背景。

作为韩国代表企业之一的 LG 公司本着为顾客创造价值的经营理念进行企业活动，并在此过程中不断地进行自我完善与革新，"创新思维"广告所强调的是"新"的力量。

(2) 策划思路。

用韩国传统乐器演奏闻名世界的贝多芬《命运》交响曲，使人耳目一新，作品通过这种手法表现出创新思维与实践意义的重要性。

(3) 作品分析。

Think NEW 系列不仅有平面广告，而且有电视广告，在制作《命运交响曲》篇之前，曾策划制作由男演员表演芭蕾舞《天鹅湖》。

2. 课题内容

课题时间：4 课时。

教学方式：列举大量现实生活中各种媒介的广告预算书，启发大家研究和讨论广告预算书的写作练习。

图8.6　LG集团形象宣传片——Think NEW(男，女)

要点提示：重点掌握广告预算的方法和广告预算的分配。

教学要求：通过公司实习和调研，重点掌握广告调查费包括市场调查研究费用，购买所需资料和情报等费用；广告制作费包括照相、翻印、制版、录音、录像、文字编辑、美术设计等费用；广告媒体费即购买广告传播媒体的版面和时间费用；广告行政管理费即广告人员的行政费用，包括工资、办公、出差和管理费用等。

训练目的：在广告预算中根据不同需要确定广告活动经费投入的方法及总额后，便要在广告预算总额的范围内将其按照一定的目的、要求进行合理的分配。广告预算的分配是广告预算的具体规划阶段，广告预算分配得恰当与否，直接影响到广告战略的实现。重点分析广告预算的计算方法和分配方法。

3. 其他作业

下面是奥林匹克花园广告费用预算书。

(1) 媒介分析。

(2) 宣传推广费用分配计划。

根据本项目的客户群定位及以上的媒介分析，按本项目首期的宣传推广费用为1000万元做总量控制，做出以下分配建议。

① 平面制作。内容为精装版楼书、简装版楼书、付款方式、认购指南、按揭须知、认购书等费用预算为50万元。

② 户外活动。内容为明星足球赛、新闻发布会等。费用预算为70万元。

③ 户外广告。内容为大型户外广告牌及地铁沿线站口灯箱广告。费用预算为110万元。

④ 报纸广告。内容为软性及硬性广告投放。费用预算为420万元。

⑤ 电视广告。内容包括电视片制作及投放费用。费用预算为300万元。

⑥ 电台广告。内容包括长效广告及促销广告。费用预算为50万元。

(3) 报纸媒介硬性广告投放计划(投放额400万元)(略)。

(4) 电视媒介广告投放计划(投放额270万元)(略)。

4. 理论思考

(1) 根据相关作品，分析广告作品的广告投资额度。

(2) 查阅课外资料，重点了解一线品牌的广告经费投入。

(3) 请为我国某著名家电连锁零售品牌进行黄金周广告促销预算策划，并写出预算策划书。

(4) 广告费用包括哪几种？

(5) 影响或制约广告预算的因素有哪些？

(6) 举出你认为相对科学的几种广告预算策划的方法。

(7) 概述广告预算的分配方法。

5. 相关知识链接

[1] 张金海. 珞珈广告学丛书[M]. 武汉：武汉大学出版社，2002.

[2] 张金海. 世界经典广告案例评析[M]. 武汉：武汉大学出版社，2000.

[3] 何佳讯. 现代广告案例理论与评析[M]. 上海：复旦大学出版社，1998.

[4] 尚徐光. 广告原理与实务[M]. 北京：电子工业出版社，2005.

第9章 广告要素表达

课前训练

训练内容：整个广告运作过程是一个较为复杂的系统，其中包含很多要素，称为广告要素。但是，在广告的诸多要素中，最为核心的一点是广告信息的表达，即通过什么样的方式把广告中想要传达的信息表现出来，以完成对广告主题的表现，从而实现预期的广告目标，取得良好的广告效果。

训练注意事项：建议每位学生对广告中诸要素的作用、特点进行仔细揣摩。

训练要求和目标

要求：广告要素表达的中心要求是对广告中所传达信息的表现。广告信息表现中很重要的一方面就是对广告创意的表达，因此，对广告创意的表现形式的探讨是这门课程学习的重点。

目标：了解广告要素的组成及各个要素在广告运作过程中的作用；掌握广告创意的基本表现手段，能够认识到运用过程中的注意事项。

本章内容主要涉及广告要素表达的基本理论，要求学生掌握广告要素的概念、作用、表现形式等问题，并能将所学的知识应用于具体广告创意的表现过程中。

本章要点

(1) 广告要素概述。
(2) 广告要素的表达方式。
(3) 广告要素表达的特征。
(4) 中国广告作品中的表现方式。

引言

在现代社会中,广告贯穿于人们生活的各个角落,深刻地影响着人们的物质生活、文化生活及道德生活等。广告在很大程度上也影响着人们的消费观念、消费方式、社会观念、价值观念等。人类生活的各个方面都在不同程度上表现着广告文明,展示着广告文化。广告发展到现代,已经演变成一项知识密集、技术密集、人才密集、智能密集的高新技术产业,是一个完整的运营系统。要保证它能够很好地进行运作,就要求其中的各个部分能够协调发展。

9.1 广告要素概述

在现代广告系统中,其中的各个部分称为广告要素。

至于广告要素的由来,可以根据美国学者拉斯韦尔曾提出传播五要素的"五W模式"(即"谁"Who、"说了什么"What、"通过什么渠道"Which channel、"对谁"to Whom 和"取得什么效果"Which effect),来对其进行界定。因此,可以将广告要素归纳为5个方面:广告主、广告信息、广告媒体、广告对象、广告效果。

1. 广告主

广告主也称为广告者,指发布广告的主体,包括企业、个人或团体。在现代广告中,广告主一般以企业为主,是广告活动的委托人和直接受益者。广告主在整个广告运作过程中的作用和地位可以概括如下。

一方面,广告主委托专门的广告经营者为其设计制作并发布广告;另一方面,通过广告的发布与消费者建立沟通信息的关系。

一般情况下,在广告活动中,广告经营者应按照广告主的要求和意愿进行策划,所以广告主的经营理念和广告观念在很大程度上会对广告活动质量的优劣产生重大影响。

此外,从另外一个角度讲,广告主在整个广告信息传播过程中,处于信息源的位置,它决定了广告信息的基本内容和基本诉求。那么,广告信息的表现形式和传播手段要能保证这一信息内容得到准确的传达,力求使广告主的诉求点得以充分实现。因此,广告主的经营思想对广告活动的实际效果会产生很大影响。这其中还包含广告企业通过广告活动与消费者的沟通程度。从某种意义上说,广告效果的优劣不完全取决于广告策划和设计的成功与否,更是取决于广告主的广告观念和经营思想。

2. 广告信息

通俗地讲,广告信息指广告要表现的具体内容,即广告作品的主要内容。这里涉及广告的创意和策略问题,即如何通过新颖有趣的表现手段把广告信息表达出来,以激起消费者的购买欲,从而促进商品的销售。

广告信息在广告运作系统中有着举足轻重的地位。这主要是针对消费者而言的,对于广大消费者来说,他们直接接触到的广告就是以广告信息的形式呈现的。他们对有效信息的接受,要有一个筛选和过滤的过程。那么,如何能够筛选出有效的广告信息,在很大程度上取决于广告策划者制定的广告策略。通过对市场的分析,进而确定广告目标,制定创意策略、媒体策略,与广告信息相关的创意和策略等问题由专门的广告代理公司等机构完成。

3. 广告媒体

媒体又称媒介,它是指将信息传播给大众的工具。广告媒体也可以称为广告媒介,是指传递广告信息的载体。广告媒体同样是广告要素中的重要组成部分,是指任何已存在或未发现的能承载广告信息、达到广告目标的一种物质技术手段。它是广告的载体,是广告信息传播的工具,是广告得以实施的桥梁。非人际传播是广告的本质特征之一,因此广告媒体是不可或缺的要素。

广告媒体有很多,具体可分为大众媒介和其他媒介两大类。随着科学技术的进步,新的广告媒介还将陆续问世。之所以会出现这些种类丰富的广告媒体,还是由广告的性质决定的。可以说,只要广告主觉得有促销价值的任何物质都可以用来作为广告媒体。一般广告媒体以报纸、杂志、广播和电视大众媒体为主。为了更加有效地利用广告媒体,还必须在分析其特性的基础之上,进行不同类型媒体间的组合,以多种媒体实施广告策略。

4. 广告对象

广告对象指广告所针对的目标消费者,是广告活动的"目的地",是广告信息进行劝说的接受者。广告对象之所以成为广告的要素,是由于消费者是广告的最终环节,只有消费者接受的广告才是有效广告。广告不能离开消费者,否则就是无的放矢。这就要求广告必须去研究其接受对象(即消费者)的行为,了解不同种类消费者群体的基本特征,在把握消费者消费形态的基础上实施有针对性的广告策略,这是现代广告的一个基本要求。

5. 广告效果

广告效果是指广告活动目标的实现程度,是广告信息在传播过程中所引起的直接或间接的变化总和,包括广告的经济效益、心理效益和社会效益等。也可以说,广告对其接受者所产生的影响及由于人际传播所达到的综合效应。

广告运作是一种目的性很强的传播行为。围绕着广告目标和诉求,企业投入一定的物力、人力和财力,希望得到预期的"效果"。这种说法认定广告效果的好坏是产品销售量高低的一个衡量标准。但是,产品的销售与众多因素有关,有点类似"台球效应"。企业开始做广告,经济上的连锁反应便开始发生,但结果却不一定如预期目标。广告效果只是促销的一大推动力,销售额的增长还与商品质量、消费者心理、价格等因素密切相关。

由此可见,广告效果是个多维的复合型概念,衡量广告效果的指标有许多,比较科学的是看广告是否达到了预定的目标,而不是仅仅以销量增加与否来衡量。

除此之外,广告费用在现代广告运作体系中也显得越来越重要。它是指广告主支付给广告媒体等传播机构的费用。广告是一种有价的信息传播活动,一个广告主若想占用广播或电视的播放时间,或者使用报纸杂志版面来传播与之相关的广告信息,都必须预先支付一定的费用购买使用权后,方可进行宣传。没有广告费用的支出,就没有广告的存在,因此,广告费用是开展广告运作活动最起码的保证,是广告活动不可缺少的一个要素,也是广告独有的特征之一。它使广告的商业性质更加突出,也使广告诸要素之间,即广告主、广告代理公司和广告媒体之间,因费用的存在而形成一种相互制约的经济关系。这种关系使他们之间达成一种合理的运行机制,共同促进着广告活动的发展。

以上部分是对现代广告系统中的基本要素的简单阐述。从另外一个角度来阐释广告要素,也可以把其分为广告主体和广告作品两大类。

1. 广告主体

广告主体一般是指在广告活动中收集、整理、加工、制作广告信息的所有参与者,具体包括广告主、广告公司以及在广告活动中从事发布广告的人。

2. 广告作品

广告作品就是在广告活动中,由人工创造的、用以表达(表现)广告主意图并试图影响广告受众的符号集合体。更进一步而言，它包含两层含义：①广告作品是一种符号集合体。这里强调的主要是从广告作品的个体角度的一种理解，也就是说，在大多数情况下，广告作品总是以一定的符号集合体的形态存在的，不论是影视广告作品，还是平面广告作品，它都是某种形式的符号集合体。②广告作品是广告主意图、想法的表达和表现形式。广告主的意图，不论是明确的、显性的意图，还是委婉的、隐性的意图，如果没有能够感觉到的具体形式将其表达和表现出来，是无法为广告受众接受的。从这一层意义来说，广告作品就是有关信息的物化形态。

9.2 广告要素的表现方式

一件完整的广告作品能够进入消费者的视线中，要经过一整套完整的设计程序和步骤。①首先由广告主提出广告目标、定位及出资方面的预算；②交由广告代理商或广告公司为其进行相关策划和设计，提出恰当的表现广告主题的创意；③找到最佳的表现手段把这些广告创意的内容表现出来，完成广告作品的制作；④通过各种广告媒体的传播，把它呈现到广大消费者面前。

在这一过程中，广告的各个要素都发挥着重要的作用。但是，针对广告的受众——消费者而言，他们所能够直接感受到的是广告作品中所传达的信息及信息的表现形式。如在经典的广告作品中，人们都会对其中的广告词及广告画面记忆犹新。所以说，在广告运作过程中，广告要素的表达方式可以通过对广告信息的论述来进行阐释。

广告信息的表达可以概括为广告主题的表现和广告创意的构想。当广告策划工作基本完成后，广告主题被确立，就需要一个有创意的方式表现出来，这就是广告创意的构思方案。创意的构思和方案的确定也需要一个过程。这时候的方案只是创意概念的形成阶段，要想将广告创意的内涵和广告的主题准确地传达给目标受众，还需要将抽象的概念转换成易于传达和接受的视觉形象，这一过程称为广告表现。

那么，何谓广告表现？所谓广告表现，是指将广告的主题思想、创意构想，用语言文字、画面、声音等元素以信息传递形式表达出来的过程。简单地说，广告表现是指借助各种手段将广告的主题和创意转化为广告作品的过程，即创意的物化过程。广告主题仅仅是一种思想或观念，这种抽象的意念必须借助一定的具体形象来表现，它是消费者理解、欣赏广告主题的中介。广告表现必须以广告创意的概念作为指导和依据，它是对抽象思维的概括和体现，同样也是对创意概念的艺术提炼和意境升华。

综上所述，要探讨广告要素的表现可以通过对广告表现手段的研究来完成。本节将详细地介绍关于广告表现的相关形式。在介绍广告的表现形式前，先要了解广告表现与广告目标之间的关系。

9.2.1 广告表现与广告目标的关系

广告表现的目的是要完成预期的广告目标。它在广告的策划过程中，处于一个承上启下的过渡地位，它位于广告主题策划、广告创意构想和广告制作3个步骤之间的位置。

1. 广告表现与广告主题的关系

广告主题是广告表现的基础，广告主题的艺术化就是广告表现。广告表现的核心内容和中心思想就是广告主题。广告表现是广告主题的形象化，是消费者理解、欣赏广告主题的中介。

2. 广告表现与广告创意的关系

在广告主题确定后，广告活动就进入了最为关键的阶段——创意阶段。这时广告创意人员应当考虑如何完整、充分、艺术性地表现广告主题。

3. 广告表现与广告制作的关系

广告表现和广告制作虽然都是针对广告主题和创意的表现，但广告表现主要着眼于通过什么样的形式表现广告的主题和创意。广告制作则主要涉及一些具体的技术活动，即怎样对这些形式进行必要的设计和操作，它是处于比广告表现更加具体的概念。所以，从根本上讲，它们仍然属于不同的范畴。

综上所述，广告主题是广告创意展开的基点。广告主题的意象化就是广告创意，即根据广告主题，经过精心思考和策划，运用艺术手段把所掌握的资料进行创造性的组合，以塑造一个意象的过程。广告表现是以广告创意为灵魂的，它们都是以能够更加完美地完成广告目标为宗旨的。

9.2.2 广告表现的形式

广告表现包括广告的主题和创意的表达，而创意表达是为表现广告主题而服务的，所以广告表现的形式从某种程度上讲，就是广告创意的表现形式。

要表现广告创意，必须解决两个问题：说什么和如何说。决定"说什么"的因素有创意理论、广告目标、目标消费者、产品类型和生命周期、竞争需要。"如何说"就是采用什么样的创意策略和方法来进行广告表现的问题，这一点是要阐述的重点问题。

广告创意表现也是一门艺术。这种艺术形式与其他艺术形式不同之处在于，广告表达并不是为了艺术而艺术，而是希望通过形象思维传递广告信息，反映商品或其他广告诉求物的品格及个性，使消费者受到潜移默化的影响，最终达到广告运作的目的。所以，它还遵循一定的科学原理。在这里，广告的表现手法通常有直接、比较、隐喻、幽默、恐惧、代言人等。

下面来解释这些表现手法中最常用的几种。

1. 直接表现

商品广告的直接式表达一般分为商品质量、用途、用法或品牌等的直接表达。这种形式的广告表现，通常以逼真、生动、诱人的写实手法来表现商品的质感和效用。它采用的广告媒介通常以广告牌、招贴画、杂志和电视等。通过精心设计的广告主体、灯光及布景，细腻地表现出诉求物的品牌、细节及质感。这种表达方式虽然没有更多的背景及环境衬托，也没有富于情趣的故事情节，但仍能引人注目和遐想。直接表达往往使用照相机或摄影机还原的真材实料，通过视觉感受直接拨动消费者的心弦。如很多汽车广告往往采用直接表达的方式，因为汽车广告一般来说必须反映出美的外观造型，并对车身所有可见的部位表现清楚。消费者对代表时代潮流的新款车型最为关注。例如，1994年款的凌志型小汽车（电视广告），深蓝色的背景衬托着发着亮光的小汽车，柔和的顶光和侧光将流线型的车身轮廓勾画得充满现代感，车在行驶过程中将高脚玻璃酒杯搭成金字塔状放在高速运转的发动机上，金字塔状的玻璃酒杯依然平衡如常，即凌志如泰山。这则广告的表达，既表现了车身的美观，又直观地再现了汽车平稳的性能。

2. 比较式表现

比较式表现是运用不指名的手法将同类商品、服务与广告主所诉求的商品或服务进行比较，尽量显示自己商品的性能、品质以及突出的优点。在比较中提高商品的身价，达到在消费者心中建立商品的超群形象的目的。这种表达方式是商品广告中运用得较为谨慎的一种表现方式。运用比较的手法时，一定要在创意上表现出毋庸置疑的真实性，即自己的产品必须确实具有某种优点，同类的产品确有不足之处，同时最好还具备权威机构或消费者的证实。如果一味夸大自己的优点、贬低别人的产品，往往适得其反。

3. 幽默诙谐式表现

广告中所提及的幽默指的是用有情趣的方式来表达自己的构思、感情、见解以及营销观念，它的表达需要借助于想象力和一定的知识涵养。往往是通过比喻、夸张、象征、谐音等多种表现手法，运用机智、风趣、凝练的语言，针对客观事物的特点进行含蓄的解释。

幽默广告创意表现能使观众在会心一笑之余感受其意味深长的画外音，并在恍然大悟之后很快记住广告所要推销的商品，从而增加商品的亲和力。这也是广告创意表现中常用的一种手段，但是在运用时，还需要注意：真正的幽默应该暗含机智、有趣味、有品位，否则易流于油滑和低俗；同时，所制造的幽默要发挥最大功效与产品的消费者利益点紧密相关，而非纯粹以表现为目的。

当然，现实生活中也不乏无聊的幽默广告，例如，"不是猫儿馋，确是花儿香"的沐浴露广告便是个典型的例子。对于这些低级庸俗广告表现，在进行创意构思的时候尽量避免。

诙谐跟幽默相近，都是智慧的结晶，是高品位的享受。它不仅仅是滑稽，其独特的审美价值在有趣与可笑之中引发意味深长的思索，是智慧的结晶，是事物底蕴的深刻积淀。二者往往可以同时用来表现某一类商品，但是，二者在表现上也稍有不同。诙谐式表现往往可以使受众发出会心和理解的微笑，从而产生对该商品的认同，消费者对诙谐式广告所表达的信息的接受是潜移默化的。而幽默式的表达则往往使受众开怀大笑，从而加深消费者对该广告表达信息的记忆，这种接受有时是强化式的。

4. 恐惧式表现

利用人们普遍存在的害怕、担心心理，在广告中运用恐惧诉求，是广告创意表现常常用的方法。恐惧指的是人们失去安全感时的一种心理状态，实际上它是安全需要的一种反面表达。根据马斯洛的需要层次理论，安全需要处于人的第二层次的基础性本能需求。根据经验判断，恐惧是一种最普遍、最基本的心理状态，它的影响范围最广、影响力度最强，能在人的心中造成极大的震撼力。这种震撼力既可以来自正面的诉求，也可以是反面的诉求。基于此，在广告创意表现的时候，恐惧广告是指以恐惧为创意的工具，使用引起消费者恐惧心理的内容激发起他们的逃避情绪，进而产生摆脱某种危险或有害状态的行为的广告。

例如，在一则劝说人们开车要系安全带的广告中，玩具木轮小车装着两个鸡蛋从斜坡冲下，遇障而突然刹车，结果，小车里系了安全带的鸡蛋完好无损，而未系安全带的鸡蛋却摔得稀巴烂，广告以悲惨的结局在目标受众心里造成强烈的冲击。

又如：广告大师伯恩巴克为约翰逊竞选美国总统所做的电视广告《采花姑娘》，以战争的恐怖为主题造成巨大的冲击力，使鼓吹核威慑的竞选对手形象大损直至对手落选。

但是，用恐惧表现手法表达广告创意时，要避免变成"恐怖"。

5. 性感式表现

性感、恐惧和幽默是广告创意表现的三大支柱。关于恐惧和幽默前文中已有介绍，这里主要讨论性感的问题。所谓性感，大体指人体性别特征的差异以及人们对这种状态的感知。换句话说，性感是人的体态或者心态。广告表现中借助性感来进行创意表达实质上是运用"人体美"来做创意性表现。人体美的发现，由原始的性崇拜到审美经历了漫长的过程。对人体自身的审美，是人脱离自然状态获得自我意识的认知，是实践思维能力的一个飞跃。对人体美、性愉悦的肯定，是社会发展和进步的体现。在借助性感进行创意表现的过程中，一是要时刻提醒自己所处社会的伦理尺度，在人体美、性感、社会伦理之间保持合理的平衡；二是产品与性感信息之间应有某种联系——不论是直接的还是间接的，不能生拉硬扯，更不能流于低级趣味。

要把性感表现恰如其分地运用到广告创意中去，要能够明确性感信息如何提取以及找出它与广告商品之间存在的联系。根据美国广告学者大卫·里斯曼和迪莫希·哈特曼所做的调查，性感信息与产品之间的关系有4种：第一种，功能性性感广告。广告商品与性感信息直接相关，如内衣、内裤和性保健用品。第二种，想象性性感广告。广告产品与性感信息没有很直接的联系，但可以给人一种性感想象或有助于营造一种性感气氛，如香水、化妆品等。第三种，象征性性感广告。该种广告利用特定的文化符号作为性别的象征，如月亮代表女性，鲜花总是与女性的美丽相连，而伟岸的山峰总是使人想起男性宽厚的肩膀。第四种，性感广告则与广告产品没有任何关系。进一步研究表明，广告产品与性感信息联系的程度越高，广告的效果越好。第四种广告不仅不会产生正面的效果，而且，轻者，广告的受众仅仅注意到性感信息而忽略了广告中的产品；重者，遭人批评甚至是消费者的抵制。这是生搬硬套的做法，这种表现手段在运用的时候需要特别注意。

例如，在我国，"康妮雅"内衣广告是这种表现手法中较为成功的一个案例。该广告片选用的模特不仅体型好，肢体语言也运用得恰到好处。广告中营造出的两人世界、两情相依，平添了几分柔情和浪漫。该广告成功的关键不是以"露"为手段，而是通过模特的表演展示人体美，演绎二人世界的浪漫和柔情，赋予"康妮雅"内衣以情感和情趣。当然，在众多的广告作品中，也有一些表现不当的作品，其效果适得其反。

6. 代言人式表现

广告创意表现的时候，利用名人来做商品代言人，借助名人的影响来打动消费者，这是广告常见的表达方式之一。所谓名人，指的是受到大众媒介的承认，或的确在某一领域有比较突出的事迹和贡献的人。这其中的原因可以分为两方面。

(1) 从社会学的角度来看，人们的行为、举止、知识和文化都是社会影响的产物。人们往往是在与他人的比较中认识自我，并参照他人形成理想中的自我概念，指导自己的所作所为。名人的个人偏好往往会起到某种示范作用。名人在生活消费中的偏好所产生的社会影响，在消费心理学上称为消费偏好社会效应。当一个人在心理上崇拜、喜爱某一个人时，会不自觉地在行为上去模仿他，希望自己无论从打扮、举止，还是生活习惯等方面都与他相似。

(2) 从传播学的角度看，名人推荐是一种效力非凡的信息源。其特殊的效力来自名人的知名度、吸引力和可信度。知名包括信息受众感知某人的美名或丑名，或因机遇等原因造成的种种名声。吸引力存在于人的相貌、风度、举止、行为、知识和能力各方面。知名度高并不意味着吸引力强，吸引力强则有利于提高知名度。知名度高且吸引力大者容易获得广告大众的信任。可信度建立在受众对推荐人和信息了解的基础之上。推荐者的可信度越高，由他传播的信息越容易被人们接受，但可信度离不开信息本身的真实性。心理学研究告诉人们，采用名人做广告，其注意值往往高于非名人广告。

但是，请名人做广告也有一些问题需要注意。首先是要考虑费用问题，例如，百事可乐请麦克·杰克逊代言，酬金高达500万美元。即使是在20世纪的中国，巩俐的回眸一笑也价值近百万元。

其次，这其中的不稳定性因素也很多。如果代言的名人出现绯闻或健康状况突然变坏，巨大的广告投入可能就会打水漂。如赛马高手摩加利为"人头马"所做的广告就因此后他在赛马中受伤而不得不停播。还有，百事可乐请歌星麦当娜拍摄的《像个祈祷者》广告片，该广告片拍得十分精美，但因为麦当娜的同名MTV中有亵渎宗教的情节，迫于美国家庭协会和教会的强大压力，仅播出一次就停止了。

最后，由于名人广告太多，采用何种创意和表现方式才能使消费者满意，也是广告表现中的重要问题。有时名人代言的广告也会有适得其反的效果，一是使人厌倦；二是只记得名人而不记得商品。例如，有些广告主花了大笔金钱，请名人来加强观众对其商品的注意力和记忆力，但却无法有效地增加销售量。这正如资深广告人大卫奥格威所说："如果产品本身没有可说的重点，那么再多的烟幕与镜子也无法掩饰。"上面说的研究所得出的结论是：如果产品没有品牌特性或真正诉求重点，最好想办法找出一个来，这样远比利用技巧，比如用名人式广告来装饰要好得多。

这时候，就需要适当地改变策略。近来我国电视广告连连出现普通老百姓充当广告主角的例子。"奥妙"洗衣粉请了一位中年家庭主妇做广告，"护舒宝"妇女卫生巾请了一位大学女讲师做模特儿。电视观众顿感一种清新明快扑面而来，引起极大注意，这种返璞归真使受众倍感亲切。普通老百姓乐于接受这样毫无矫揉造作的感觉，是一种可信的真实。广告与消费者的距离大大缩短了。

在这里还应该指出的是，有时候名人代言不仅仅是指明星们，名山、名水、名景、名物（含名画、名事件等）也算一种代言人。如日本一保险公司购买一幅名画摆放在公司里，免费让人们参观，其实这就是一种名物做代言的广告。

在对广告创意的表现进行研究时，除了以上常用到的几种广告表现方式之外，还有些表现方法也较常用，下面来对它们进行一一论述。

7. 证言式表现

证言式表现跟代言人式表现有类似的地方，也是利用名人来宣传产品。它是一种间接的表现方式，广告主往往利用专家、名人或使用过、享受过某件产品或服务的大众人物的言辞，来证明该商品和服务的优越性，从而使消费者信服并购买。它借鉴了机会心理学的观念，在形成甚至改变人们的态度方面，可信度是一个非常重要的因素。这里讲的可信度具体指专业性和可靠性两种。

(1) 专业性。专业性指信息传播者的身份具有使人信服的权威性，也就是俗称的"专家"。劝导者具有权威性的因素很多，诸如劝导者所受的教育、专业训练、社会经验、年龄、职业、社会地位等。这些因素能使传播者在广告受众心目中成为某方面的权威形象。在过去，年龄与经验使老人成为知识的权威；在现代社会中，年龄已经不是建立权威的基础，现在重视的是专业的教育与知识。传播者的威望极大地影响着受众，专业性方面的权威比其他方面的权威更易形成或改变他人的态度。所以人们经常看到，广告代理请来一位有成就的人，即权威性的人来赞誉某种产品，达到形成或改变人们消费态度的目的。

但是，值得注意的是，"权威""专家"具体指某个专业方面的权威，不能随随便便地来界定。但是，目前在很多广告中，这方面做得还不够。例如，我国许多家药品生产企业聘请影视明星为其做广告，有推荐胃药的、治疗高血压的、专治心脏病的等。就像张国立代言的"九芝堂浓缩六味地黄丸"的广告，在广告中，他极力称赞九芝堂六味地黄丸专治肾亏。但是他推荐这种药品的资格和权威性何在？这种类似的情况还有很多，这里不再一一列举。当然，心理学的移情作用，使人们总以为"英雄"是完美无缺的，但这在广告中可以运用其他产品的宣传，而不适宜药物的宣传。

(2) 可靠性。可靠性指使广大消费者相信广告信息传播者的言论真假的程度。传播者的可靠性直接有关的因素是传播者的人格特征、外表仪态、讲话的信心、态度及传播者与传播信息之间的关系等。影响可靠性的另一个因素是传播者的隐匿动机以及消费者对信息传播者动机的理解。如果消费者知道传播者发出某种信息是出自某种高尚的目的，就会愈加信服；反之就会使可靠性大打折扣。当传播者提出的主张与其自身利益完全相反时，他的影响力才越大。

在了解了证言式表现中可信度的含义之后，再来探讨证言式表现的分类情况。证言式表现可以依据传播者身份、职业、知名度的不同，将这种表现分为社会名人证言、专家证言和普通消费者的证言3种。

(1) 社会名人证言。普通人对社会上的风云人物或多或少报有仰慕心理或好奇心，名人的好恶有时也被蒙上一层神秘的色彩。广告策划者们利用人们这种仿效名流做派的心理，请人们熟悉的名人向消费者们介绍、推荐产品，谈论他们使用产品后的感受，无疑将引起观众极大的注意。通过名人之口说出的证言，实质上是名人以自己的名誉为产品的实效所做的承诺、为产品的品质所做的担保，这种承诺和担保具有一定的权威性和影响力，势必引导着一批名人的崇拜者和对名人证言深表信任的消费者走向柜台。例如，香港影星汪明荃向消费者竭诚推荐容声牌电冰箱、万家乐热水器；中国影星潘虹向观众坦诚相告她所喜爱的护肤品；这些影视明星是领导时代新潮流的佼佼者，他们的证言自然会唤起千百万人的好奇心，他们的劝导会说服许许多多的消费者，竞相仿效验证。

选择名人介绍产品，名人一出场就十分吸引消费者，但名人的身份与推销的商品应有一定的内在联系。如女演员推销化妆品，著名摄影家介绍照相机，享誉国内外的演奏家推出乐器，歌星介绍润喉茶，他们的职业与商品的品质、性能，用途息息相关，他们不仅是商品的使用者，更是品质鉴定的行家，他们的证言具有绝对的权威性和可信度。如果名人与产品之间没有明显的联系或联系很牵强，名人的证言便显得软弱无力，无论他说什么或怎样说，观众都觉得名人是被厂方以重金收买为其做宣传的，他是否使用过这种产品，很难考证。如果厂家花了一大笔广告制作费，竟收到这样的广告效果，那是非常遗憾的！此外，名人在介绍产品时，应力求态度自然，语言亲切，由衷地说出所思所感，宛若置身于真实的社会生活中，谈出自己切身的体会，以博得观众的信任和好感，帮助观众建立对产品的信心。矫揉造作的表演和不可一世的语态，不仅无助于促销，反而会引起观众的反感和厌恶。

(2) 专家证言。专家是社会生活各个领域、学科、专业的行家，专家往往受到社会公众的尊敬和推崇，在普通人心中，专家的意见充满了严谨的科学性和毋庸置疑的权威性。他们对产品进行的评价，极少带有感情色彩和商业气息，显得十分理性、冷静、客观、公正。证词往往以科学道理为依托，讲得深入浅出、有凭有据，容易使消费者折服，赢得消费者的信赖。

(3) 普通消费者的证言。来自一般普通消费者的证言有时也是一语重千金的。他们说出的肺腑之言字字句句拨动着观众的心弦。广告的受益者与广告的受众都是普通人，无须有疑心和戒心，无须有指责和防范，他们之间易于沟通和相互理解。由经验者直接与受众谈感受、展示产品，观众容易看得心悦诚服，产生购买的欲望。

8. 结果式表现

结果式表现也叫效果式表现。是通过较直观的形式，将使用商品和享受服务结果的情况表现出来。客观地反映商品或服务与消费者的密切关系，通过画面和文字真实地表现商品的功能，体现消费者利益得到满足的事实，这类形式的表现特点是画面配合以文字说明。如果广告主诉求的是一种新产品的话，消费者对其所知甚少，如果希望只通过一个广告画面或短短几十秒的电视广告，就将商品或服务所能带给消费者的利益完全表现出来并为消费者认同，是一件非常困难的事情。因此，必要的语言和文字说明，将会使人们在较短的时间内对商品加以认识，这样消费者对效果的认同才可能实现。

例如，"PiPi"牌婴儿纸尿裤的广告。广告画面最上端醒目的一行大字：第一件会呼吸的纸尿裤。下面有一个撅着屁股的可爱小孩，只穿着一件纸尿裤。弯弯的纸尿裤上有行小字：小屁股晚上更需要呼吸。画面的设计，使受众一眼就能了解这种产品可以使婴儿屁股更干爽的效果。文字强调：穿会呼吸的纸尿裤，不生尿布疹。让消费者了解如何挑选和婴儿有肌肤之亲的纸尿裤。纸尿裤的功能之一就是不漏水，可是有些纸尿裤由于最外边的一层防水塑料薄膜不透气，使得婴儿的屁股被捂得起了湿疹。而这种纸尿裤由于采用了透气薄膜，就可以使婴儿更干爽舒适。因此，广告中强调的"会呼吸"实际上是"能透气"的另一种说法，再加上文字说明，这样一来，产品的效果就更容易打动父母，从而采取购买行动。

9. 夸张、比喻式表现

比喻、夸张是广告表现中比较通用的表达方式。所谓比喻式表达，就是将商品的特点与人们所熟悉的人或物进行比拟式的处理，从而引起广告接触者的好奇、注意，以达到耐人寻味、令人深思的效果，进而体会广告的最终含义。夸张式表达则是运用情节、形象、比例等的夸张，通过漫画、摄影、摄像等形式来表现广告内容，使广告画面生动、活跃、引人注目。这就要求设计人员有丰富的想象力，一定的文化修养和扎实的绘画、摄影基本功。

例如，计算机零部件平面广告。这幅计算机零部件的广告，将每一片零部件比喻为新生婴儿，既是比喻这些零部件的功能和作用生命力极强，又暗示了对每一片零部件像是对待新生婴儿那样呵护备至。画面的上端是一个健康、欢笑、可爱的胖娃娃，下端是一片片计算机零部件。广告语写道：每时每刻，IBM 都带来新生。用婴儿暗示新的电脑产品，这种将无生命的、冷冰冰的电子元器件与散发生命力的婴儿进行对比，既大胆又独特，硬性的产品散发着柔性的光辉。

又如日本 Ronicol Timespan 药物广告。这是一种持续性血液改善药品。由于药品广告需要理性诉求，这样才可以使消费者对该药品的功效、作用等有一个较清晰的了解。因此，广告的上半部分几乎都是说明性的文字，广告的下半部分是一条狗，狗的身子被拉得特别长，其长度是狗高的好几倍，这就是夸张，这一幅广告夸张的效果近乎怪诞，十分引人注目。当人们看到这么长身子的狗时，总不禁会问："噢！这是怎么回事，再仔细一看，原来是以长狗的体型来比喻药效的持续长久。"

运用夸张表现的广告实例还有很多。如日本富士胶卷的一幅广告，胶卷如同高大的建筑物高耸入云，四周围绕着很多小小的人物。又如一个手表广告，设计者让孙悟空用金箍棒在手表上重重地打了三下，手表却安然无恙。这些典型的夸张手法，不仅吸引人，而且很受消费者的喜爱。但需要指出的是，夸张是在尊重事实的基础上进行的艺术夸张，它与虚假广告不同，夸张是采用艺术手法来表现事物的某些本质特征，使它更具典型性，而虚假广告表现的则是与事实根本不符或客观上根本不存在的东西。

10. 故事性、生活情节及亲情式表达

这种表现方式是在广告创意表现中有故事情节的和对日常生活的某些片段（如环境、气氛、人物心态等）的描写，显现出商品或服务与人们现实生活的密切关系，宣传商品在人们日常生活中的重要地位，从而达到引导人们购买和使用的目的。

这种表现方式的出现有着相应的时代背景。随着人们工作和生活节奏的加快，社会生活愈来愈显得没有人情味，人际关系趋于淡漠。正因为如此，人们才更需要日常生活中的家庭温暖和亲情。如果广告采用对人们日常生活中熟悉的情景进行细腻的表达，或者是对日常生活的温馨以及亲人和朋友之间的亲情通过画面、色调、气氛、渲染和描绘，往往可以达到缩小广告诉求对象与消费者心理距离的作用，从而使消费者产生好感并加深印象。

又如香港港九铁路公司系列电视广告。1992—1993 年，港九铁路公司推出了一系列亲情怀旧电视广告。拍摄地点选择在景色宜人的北京郊外，人物是一群质朴可爱的儿童。整个电视画面色调呈灰、淡、旧，以勾起人们对过去年代的回忆。整个系列广告的主题是：我们与您步步同行。

其中第一个广告是几个孩子在铁轨上玩着一辆老式的铁道养护用的巡道车，笔直的铁轨一直伸向遥远的前方，预示着港九铁路初创的艰辛以及伴随着广大民众一起迈向未来的良好祝愿。第二个广告是一群可爱的儿童在玩着开火车的游戏，画面中孩子们认真地模仿火车的鸣叫声，其纯真与可爱让人们不禁回忆起自己的童年。镜头对着孩子们腿部的特写，喻示港九铁路一步步地与广大乘客同行。

整个广告怀旧和亲情的气氛，更加使人们产生"这是我们自己的铁路"的感觉。这两个广告从创意到制作所采用的亲情式表达，使人们难以忘怀。

最后一个广告仍是一群可爱的孩子在玩着跳房子的古老游戏，这一广告继承了前两则广告的表达方式和手法，从孩子们稚气和略显笨拙的游戏动作，引起人们对童年美好时光的回忆，加上铁路公司将更加完善其服务的广告词，更加深了受众对整个系列广告的印象。

这种生活片段式的广告表现截取一段真实的生活场景作为广告表现的环境，再现真实的生活片段，展示人们对产品的需求。这种把产品的广告宣传融入生活实景中的手法，使消费者产生身临其境之感。这样做的优点：生活场景的撷取缩短了广告与消费者之间的心理距离，使广告贴近生活，产品深入生活，从而令消费者感到亲切、自然、放松。一间普通的办公室或一套真实的单元居室，首先把观众带入每日生活的真实环境，亲近之感油然而生，心理屏障随之消失，演戏味道淡化。广告中的人物正像身边的你、我、他，广告中的环境也仿佛是自己温馨的家。屏幕或画面上展示的工作或生活需求很容易使观众联想到自己的实际情形，进而生出购买的欲望。

例如，曾获得1990年日本电通优秀广告奖的日本松下传真机电视广告。广告画面是日本一个普通的家庭环境，操持家务的妻子不慎打破了一只茶杯。她要一只新茶杯，希望丈夫在下班途中顺便买一只，便用松下传真机与丈夫联络。临近下班，丈夫看到窗外下着瓢泼大雨，想到自己走出地铁站后距家还有相当一段距离，便用传真机告诉妻子，请她届时带着雨伞在车站等候。夫妻俩碰面时用手势询问交谈，这时观众才明白，原来妻子是聋哑人，无法用电话与丈夫联系，传真机帮助他们迅速快捷地传递了信息。丈夫带回了妻子需要的茶杯，妻子带着雨伞接到了下班回家的丈夫，两人愉快地撑起伞，相伴而行，消失在傍晚的雨幕中。全片从头到尾配了一首深情的歌曲，结尾处一个男声道出了广告语："温暖于人间的信息交流工具。"这是一个生活片段型的广告。

11. 动漫及连环画形式表现

这种形式的表现往往采用影视特技手法和计算机三维动画软件来处理，采用影视特技的表现手法来进行漫画、连环画式表达，容易拓展出令人惊奇的效果。在电视广告制作中，广告主角是以卡通或连环画的形象出现，用动画方式表现。

例如，七喜饮料所做的广告。在广告中，一个头发像过了电似的卡通人物，全身骨瘦如柴，穿着特大号的皮靴，自身只有黑、白两种颜色，相衬的是绿色加一醒目红点的七喜饮料罐。这一形象不断出现在报纸、杂志、电视广告上。他自身形象的奇特和反叛，再加上"喝七喜，做自己"的广告语，容易得到广大青春期少年们的认可，取得了很好的广告效果。

又如香港PETPET纸尿裤电视广告。这一广告采用3个卡通动物，小兔、小猪、小象。这3只小动物相貌可爱，动作笨拙可笑，增添了人们对它们的喜爱。广告的制作者将这3只可爱的卡通动物搬上舞台，表演一场活泼有趣的"康康舞"，它们在舞台上笨拙的舞姿，表现出PETPET纸尿裤的高度吸尿功能以及不会漏尿的种种特色，生动又自然，加上欢快的"康康舞"音乐衬托，节奏鲜明，容易引起观众的注意。

12. 意境、情调及"格调"式表现

这种广告表现方式提供给人们的是用美的构图、线条和色彩，追求迷人的意境及高尚的情调的作品。在这种广告的表现中，所诉求的商品本身似乎不占有重要位置，它希望通过唯美的画面和迷人的意境去打动受众，影响消费者的选择，力图以高品位的情调去引导人们的追求。它主要用于表现女性用品、性别色彩的商品及高档生活用品的表达手法。这样，不仅可以直接表现商品的美感，也可以运用于与主题有关的事物上。美丽的景色、物品或人物都常常被采用，有时用性感的美女形象去表现或影射，增添整个画面的魅力。

又如"Poison"香水所做的广告。"Poison"在法文中是"毒药"，用它作为香水名称，创造一种扑朔迷离的诱惑力，展示一种原始自然的风情。广告创意配合商品特性故意渲染出一种神秘的气氛

和意境。在如梦似幻、虚无缥缈的空间，造型典雅、玲珑剔透的紫色水晶瓶有很强的心理冲击力。人们的视线一接触广告画面就被紧紧地凝聚在香水瓶上。画面体现唯美、意境和情调统一，在文字上同样追求这三者的统一。这绮丽醉人、如梦境般的视觉效果，极好地表达了"难以抵御的诱惑"这一广告主题。

格调式的表现手法与唯美、意境和情调式的表达，既有联系又有区别。所谓联系，就是广告创意和设计者总是从美的角度出发，表现商品的特性或周围环境和气氛的渲染；所谓区别，就是广告人根据自己的文化艺术涵养、生活体验以及历史积淀去体现个人风格，并以敏锐的触角去迎接新的潮流，将历史与现代、国内与国外融合起来，在创作中去塑造恰当的格调形象。

例如，COEN时装所做的系列广告。总共有三组：第一组每个画面里有两个女模特儿，无一例外地都戴着墨镜，衣着和背景色调欢快、明亮；第二组每个画面里只有一个女模特儿，衣着和背景较第一组质朴，这两组模特儿无一不是摇首弄姿，奇特各一，动作夸张，画面效果生动活泼，张力十足。第一组给人以"火"一样女郎的感受，对于喜爱色彩鲜艳，又追求热情浪漫的年轻女性，可以说魅力无穷。第二组则给人"外冷内热"既含蓄又奔放的都市女性的感受，对于既承受现代社会紧张的生活压力，又崇尚解放思想的现代女郎来讲，体现着无羁、刺激。第三组时装，设计者运用室外摄影，背景是欧陆风情的街道，女模特儿穿着典雅、简单、质朴的服装，站立或徜徉的淑女风范与背景融合，整个画面营造着一种清新、幽雅、古典的气氛和形象，这一组时装则受到渴望回归自然、轻松愉悦的女性的喜爱。

13. 悬念疑问式表现

悬念疑问式表现是在广告开始设置一个悬念，像是出一道题，使受众产生一系列的疑问和期待，然后逐渐展开情节，运用广告语言将谜底揭开或根本不揭示答案。这种手法旨在唤起受众的好奇心，使消费者对产品或广告产生浓厚的兴趣，产生探明究竟、了解原委的强烈愿望。

例如，"金龟"汽车电视广告。全片以黑画面开始，起初，人们什么都看不见、听不见，恐惧油然而生。接着一扇车库大门开启了，一双脚走进画面，观众紧张地、全神贯注地捕捉每一个细节，心中闪过种种猜测。随后，传出汽车发动机的声音，一辆小型轿车冲进黎明时分的暴风雪中，在一片泛着蓝灰色寒光的雪原上，小轿车疾驰着……车停后，一双穿着靴子的脚踏入厚厚的积雪中，深一脚浅一脚艰难地跋涉着，镜头从脚的特写拉出一位着装厚实、身材魁梧的男子汉，"他要去干什么？"人们不解地追随着他的身影，当男子汉消失在画面尽头后，一辆大型铲雪车亮着明晃晃的前灯不紧不慢地闯入天色微明的风雪中。这时，画外音道出了整部作品仅有的一句话："你想知道一个驾驶铲雪车的人是如何到达开车地点的吗？"这句话阐明了影片的主要诉求：在多数拥有汽车的人急切地等待着铲雪车开道的时候，只有金龟车才能载来铲雪车的主人。这条悬疑型广告扣人心弦，首先让观众沉浸在黑暗的氛围里，使人感到周围的空间博大、幽深。在这种环境中，人们十分紧张、倍加警觉、精力集中、思维异常活跃。一旦画面上开启一条门缝，人们的视线和思绪便挤入这条门缝，紧紧追随着每一镜头，仔细揣摩每一丝轻微的变化。利用悬疑型结构一环一环地展开情节，创作者不仅能始终抓住每一双眼睛，也能始终抓住人们的好奇心。

悬念疑问式表现常需要人们动脑筋去想、去猜，因此它往往与智慧联系在一起。可以制造一种悬疑的气氛来调动受众的好奇心。

14. 联想式表现

联想式表现是一种间接的广告表现手法，它通常不采用直接的方式（如画面或文字）去表现广告主诉求的商品，有时甚至没有商品。因此，它被称为软性传播。联想式表现较为注重趣味，使受众有较大的想象空间。

广告创意是无限的，用来表达它的手段是多种多样的，根据表现的需要还有其他多种形式多样、手法各异的形式，这里不再进行过多的论述。

9.3 广告要素表达的特征

通过上一节中对广告表现形式较为详尽的论述，可以看出无论是哪一种表现手段在广告作品中的体现，无非是决定采取何种手法和技巧去表现广告的诉求主题。这一点，在广告作品中体现出来的是语言、图形、色彩以及音乐等要素的结合方式和具体表现手段。把广告主题视觉化、形象化的过程，也就是广告创意通过广告形象、广告画面、广告语言文字、广告衬托等来体现。在不同类型的作品中，有的时候表现还需要音响、音乐、画面组合蒙太奇等多种要素。而广告表现需要探讨的正是这些要素的组合规律与方法。

可以把广告表现中的图形、色彩、语言、音乐等要素的表现统称为对广告要素表达的视觉形式和听觉形式。下面分别对其进行介绍。

9.3.1 视觉形式表现

广告中的视觉部分是构成整个广告作品的重要因素，广告创意的视觉形式表现主要包含文字、图形以及色彩表现 3 种。

1. 文字表现

在广告的视觉表现中，图形是最具有注目性的视觉要素，它具有较强的视觉传播效果。但是在许多情况下，单凭图形人们仍然不易了解广告的信息，往往需要加上文字说明，才能赋予图片意义，从而产生良好的理解和记忆。因此，广告作品中的文字部分，与图形同等重要。在广告的视觉传达设计中，字体作为主要的视觉要素之一，是其他要素无法替代的。

文字具有传达信息的功能。文字是广告视觉部分的主要构成因素，可以对图形的表达起一定的辅助作用。几乎所有的广告都离不开文字的使用。文字可以为不会说话的商品作自我介绍，无论是广告的标题、商品的品牌，还是有关商品的宣传和商品使用的内容，都必须用文字来表达。

广告作品中的文字是个较为宽泛的概念。人们通常想到的是广告的文案部分。广告文案包含的范围较广，它一般指广告作品的语言文字部分。这其中包含有广告词的内容、商品名字及销售的方式等，广告文案的创作在本书的其他章中有较为详尽的介绍，这里不再进行过多介绍。本节中广告文字的表现指的是：在广告作品中文字的视觉表达方式。例如，文字的字体、大小及编排方式等。文字的表现形式是由文字与内容的关系构成的，各种事物的不同功能规定了表现形式的多样化，新颖的表现形式往往是对描绘对象深刻独特的把握。

在广告视觉文字表现中，不仅要注意版面编排的形式与阅读视线的运动规律，重视文字作为语言符号应有的语义传达作用，此外，还可以通过不同个性特点的字体形象形成不同的格调或风格，表达情感，加强对文字语义的传达，合理、清晰地编排，达到既快又准确地传达信息的目的。

(1) 从字体形象上看。不同风格的字体能够传达出不同的情感内容和经营理念，这与文字形象的外形特征和笔画特征有关。从字的外形特征上分析，黑体字多正方，正方形间四边的张力相等，故给人稳定、端庄的感觉；仿宋多是长形，基本形给人向上、向下扩张的相等，也能够给人稳重的感觉。从笔画特征分析，文字独特的风格主要在于笔画的弧度与线端形式。笔画粗，字的黑度大有浑厚感；笔画细，明快、柔和，有女性性格；笔画直有坚定感；笔画曲折感觉活泼。不同的笔画甚至是边角的微妙变化，都能够对文字的性格产生影响，从而产生不同的视觉效果。

(2) 从字体编排上看。文字的编排是通过形式上艺术处理的作用，使文字合理、清晰、完整地表达，既引人注目，又能将信息强有力地传达给读者，使读者按照传达内容的需要，一步一步按顺序看下去。编排若不合理，则会影响传达效果，甚至会令读者产生误解。

为了使信息传达准确、快速，文字编排时还应注意到：横排时最好使用略扁字体，竖排时最好使用略长字体，这样编排可以通过文字的流动感确定阅读方向。同时，文字分类要段落清楚，设计中如有不同的文字类型，要按文字信息的主次排列有序。文字排列过长，不易识别和记忆，特别是标题字不宜太长，文字长时可根据内容断句，分段排列。这样就使广告中的文字传达功能与艺术性融为一体，以不同字体组合形成的相互关系体现主题。

2. 图形样式表现

根据人类接收信息的种类，人类信息形式可以分为图形信息和文字信息两种。研究表明，文字信息在表达和理解上相对容易出现误差。并且文字语言的不同往往容易造成交流障碍，在表达上远远不如图形简洁、直观，其信息的容量也远不如图形。据统计，广告图形的信息容量是文字信息的900倍。总之，对于信息传播活动而言，图形形式具备很多传播上的优势。因此，在广告创意的表现中，图形是一种非常重要的载体。图形在传播信息上，除了刚才提到的简洁性和直观性之外，还包含有准确性、可视性以及情绪感染力和精神浸透力等特征。下面就分别来论述这些特征。

(1) 简洁性。广告图形是传播信息的最形象简洁的语言和最易识别和记忆的信息载体。例如，本来想叙述一条信息需要经过长篇大论的语言描述，但是往往一张简单的图就能够解决问题。

(2) 直观性。广告作品的视觉部分是由形、色、表现风格、构成形式等多种因素组织而成的。其独立的形象特征和视觉感染作用，使它成为最易识别的信息传播形式。如许多企业运用VI系统（形象视觉识别系统）来提高企业及产品在消费者心目中的认知度，增强记忆，由此获得推广，赢得市场。因为图形具有直观性，所以它也是最具有说明性和说服力的表达形式。例如，任何时候，如果想说服别人相信某个事物的存在，接受某种思想、观念，最好的方式就是用事实说话。事实胜于雄辩——展示事物存在的事实证据、展示这种思想和观念能带来的东西，才最具说服力。因为人们往往以"耳听为虚，眼见为实"的原则来确认信息的可信性，所以视觉再现、视觉形式的展示比文字形式的陈述更具说服力。

(3) 准确性。这一点和图形的简洁性有一定的联系。如果用文字向别人转述一个信息，往往由于文字语言的抽象性和接受者理解能力的不平衡，难以准确地表达。例如，小说《红楼梦》书中的人物的描写淋漓尽致、细腻入微，但是，即使同一个角色，不同的读者的感受也不同，但如果用图画形式来表达的话，给人的感受就会很直观。尤其在当代，随着科技的进步，广告真实地表现客观事物的能力不断提高，尤其是摄影、摄像的产生，使人类对任何事物进行绝对准确的再现和真实展示完全不成问题，所以广告图形语言最具准确性和生动性。

(4) 可视性。广告图形是具有丰富的可视性和吸引力的传播媒介。例如，当人们在翻阅一本图书的时候，吸引人们目光的一般都是图画，然后是文字内容。因为广告图形对于视觉有一种调节、充实和刺激作用，视觉调节是人的生理需要，视觉好奇是一种心理需要。所以，用广告图形形式进行信息传播最易引人注目。

在了解了用图形表现的方式来展示广告作品主题的优势之后，接下来需要关注的是在对广告创意进行表达的时候，如何把图形这一重要的视觉元素运用其中？

在广告设计构成的诸要素中，图形是形成设计性格和吸引视觉的重要因素之一。一幅优秀的广告设计作品，在信息传达上应该具备以下的功能：①要有良好的视觉吸引力，能吸引读者注意力，通过"阅读最省力原则"来吸引人们注意设计的版面；②要简洁明确地传达设计思想，有良好的看读效果，使人们一目了然地抓住广告的诉求重心；③要有强有力的诱导作用，直接诉诸视觉，造成鲜明的视觉感受效果，能使人们与自己的问题联系起来，从阅读中产生愿望和欲求。

图形元素的宗旨在于服从广告主题诉求的需要，有明确地促进商品推销的目的性，而不是让人们沉浸在艺术的享受中，这是广告图形与绘画艺术的根本区别所在。图形将广告的主题内容以视觉化的方式进行传达，它是一种直观形象的视觉语言，具有强大的视觉表现的个性化特征。广告图形的类别，按其表现形式可分为绘画图形和摄影图形两大类。

(1) 绘画类图形。绘画类图形又可分为写实性绘画类图形、漫画和卡通类图形、图表类图形3类。

① 写实性绘画类图形。在摄影技术还未成熟的时候，写实性绘画一直是广告图形的主要表现形式，随着摄影技术的发展，写实性绘画让位于在技术和表现能力方面更好的摄影。而写实性绘画类广告图形逐渐向多样性方向发展，更加强调视觉的表现形式，在树立品牌和商品的独特个性风格方面有特殊效果。

② 漫画和卡通类图形。漫画和卡通是当今流行的一种具有夸张和幽默感的广告图形艺术形式。诙谐风趣、生动活泼，看后使人余味无穷，留下深刻的印象，在广告画面中是其他图形表现形式所没有的。虽然漫画和卡通图形能与消费者产生良好的沟通，但对于在它们之间建立信任和可靠的企业或品牌形象来说，却显得有些力不从心。

③ 图表类图形。用图形和数据可以表达广告的特定内容，这种表达方式理性因素较多，可以一目了然地说明问题，常用来说明产品的结构与功能，表达较为抽象的含义，有很强的理性说服力。有时为了吸引观众的注意，图表的设计也会采用变化的形式，以生动活泼的形象表现。

绘画的手法根据不同的设计主题的需要，可以在画面上作写实的、夸张的、幽默的、概括的、象征的不同处理，运用不同的技巧，表达不同的审美内涵和画面效果。

(2) 摄影类图形。广告摄影是图形视觉设计与摄影技术相结合的产物，是借助摄影特性和独特艺术语言进行表现的艺术形式，是再现产品形象，传达产品信息的最有效、最有说服力、最令人信服的手段。它以真实的形象、巧妙的构思、诱人的情趣表达广告主题，具有重要的审美价值和信息传播功能。

以纪实性为基本特征的摄影艺术，由于它的真实性，给人以信任感与亲切感，成为传达广告信息的主要工具之一。摄影所创造的视觉形象，由于突出纪实性，最容易引人注目，再好的绘画性画面或其他视觉艺术形式，都容易给人一种人为加工的感觉，难以使人完全相信。而摄影的图片却大不相同，它能把物像的原貌真实地再现出来，使人毫不怀疑它的真实性，这是其他视觉形式不能比拟的独特的表现优势。

广告摄影在现代广告中发挥了重要的作用，具有真实而快速地传递产品信息的功能。它不仅能真实地再现产品的外形，还能通过多种艺术手段反映产品的本质，给人丰富的联想。例如，食品广告不仅展示食品精美的色泽，而且让人似乎能闻到它的甜美和芳香；典雅气派的汽车，不仅再现了汽车的华贵造型，也让人好似触摸到了它舒适宜人的质地，激发起强烈的拥有欲望。广告摄影是一种图解性摄影，它的显著特点在于用照片的形式体现出作者预先想要表达的意图，作为一种视觉传达艺术，十分重视信息传达技巧的运用。

摄影在广告视觉表现中的特征可以概括如下。

① 效果逼真。根据照片能够准确入微地再现产品的外形和细部，具有高度的真实感和纪实性，尤

其是彩色照片能细腻逼真地再现产品的原貌,对人们的视觉产生强而有力的吸引力和感染力。

② 真实可信。照相机镜头能客观公正地反映对象,照片是技术性的产物,因此容易从情理上取得人们的信赖,增加广告诉求的可信性,在心理上能缩短产品与消费者之间的距离,产生较好的说服力。

③ 印象深刻。运用精湛的拍摄技术制作出来的摄影照片,画面形象真实生动,赋予美的感染力,能够给人们强烈的视觉印象。尤其是构思巧妙表现独特的彩色照片,更具有不可抵御的视觉冲击力和艺术感染力,使人看后难以忘记。

④ 利于促销。摄影照片由于能够真实形象地表现对象,创造特定的销售气氛,容易从视觉上挑起人们的购买欲望,使人们产生追求向往之情,发挥良好的推销力量。

3. 色彩形式表现

在广告表现中,色彩是一个很重要的内容,它与广告主题的表达有着密不可分的关系。

从黑白广告到色彩广告的发展是广告演变过程中的重要特征之一。现代广告与其他艺术门类相比,色彩的运用更注重对产品的理解与表现,更需要把媒体与广告受众对色彩的特殊要求与爱好表现出来,所以更应该灵活运用色彩的一般规律创造出不同产品广告的色彩语言。

色彩在整个视觉表现过程中,拥有一整套完备的理论体系(比如色相、色彩纯度的具体应用法则等),但是在广告表现中的色彩表达还有一些特殊的要求。下面将对这些具体的要求做专门的探讨。

(1) 专用色。众所周知,作为视觉要素之一的色彩,在广告表现中是异常重要的。尽管广告的色彩表达在很多方面与有些艺术门类有相通的地方,但由于受广告目标、策略、创意、对象等条件的制约,又表现出许多特点,比如专用色设计中包括企业形象和产品包装的专用色设计。一些企业为使自己的形象更加明确专一,通常采用专用色的形式成为象征因素,在广告用色上极力突出专用色形象。如黄色能够使人想到灿烂的阳光、丰硕的秋天,给人以希望和幻想,这种色彩象征着高贵、光明。所以麦当劳用它向顾客传达企业高贵的品质和完善的服务。而"柯达"公司、"尼康"公司则用它传达产品质量可靠、消费者使用后将得到丰硕回报的信息。蓝色在可见光中,是光波中最短的一种色彩,蕴涵着一种内在的充实感,易使人联想到蓝天、海洋和远山,使人产生一种深广、沉静的感觉。它是智慧和力量,是现代科学的象征,所以 IBM 公司、美国航空公司、三星电器等高科技产业都以它作为标准色或标准色调的组合色彩,以凸显公司科技实力,表现以高精技术为人类社会服务的企业理念。

白色是清洁、朴素、纯真、高雅的象征,所以美国航空公司、"三越"百货、美能达,选择它作为企业标准色调的组合色彩,以显示企业环境、产品的洁净和值得信赖,借以表现企业对顾客负责的经营姿态。橙色是色彩中最温暖的色彩,是充足、饱满、辉煌的象征,给人愉快和富于成就的感觉。长时间使用专用色彩,会在广大消费者心中留下深刻的印象。同时,也有些广告作品在宣传时,将其产品包装的色彩加以强调或者延伸,使包装色更加完整,与广告形成统一的色彩系统。

(2) 标准色的设计。在当今社会中,标准色是企业识别系统中最重要的部分之一。国外的企业用标准色把企业常用的主色与辅色固定下来,有的甚至还制定了使用色彩面积的百分比。主色一般为 1 或 2 个高纯度色,辅色为 1~3 个或更多低纯度色彩或白色构成。国外一些历史悠久的大企业以红白为多见,近几年为强调差异感,又以蓝、绿、棕为企业色的主要色。

在广告作品中,设计企业标准色时应充分考虑公众的色彩心理。公众的色彩心理是一个综合体,包括色彩感觉心理、色彩联想心理、色彩文化心理、色彩年龄心理、色彩职业心理等。

(3) 惯用色的运用。根据长期以来人们的欣赏经验和设计家的习惯,有些颜色在广告上经常使用,虽不是什么"标准色",但它已约定俗成,习以为常,故不宜轻易改变其存在和使用,否则就会使消费者产生错觉从而影响广告效果。如药品——中药多用古朴色调，补药暖色偏多，西药一般用冷色或银色；化妆品——多用柔和、素雅色调，给人以护肤养颜的感觉；食品——为烘托其食欲感及营养性能，暖色用得较多；玩具——活泼欢快的颜色更能展示童心和稚气；服装——典雅、和谐的色调能显示其品位和格调。

(4) 联想色的运用。人们对自然界和社会的某些感受，往往会通过色彩得到一些启示或回忆，那么色彩对于人类的启示和回忆就是联想。广告表现中利用色彩的联想功能，通过色相、明度、纯度、面积、位置、配置等手段诱发人们的情感联想，如喜怒哀乐、酸甜苦辣、软硬刚柔等。对自然界现象的联想，如春夏秋冬、旺盛衰竭、男女老幼等。

(5) 色彩与广告受众。广告受众对色彩的感受是非常敏感的。由于受众在民族、地区、年龄和文化素养等方面存在差异，对色彩的喜爱情况又不尽相同，亦称为色彩的喜爱倾向。如汉族比较喜欢红色；日耳曼民族对红、白、蓝色情有独钟；拉丁族一般喜爱橙、黄、红、黑、灰色等。再者，由于年龄的关系，儿童比较爱纯色，年轻人则追求色彩的丰富感，中老年喜欢色调古朴、庄重、柔和。这只是从整体情况而言的，随着时代的发展，有些情况会发生变化，比如个性化的趋势会越来越明显。因此，就要求广告作品色彩表现的时候，除了了解总体情况外，还应该随时观察态势的发展变化，在广告表现中具体问题具体分析，使色彩运用更科学、更合理、更有针对性，更好地表现广告的主题创意。

9.3.2 听觉形式表现

广告作品中的听觉部分表达大部分是为了辅助视觉效果表达而存在的。但是，通常情况下，它也作为一种广告表现方式存在，它的作用主要是刺激目标受众的感觉。实践中需要注意的是，音乐必须与广告所突出的主题、产品形象和其文化内涵相一致。

9.4 中国广告作品的创意表达中存在的问题

1. 中国广告创意表达的现状

近30年来，我国的广告业发展迅猛，但是也面临着许多问题。这一点，在广告作品的创意表现上也有体现。主要包括以下几方面：广告表现基本以产品功能为导向；广告中模仿成分较为浓厚；表现手法相对单一，缺乏人性；创意水平普遍较低；广告文字表现方式雷同等。总之，中国广告作品中的创意表现相对还不够成熟，与国际广告作品相比还有很大一段距离。具体的问题可以概括如下。

(1) 广告表达中模仿的痕迹较重。心理学研究表明，人们对于常见的事物总是倾向于习以为常，而奇特的、反常的事物往往会引起消费者的注意。因此，广告创意表达应该在既定的表达方式上，争取再有所创新。而这些恰恰在我国很多广告作品中表现得相对欠缺。

(2) 广告表达中过分求新求异。时下某些广告表现一味地追求轰动效应，脱离目标受众所处的人文环境，不考虑消费者的接受程度，不以事实为基础，利用恐惧或消费者的善良来达到目的。

(3) 广告语言表达存在问题。广告语言表达问题主要表现在以下3个方面。

① 言过其实。夸张是一种修辞艺术，用得恰当有助于激发消费者的想象，突出事物的本质和特征，但也要以客观实际为基础，否则不能给人以真实感。

② 广告语言中仿词，特别是成语仿词满天飞。仿词又称仿拟，是一种在现成词语的比照下，更换

词语中某个词或字，临时仿造新词语的艺术手法。此法运用好的话能强有力地突出事物的本质，而且既风趣又新鲜。

③ 广告语言过分追求华丽。诸如"一流""超级""高档""豪华"等词语使用频率极高。还有些广告主为了吸引消费者，存在国货取外文名字等现象。

2. 中国广告创意表现与国际接轨

为了缩短与国际创意的差距，丰富创意方法，除了对经典广告案例的观摩学习之外，还必须不断开阔自己的视野——使我国的广告表现国际化。这一点是我国广告走向世界的推动力，我国广告创意表现走向世界的关键是完成民族品牌向国际品牌的转化，虽然这个转化才刚刚开始，但这是广告创意走向专业与成熟的必经之路。此外，要与国际创意接轨，还必须跳出传统的文化，要从周围的所有环境中去找素材。中国广告创意大多基于民族传统，其手法如下。

(1) 利用相关语，主要是利用谐音等方式在广播与电视广告里创作出一些杰出的案例。

(2) 借助中国特有的艺术（如剪纸、中国画等），加上另外的相关元素就成为一种新的创意手法。

(3) 利用多姿多彩的中国文字，或象形，或变换部首，或谐音，例如前面谈及的脱毛器广告的《手、女、足篇》。这样做是合情合理的，也很有中国特点，特别是当外国人在欣赏中国广告时尤其如此。

但是，刻意利用传统文化来表现很容易限制广告创意的发展，况且今天的消费者逐渐生活在中西文化相互融合的氛围中，因而广告创意不应该仅仅从民族文化中去寻找灵感，应该放眼四周，从现代文明的各个方面去寻找创意素材，相信生活中也潜伏了无数的新点子正等待人们去发现。

单元训练和作业

1. 优秀作品赏析1

(1) 广告内容。

开始是一段蓄势待发的音乐，以周杰伦为首的一群年轻人在一个游泳池边等待挑战，烈日当空，酷暑难耐，就在这时，有人拿来了冰冻的雪碧，特写镜头转到主人公何洁和林俊杰喝雪碧的样子。之后，他们开始激情飞扬地跳舞，活力四射。最后出现广告语：透心凉，心飞扬，如图9.1所示。

图9.1 林俊杰、何洁代言的雪碧广告

(2) 作品分析。

广告以激情的音乐作为背景，以一群年轻人作为主体对象。锁定关注原创音乐的年轻群体，是雪碧品牌音乐营销的主旨。雪碧的外在特性就是一直倡导年轻人勇于自我表达、自由自在、无拘无束的生活方式。而这段广告中以跳水、滑板等运动来表现年轻人的朝气和无拘无束，配上合适的音乐，就更加凸显了雪碧的品牌形象，是关联性的体现。雪碧选择音乐来作为它的品牌营销，目的是建立雪碧与年轻人之间的沟通，使雪碧与年轻人更加贴近。

2. 优秀作品赏析2

(1) 广告内容。

广告以茶与心情作为背景音乐，画面以主人公弹吉他开始，被绿茶纸巾所吸引的蝴蝶带着她来到了茶野，这时男主人公将带有绿茶清香的纸巾递给她，勾起美好回忆，并希望所有美好时刻都停留在这淡淡的茶香里，最后出现旋转的木马，女主人公说出广告语：淡淡的茶语心情，心相印茶语系列，如图9.2所示。

图9.2 心相印茶语心情广告

(2) 作品分析。

心相印广告"心相印"取自中国汉语成语"心心相印"，意指感情笃深，忠贞不贰。"心相印"手帕纸折叠造型也暗含该意。此广告其中的绿茶系列，广告主题是凸显纸巾清新、干净和舒适。广告中将大片的茶山与纸巾相结合，这表达了关联性，并且整个广告的背景音乐及简短故事加深了这种品牌印象，通过淡雅的画面，清新的笑容，给人一种心灵上的感触与震撼。"心相印"用爱进行情感诉求，获得了广泛的群众基础，把"纸巾"与"爱情"两个概念有机地结合在一起，既符合广告对象又符合中国大众的文化心理，给人们留下一个很深刻的品牌形象。

3. 课题内容

课题时间：4课时。

教学方式：搜集一些日常生活中经典的商品广告，分析其中的广告创意的表现方式，指导学生进行相关练习。

要点提示：重点掌握广告创意和表现的方法是如何结合的。

教学要求：搜集几种日常生活种常见的商品或服务。为其进行广告策划、创意设计，创意提出之后，依照创意表现方式的要求和原则，找出恰当的方式对其进行具体的表达。完成后，对所运用的表现方式进行总结分析。

训练目的：针对一个相同的广告主题，如果它的创意方案不同，会得到截然不同的效果。即使创意方案相同，而采用不同的表现手段来表达创意，也会得到截然不同的效果。因此，创意表现方式是否恰当，直接关系着广告目标的实现。这次训练中，着重练习对广告创意的表达方法。

4. 理论思考

(1) 分析经典广告作品中创意表现的成功之处。

(2) 思考当今中国广告业普遍存在的创意表现上的不足。

5. 相关知识链接

[1] 崔银河. 广告策划与创意 [M]. 北京：中国传媒大学出版社，2007.

[2] 孙涛. 广告创意的视觉表现 [M]. 北京：清华大学出版社，2010.

[3] 张雪. 有意味的形式：广告表现的形式语言 [M]. 重庆：重庆大学出版社，2003.

第 10 章　广告创意技法

课前训练

训练内容：在广告创意表现中可以运用任何事物作为题材来表现广告主题，关键就看使用的事物是否能准确表现广告主题，是否具有鲜明的个性特征，能否引起受众的共鸣。创意过程是个艰苦的创造性活动，需要通过广告创意者的不懈努力、苦其心志达到灵感突发过程，也需要广告创意者有较深的生活体验、广博的知识素养并掌握一定的创意技法。

训练注意事项：建议每位学生了解广告创意中的各种技法及如何培养良好的创意思维。

训练要求和目标

要求：在广告创意的思维技法和表现技法上，应该侧重创意最佳方案的实施。多掌握各种创意与表现技法的特点，熟悉广告创意与表现的过程和方法。同时还要加强对创意思维、创意思维技法、创意技法表现的培养力度。

目标：掌握各种广告创意与表现技法，并从中创造出更多的广告表现形式。

本章要点

(1) 广告创意思维。

(2) 广告创意技法中的形象思维。

(3) 广告创意的思维技法。

(4) 广告创意的视觉表现技法。

(5) 广告创意技法的培养。

引言

广告人员对广告活动进行的创造性思维活动,是为了达到广告目的,对未来广告的主题、内容、表现形式和制作手段所提出的创造性的"主意"。正因为如此,广告创意与表现的完整内涵应该是以传播信息为根本原则,以创造性思维为先导,寻求独特、新颖的意念表达方式和表现形式,以独具匠心、新异的形象和画面引人关注、发生兴趣、产生感染并留下深刻印象,从而使受众接受广告信息的活动。同时,还应以独特的表现方式,展现对事物的全新理解,给人以思想和智慧的启迪,以超然的意境和独特的审美情趣给人以美的熏陶和引导。为了使广告创意有更多的表现形式,必须掌握广告创意思维技法及不同的表现技法,只有这样,才能发挥广告创意的真正价值。

10.1　广告创意思维

创意是广告策划与视觉传播设计的核心。视觉设计没有创意,作品就会陷于平庸,或与别人雷同而被信息的海洋所吞噬,不能有效地进行信息传播。创意会使广告充满勃勃生机,使广告具有让人惊叹而难以忘怀的力量。设计必须以创意为先导进行,因为设计始终是意在笔先。设计必须以创意为动力而获得发展,因为创造性思维是广告策划与信息视觉传播的关键。

1. 创意与广告创新思维

创意即是创造新意,寻求新颖、独特的某种意念、主意或构想。创意中"创"的核心是创造性,创意是一种创造活动,其行为结果也必须是"独创的、新颖的",创意的"意",包含了主意、意念及意趣、意境等多层含义。绝妙的策划主意和独特的传达方式及新颖的视觉形式的完美结合,并在传播中共同发生效应才是创意的完整意义。从字面上理解,创意可以有两层意思。作为一个名词,创意是指具有创新的意识、思想、点子,指构思、想法、主意等。英语中"idea""creative"都有创意的含义。作为一个动词,创意是指创造性的思维活动过程。创意并不是广告理论与实践活动中才存在的概念,它是多元的,在社会上的许多领域都离不开创意活动。

"独创"与"新颖"的广告设计,源于人们认识事物时有了全新的发现。只有找到全新的视点,对事物有了全面的理解,发现人们习以为常的事物中的全新含义,才会有新颖的表现切入点,才能创造独特的表现方式。只有发现事物之间的联系,才会启示人们找到全新的表现方式,并进行组合,最终获得创造性的结果。

要有所"发现",首先需要把思维从一点引向发散,展开思想"眼睛"之视角,对事物由点及面、由表及里、由此及彼地进行审视。要想有所创新,就必须在多个视角中,发现全新的视点,在多向的思路中独辟蹊径,在由表及里的审视和剖析过程中,发现事物的全新含义并赋以全新的表现方式,在由此及彼的比较中,发现事物之间微妙的联系。对它们进行新的组合,这就需要以联想和想象为先导打开思路,利用联系的思维方式,再通过分析、选择最具新意的表现角度和技法。

大卫·奥格威说:"要吸引消费者的注意力,让他们来买你的产品,非要有很好的点子不可,否则,它就像被黑暗吞噬的船只。"这个点子,就是人们所说的创意,即通过创新与发现,构想出新的意念或意境。广告活动的每一个环节和过程,如确定广告的表现方针、明确广告的诉求重点、进行广告文案写作和设计制作等,都是根据广告创意进行的。可以说,没有广告创意,就不存在广告创作,广告活动就无法深入开展下去。

2. 广告创意思维的基础——想象

(1) 想象的概念。想象是指用过去感知的材料来创造新的形象，或者说在人脑中改造记忆中的表象而创造新形象的过程。心理学上把客观事物作用于人脑后，人脑会产生出这一事物的形象叫做表象。那么对于已经形成的表象进行加工和改造，创造出并没有直接感知过的新形象就是想象。

要形成想象，必须具备3个条件：①必须要有过去已经感知的经验，但这经验不一定局限于想象者的感知；②想象必须依赖人脑的创造性，需要对表象进行加工；③想象是个新的形象，是主体没有直接感知过的事物。想象是人类所特有的一种心理活动，是在人的实践活动中产生、发展起来的。通过想象，人们才可能扩大知识、理解事物、创造发明、预见行动的前景。消费者在评价商品时，就经常伴随有想象。例如，一辆高级家用汽车，往往伴随对生活美好追求的想象等。

(2) 想象思维的种类。按照想象活动是否具有目的性，想象可以分为无意想象和有意想象两大类。

① 无意想象是一种没有预定目的、不自觉的想象。它是当人们的意识减弱时，在某种刺激的作用下，不由自主地想象某种事物的过程。

② 有意想象指按一定的目的、自觉进行的想象。在有意想象中，根据想象内容的新颖程度和形成方式不同，可分为再造想象和创造想象。再造想象是根据言语的描述或图样的示意，在人脑中形成相应的新形象的过程。例如，消费者根据广告里的言语描述，想象出商品的形象等。创造想象是创造活动中，根据一定的目的、任务，在人脑中独立地创造出新形象的心理过程。在新作品创作、新商品创造时，人脑中构成的新形象都属于创造性想象。

(3) 想象和思维的联系与区别。思维是人脑对现实的间接认识和概括认识。只有在思维过程中，人们才能够认识事物的本质及事物之间的联系。想象离不开思维，特别是创造性想象，必须有思维活动的参与。两者都是比较高级的认识活动。两者的区别是：想象活动的结果是以具体形象的表象形式表现出来的，思维的结果是以抽象概念的形式表现的。

(4) 想象思维的条件。

① 对以往事物的感知经验。

② 创造性思维与加工。

③ 创造新的形象。

3. 创意与联想思维

联想是一种心理复现，称为思维的翅膀。由一事物联想到另一事物，或将一事物的某一点与另一事物的相似点或相反点自然联系起来，由此及彼、触类旁通地进行关联而引发某种新结果。联想造就了艺术家的创造力，是一种创新型思维。联想可将诸多相距甚远的事物、概念或要素相互连接起来，使之在偶遇、交合、撞击中产生新意。也就是说，联想从某种意义上说，本身就是一种组合创造，是思想的组合，是诗意的创造。

4. 创意思维的分析

联想中的"发现"和"获取"，对创意而言，并不全都可用。联想过程的完成并不意味着必然产生优秀的创意。在创意过程中，联想与分析需要不断交叉使用。经过分析，可在多种联想结果中选择有利于诉求且有新意的组合方式、阐释方式。只有丰富的想象而没有一个科学的分析和选择的过程，就很容易使创意偏离诉求目标。

在创意过程中，对创意方案的选择标准应该是择优、异常、逆反、差异。"择优"就是选择最有新意、最准确的构想；"异常""逆反"，就是选择异于常态、逆于常规的新奇构思；"差异"就是创造与众不同的表现方法和形式，引人关注。创意的思想原则就是多向发散并具有逻辑性，异常而不荒诞，独特、新颖而又贴合主题。

(1) 想象与创造。想象是比联想更为复杂的一种心理活动。这种心理活动能在原有感性形象的基础上创造新的形象，这些新形象是已积累的知觉材料经过加工改造形成的。人们虽然能够想象出从未感知过的或实际上不存在的事物的形象，但想象归根结底还是来源于客观现实，是在社会实践中产生的。它对创造性思维活动有十分重要的作用，可有力地推动创造性思维。

广告视觉传播设计中的元素建立在许多具体的素材基础上。素材主要来自视觉或听觉表象。表象具有生动、直观的特点，同时，它又不同于知觉形成的直观形象，具有概括性的特点。广告的创作便是商品的表象及其引发的各种表象，其实质是一个形象思维的问题。创作者应充分展开想象力，突破原有的思维模式，不断创新，运用求异思维设计独特的广告形象。

(2) 再造想象与广告创作。再造想象是指作者根据语言文字或其他艺术作品的形式、内容与素材等要素的启示，结合自己长期积累的知识、经验，创造性地向其注入新的要素，再造出相应的新形象的心理过程。经过再造想象产生的新形象完全脱离了被借鉴要素原有的意义，因而它具有独特的、全新的概念。如中国的吉祥图腾"龙"是综合了多种兽类形象所形成的；而"凤"是由多种鸟、禽类形象构成的，它们都是再造想象的典范。

(3) 创造想象。创造想象是指根据一定目的、任务，独立地创造出一个全新的视觉形象的心理过程。这种全新的视觉形象的创造必须以自己积累的知觉材料为基础。设计师通常要使用许多形象素材，并把它们加以深入的改造，通过组合和融合，以不合逻辑的形象去表现出合乎逻辑的寓意，在客观现实和想象之间形成新的意念并给人以新奇与强烈的视觉感受。创造想象虽以现实生活中的客观事物为基础，但是它超越了现实生活和客观事物的发展规律。创造想象是比再造想象的活动空间更加自由灵活的一种想象，是创造性思维发展到高级阶段的产物。

10.2 广告创意技法中的形象思维

在广告创作过程中，创造想象的过程不同于再造想象的过程，它具有很大的偶然性，是人们靠自己的顿悟而形成的。但是在广告创作过程中，新形象的形成也是有规律可循的。一种常见的方法是把不同形象综合起来，形成新的形象。组合是一种创作的基础，但是创造性的综合与简单的、机械的组合是不同的，它可以从图像中创造出原来消费者从未见过的新形象。现代广告表现技术可以将以上形式通过合成的方式加以综合。例如，把汽车形象与高科技图像组合起来，使人们对商品有一种新颖、科技含量高的印象，从而提高了人们对商品的信赖程度，达到促销的目的；另一种是放大或缩小某些广告对象的特殊性质、功用或特点。

10.2.1 广告创意中形象思维的技法

广告创意就是设计者发挥形象思维的过程，广告创意与表现中经常使用的形象思维技法有以下几方面的内容。

1. 创意过程中的联想思维技法

联想的6种方式是拓展思维和视角的6个导向。这6种方式是相似联想、相关联想、相反联想、因果联想、虚实联想和接近联想。

（1）相似联想。相似联想是指由一个事物的外部构造、形状或某种属性与另一事物雷同、近似而引发的想象延伸和连接，如图 10.1 所示。

图 10.1　美涛喱广告作品（巴黎铁塔篇和国画山水篇）

（2）相关联想。相关联想是指由一个事物与另一个事物有密切的邻近关系和必然的组合关系而引发的想象延伸和连接。许多事物在外形上或内容上有相似的特点，因而会使人产生类似联想。类似联想是一种"借景抒情""托物言志"的表现手法。看到植物的嫩芽破土而出，就会联想到生命的茁壮成长；看到黑瓦、白墙，就会联想到苏州传统建筑，这些都属于类似联想。

（3）相反联想。相反联想是对与事物有必然联系的对立面的想象延伸和连接。事物在外形上或内容上正好相反，通过这一事物就会联想到与之相反的事物，称为相反联想，如白天与黑夜、大与小、战争与和平等。从白天的嘈杂可以联想到夜晚的宁静；从鸽子的受伤可以联想到战争的危害；看见燃烧的香烟，就会联想到吸烟者的健康等，这都属于相反联想的结果。相反联想包含逆反思维，它可以启示人们打破常规去思考问题，如图 10.2 所示。

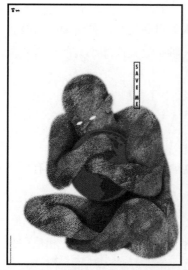

图 10.2　*SAVE ME* 系列公益广告　林宏泽（中国台湾）

(4) 因果联想。因果联想是人们对事物发展变化结果的经验性判断和想象。

(5) 虚实联想。构成图形主题思想的许多概念常常是虚的、看不见的，但它却与看得见的形体相关联而构成虚实联想。例如，"香"这个味觉概念是虚的、看不见的，而飞在花丛中追逐香气的蜜蜂则是实的、看得见的；"和平"这个概念是虚的，而"鸽子"和"橄榄枝"则是实的；"战争"这个概念是虚的，而枪炮、硝烟和作战的士兵则是实的；"美味"这个概念是虚的，而金黄色的"汉堡包"和"烤鸭"则是实的。

(6) 接近联想。在接近的时间或空间里发生过两件以上的事情，就会形成接近联想。在广告创意过程中，接近联想也是应用较多的一种方式。看到闪电就会想到雷声；看到柳树就会想到鸟鸣；看到南飞雁就会想到秋风凉；看到江河就会想起船舶；看到蓝天就会想起白云；看到红灯，就会想到危险、停止等。它们都属于接近联想，如图10.3所示。

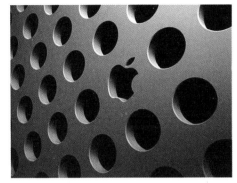

图10.3　利用接近联想产生创意的苹果广告

2. 比喻

比喻是指将一个事物暗指另一个抽象或具象事物。这种通过相关的喻体去表现本体的本质特性的表现手段，可使抽象的事物形象化，突出被比喻事物的特点。运用比喻要抓住本体与喻体在层次结构上具有的内在联系，即"以此物喻彼物"。用作比喻的称喻体，被比喻的称本体。一般来说，喻体的形象与本体的某一特性有相似之处，比喻才可以成立。广告运用比喻的手法，可以生动而通俗地宣传主题，取得良好的艺术效果。比喻要确切、恰到好处，不可使人产生误解。此外，要运用人们常见的事物来进行比喻，这样容易引起人们的兴趣，被人们所理解和接受；还要运用人们所熟知的事物作类比，能够使人产生更多的联想，增强对商品的认识，如图10.4所示。

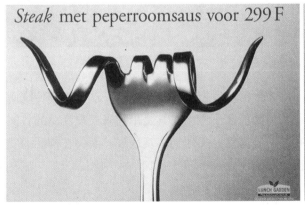 

图10.4　午餐花园（快餐店）销售现场广告（比利时·欧洲RSCG广告公司）

3. 寓意

寓意即运用有关事物间接地表现主题，启发人们去思考与领会，如图10.5所示。

4. 比附

用外表不相关但有内在联系的事物来表现广告商品形象，给人以生动、深刻的印象。

5. 象征

象征是将某些具象或抽象的事物所蕴含的特定含义，通过另外一种事物或角度、观点进行引申，从而产生新的抽象或具象的意义，使表现主题更加深刻、强烈、鲜明。事物之间没有必然的内在关联

图 10.5　大众甲壳虫汽车广告——为大自然开放

性，只有外在特征的某些类似联系。象征思维应选择有代表性及被大众所认可的形象，以唤起人们思想深处的共鸣。象征不进行直接表现，它注重"意象"表达，注重自然中的人文内容以及与人有关的象征，通过艺术化的视觉形象来传达某种特定的意念，它们之间没有必然的关联性，只存在外在特征的某些类似联系。其视觉形象可以是物形，可以是符号，也可以是色彩。总之，为了表达一种意念，其视觉形象可以是抽象的，也可以是具象的。例如，长城象征中国、金字塔象征埃及等。

10.2.2　形象思维在广告创意中的表现手法

1. 夸张手法

用显而易见的含义或形态夸张突出商品形象，给人以强烈的印象。它是指以现实生活为依据，用丰富的想象力对画面形象的典型特征加以强调和夸大，或改变物体间的比例、形态、位置、色彩等诸多对比因素，以体现广告的创意，使画面更新颖、奇特、富有变幻的情趣，从而达到吸引受众注意力的目的。夸张的表现形式包括整体夸张、局部夸张、透视夸张、适形夸张等。在具体表现中要注意整体关系，不能因局部的夸张而破坏画面的整体性，如图 10.6 所示。

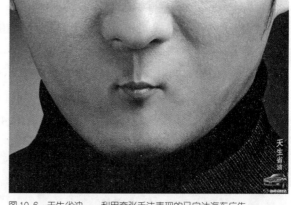

图 10.6　天生省油——利用夸张手法表现的马自达汽车广告

2. 展示手法

展示手法是指直接而真实地把商品展示在消费者面前，给消费者留下深刻的印象。这是比较传统而又通俗的表现手法，但因它与广告宣传商品的目标一致，故而经久不衰。尤其是用它来表现商品的真实外观和特点，可以做到形象逼真，使人一目了然。但它并不是自然主义地纯客观表现，而要在构图的安排、主体的突出、背景的衬托、色光的处理等方面进行精心的设计。

3. 幽默手法

幽默是有趣可笑而意味深长的意思。它善意地采用夸张、比喻、换置等手段来引人发笑，含蓄地传达某种意念或商品信息。在广告设计中使用幽默的手法，通过富有创意的巧妙组合、喜剧性的矛盾冲突，往往能获得意料之外而又在情理之中的效果。它可以增加画面的趣味性，使受众在笑意中接受广告所传达的信息。幽默与讽刺不同，讽刺是针对不良现象的，而幽默则是善意的戏谑。

4. 比较手法

用比较的手法宣传商品，有两个含义：艺术手法上的比较和实质性的比较。艺术手法上的比较是指在广告画面上采取一定的艺术手法以突出商品的形象。实质性的比较手法用于反映商品使用前后效果的比较、商品改装前后的比较。需要指出的是，本商品与另一同类商品比较的侧重点应放在突出该商品的新功能和特点上。

5. 图解手法

当广告需要突出地宣传商品的内部结构、产品功能、主要成分、使用方法或其他相关知识时，往往采用图解式的表达手法。它节省了文字的解释，有时比文字更加直观、准确而易懂。这是一种很通俗、有趣的表现手法，但在画面布局和效果的处理上，切记不能失去画面的生动性和艺术性，否则广告将因缺乏吸引力而影响广告的传播效果。

6. 反常手法

反常手法是相反联想思维的一种体现。反常地是指有意的违反常规，使之不合情理，引起受众的惊奇和注意，给受众以深刻的印象，从而达到广告传播的目的。在广告设计中，表现变异、怪诞、互悖、矛盾等的图形，都属于以反常手法吸引受众的实例。

7. 拟人手法

拟人手法是象征思维的具体表现，把人以外有生命甚至无生命的物类人格化，使之具有人的某些特性用以表达广告的主题，引起消费者对商品的注意，从而达到广告传播的目的。设计师应根据主题与创意的需要去选择恰当的表现对象，按人们熟悉的性格、表情、动作进行拟人化处理，并要注意形象的通俗性、愉悦性和审美性。这种拟人的手法最容易受到儿童的欢迎，在儿童食品及儿童用品广告中很常见，如图10.7所示。

图10.7 拟人化表现的啤酒广告

10.2.3 创新思维的生成

1. 创新思维的独创性

创新思维是对思维某些特征的强化，比如从多角度观察和思考问题的发散性，把需要解决的问题与其他事物进行联系和比较，思维过程的辩证性，思维空间的开放性，思维主体的能动性及思维成果的独创性。其中，独创性是创新思维最具代表性的特征，也是广告创意的关键。因为，创意过程中独具一格的思维特点，就是创新思维的独创性。

2. 创新思维独创性的生成

随着人们审美情趣的不断提高，广告创意的独创性也要不断演变。若要使广告的表现符合时代精神，那么创意的诞生要经历四大环节：境域—启迪—顿悟—验证。

3. 挖掘创意潜能应着眼于独创性

精彩的形象广告与公益广告亲切自然，它们扎根于人们的意识中，触及人们的灵魂，使人们久久不能忘怀。无论广告创意的求索、知觉信息的筛选、诱因条件的妙用，还是设计灵感的显现，都离不开挖掘创意潜能的实践。

创新思维在表达方式上着眼于个体，通过个体特殊的形象来反映事物的共性。因此，广告作品要具有独创性，就必须力求从不同的侧面塑造新的形象，深刻反映事物的普遍性，揭示客观的本质与规律。

4. 广告创意实践中贯穿着独创性

系列化的形象广告和公益广告能够放大品牌在受众心中的形象。在系列形象广告和公益广告创意元素中，有一个相同的元素——在既定的目标下"生动地"表现"单一的主题"。每一个广告表述的主题必须"单一",因为一个广告表述一个主题是最有效的,只有这样才会在市场上受到关注。

广告创意实践使人们认识到"会综合就能创意"。独特的广告创意通常不过是常规的组合,不应该把广告创意神秘化,关键是运用创新思维把常规的事物综合成"新颖独特、有文化品位、具有吸引力"的广告作品。

5."链式效应"有利于提高广告创意的实效

广告创新思维具有"链式效应"。在广告创意实践中,当一个又一个创意设想涌现时,先提出的设想必然会对后面的设想产生刺激诱发作用,就像燃放鞭炮一样,点燃一个就会引起一连串的爆响。"键式效应"会对广告创意产生强烈的冲击作用。广告创意的成功不是偶然的、心血来潮的,广告创新思维"链式效应"触发的前提是视野开阔,学会综合运用知识,同时还要紧跟摄影与广告潮流,善于转移知识。

10.3 广告创意的思维技法

进行广告创意时,不仅需要创作者具有强烈的创作动机、能力和技巧,还需要掌握产生创意的思考方法。

1. 垂直思考法与水平思考法

这种思考方法为英国心理学家爱德华·戴勃诺(Edward de Bono)博士提出。垂直思考法是按照常规思维,在固有的模式下凭借旧经验、旧知识来深入思考与改良;水平思考法强调思维的多向性,善于从多方面观察事物,从不同角度思考问题,思维途径由一维到多维,属于发散思维。因而,在思考问题时能摆脱旧知识、旧经验的约束,打破常规,创造出新的意念。在社会发展过程中,常常会得到巨大的收获和成果。在进行广告创意时,水平思考法可以弥补垂直思考法的不足。

2. 头脑风暴法

"头脑风暴法"由美国人奥斯本(Alex Osborn)于1938年首创,英文为"Brainstorming",又称"脑力激荡法"。这种方法是指组织一批本专业的专家、学者、从业人员和其他人员共同思考,集思广益进行广告创意,也是目前运用最为广泛的一种创意方法。它通常采用会议方法,针对某一议题集体进行广泛讨论,深入挖掘,直至产生优秀的广告创意。头脑风暴法的内容和方式主要有以下几个方面:选定议题、脑力激荡、筛选与评估,对创意的质量不加限制。

3. 想象法

(1) 组合想象法。将两个以上现实存在的、独立的具象依据表现主题的需要组合在一起,形成新的形象。多数广告创意都是由此产生的。

(2) 黏合想象法。将客观存在的两个独立具象,依据表现主题的需要进行局部的结合,从而形成一个新的独立具象。

(3) 夸张想象法。广告创意者在构思主题的主体物象时,将其形体扩大或缩小,或将表现主题的人物行为夸大。前者是形体夸张想象,后者是行为夸张想象。两者都是构思创意时常用的创造新形象的方法。

(4) 强调想象法。在构思广告创意时,将能表现主题的某些特征凸现出来,形成引起人们瞩目的新形象。强调想象法与夸张想象法的共同点是形体扩大,但强调想象法是局部形体夸大,而夸张想象法是整体形体扩大。

(5) 变形想象法。在构思表现广告主题的主体具象时,有意识地歪曲其外形,以新奇、怪诞的形象引人注目。

(6) 颠倒想象法。在构思表现广告主题的主体具象时，有意识地颠倒其外形，以怪诞的行为方式引人注目。

(7) 重叠想象法。在构思创意时，将表现主题的两件商品重叠成一个完整的、独特的新形象，用来表现商品特有的品质和性能。

4. 变相思考法

(1) 侧向思维法（多角度思考）。在日常生活中常见人们在思考问题时"左思右想"，说话时"旁敲侧击"，这就是侧向思维的形式之一。

(2) 逆向思维法。逆向思维是超越常规的思维方式之一。当陷入思维的死角不能自拔时，不妨尝试一下逆向思维法，打破原有的思维定式，反其道而行之，开辟新的艺术境界。

(3) 反叛思维法。创意的本质就是改变。威力更大的，就是颠覆（反叛）。创意须具备的旗帜——反叛，反叛不等于创意，但创意需要反叛及挑战的精神，创意也同样需要悟性。反叛性是爆发式的革命，它的设计思想有明显的反传统性。

(4) 捕捉灵感法。灵感思维是潜藏于人们思维深处的活动形式，它的出现有着许多偶然的因素，不能以人们的意志为转移，但能够努力创造条件，有意识地让灵感随时迸发出来。

(5) 联想的分支——软性思维法。软性思维法主要采用借物喻物的表现方式，因此具有比较强烈的指向性和象征性。

10.4 广告创意的视觉表现技法

视觉传播设计最终以形象和画面"说话"，通过对代表不同词义的形象进行组合而使其含义得以连接，构成完整的视觉语言并进行信息传播。所以，在阐释信息内容的思路和文字表述方式确定后，就必须考虑如何以形延其"意"，创造一种与确定的表述方式一致，能反映构想、传达信息的外在形式。一个完整的视觉语言主要是由形象元素组织而成的，所以对表述形式的创造首先就是收集、整理设计所需的形象元素，找到阐释信息内容的文字语句中的视觉表现形式，即意形转化。特别应该收集各种代表同一词义的不同形式，选择最具新意而表意准确的形象作为构建完美视觉语句的"建筑"材料。

10.4.1 广告创意视觉表现的原则

凡是能想出新点子、创造新事物、发现新手段的思维都属于创新思维。在广告创意过程中必须运用创新思维。在广告创意的视觉表现中，需重点把握的原则主要包括以下几个方面。

1. 冲击性原则

在令人眼花缭乱的各类广告表现中，要想迅速吸引人们的视线，在广告创意时就必须把提升视觉张力放在首位，形成鲜明的色彩对比，加强广告画面的视觉冲击效果，才能使广告引人注目，从众多广告作品当中脱颖而出，如图10.8所示。

2. 新奇性原则

新奇是广告作品引人注目的奥秘所在，也是一条不可忽视的广告创意规律。主要在构图、画面编排、色彩搭配、表现技法上体现出新奇的效果。有了新奇的画面效果，才能使广告作品的画面形成波澜起伏、奇峰突起、引人入胜的视觉张力，最终使广告主题得到深化与升华，如图10.9所示。

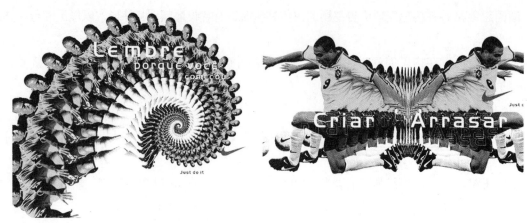

图 10.8 《耐克》广告的视觉冲击效果

3. 简洁性原则

自然界普遍规律的表达方式都是简洁为主。近年来国际上流行的创意风格越来越简洁、明快。一个好的广告创意视觉表现方法包括 3 个方面：清晰、简练和构图得当，简单的本质是精练化。广告视觉表现的简洁化处理，除了从思想上提炼，还可以从形式上提纯。简单明了并不等于无须构思的粗制滥造，构思精巧也并不意味着高深莫测。平中见奇，意料之外，情理之中往往是广告人在创意时渴求的目标，如图 10.10 所示。

图 10.9 具有装饰画效果的啤酒广告（来自网络）

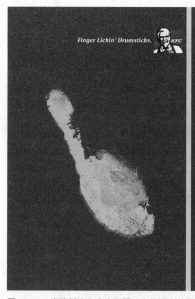

图 10.10 肯德基广告突出了简洁化的视觉效果

总之，一个带有冲击力、新奇而又简洁的广告视觉表现，首先需要想象和思考。只有运用创新思维方式，获得超常的创意来打破受众视觉上的"恒常性"，寓情于景，情景交融，才能唤起广告作品的诗意作用，取得超乎寻常的传播与表现效果。

10.4.2 广告图形创意设计的视觉表现技法

由联想和想象得到的意向，最终都将以一定的视觉形象传达一种完整的概念。这种"意"与"形"的转化过程是形象素材的寻找、收集、整理的过程，也是寻求创意的过程，更是探寻阐释信息内容最佳视觉表达形式的过程。为此,广告图形创意设计的视觉表现中常见技法如下。

1. 广告创意表现技法之共生图形

共生图形是指由"虚实相生"和"双关轮廓"组合而成的图形。它们以一种独特的紧密关系组合成一个不可分割的整体。共生图形常常用来象征事物之间互相依存的含义,它一般分为轮廓共生图形和正负共生图形。同时,它也指两种或两种以上图形完全共用或者共享同一个空间、同一边缘,相互依存,构成缺一不可的统一的图形。

2. 广告创意表现技法之悖论图形

悖论图形实际上是把"地图互换"那样具有视觉趣味的图形从二维的关系扩大到三维的关系中来。悖论图形通常是利用人们视点的转换和交替,在二维平面上表现三维立体形态,但在三维形态中又显现出模棱两可的二维形态视觉效果,从而造成空间的混乱,产生介于两种状态之间的空间状态。这种貌似简单、正确,实际上复杂和矛盾的图形,统称为"悖论图形"。

3. 广告创意表现技法之同构图形

当作品画面中两个或两个以上的单元形以某种共性特征构成一新形态时,这幅作品称为同构图形。它用一种元素的形态去破坏或者嫁接另一种元素,使两者之间产生冲突和连接,从而呈现新的视觉形态和语义,削弱形的作用而强调意的存在。同构就是桥梁,就是"合一"。同构图形的思维方式——强制联想,强制联想往往把本来毫不相干的事物强行组合在一起,从看似无关联的事物中找出可以连接的因素。这是一种在限定中激活创造的方法。运用联想思维应善于观察、善于联想,透过现象看本质,如图10.11所示。

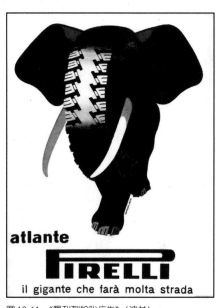

图10.11 《佩利列轮胎广告》(波兰)

4. 广告创意表现技法之解构重组

为了把素材组合成新的形象,要把有关的素材加以分解重构,即解构。形象素材的解构过程,实际上就是形象的分析过程。重构即整合,只有经过分析才能达到整合的目的。传统审美趣味往往只重视事物的完美性,事物在静止完好的状态下往往被人忽略,但有时破坏也是一种创造。若将完整的形体有意识地加以破坏,使形象的分离和重组根据不同的目的重新组合处理,并产生新的意义,人们对事物的注意力则会因常态的消失而受到冲击。解构犹如裁剪,布帛只有经过裁剪才能缝制成时装。素材只有经过解构,才能进一步被整合成新的形象;物象只有通过解构,才能获得多种不同的表现素材,产生截然不同的表现画面,得到意想不到的表现效果。

5. 广告创意表现技法之文字图形

利用文字进行图形的创造是设计师善用的手法之一。其表现为:文字图形和图形文字。文字图形是以组合的文字或单体字构成具体形象的外形、体积等;图形文字是以字尾要素进行图形化的表现,弱化文字的识别性,强化图形的视觉作用,如图10.12所示。

6. 广告创意表现技法之意象图形

意象是指在知觉的基础上形成的感性形象。在图形设计中将现有知觉形象改造成新的形象,是在过去同一或同类事物中多次感知的基础上形成的。意象表现的图形较有概括性,是从对客观世界的直接感知过渡到抽象思维情感的升华。

图 10.12　云南鹤庆银饰品批发交易市场平面广告（作者：尤阳）

7. 广告创意表现技法之视角图形

人的眼睛习惯于根据积累的经验，在一定的透视、立体及环境的对比法则中去观察物体，这种观察方法有极大的局限性。一旦有意识地移动视点，变化视角，从人们不熟悉的角度去观察和揭示对象，就能引发某种奇妙的意念，如图 10.13 所示。

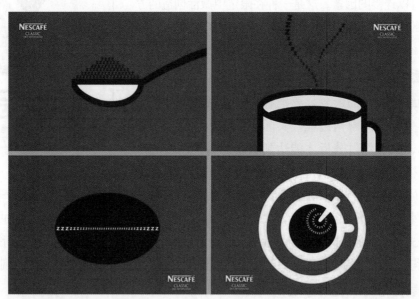

图 10.13　《雀巢咖啡》广告

8. 广告创意表现技法之波普风格

广告设计当中的图形艺术以波普的表现语言为创意准则，创造今天的流行视觉样式，以色彩艳丽、生动的形式体现当今社会的活力。后现代人类的躁动、个性的张扬及对传统的反叛，以一种无设计章法和结构的图形化组织，表现为随意的形象罗列与叠加，一切显得轻松、自信。在表现手段上，多使用丝网印刷、拼贴、网点、影像技术、连环画、卡通等手法塑造形象。波普表现是当代广告画面编排与设计的一种重要手法。

9. 广告创意表现技法之异影图形

广告创意表现中的异影图形是指以影子与实体的关系作为想象的着眼点，通过对影子的改变来传情达意。这里的影子可以是投影，也可以是水中倒影或镜中影像等。当设计者为了体现其创作意念而对影子进行变异时，异影图形就产生了。异影图形常用来反映事物内部的矛盾关系：如果实形代表现象，异影则可以反映其本质；若实形代表现在，异影则可以反映过去或将来；若实形代表现实，异影则可以代表幻觉等。在进行异影图形的创作时，要注意改变后的影子与原物之间相对关系的自然过渡。

10. 广告创意表现技法之换置图形

在广告图形表现与创意中最常见的手法是将现实中相关与不相关的元素形态进行组合，以形象的方式将元素的象征意义交叉形成复合性的传达意念。这种组合不是简单的相加、拼合，而是以一定的手法加以整合，其最常用的就是换置图形。"换置"也是指在保持原形的基本特征基础上，将原素材中的某一部分换上另一种形象素材，而组合成具有全新意义的形象。这个新的形象虽然出现了"张冠李戴"的情况，却因此表达了图形创意的主题思想，并且加强了视觉传播的表现力。要得到好的换置效果，一般要求用以替代的物形与被替代的原形部分，在形态上具有一定的相似性，而在意义上具有差异性。

11. 广告创意表现技法之延异图形

延异又称渐变，是指在图形中将一种形象通过一定过程逐渐演变成另一种形象。这类图形最重要的特点是能将两种形态元素分别完整呈现，关键在于借由中间的过渡步骤将二者有机地组合在一起。这种变化过程往往是非现实的，需要依赖设计者的视觉想象力来实现变化。

广告创意设计与表现中的延异图形一般分为两类。一种是形与形之间纯形态的延异。可以是相似形渐变，即两种物形间没有必然的联系，只是形态较为相似，如鸟与鱼，也可以是两个有一定逻辑关系但形态相差较大的物形的渐变，如炮弹与飞鸟。另一种是某一物形自身的变化过程。这种过程可以体现设计者对物形的创造性想象的结果，可以摆脱现实中物形概念的束缚。这个过程依赖于设计者丰富的联想和想象。

10.5 广告创意技法的培养

许多广告从业者把创意看作是很神秘、很崇高的天赋，一方面对创意推崇备至，另一方面又对创意望而却步。其实，优秀的创意并不是与生俱来的，而是经过后天的训练培养出来的。广告创意技法是一项创造性活动，它离不开强烈的动机、高超的能力和绝妙的技巧。

1. 创意动机的培养

美国广告专家詹姆斯·韦伯·扬认为，优秀的广告创作者应具有两种独特的性格：①要对任何周围的事物发生兴趣，从传统民俗到现代艺术，生活的每一个层面都是能够产生兴趣的；②广泛浏览各学科的相关信息。在这里，广泛的兴趣和强烈的求知能力，正是培养和激发创意动机最有效的方法。

兴趣是创意动机的一个重要因素，因为只有对自己的事业和生活产生浓厚的兴趣，才会不遗余力地去追求它、探寻它，创造力才能被开发出来。产生兴趣—努力创造—获得成功，这往往是创造发明的三部曲。广告创意也不例外，对广告事业的浓厚兴趣，既是智力的触发器，又是促进创意、获取成功的动力。另外，强烈的求知欲也是促进人们进行创造性活动的重要动机。爱因斯坦说："对真理的追求要比对真理的占有更为可贵。"追求的过程就是探索的过程，而在探索的过程中，又会不断激发人们的好奇心和求知欲。

好奇心是促进创造性思维的强劲动力，积极的创造性思维，往往是在人们感到"惊奇"时开始的。从某种意义上说，人们思维世界的发展，就是对"惊奇"的不断探索。刨根问底的好奇心越强，就越能调动和发挥一切智力因素的能动作用，感知活跃、观察敏锐、注意力集中、想象力丰富，从而促成创意的诞生。

2. 创意能力的培养

广告创意是在调查试验基础上进行分析、综合、构思、想象，然后对创意成果进行设计制作并输出的过程。为了保证广告创意的质量，创意者必须具备相应的能力，比如良好的记忆力、敏锐的观察能力、丰富的想象力、准确的评价力、活跃的思维力和娴熟的操作力等。

(1) 良好的记忆力。记忆虽然不能直接激发创造性的思维活动，但是却提供了创意所必需的原始信息和基本资料。拥有良好的记忆能力，就等于拥有了一座取之不尽、用之不竭的创意粮仓，而这种深厚广博的知识和信息储备能力就是一种对新思维、新观念的"蠢蠢欲动"。良好的记忆能力来自刻苦学习、博闻强识。

(2) 敏锐的观察能力。俗话说："处处留心皆学问。"在变化万千的现实世界中，只有具备敏锐的观察能力，才能获得第一手资料，及时地、敏锐地、准确地捕捉到机遇，碰撞出创意的火花。培养敏锐的观察力，必须克服漠不关心、麻木不仁、视而不见、听而不闻的生活习惯，保持对生活的热爱与信心，做生活中的有心人。培养观察力，还必须克服"一叶障目"和"一言以蔽之"的观察习惯，训练和培养"既见森林，又见树木"的细致入微的观察能力，通过全面又深入的观察，提高观察的准确性、深入性和全面性。

(3) 丰富的想象力。在众多的创意能力中，大部分都可以由电脑来代替，如记忆力、观察力、理解力（即分析判断能力），只有想象力在可以预见的将来仍无法被电脑取代，而且在创意中的重要地位也是无法被替代。想象力是一切思想的原动力，也是一切创意的源泉。可以说，想象就是创造的翅膀，一切创造都离不开想象。丰富的想象力对于创造性思维具有极大的开发作用，它可以从不同方面、不同角度、不同层次，对广告主题的创意进行生动形象的表现。

例如，百事可乐公司围绕着"百事可乐：新一代的选择"的广告主题，创作了极富想象力的电视广告——"太空船"。一阵强风吹进大街，灯光忽明忽暗，给人不祥之感，空中传来低沉的轰鸣。一只飞碟在下降，它在两台自动售货机上空停住，从两台售货机上各提起一罐可乐。过了一会儿，这只飞碟慢慢地将百事可乐自动售货机提升起来，送进舱内，而将可口可乐自动售货机留在原处。

由此可见，创造性想象不是对现有形象的描述，而是围绕一定的目标和任务，对已有的表象进行加工和改组，而产生新形象的过程。要培养这种想象力，一方面要扩大知识范围，增加表象储备；另一方面要养成对知识进行形象加工、形成表象的习惯。另外，经常对自己提出一些"假设"问题，也可以激发想象力。总之，丰富的想象力是广告创意者必须具备的最重要的能力，应特别重视对它的培养。

(4) 准确的评价力。评价能力，即分析、判断力，它是对现有的信息评定其优劣性、正确性、适用性和稳定性等工作的能力。在创意的开发阶段，需要记忆力、观察力、想象力来激发灵感，进行开放性的、创造性的思考，以便提出许多可能解决问题的新方法、新观点、新措施。而在创意的形成和发展阶段，则需要评价力展开收敛性的分析思考，进行"去粗取精、去伪存真、由此及彼、由表及里"的判断筛选，评估选优，最终确定可行性方案。由此可见，评价力发挥着定向作用，直接影响和决定着创意的命运及今后的广告运作方向。

创意的形成、变化和发展过程，实际上就是一系列的分析、判断、筛选的过程，准确地评价判断能力,能够更深刻、更正确、更完全地反映广告的构想和主题,保证创意正确发挥运用。要培养准确的评价能力,就必须养成抽象思维的习惯,凡事多问几个为什么,并善于从日常的琐碎事务中总结和概括出事物的共同特征。

(5) 活跃的思维力。思维是一种在感性认识基础上产生的,对感知和表象的认识功能。只有通过思维,感性认识才能上升为理性认识。思维能力是贯穿记忆力、观察力、想象力、评价力的一条红线,在发明创造中起着至关重要的作用。许多研究结果表明,思维能力在创造发明中的作用最大、最重要。

广告创意是一种创造性的思维活动,并需要较强的创造性思维能力。创造性思维是指能产生前所未有的思维成果,具有崭新内容的思维。创造性思维是人类思维活动的最高形式,它是各种思维方法综合作用的结晶,它既有逻辑思维,又有形象思维,还有灵感思维的参与;既有聚合思维成分,又有发展思维成分,这些不同的思维形式和方法,在创造性思维中都起着特殊的作用。

(6) 娴熟的操作力。记忆力、观察力、思维力、想象力和评价力是属于认识层面的创新能力,而操作力则属于行为层面的创意能力。缺乏任何一个层面,都不能保证创意的成功。荀子说,"知之而不行,虽敦必困",意思是明白事理而不去实践,虽然知识丰富,也解决不了实际问题,要取得重要成果,就必须进行创意实践。

作为一个广告创意者,应该既善于创造性思考,又善于有条不紊地进行创造性实践。要进行创造性实践,就必须掌握娴熟的操作技能。表现在广告创意中,就是要能够运用语言、文字、符号、图画、音响、色彩等手段来贯彻和落实广告创意,使完美的创意得到完美的展现。

3. 创意技巧的培养

(1) 组合。詹姆斯·韦伯·扬明确提出:"创意是把原来的许多旧要素作新的组合。进行新的组合的能力,实际上大部分是在于了解、把握旧要素相互关系的本领。"组合就是将原来的旧元素进行重新组合。元素的重组过程,就好像是转动一个内装许多彩色碎片的万花筒,每转动一次,这些碎片就会发生新的组合,产生无穷无尽、变幻莫测的全新图案。人的思维活动也是如此,大脑就像一个能产生无数图案的万花筒,如果能够将头脑中固有的旧信息不停地转动、重新排列组合,便会有新的发现、新的创造。许多事物经过重新组合后,便产生幽默,产生"创意"。所以,创意是旧要素的新组合。

(2) 逆反。逆反是指打破传统的思维方法、思维方向,打破传统观念,反其道而"思"之。逆反思维技巧用在广告上有一种"曲径通幽"的效果。

(3) 类比。类比是指根据不同事物和现象在一定关系上的部分相同或相似的性质进行归纳、分析,从而发现它们之间的联系,得出新的结论的推理方法。通过类比,可以把陌生的对象与熟悉的对象进行比较,举一反三,触类旁通,产生新的构想。

(4) 新用途。新用途就是重新挖掘产品的新用途,或是改变产品的原有用途。在这里,无论是挖掘新用途,还是改变旧用途,产品本身没有任何改变,改变的是看问题的眼光和角度。管理大师彼得·杜拉克认为:"认知的改变,就是创意的重要来源。"

例如,日本精工表在最初走向世界的时候,为了让世界人民都知道精工表是世界上技术最先进的手表,借奥运会在罗马召开之际,打出了一个广告口号:世界的计时——精工表。很快使精工表畅销全球。后来,为了和西铁城表、瑞士表等争夺市场,他们又重新设计了一个广告标题——"为什么表还是老样子,精工在召唤"。这个广告的目的在于发掘手表的新用途——即手表不仅是一种计时器,而且是一种时髦的装饰品,因此吸引了一大批追求新潮、时髦的消费者。

单元训练和作业

1. 课题内容

课题名称：课堂脑力激荡训练。

课题时间：4课时。

教学方式：由授课教师主持，在班级课堂内进行脑力激荡训练方法，这种训练方法的特点是范围广、气氛好、过程共享、有较强的示范性，但对授课教师的场面调度和控制能力要求较高。

要点提示：在开展"课堂脑力激荡法"训练之前，教师应预先布置任务，先把要解决的问题明确提出，并规定创意的范围及其他限制条件，最好能全面、简洁地介绍一下企业与产品背景、产品的特性、目标消费群、市场竞争状况及产品以往的广告状况，若有不详之处可随时提问，这样可以使每个成员在正式的"脑力激荡法"会前有较充足的准备，同时要求每个人都预先准备几个创意点子或框架，以备发言。

教学要求：教师根据学生发言的思路及自身的分析判断将讨论形成的一个最终方案，或若干个优秀方案公布于班级，并对整个脑力激荡过程作点评及总结，若最终的方案不理想可让学生课后继续发想、补充并以书面形式提呈，以备下次讲评。

训练目的：掌握"脑力激荡法"的作业过程，并通过教师的现场控制、引导和总结，全面客观地理解"脑力激荡法"的作用和优势。在高密度信息环境中，刺激、引发学生的联想创造性思维，并通过学生之间的相互碰撞，不断借鉴，补充和完善各自的创意。培养团体协作精神，提高学生整合他人资源和信息进行二度创新，以及集体配合作业的能力。

2. 其他作业

媒体互换创意法的练习

作业内容：以一种媒体的创意为素材，在保证广告主题不变的前提下，尝试另一种媒体创意的交互训练法，比如把电视广告改为广播广告的文本，或相反把报纸、招贴等平面广告改成电视广告脚本等，这种创意训练法的特点是以现存的成功媒体创意案例为基础，启发训练学生对媒体特征的分析能力及针对不同媒体的创意变通能力，可操作性强。

练习的目的要求：

(1) 深化学生对几种主要广告媒体特征的理解。

(2) 在对广告媒体特征充分理解的前提下，把握相应的广告创意策略及表现形态的要点。

(3) 强化学生的创意变通能力，包括广告创意策略从一种媒体到另一种媒体的衔接、延伸和发展，以及由于媒体的变化而在具体创意表现形式上的应变与拓展。

(4) 以各种媒体的优秀广告创意个案为契机，在评鉴、赏析的基础上，吸收其创意精髓，并通过对同一广告主题在其他媒体的创意实践，检验学生的实际创意技能（与广告创意典范作品的距离），激发学生的创造力和热情。

练习的步骤：

(1) 教师选择不同类别产品在不同媒体上的经典创意作品。

(2) 由学生归纳创意所借媒体的特征。

(3) 课堂讨论某一具体创意作品的创意策略、广告诉求主题及表现方式。

(4) 学生分析广告媒体的特征。

(5) 学生完成规定媒体的创意作业。

(6) 课堂讨论，教师讲评。

3. 理论思考

(1) 分析瑞典"绝对伏特加"系列广告创意的技法应用。

(2) 分析 20 种不同风格的广告创意中的图形创意技法。

4. 相关知识链接

[1] 朱建强. 平面广告设计 [M]. 武汉：武汉大学出版社，2006.

[2] 詹姆斯·韦伯·扬. 怎样创作广告 [M]. 北京：中国友谊出版公司，1991.

第 11 章　广告文案设计

课前训练

训练内容：将班级学生分为两大组进行讨论，把能回忆出的经典广告语进行记录。讨论 5 分钟后，将黑板一分为二，分别书写，进行 10 分钟的广告文案记忆竞赛，所写数量多者为胜。

训练注意事项：注意维持课堂纪律，每次选一名学生上台书写。写出相同广告词则都加分，写错不加分。如果能回忆出产品名称应予以鼓励。争取所有学生都能参与。

训练要求和目标

要求：学生从已知的经典广告词中体会到广告语言的魅力和趣味。

目标：养成随时记录优秀广告语的习惯，能够对文案有初步的鉴赏能力。

本章要点

(1) 广告文案的创作原则。

(2) 广告文案的内容构成。

(3) 广告文案的创意基本方法。

(4) 广告文案的修辞手法。

(5) 广告文案的视觉设计。

引言

随着广告对人们生活和生活方式日益深入的影响,广告语言也越来越扮演着重要的角色。运用语言符号成就的一种商业文体——广告文案,其强烈的市场倾向是显而易见的。通过本章的学习让学生了解广告文案写作的基本规则和要求,在广泛学习和借鉴优秀广告文案的基础上,充分掌握文案写作的基本规律。要求学生不但要懂得广告文案所要表达的商业目标,而且要懂得不同文字对达到商业目标所起的不同作用,以便在文案写作中选择最佳的文字方案。

11.1 广告文案的概念

从广告诞生的初始阶段起,广告语言就已存在。甚至可以说,在一定程度上广告语言就是广告本身,比如街头的叫卖和各种商家的招牌。但是广告文案这一名称,却是在近代才出现的一个针对广告语言文字部分的专门术语。1880 年,Advertising Copy 即广告文案一词才在美国被人使用,同时出现了专门的广告文案撰稿人。广告文案随着现代广告的发展,也进入了一个崭新的表征时期。这一崭新表征,首先表现在现代广告文案对自身原有表象特征的一种超越,其次是现代广告文案在广告的变迁过程中对自身作用的不断调整而表现出的新的意义。

1. 广告文案的本质

广告,随着科学技术的提高,已成为现代人消费生活中一种令人满心喜悦或厌恶烦心的社会文化行为和社会文化控制体系,也是现代社会特定的文化与传播现象。可以毫不夸张地讲,广告一方面成为消费社会的细胞,渗透进现代大众社会的每一次、每一刻的消费生活和生存方式中。另一方面,广告也作为一种社会话语方式存在。现代广告不仅诱惑受众进入一种以物质为表征的日常生活消费过程中,而且更是以一种自我叙事方式来替代消费者进行现实生活和生存方式的表白,代替人们表述"应该怎样生活"。如用广告语"我喜欢、我选择"来表达一种现代人强烈的自我肯定与自我张扬。再比如广告语"水晶之恋,爱你一生不变"则是将现代人的内心情感物化为一种可以触摸、可以品尝的物质象征体,而现代人就是在拥有并在体验这一象征体的过程中来表白自己的情绪和人与人之间的情感,并以此方式来张扬自己的存在。很显然,现代广告文案不再仅仅是一种商品的促销方式,更是以一种人类生存的叙事方式存在于现代大众的日常消费生活过程之中。

2. 广告文案的发展

早在 19 世纪初,英、法、美等国家就出现了广告雏形。随着大众媒体的萌芽,人们逐步将古老的广告术和大众传播媒介结合,广泛用于商业活动,逐渐地拓展广告的功能与价值。首先,随着经济的发展,特别是现代商品经济的发展,广告及文案首先在功能和价值观上发生了变化;其次,科学技术的发展,特别是 21 世纪的电子技术与网络技术日新月异的飞跃发展,把广告的形式和表现,包括广告文案的形式和表现,推向了历史前所未有、层出不穷、丰富多彩的新阶段;最后是文化的发展,特别是现代文化对传统文化在传承上的锐意革新,给广告文案的创作及模式带来了很强的冲击。现代广告已经成为一种信息传播活动,而传播必须依靠传播者与传播对象均能理解的符号完成,广告作品就是这些符号的最终载体,广告中的语言符号就是文案。现代文案并不仅仅局限于语言文字,还包括语言文字在内的一切能传达信息的语言符号。最好的文案可以不需要画面,但最好的画面离不开精美的文案。

3. 广告文案的类型

广告文案的具体表现形态是极其复杂多样的，但它们又绝不是一堆散乱无序的堆积物。如果细加分析，就可发现其间总是存在各种联系，而且这种联系会随着分类标准的变化而呈现不同的类别形态。

(1) 从创作主体的思维方式和视角，可分为文学型文案和说理型文案。

人类最基本的思维方式有两种，即形象思维和逻辑思维。正如德国著名哲学家弗里德里希·费肖尔所说，"思维方式有两种：一种是用形象，另一种是用概念和文辞。"在这里，费肖尔所指出的用形象来思维的方法就是艺术家惯常运用的"形象思维"，而用概念来思维则是科学家揭示自然和社会规律常用的抽象概括的方法，即逻辑思维。就广告而论，运用形象思维创作出来的文案称为文学型文案，而运用逻辑思维撰写出来的则是说理型文案。正是由于主体思维方式的不同，才构成了文学型文案和说理型文案两大基本类型。

(2) 从发布广告的媒体，可分为小众媒体文案、大众媒体文案及高科技媒体文案。

小众媒体广告文案，是指通过覆盖面小、传播范围狭窄、受众较少的媒体发布的文案，如霓虹灯、路牌、灯箱、海报、三面转动电子广告牌等近距离传播媒体上所载的文字广告。而大众媒体广告文案则与上面所说的迥然不同，它是一种传播范围广、受众很多的媒体，如电视、报纸、杂志、广播等用语言文字发布的广告信息。需要特别指出的是，广告界利用迅猛发展的高新技术，使新的媒体不断开发出来，可以称为高科技媒体。而以高科技媒体为载体进行传播的广告文案，就称之为高科技媒体文案。

(3) 以表现形式为标准分类可将广告文案分为诗歌式、散文式、戏剧式、曲艺式、新闻式、说明式、论证式等类型，还有一些虽然用得不是很多，但也很有影响，如小小说式等。

(4) 以功能为标准，可分为直接型文案和间接型文案。其中，直接型就是要求短期内有较明显的促进销售的经济效果（如销售额的增长和市场占有率的提高等）的广告文案。它主要包括促销广告（如有奖、打折之类）和最常见的产品、服务广告，而间接型文案则更加丰富多变，内容多元化。

(5) 以广告主是否追求经济回报为标准，可分为商业型文案与公益型文案。

商业广告文案的本质在于它所追求的主要是经济效益，当然也要顾及社会效果。而公益广告文案则相反，它关注的是国家、民族乃至于整个人类生存和发展的重大问题，如环境保护、艾滋病、制止战争与保卫和平、倡导互助等。

(6) 以创作方法，可分为现实主义型、浪漫主义型、现代主义型和后现代主义型等。其中，现实主义型文案是指创作主体按照现实生活本来的样子来描写，也就是真实地描写现实生活的广告文案。

此外，如果以审美形态为标准，则可将广告文案分为秀美型、崇高型、幽默型、荒诞型等；如果以行业为标准进行划分，又可分为金融型、食品型、家电型、化妆品型、IT型、服务型等。

4. 广告文案的原则

(1) 概念明确，主题突出。广告文案的立足点在于连接产品和消费者，寻找巧妙的语言表述。一旦传播主题确定，所要表现的东西便无比清晰。广告文案的市场取向包括两项指标：①广告文案能有效地促进产品销售，使消费者了解产品给自己带来的利益，称为促销力；②广告文案能有效地塑造企业和品牌形象，为产品的长期销售奠定基础，称为广告文案的塑造力。如利郎商务休闲服饰广告语"忙碌，不盲目；放松，不放纵！"简单的几个字就将产品的消费层次和消费人群准确定位，同时也让消费者强烈地感受到产品的知性、休闲、严谨。因此，经典的广告语言不在于华丽，而在于准确地突出主题，抓住消费者内心对产品个性的需求，进而产生共鸣。

(2) 实效性。实效性就是广告文案一定要为广告目的服务，做到实用、有效，避免片面追求文案的华丽，华而不实。广告文案实现实效性的方法有：①找准卖点，寻找说服消费者的理由，如强调产品具有特殊功效和作用，或者是其他品牌无法比拟的，保证产品强劲的销售力；②拉近与消费者的距离，注重文案的亲和力。

(3) 真实性。真实性原则指广告文案传递的信息内容要真实、准确、明晰，不能造假、夸大、含糊，这是广告文案的根本原则和基本规范。必须实事求是地反映商品的特性、功能、价值及相关服务，不能言过其实。还必须做到措辞准确贴切、清楚明了，不能含糊不清。缺乏真实性的广告，其实是最受消费者厌恶的，往往会适得其反。

(4) 简洁性。与广告的视觉原则一样，文案在传达信息时，切忌繁杂凌乱，其整体撰写应力求单纯、简洁、条理清晰、一目了然，以求在瞬间产生强有力的视觉冲击。新颖简洁的用语、通俗易懂的内容更容易被受众接受。

(5) 原创性。原创性原则要求广告文案的写作要新颖独特，富有创造性，既不能重复或模仿别人，也不能重复或模仿自己。现在市场上就有很多广告文案存在模仿之风，这种行为不仅对广告文案从业人员的成长非常不利，还是对广告客户的一种不负责任的表现，同时消费者也会对产品感到不信任。

(6) 文化及审美效应。好的广告文案要根据不同国家、地区、民族及不同的价值观念和风俗习惯，合理巧妙地进行创作。广告文案必须适合这些具体的文化语境，并与其他要素（画面、音响等）互相配合，服从广告主题的创意策略，共同完成广告作品的创作。

11.2　广告文案的创意

创新与差异是广告创意的要点，同样也是广告文案创意的要点。文案中的创意要依据产品和市场的情况、目标消费者的情况，运用文字和语言的手段，从广告总体战略来考虑，制定出说服目标消费者的理由，并把这个理由用文案的形式来影响目标消费者的情感和行为，使目标消费者从广告中看出该产品给他们带来的利益，从而促成其购买行为。因此，文案创意的核心在于提出理由，继而设想一个说服的办法和主意，为具体创作提供思路。总之，文案创意是以产品定位、营销策略、广告策略、市场竞争情况、目标消费者为依据的延伸。

11.2.1　广告文案创意策略

文案策略是广告策略的具体表现。可以说，广告策略是统携全篇的纲领，而文案则是画龙点睛的章节。策划是广告系统中的根基与框架，文案策略则是广告中的重要环节，其涉及前期市场调查、分析、提炼等一系列庞杂繁复工序，并决定后续平面、文案的创作方向。文案中的品牌口号、广告语、阶段主题语等皆是企业理念、品牌核心价值、广告主题、产品独特销售主张等的语言表现，是综合传播的核心与灵魂的精华，其他所有的沟通都是围绕此进行演绎的。

1. 与产品沟通的广告文案策略

广告文案的策略之一是传播产品信息、说明产品的属性功能等，为广告产品的促销目标服务。进行产品的有效沟通，是广告文案的基本功能，是广告实现其作用的基本手段。广告文案人员在广告文案策划、创意之前，就应对广告产品有比较透彻的了解和认识。对广告产品的了解与认识，包括产品本身及与其相关的资料和产品所属市场的状况两部分。

2. 定位沟通下的广告文案策略

定位，实质上是一种市场策略。市场经济条件下在同一市场上有许多同一种类的产品出现，企业为了使自己生产或销售的产品获得稳定的销路，从各方面为产品培养一定的特色、树立一定的市场形象，以此谋求在消费者心目中达到一种特殊的偏爱。市场定位的实质是取得目标市场的竞争优势，确定产品在消费者心目中的适当位置并留下深刻的印象，以便在众多的广告信息和产品信息中吸引更多消费者的关注。了解和把握市场定位原则，有助于广告文案人员确定产品在目前消费市场中的状况，也有助于对产品在消费者需求方面处于一个怎样的位置进行判断，从而找到广告文案信息中准确和有针对性的属性概念的诉求，否则，广告文案会因为定位不准而无法产生效果。

3. 与目标沟通的广告文案策略

当一个广告文案人员与广告客户有了较为深入细致的沟通后，文案的构思就会逐步出现比较明确的方向。美国人马斯洛的需求层级理论呈阶梯状，如图 11.1 所示。人的需要总是从最低级的需要开始。当一级的需要得到满足后，就会有进一步的需求，并以要求更多的满足来实现这些需求。广告最终的效果是能让广告受众从受众的角色转换为消费者的角色，并进入商店去购买广告产品，实施消费行为。广告文案能否有效地传递产品信息给目标受众，受众是不是实施其消费行为是最好的衡量标准。这就需要广告文案必须针对消费者具体的消费行为的特征来撰写。

图 11.1　马斯洛的需求层级理论

4. 市场细分与广告文案策略

要产生有影响的广告或有效果的广告文案，不光是要了解和掌握消费者的心理和动机，而且还要清楚消费过程中消费者的心态，也就是要了解消费者对特定产品进行采购或消费的过程中涉及的情感、认识、行为和环境等影响因素。所以市场细分不仅是营销思路，也是广告思路，是广告文案人员使广告文案策略有效的必然选择。市场细分最主要的客观因素是消费者需求的异质性。消费需求处在一种不稳定的变化中，因此形成了千差万别和不断变化的状态，即消费者需要、欲求及购买行为呈现异质性，使消费者需求的满足呈现差异性。从广告文案策略角度考虑，市场细分的主要因素是心理细分和品牌忠诚度细分。

具有代表性的广告如 1973 年的查里香水广告，其针对女性消费市场，推出了一位魅力无穷、独立性强、有一定支配意识的女性形象。广告语 "SHE'S VERY CHARLIE(她是如此有野味)" 强化了女性独立的个性和张扬的欲望，如图 11.2 所示。这则广告完全从女性的心理角度出发，迎合女性内在的心理需求，从细微之处入手，获得了女性的欣赏与理解。这则广告使原来名不见经传的迷你香水当月市场销量在同类品牌市场上跃居第一。而大众甲壳虫广告中故意将完美的甲壳虫汽车说成"次品"，反而迎合了挑剔的中上层消费者的心理，如图 11.3 所示。

图11.2 查理香水广告 SHE'S VERY CHARLIE

图11.3 德国大众甲壳虫广告《次品篇》/ 伯恩巴克 / 德国

11.2.2 广告文案创意思维

1. 从消费者的诉求出发

(1) 理性诉求文案。理性诉求作用于受众的理智动机，理性诉求文案是以理性说服方式，摆事实、讲道理、以理服人，为消费者提供分析判断的信息。具体表现在这种广告总向受众讲明产品、服务和特殊功效，以及可给消费者带来显著的利益。文案可以做正面说服，传达产品、服务的优势和消费者将能得到的利益；文案也可以做负面表现，说明不购买的影响或危险，促使消费者用理智去思考判断，听从劝告且采取购买行动。这类广告文案论点鲜明、论据确凿、论证方法讲究。

(2) 情感诉求文案。情感诉求文案与理性诉求策略相对应，以感性诉求作用于人们的情感或情绪，以情动人。以感性诉求方式，即通过情绪的撩拨或感情的渲染，让消费者产生情绪反应、心灵震撼和强烈共鸣，激发他们的购买欲望和行动。以情感为诉求重点来寻求广告创意，是当今广告发展的主要趋势。

(3) 情理诉求文案。情理型的文案写作能避开情感型与理性型的不足（情感型存在信息软弱、说服性不足等缺点，理性型存在平淡、乏味、生硬等缺点），能将两者优势相结合，既能采用理性诉求传达客观信息，同消费者讲道理，又能使用感性诉求在消费者情感上大做文章，从而打动消费者、感动消费者、影响消费者。

2. 叙事角度的转化

广告文案创意要想出彩，就必须在"叙事"问题上做文章。广告创意中的叙事技巧运用得恰当与否，是一则广告能否吸引受众注意的关键。因此，广告文案中的叙事视角的选择恰当与否，将直接影响整个广告文案的叙事效果及广告诉求的传达效果。

(1) 第一人称视角。所谓第一人称视角，就是指从第一人称的角度出发，佐以叙事者本人的主观感受和情感波动，去传播广告诉求。广告事件中的"我"，可以代指广告主、消费者、形象代言人、旁观者中的任何一方，同时它也可以是拟人化的产品形象。它通过第一人称视角真实地表述自己内心的感受，从而对消费者的消费理念和消费价值观进行新诉求的传播，引导消费者产生购买欲望。这种第一人称视角的广告传播效果往往更加真实，也更具感染力和驱动力。

以曾经风靡一时的娃哈哈广告为例，"妈妈我要喝，娃哈哈果奶"的广告词站在一个孩子的角度上，以第一人称的视角来对娃哈哈果奶这款产品进行了评价，"甜甜的，酸酸的，有营养，味道好"将果奶的味道及营养描述出来，从而让更多的广告受众——小朋友在看到这则广告时不由自主地关注娃哈哈的产品。

(2) 第二人称视角。所谓第二人称视角，指的是以第二人称的方式进行广告的传播诉求。通过以第二人称的广告传递，表达一种对受众的劝说、说服。这种广告诉求的重点落在说服式的广告传播基础上，但就目前的广告市场而言，第二人称视角在广告传播的过程中，由于采用的叙事视角多是说服式的，因此这种广告文案的叙事视角如果把握不当，很容易引发受众的不满，效果适得其反。可见，在第二人称视角的叙事过程中，应该充分把握好叙事的角度和分寸，尽量杜绝说服式广告营销模式。如刘德华的经典广告语"相信我，没错的"，以及著名演员高明为某品牌酒的代言运用双关所说的"××酒，高明的选择"。它们都巧妙运用了第二人称视角的叙事方式，对受众加以说服，从而实现了较为理想的广告营销效果。

(3) 第三人称视角。这是当前广告文案较常见的叙事视角，主要特点它能不受视域限制，为消费者提供丰富的广告信息。第三人称视角文案的叙事，往往能够以更为中立和直观的视角，传递一种更加平实的广告诉求。通过第三方的叙述展现广告文案创意，是当前广告叙事文案常用的叙事传播视角。通过第三人称视角进行广告诉求传播，能够全面地介绍商品及其有关情况。

3. 跨越文化背景

不同社会文化背景下的人，必然会表现出程度不同的思维方式。跨文化语境的广告文案创作，必须了解所在地域和广告目标人群的特定文化。要做到迎合多种或特定价值观念；适应不同思维和表达方式；遵守政策法规；贴近本土习俗文化。这样，在广告文案设计和广告制作时才能更好地实现各种文化的互跨与融合，创作出具有时代精神和全球意识的优秀广告作品。

11.2.3 广告文案创意的基本方法

"广告文案创意"这个命题包含着不少子命题，如创意的本质、广告文案创意与图形创意的区别与联系等。美国著名广告专家詹姆斯·韦伯·扬就曾说过，"广告创意是一种组合商品、消费者及人性的种种事实"，"真正的广告创作，眼光应放到人性方面，从商品、消费者及人性的组合去发展思路"。广告文案对广告创意进行表现的过程，就是将广告创意中包含的主题因素、形象因素、想象因素和创新因素进行物化的过程。创意的主题因素将转化为广告文案中实际的诉求点；形象因素将转化为文案的具象化表现形式；想象因素将转化为文案的独特视点来吸引受众目光；创新因素将转化成文案的富于价值属性特征的审美风格。

1. 利用汉字

汉字是世界上现存各种文字中最具独特性的，无论是形、音还是意义都是如此。这就为利用汉字进行创意提供了取之不尽、用之不竭的源泉。

(1) 利用形体。利用形体是指根据汉字的结构特点（如偏旁、部首等）和广告文案主题的联系进行巧妙的创意。例如，美国保德信人寿保险公司的广告词："三个字就有四个人。保德信的企业理念就是重视人的价值。"

可以看出，文案创作者利用"保德信"三个字的偏旁中有两个单人旁一个双人旁，都与人有关。而保德信公司的主要业务又是人寿保险，这一联系被文案作者发现了，于是就巧妙地利用"人"字旁来突出保德信的企业理念，那就是重视人的价值——关心人、爱护人，为人的安全、幸福提供最完善的社会保障。这种创意给消费者以巧妙、新颖而又自然天成、毫无牵强附会的感觉，凡是读过的人，无不留下难忘的印象。

（2）利用读音。在海南小平岛广告中，利用读音的相同，把楼盘名称"小平岛"和倾倒的瓶子进行对照，引起消费者的阅读兴趣，如图 11.4 所示。统一吸饮冻奶茶、冻咖啡广告中则把"吸引"和"吸饮"置换，有效地吸引年轻人的注意，如图 11.5 所示。

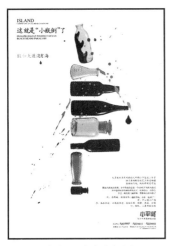

图 11.4 海南小平岛房地产广告

图 11.5 统一吸饮冻奶茶、冻咖啡广告

比较一下那些司空见惯的直白广告，就可以发现中文音义的不同凡响之处：它不是正面地直接宣传，而是从侧面入手，让人们深刻地领会广告主题，凸显广告创意。字音与主题天衣无缝般完美吻合，再加上极具风趣的表现方式，使这些广告产生了巨大的社会效益。

（3）利用字义。汉语中的字义与字形存在着密切的联系，有的与读音有一定的关联。如果发现了某些字义（如广告产品的品牌名称等）与广告主题的吻合，就可以将字义作为创意的核心或亮点。

2. 怀旧

由于时间的一维性，逝去的日子便一去永不复返了，而"过去了的才是美好的"成为人们的一种普遍心理，这就不免使人经常产生"怀旧"情结：青年们喜欢追忆童年的天真和无忧无虑，老人们更是时时怀念逝去的时光，工业化的负面影响常常导致人们对昔日田园牧歌情调表现出由衷的向往。所有这些都使"怀旧"不仅成为文学艺术创作不朽的主题，也是广告文案创意的重要源泉。

永和豆浆广告《永和篇》中，使用了字音、字义和怀旧的多重创意。一方面永和豆浆与国"永和"、家"永和"字音相重；另一方面"永和"品牌和"永远和谐、和美"的字义进行互融，深化了品牌内涵；最后，正文的细腻描写，可以说是怀旧的创意典范，并凸显了企业来自中国台湾的特殊属性，更添加一丝亲切，如图 11.6 所示。

正文文案：小时候总是仰望着海的那头，听老师说"国要永和！"不论你经历多少磨难，"永和"如同母亲为你敞开爱的怀抱，让你时刻感受到支持和温暖。

小时候，听妈妈轻轻唱"爸爸是船，妈妈是帆，载着'永和'，组成幸福家园"。不论经历多少改变，"永和"就像一直伴随着你的家人，慢慢品尝它香浓醇正的味道，勾起心底最朴实、最真挚的回忆。

3. 寓褒于贬

这是一种逆向思维的创意方法。广告一般都是对广告产品或服务持一种颂扬和正面态度的，只有极

图 11.6　永和豆浆广告《永和篇》（陈昕、马钊瑜、姜迎春／指导教师：朱丹君）

少数广告在作品中有意指出它的缺陷和不足，或者以较为负面的情绪进行广告宣传，这种手法与前一种赞美方式相比，可说是反其道而行之，我们称之为逆向思维。如图 11.7 所示，贝克啤酒《禁酒令》广告中出于对酒水品质的保证，言辞激烈地要求各经销商严禁销售过期啤酒，而实际上七天的生啤还是可以饮用的，该广告就是利用夸张负面的通知形式来凸显其对质量的精益求精和负责态度，看似是严厉批评，实则是在显示自身产品的品质。如图 11.8 所示，移动公司《道歉篇》广告文案中对由于业务量过大而导致顾客排队缴费表示了诚恳的歉意，实则传达出移动公司业务蒸蒸日上这一信息，并由此拉近企业与消费者之间的距离。可见，寓褒于贬有一个显著的特点，那就是有意识地使思维脱离人们习惯的轨道，朝相反的方向探索：在只说广告产品优点而不讲缺点的普遍情况下大讲产品的不足，实际上传达的却是赞美广告主实事求是、不弄虚作假的诚实精神。

图 11.7　贝克啤酒广告《禁酒令》（奥美广告有限公司）　　图 11.8　中国移动广告《道歉篇》（图片来源：龙玺奖）

逆向思维（寓褒于贬）创意所具有的诚信态度，会令消费者十分感动，因而乐意购买广告产品，这是逆向思维创意方法的第一个好处。第二个好处就在于这种创意方法具有反潮流的勇敢精神，特别易于引起消费者的注意，这符合心理学所揭示的注意规律。心理学认为，不合流俗的、出类拔萃的、与众不同的东西最容易引起人们的注意，而受到消费者注意正是广告成功的关键。

4. 幽默

自古以来，无论是生活中的幽默还是艺术中的幽默，总是受到受众的喜爱。特别是随着物质生产的高速发展，人们的生活节奏普遍加快，压力普遍增大，这些都是由残酷的生存竞争导致的必然结果。人们在工作之余迫切要求松弛，要求欢笑，艺术家考虑人们的这种需求，于是幽默就比以往更多地出现在各种艺术形式之中，广告及其文案也同样如此。

5. 恐惧

安全需求在马斯洛的"金字塔形"需要结构系统中处于较低的层次，但由于它和人的生命存在直接相关，因而其重要性绝不可低估。唯其如此，广告文案创作中才发展出与这种需要有着必然联系的恐惧创意法。所谓恐惧创意，是指以人们的安全需要为契机，指明消费者如不购买某种产品或服务，必将对安全造成严重威胁，从而以警示的方式劝导消费者付诸购买行动。概括地说，这是一种以"威胁"的口吻劝导消费者解除可能遇到的安全威胁的重要创意方式，应当引起文案创作者的高度重视。

6. 内心独白

有一类文案看似是戏剧性对白或作者的陈述，实际上则是两个人物或某一人物将内心活动向观众道出，这种别具一格的方法称为内心独白式创意。运用"内心独白式"创意方法，应注意两点：①无论是一人式独白还是两人式独白，一般都要求叙述出相对完整的内心历程，特别重要的是双人式独白，要通过各自内心活动的表白，让细节连贯起来，形成一个有序的情节链；②基调、氛围一般要求娓娓动听，亲切感人。因为内心独白与交流对话不一样，它是内心活动的真实反映，不掺杂任何虚伪和矫情，所以必须给人以情真意切、直诉肺腑之言的美好印象，才能使广告文案收到良好的效果。

以上提供的6种文案创意方法只是文案创意手法中典型的几类，创新是广告文案创意的灵魂，只有灵魂在广告文案中显现，它才能展现独特的视觉冲击和奇妙的诉求点，才能捕捉到目标受众的目光和兴趣，才能将目标受众引领到广告文案信息内容价值属性的认知过程中去。所以在文案的设计中要注意创意方法之间的搭配、综合，做到举一反三。

11.3 广告文案的写作

广告文案有两层含义：①为产品而写下的打动消费者内心，甚至打开消费者钱包的文字；②专门创作广告文字的工作者，简称"文案"。广告文案是由标题、副标题、广告正文、广告口号组成的。如图11.9所示，它是广告内容的文字化表现。在广告设计中，文案与图案图形同等重要，图案图形具有前期的冲击力，广告文案具有较深的影响力。因此，广告文案的写作要求有较强的市场把握能力、创意思维能力和应用写作能力。

11.3.1 文案写作程序

1. 收集资料

在创作文案前，必须了解广告所要推出的产品、服务或组织的特点。获取有关市场信息，目标受众、年龄、职业、经济、信仰等和消费心理及其变化趋势。文案创作必

图11.9 广告文案的组成

须依据这些素材来确定广告的主题思想及文案的表现方法。收集资料是文案创意的准备阶段。这一阶段的核心是收集、整理、分析。

2. 构思立意

收集的资料可能信息量大、内容庞杂,在此必须对收集来的资料进行分析、归纳和整理。结合广告受众的关注点和推销者的意愿与建议,分析后,将其浓缩为广告信息焦点,即确定文案策略。使广告主题能理性化、概念化、艺术化。然后从中找出产品和服务有特色的地方,确定文案的风格,再进一步找出最吸引消费者的文案形式,以确定广告的主要诉求点和文案基本构思。

3. 评估创意

评估文案创意即对已写出的文案进行评价。创意刚出现时常常是模糊、粗糙和支离破碎的,它只是一个十分简单的雏形,其中往往含有不够合理的部分。因此还需要仔细推敲和进行必要的调整。评估时还可以将不同的创意与其他同仁交流,听取意见,使之更加完善。

4. 确定创意

经过反复立意、创意后,广告文案主题、广告文案风格大体确定后,将广告文案提供给客户,并与客户进行探讨,充分听取客户的意见,以最终取得客户的确认。文案人员一定要站在公正的立场上,平衡受众和客户双方的利益,为广告受众提供真实的、确切的、综合性的产品、服务的信息,整个信息焦点要紧紧抓住产品的个性,紧跟消费者的心理变化。在语言文字上既高度概括,又通俗生动。

11.3.2 广告文案写作的修辞技巧

1. 广告文案写作的语言特点

(1) 语义的褒扬性:从语义学的角度看,广告文案所用的词一般都以颂扬、赞美为主,并由此构成文案全篇文义的基调,这就是文案语义的褒扬性。从文案的总体来看,褒扬性文案至少在99%以上,剩下不到1%的文案,也是贬中有褒、以褒为主,或者说是名贬实褒、寓褒于贬。广告文案的语言也要与这种基调相符,所以语义的褒扬性是广告文案语言的首要特征。

(2) 文字内容的商业性:广告文案语言的另一重要特征就在于它有着浓厚的商业化气息,这是它与新闻、文学语言的又一重要区别。广告文案语言的商业化色彩,是指它总是或显或隐地陈述购买理由,甚至公开要求消费者购买他们的产品,而且许以种种好处,如赠品、折价、抽奖等。

2. 广告文案写作的语言形式美

形式美是指客观事物的自然属性(色、形、声)及其组合规律(均衡、节奏、多样统一等)所体现出来的审美属性。以此观照广告文案语言的形式美,可以发现它是由声音及其组合关系体现出来的一种较为抽象的美,它对广告效果有着很大的影响。

(1) 广告文案语言的韵律美:声音是世界上各民族语言中最重要的组成部分之一。它作为物质媒介材料,虽然有着语言的自然属性,但如果运用巧妙,则可以创造出一种令人愉悦的音乐美。所以,广告文案的声音美,是指它类似于动听的音乐,具有较强的韵律和美感。

(2) 广告文案语言的组合美:广告文案语言的形式美,更多地体现在语言的组合规律方面,如均衡、对称和节奏等。从美学上看,对称是均衡的一种特殊形式,表现在文学作品中就称为对仗。对仗在广告文案中有广泛的应用,其中尤以标题、广告语、POP等最为突出。对仗型文案有着独特的功能:①由于它们上下联字数完全相等、词性相同,故显得整齐易记;②它创造了一种令人愉悦的音乐美,使消费者在享受美的时候,也连带着对广告产品留下了美好而难忘的印象,在提高知名度和美誉度的同时,也将市场占有率升至一个新的高度。

(3) 广告语言的意象美:意象是语言所表现出来的具体可感的形象。如"大漠孤烟直,长河落日圆",其中"大漠、孤烟、长河、落日"是写古代边塞自然风光和诗人对此景象的感悟,具体、形象、生动。意象在艺术作品中经常出现,运用在广告文案中,常以凝练的语言、文字、画面概括商品、人文现象、企业形象等,运用比喻、比拟、拈连、夸张和映衬等手法,赋予它们特定的审美意味和风格。广告文案通过利用修辞提供典型的意象或意境,揭示它的形态或美质的特点,再借助受众的想象力,激发他们内心的审美愉悦,从而达到美的境界。如西施兰面霜的广告语"玉人随香至,西施送兰来",用一种形象的感觉去描写另一种形象的感觉,让广告文案具有意境美的特色,刺激不同的感官以获得美感,从而获得意境美。如图11.10所示,绝对伏特加系列广告语"Absolute(绝对)",以多种组合"绝对芝加哥、绝对成就、绝对敬意、绝对辛辣"等广告文案,显示了品牌的神秘魅力和王者地位。

图11.10 绝对伏特加系列广告语"Absolute(绝对)"

3. 广告语言的修辞艺术

修辞艺术,是指文案撰稿人在创作文案的过程中运用特殊方法对语言进行一种美化处理,使其具有比一般语言表达方式更好的传播效果和经济回报。广告语言的修辞,不仅在于运用语言修辞手段来使广告文案的表达更形象、生动;更在于通过修辞使广告语言的语境关系更加准确、具体,有意味,便于受众理解和接受广告信息。要使广告文案的语言具有更强的表现力,还须重视修辞艺术的灵活运用。广告语言的修辞方法十分多样,有的是对文学创作和一般文章的借鉴,有的则是自身创造出来的,这里着重论述后面一种类型,同时兼顾前面一类。

(1) 反讽。反讽是西方历史最为悠久的修辞概念之一,现代文案创作则是把它作为一种语言修辞技巧来研讨和应用。从修辞学的角度看,反讽实际上是指一种陈述的实际意义与它的表层意义相矛盾。主要是由于它有意制造语义之间的矛盾,强化语义的张力,使其与那些陈腐老套、平铺直叙的文案拉开距离,显得出类拔萃。心理学家认为,新颖奇特的事物或现象容易引起人们的注意,而反讽

图 11.11 保护知识产权广告

修辞就使语言表述不同寻常而具有很大的新异性，易于引起消费者的兴趣和关注，进而获得良好的广告效果，如图 11.11 所示。

(2) 镶嵌。镶嵌是指将广告信息要素如广告主企业名称、品牌名称或与产品有关的语词，以整体或拆散的形式分别嵌入文案的某些部分（标题、正文或广告语）之中，产生一种趣味盎然、巧妙无比的感受。

(3) 回环。在广告文案创作中，回环也是使用频率很高的一种修辞手法。它是指文案中传达广告信息的两个句子的构成成分（词语）相同或相似，但词序却恰恰相反。它一般用在标题和广告语的撰写上，可使标题或广告更为有力，在巧妙的表达中激起消费者对广告文案和广告产品倾注关心之情，为广告效果创造了一个有利的条件。同时，它往往与其他修辞手法联合起来使用，灵活变通，比单用回环效果更好。例如，万家乐，乐万家——万家乐热水器广告。

(4) 顶真。广告文案中的顶真辞格，是指将前句中的最末一词或短语作为后一句的开头部分。例如，人生得意须饮酒，饮酒请用绍兴酒——浙江绍兴酒广告。顶针的特点在于：首先，它是出于创造一种快节奏的需要而运用的，所以，顶针具有节奏较快的特征；其次，广告中的顶针还具有较强的气势，以加大刺激力度，让消费者对广告产品引起高度注意，从而激起他们购买产品的动机和行为；最后，由于文案中前一句与后一句有重复交叉之处，故易于被消费者识记而难以忘怀。

(5) 仿拟。仿拟是广告文案中令消费者感到极有兴趣的一种修辞方式。它是指创作主体仿照现成的诗词、成语、谚语、流行歌曲等语句而予以别出心裁的改动，从而创造出一种与原有文辞有关联的新句子。例如，仿诗词曲赋：年年岁岁雪相似，岁岁年年豹不同——雪豹皮衣广告。仿成语谚语：民以食为天，食以味为先——某风味小吃广告。

(6) 同字。同字是一种促进表达效果的十分重要的修辞手段。指在广告文案几个句子的首尾或中间的一定部位用上相同的字。应用时应注意：①不能拼凑，应力求自然易记，毫无牵强之感，使消费者很容易记；②要通过相同字的重复使用，强调产品的主要功能或广告文案的主题。如"泻立停，泻立停，一吃泻就停"，末尾 3 个相同的"停"字，就起了一种反复强调功能的重要作用，从而获得良好的传播效果。

(7) 映衬。映衬法是用类似的或反面的、有差别的事物作陪衬的修辞技巧。广告文案中的衬托，大多是借用品牌、招牌所关涉的事物的特点或企业所在地的特点作为基础和背景，通过它们与产品或厂家之间的某种联系，来衬托产品的特点和质量。使用衬托手法有利于突出主题，增强广告的宣传效果。如西安太阳牌锅巴广告："太阳天天从东方升起。太阳锅巴，像阳光一样给人们带来欢乐。"广告文案就把品牌的"太阳"与自然的"太阳"联系起来，使之自然得体。

(8) 反复。反复法是为了突出某个主题，强调某种感情、刻意重复某个词语或句子的修辞技巧。广告语言中经常使用这一手法。一般情况下，广告信息对受众来说带有某种强迫性。广告文案创作者就用反复的手法对主要信息进行频繁的重复。如江苏红豆集团公司广告"倡导红豆文化，广交红豆之友，发扬红豆精神，创造红豆名牌。"中"红豆"出现了 4 次，容易加强消费者对"红豆集团"的印象，从而提高企业的知名度。

4. 广告语言的文化内涵

广告文案发展的历史表明，广告文案始终与特定的社会历史条件联系在一起。在不同的社会历史条件下，广告文案显现出不同的风貌。这正是在广告文案写作深层结构中不同的文化因素起作用的结果，其中，传统文化因素是最主要的部分。传统文化的形成是世代累积的结果。经过一代又一代创造、流传、保存下来的事物必然是那些有深远影响力的事物，而一些没有生命力的文化因素则逐渐被淘汰。广告是近现代逐步发展起来的一种社会文化现象。广告文案的写作过程不可避免会受到传统文化因素的影响和制约，而且这种影响是多方面的。

（1）社会心理。社会心理是一种自发的日常经验性的文化。它反映社会的现象和人们在社会生活中的直接需要。

（2）科学、哲学、宗教和科学技术。每一种技术都包含一定的价值。一种工具的发明和使用都是其文化特质的体现，以构建人们的价值观念。特定的科学技术环境必定带来经济生活、政治制度、社会规范的变化，甚至带来整个社会文化的改变。每一个人都生长在一定的科学技术环境中，并逐渐获得相应的哲学文化观点，而广告的创作和表现则更为直接地受到科技、宗教和社会哲学的影响。

（3）艺术。艺术是用语音、动作、线条、色彩、音响等不同手段构成形象以反映社会生活的文化。艺术可以反映特定社会的政治、经济、文化等现实风貌。艺术是一种人为创造物，在不同时代表现出不同的特点。在文案写作中，应遵循民族文化，体现出较为统一的艺术特征，如图 11.12 所示。

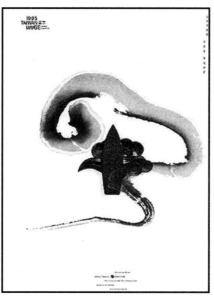

图 11.12 95'中国台湾汉字设计展招贴广告之"风、云、山"（靳埭强 中国）

（4）社会规范。社会规范包括社会中的诸种关系与制度、道德、风俗、习惯等。人们生活在社会中，他的各种行为首先要受到各种社会关系、社会制度的约束和规范。从实质上看，社会关系和社会制度具体体现在人们之间的行为规范中。

11.3.3 广告文案写作

在平面广告中，广告文案写作可分为 3 部分，即标题语（广告语）、正文和随文（又称附文）。综合来说，文案的写作有以下 3 个需要注意的要素。

(1) 文字的蕴涵：广告文案创意首先要准确地表现商品特点及企业特征，反映广告意图，有正确而深刻的含义。

(2) 表现形式：指语言文字的表现形式，包括段落的组合、句式的选用、词语的搭配及前面章节已经学习的图文版式等。

(3) 表现技巧：在广告文案中，文字不仅可表意，也可形声。可以巧妙地利用文字的声调、音韵、节奏等来增强广告语言的信息含量及广告的生动性。

1. 广告文案标题（广告语）的写作

标题语也就是广告语。平均而言，4个看广告的人中，3个人会看标题，只有1个人阅读正文。广告标题是对广告主题的凝结与提炼，标题写得好，广告就胜利了70%～90%，可见广告文案标题的重要性。其写作类型如下。

(1) 写实型。这是直接诉求商品品质的方法，如雀巢咖啡的"滴滴香浓，意犹未尽"，农夫山泉的"农夫山泉有点甜"。

(2) 联想型。这里所说的联想是只消费者在标题语的引导下，对事与物所做的某种联想，如白沙集团的"鹤舞白沙，我心飞翔"。

(3) 承诺型。承诺是对消费者利益的承诺，如中国移动的"我能"。

(4) 抒情型。这是一种通过文案创作者直抒胸臆地直接抒情或通过形象间接抒情的方式来达到以情感人、以情促销的广告语，如威力洗衣机，献给母亲的爱，南方黑芝麻糊的"一股浓香，一缕温暖"。

(5) 议论型。在广告文案中，有一种广告语不是表达情感，而是对广告产品、服务或企业理念等进行评论、说理，力求做到以理服人，这就是议论型广告语。

2. 广告文案正文的写作

正文是对广告主题的诠释。正文一般处于较次要的位置，或由副标题所取代，或干脆不出现正文。它既可阐述某种思想、观念，也可以介绍产品或活动的优点、性质、规格、用途及使用说明等。广告正文的长与短是相对而言的。短文案可以是一行字或一句口号，长文案则可以有上千字之多。广告文案篇幅的长短、信息容量的大小，是由广告活动的目的、每一次发布的诉求目标、信息的复杂程度以及所租用的广告媒体的时间与空间条件所决定的，当然也包括广告主对总体广告经费投入的限制。

正文的写作形式，以表达方式为标准，可分为说明型、新闻型、论述型、文学型等。

(1) 新闻型。内容没有任何虚构，合乎客观实际，并采用新闻体裁和语言写出，这就是新闻型正文。常见的有报道、通讯、报告文学等形式。

(2) 文学型。它是指用文学创作形象、抒情言志的方法写出的正文。常用的体裁有诗歌、散文、戏剧文学等。这种文案以生动的细节、真挚的情感展现具有普遍性意义的重大社会问题，所取得的成效远远超过一般性的、枯燥无味的直说。

如图11.13所示，在露友鞋的广告《礼物篇》中，设计者借用鞋子本身为第一人称设计了一系列日记形式的文案，引起人们的阅读兴趣。用语感性、洒脱，配合画面创意，凸显了露友鞋所拥有的高质量、高品质和独特的品牌气质。

广告语：今天的收获和礼物！

广告正文如下。

① 周一，晴。今天去田野走走，体验自由自在的洒脱感受。我喜欢自己身上有青草味，喜欢自己身上有自然的味道。亲爱的，今天的收获和礼物，是来自自然的爱。

② 周二，雨。今天登上了向往已久的山峰，感受完成梦想的美好感觉。我喜欢自己身上有泥土味，

图 11.13　露友健步鞋广告《礼物篇》（谷明峰、章婷、胡良超　指导教师：朱丹君）

喜欢身上有风吹过的感觉。亲爱的，今天的收获和礼物，是充满希望的种子。

③ 周三，雪。今天大雪纷飞，让凉滑的冰雪漫过我的脊梁，那感觉真酷！我喜欢自己身上有雪的味道。亲爱的，今天的收获和礼物，是钻石般纯净的梦想。

无论在田野、在山地、在雪中，总能自在行走。露友，是种快乐、健康的生活方式，不仅是梦想的开始，更见证了梦想的实现。全民健身时代，脚穿健步鞋，一起健身。让我们心未动，身已远。露友，I think，I can。

(3) 论述型。在广告文案中，有一种正文是用逻辑论证的方式和抽象的语言，来证明产品或服务的优异性能、企业的良好形象，被称为论述型正文。

(4) 说明型。在广告正文的撰写中，根据产品的特点和主题的要求，需要对广告产品的外部形态、内部构成、性能功效等作出简明扼要的介绍和解释，于是就形成了一种类似于说明文的说明型正文。

3. 广告随文（附文）的写作

如果将标题喻为广告的头，正文喻为广告的躯体，那么随文就可喻为广告的脚。它是广告内容的附加说明，如企业名称、品牌名称、地址、电话、网址、邮编、联系人、账号等，一般放在广告作品的最后部分。随文作为常规性文字常常不被重视，但它确实可以强化消费者对企业信息的了解，促进消费者购买行为更快速地实现。

(1) 注明购买产品和获得服务的方法。附文中一般要求明确说明所购买产品的具体信息，包括服务机构的名称、地址、网址、电话、传真、电子信箱、邮政编码、联系人、联系时间等，这些内容都是广告附文的要件。

(2) 展示政府职能部门批文或权威机构认证标识。政府职能部门的批文及权威机构的认证标识一般包括获奖认证、专利认可、经营证件、权威机构或专业人士的评价、环保认可、大型活动赞助认可等，并应在附文中列出其相应的标志。

(3) 设计受众参与的表格单。如进行市场调研，邀请受众参与问答，或向消费者提供优惠承诺以及参加抽奖等活动，应在附文中列出相应表格作为回执。如有必要还可加上信封格式，填完后可以直接剪下并寄回。有的平面广告本身就是优惠证，受众持广告购物时可享受价格优惠。

(4) 对附文的重要内容作出详细说明。在广告文案附文中，往往会出现一些误解，容易使消费者与企业和产品产生对立。因此，一定要使信息清楚明了。如果产品图形无法与广告效果一致，要注明"产品以实物为准，图形仅供参考"等字样。抽奖、促销等活动的活动细则，更需要完整、准确。

(5) 突出企业名称与标志。企业名称及产品标识是企业的无形资产，是产品宣传中不可分割的一部分。一般情况下，在文案的最后都会出现产品名称和企业标识，以强调企业和产品，以利于诉求对象的识别。

4. 附文中的附文

广告文案中，除附文的主要内容外，还有一些与主题关联不紧密的内容，称为附文中的附文。如刊载招聘信息、维权声明、启事、征询合作商、变更开发合作项目、新产品研发、人事调整、人事变更、竞标信息等，常以这种方式出现。

综上所述，文案写作是广告活动中十分重要的环节，要求文案创作者充分发挥艺术想象力，通过巧妙的构思，将产品或服务的特性传达给消费者，实现广告的目标，发挥广告的信息桥梁作用。当然，现代广告创作是集体智慧的结晶，要综合运用多种艺术表现形式。广告文案的写作也需要与其他表现手段密切配合，才能显现广告的整体功能，完成广告创作的任务。同时广告文案写作也必须适应传播媒体的不同特点，才能获得最佳的广告效果。

11.3.4 优秀广告文案标准

创新是广告创意活动的灵魂，只有这个幽灵般的灵魂在广告文案中显现，广告文案才能闪现出独特的视觉冲击和奇妙的诉求点，才能捕捉到目标受众的目光和兴趣，才能将目标受众引领到对广告文案内容价值属性的认知过程中去。

优秀广告文案标准是：①主题呈现，直白诉求；②形象表达，具体生动；③想象奇特，视点鲜明。

大胆创新、寓情于美，广告文案不仅要求诉求信息鲜明，诉求方式独特新颖，想象力丰富、表现力生动有趣，要给受众一种心灵上的感悟、情绪上的审美。即便是一件最普通、最平常的产品，也应通过广告文案的创意表现，使受众能够体会到产品的价值。除功能性的使用外，产品还是消费者生活品位和生活趣味的一种有益的物质展现。因此，这就要求广告文案不仅从产品本身出发创新，更要从产品在消费者生活中的意义入手，把一个纯粹的、物质的、商业的信息，创造为与消费者紧密联系的、科学的生活方式。

11.4 广告文案的视觉、听觉表现

广告作品的风格是指广告作品在内容和形式的统一中所体现出来的整体特色、风貌。不同的广告创意会赋予广告不同的风格，广告文案要完美表现与创意相联系的广告风格，就需要进行必要的视觉及听觉表现。广告文案的视、听觉设计是指文案要素与广告其他视、听觉要素相结合，运用艺术手法进行的构思和构想，是文案在设计中体现的艺术效果。它通过人的视说和听觉发挥作用，以触动人的感官联想并与人的情感相关联，使形式与内容密切融合。

11.4.1 广告文案的表现手法

1. 语言手法

语言分为有声语言和无声语言两种。有声语言是指声音，如广告歌曲，广告中的对话、旁白等，它是电子媒体的主要表现手段。广播媒体的广告信息几乎都是用有声语言表达的。无声语言是指符号化语言即文字。它是平面广告信息的主要承担者，如报纸、杂志、招贴、路牌等广告，文字部分占有相当大的比例，如图11.14和图11.15所示。

图11.14 "中国中国"系列金饰广告(2005 龙玺奖)

图11.15 第二届青年广告设计大赛招贴

2. 非语言手法

非语言手法可分为有声语言和无声语言两类。非语言中的有声语言指音响，它烘托渲染强化广告表现，是电子媒体广告不可缺少的部分。非语言中的无声语言主要有两类：①姿态语言，也称行动语言或肢体语言，它基本上不发声音，消费者可从广告作品中人的面部表情、四肢姿态、躯干动作及全身姿势来接受有关的广告信息；②物体语言指广告作品中出现的构图、色彩及其他一些有形实体所传达的广告含义。

一个文案人员，如果他的脑中只是文字的排列组合，只是懂得文字的运用，那一点意义都没有。如果少了文案的修辞诠释美学，少了文案被影像化的美学，少了文案被声音化的美学，文案在广告中显然不会产生任何影响力。

11.4.2 广告文案的视觉表现

1. 广告文案的视觉功能

广告中的文案是指用于传播广告信息，诉求受众的语言文字符号。语言符号由于其编码过程要受到自身系统语法规则的约束，因此不可避免地带来了信息传播的抽象性和间接性。所以，平面广告的文案不具备视觉形象的直观性，不能在第一时间抓住受众的注意力。但是，与图像符号相比，语言系统具有图像无法达到的用以表明各种判断关系的明确结构，因而可以使信息获得准确、清楚的表达。所以，广告的文案与视觉形象之间，应该是一种互补的关系，通过二者的完美配合，最终实现广告的说服效果，推动受众的观念或行为趋近于广告预期的方向。

当一个创意确定时，画面如何去表达创意，文案如何去表达创意是各有分工的。画面和文字之间要形成张力。为什么说大多数的文案只能算配文？因为它们的文案是看图说话。画面都已经说了的话，再去用文字说一遍就是重复。

文案不应该仅仅停留在对图片信息进行翻译的层面上，它应该利用自身的特色塑造广告的个性，从而为塑造产品品牌形象、提升品牌附加值作出贡献。受众希望读到的是深化形象含义、张扬个性特色的语句。此时，文案与广告视觉形象交相辉映而产生的张力，才能真正地将受众包容在广告的意旨中。在《打击翻版，支持原创》的文案提出"母乳含独特营养和抗体，是爱惜孩子的最佳表现。保护母子权利，靠人人出力。请支持母乳喂哺"。利用盗版、正版来指代母乳和奶制品，强有力的口号搭配强烈的画面色彩、字体设计，突出了广告的主题和宣传效果，如图11.16所示。

图 11.16 《打击翻版，支持原创》（堂煌广告　第二届龙玺杯）

文字本身就具有视觉含义。特别是汉字作为象形文字，模拟形状或者形态，甚至有些创意直接就是从文字形状上去表达（见本书第 9 章和第 10 章）。文字是有会意的，文字是有形声的，如果运用得好，本身就具有创意，如图 11.17 和图 11.18 所示。

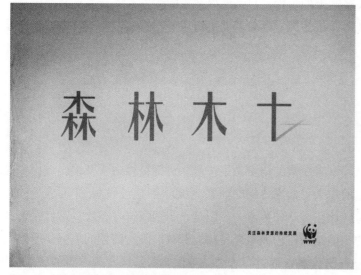

图 11.17　关注森林资源的持续发展（WWF 公益广告）

图 11.18　汉字文化节广告（吴文正　第 19 届金犊奖　中国台湾）

要使文案充分发挥应有的价值，除了要很好地理解文案的音、形、意外，还需要看到文字有生命、表情、重量、高度、力度、深浅、味道、褒贬、性别、年龄的不同，以与产品特色、目标受众的特点进行无缝连接并融为一体。

2. 增强文案的可读性

在视觉文化时代，大众对视觉快感的期待大大提高。广告文案试图负载较多的含义，受众需要的却是拥有强烈视觉冲击力的形象本身。因此为了更有效地推销商品或服务，广告就不能停留在一般的审美水平上，而是必须提供超常的审美体验。在视觉文化背景下，广告提供了超常的视觉刺激，图像性内容可以直接诉诸人的视觉系统，使人的视觉渴求不受阻碍地得到满足。可见，视觉文化时代，图像不断地驾驭乃至征服文字。图像泛滥的大语境下，那些空洞乏味的广告文案易使受众在接受过程中产生疲惫感，从而无法有效吸引受众的注意力。

(1) "陌生化"的文案语言。文案语言的陌生化，不仅能以不同寻常的新鲜刺激吸引受众注意，诱导其完成视读整幅广告的作用，且有利于广告乃至商品个性的塑造。文案语言的陌生化，就是利用广告语言的扭曲、颠倒、张力、晦涩等来与日常生活语言相区别，提供一种另类的、个性的语言表达方式，让受众在语言审美的过程中对整则广告印象深刻。这一诉求也可以通过字体的不断变化和处理来实现，如图 11.19 所示。

图 11.19　义守大学《双联学制，双语教学》（温哲霆、蔡炳轩等　第 18 届金犊奖）

(2) 增加文案阅读节奏感和层次感。有时候，读一个人的文案会觉得自然顺畅，哪怕是读一长段完全没有标点的文字也丝毫不会觉得磕磕绊绊。这就是文字的视觉节奏感。广告文案的视觉节奏可以引导人们的视线按照设计意图接受广告信息内容，增加阅读的流畅感和愉悦感。这种视觉是有音节的，不同长短音节的字体组合在一起，就有了语言的抑扬顿挫，正是这些抑扬顿挫在渲染着情感的暗流，如图 11.20 和图 11.21 所示。

图 11.20　里维斯牛仔裤广告

图 11.21　垫城中国花园协会宣传广告

（3）细节和画面感。文案也应当遵守图形设计的美学原则。在广告文案中，图形的视觉效果更加吸引人们的注意力。当把图形设计应用在文案设计中，通过合理的广告文案与视觉设计手段，能对广告起到事半功倍的效果，如图11.22和图11.23所示。一个没有细节的文案是十分空洞的。细节，需要你去观察生活，捕捉生活中的细枝末节。

图11.22 李宁世界杯足球季新品鞋系列推广广告（视新广告）

图11.23 望京六佰本地产广告
（视胜广告 中国台湾）

（4）善用标点符号。少用标点可以精简文字，也可以提高以文为中心的写作表现力。如果用这样的原则去检视一篇作文，往往会发现，使用句号和逗号较多的，其行文简约而准确，文笔较为优美；而使用其他标点多的，往往有力不从心、词难达意的尴尬。好的文案一般只有两个标点符号：逗号和句号。

3. 文案的构图编排

编排就是把文案设计所涉及的各个要素按照形式美观和视觉舒畅结合起来的一种视觉传达设计方法，也就是将广告中的各个部分（如标题、广告语、图形、插图、说明文、色彩、标志、附文等）构成要素进行统一的视觉编排设计；将各构成要素之间的动静对比、主次先后、主题形象和背景烘托等关系，通过各种艺术手段合理、漂亮、完整地处理好广告的多维空间，如广告案与图形、疏密与空白、图形与色彩等之间的关系，如图11.24～图11.26所示。

广告文案创意构图与版面创意既有密切的联系，又有明显的差别。其联系在于，它们都要遵循创意的规律，为广告产品或服务确立一个有利的主题，为主题选择相适应的材料或意象，并初步设想出表现的具体方式和方法等。它们之间的差异性是显而易见的，主要体现在以下方面。

图 11.24 卡尼尔化妆品广告（黄原 十七届金犊奖）

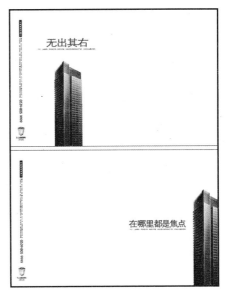

图 11.25 地产广告

图 11.26 报纸广告的文案排版（美国）

(1) 在具体的选材上，构图创意经常受到限制，如某些疾病就不宜正面表现其病变部位，但文案却可以正面叙述。这正是文案创意与构图创意存在的基本差别之一。

(2) 广告文案创意与构图创意的区别更多地体现在对表现方式的构想上。由于广告文案所用的媒介符号是语言，所以更多地考虑到语言表现的特殊性，如语言的风格问题（华丽还是朴素等）、修辞方式、音韵的和谐、起承转合，以及描写、抒情、类比、归谬等表达技巧的运用。

例如，这则康敷宝广告。乍一看，这则广告无论从画面还是排版、色调都很简单，没有什么特别突出的。不过再仔细一瞧，内里有乾坤。首先第一张设计，文字的排版是正、反穿插的，让人在看的时候不厌其烦地扭动脖子，而读完这些字，再看他的产品，恍然大悟。针对长期面对电脑的上班族，还有其他颈椎病患者，摇摆脖子是一项很好的运动，但是这并不能根除颈椎病，而广告中的产品"康敷宝远红外线颈椎治疗仪"却是颈椎病的克星。其实它的文案也很有趣，"颈椎病的终结者不叫施瓦辛格，而叫康敷宝"，"这样反复扭动颈部，只是缓解颈椎病的山寨之术"，这些用语新奇有趣，让人很容易接受，比那些硬邦邦的填鸭式广告语好多了，如图 11.27 所示。

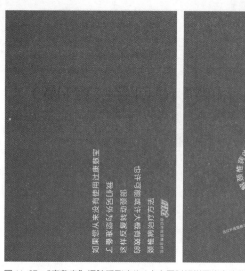

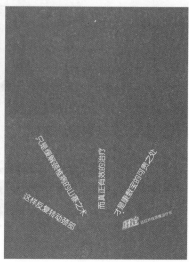

图 11.27 "康敷宝"扭脖系列广告（十六届时报世界华文广告奖）

11.4.3 广告文案的听觉表现

广告文案的听觉指文案的有声语言或听觉语言，即语言的口头形式。广告文案诉诸人的听觉，并通过语声来传播广告的信息内容。电子媒介广告主要依靠声音传达、突出广告主题和内容。因此，文案的听觉设计要符合"适口悦耳"的要求，就要注意语言的语音和声感，做到清楚易懂、优美动听。

1. 与字幕相呼应

文案字幕与语音同比出现，能使观众对广告语加强记忆。现有的广告中，字幕和声音是相继出现的，两者常常有因果、照应关系。要求声音要有承接感，且语义连贯，使整个广告成为整体。在康师傅铁观音茶广告中，描述康师傅铁观音茶盖不住的香，"严选午青鲜叶、慢工慢揉、慢火慢焙，茶韵悠长。"以描述传统的制作工艺为切入点，在广告中表现出康师傅茶饮料和现泡出来的茶一样好，吸引受众，如图 11.28 所示。

图 11.28 康师傅铁观音茶电视广告旁白

2. 与广告整体画面相协调

在视频广告中，视觉效果是第一位的，语言处于次要地位。声音与画面相伴而行，语音表达必须要留有余地，让观众有注意力去观察画面。画面的格调、意境是广告的主基调，声音应与其协调一致。尤其是画外音，与广告人物的神态、性格应该是统一的，并与其意欲表达的心态相吻合。

3. 与画面人物动作吻合一致

广告语与广告中人物动作是相互说明、密不可分的。人物动作与语言相互作用，构成悬念和解开悬念，都必须在分秒间精心安排。

4. 与广告背景音乐相和谐

广告的背景音乐，在文案语言播出前能烘托气氛，引领悬念。在播出过程中，可以起到连贯广告语的作用。所以广告设计者要事先领会音乐，使感情、文字、语言与音乐融为一体。在广告中，也经常使用播音和歌曲相结合的方法，其歌词就是广告语，也就是把歌词当做一篇广告文案来理解和设计，而不能孤立地存在。也可以由播音引出歌曲，或由播音回应歌曲，或由播音总括歌曲，要灵活运用，保持和谐。

广告文案本来是相对于市场研究、广告策略、公关促销、媒介计划等独立存在的广告运动各环节之一，而今从专业广告操作这个技术层面把它再细分为文案和设计两个环节。这样分的好处在于，可以把文字和画面都各自锤炼到最好的程度。"读图时代"的广告文案并不是没落了，而是要用更少的篇幅来传递更多的信息，文案人员肩上的任务反而更重。文字所营造出的语境、提出的观点、挖掘的事实、展示的现象，与读者固有的认知储存的信息产生对接，使读者大脑产生思维指令，从而产生感动，进而改变态度，最终影响行为。

单元训练和作业

1. 优秀作业欣赏

以下是往届学生的优秀文案作业（图11.29～图11.31）。

图11.29所示为"好想你"枣片广告：

(1) 心灵创可贴。人生总有坎坷，总有低谷，也许会受伤，也许会失落，但是家人、朋友、爱人的想念总是会陪伴着你，给你抚慰，给你呵护，给你最好的疗养。

因为好想你，总有一份温暖在心房。

(2) 温暖屋檐下。工作的疲惫，生活的压力……挫折如风雨，总是在不经意间洒落。父母的叮咛、朋友的支持、爱人的期盼，如同温暖的屋檐将你我的风雨遮盖，给予力量和信心。

因为好想你，再大的艰辛都扛得住。

(3) 想念零距离。一个在巴黎，一个在北京，相隔11739公里。这距离看似遥不可及，这距离看似海角天边，但你我的想念就像透明胶一般，把我们紧紧相连。

因为好想你，所以咫尺天涯。

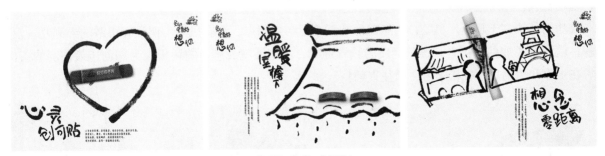

图11.29 "好想你"枣片广告《关怀篇》（张丽娟、范艳芬、宋亚霁／指导：朱丹君）

图11.30所示为可口可乐公益广告：

(1) 就去"简普斋"。

(2) 要做"可爱淘"。

(3) 最爱"二手货"。

图 11.30　可口可乐公益广告（吕凡、张杰、杨静／指导教师：朱丹君）

图 11.31 所示为奥鹏远程教育广告：

(1) 打倒纸老虎。

生活压力大，面对学习充电经常要打退堂鼓？奥鹏面前，一切学习困难都是纸老虎！

成功的秘诀在于态度。奥鹏，给您美丽的新希望与新起点。奥鹏全方位的服务模式，给您创造最佳的条件，给您最好的动力，给您最强的能量，让您轻松面对压力，轻松享受学习，用知识为您的未来积蓄更多力量。超越自我，提升自我！

(2) 天天都牛市。

前进缺乏动力吗？学习、生活最怕变熊样。奥鹏，激起您的斗志，让您天天都是大牛市，天天都做斗牛士。自信地面对每一次挑战！

学习、成功的秘诀在于自信和勇气。奥鹏，给您美丽的新希望与新起点。希望，只有和勤奋做伴，生命的意义在于奋斗。奥鹏先进的教学理念，激发你最高昂的斗志。让您积极应对每一次挑战。生命不息，学习不止！

(3) 跳得越高，看得越远。

奋力一跳，不做井底之蛙。奥鹏给你最有力的跳板，最便捷的助力，最广阔的视角。让您轻松起跳，超越自我！

成功的秘诀在于超越。奥鹏，给您美丽的新希望与新起点。没有风浪，便没有勇敢的弄潮儿；没有荆棘，就没有不屈的开拓者。奥鹏优质的教育资源，为您铺就最有力的跳板，为您创造最便利的条件，让您在工作和生活中，轻松学习，勇往直前！

图 11.31　奥鹏远程教育广告（武英杰、康心蕊、马莉／指导教师：朱丹君）

2. 课题内容

课题时间：4课时。

教学方式：教师先给出若干品牌或产品名称，列举其所需要撰写的文案类型，启发大家关注各个主题之间的差别。然后由学生自由组合(4人以内)，形成设计小组，抽签决定各自的创作主题后，由教师参与讨论，分别指导各组进行文案的设计工作，并最终形成正式提案。

要点提示：文案设计实训一定要考虑现实的品牌形象，市场需求和目标受众，不能纸上谈兵。对比现有的广告文案以及市场上其他的文案，学习设计方法，体会设计规律是本练习的重点。

教学要求：

(1) 每组学生根据自己的选题，撰写不少于5套文案，在撰写中，有意识地使用各种叙事视角和修辞手法，拉开相互之间的风格。

(2) 根据前期市场调查确定策略，选定某一文案作为主创文案。各小组进行讨论，运用头脑风暴，不断精化，提炼本组的文案作品。

(3) 各小组提案，最好使用PPT做正式提案，能包括前期的策略分析和视觉呈现方案最佳。

训练目的：通过对平面广告文案创意实训，使学生较为熟练地掌握广告文案的创意设计规律、设计法则，整体提高学生综合的文案设计能力和思辨能力。

3. 其他作业

自拟题目，撰写一篇200字以内的电视或广播广告文案，注意突出主题和广告诉求，可以是系列广告文案，字数在600字以内。

4. 理论思考

(1) 广告文案表现应坚持什么样的原则？

(2) 简述广告文案的构成及各自的撰写要求。

(3) 文案的视觉表现如何与广告创意进行有效融合？

5. 相关知识链接

[1] 杨先顺．广告文案写作原理与技巧[M]．广州：暨南大学出版社．2000．

[2] 何新祥．广告语言修辞艺术[M]．长沙：中南大学出版社．2001．

[3] 朱瑞波．广告文案与创意[M]．北京：中国纺织出版社．2008．

第 12 章　广告效果测定

课前训练

训练内容：请学生针对电子产品的广告策划及广告作品，进行广告效果测定。

训练注意事项：随着市场竞争的日益激烈，企业投入广告的费用越来越大，这就迫使人们越来越重视广告的效果，人们既然把广告活动看成是一种经济活动，自然就会测定其投入和产出效益，或者说是调查广告目标经过广告活动之后所实现的程度。重点是依据广告效果测定的方法，评估电子产品的广告策划效果。

训练要求和目标

要求：学生从广告作品提供的丰富创作源泉及改进作品的参考依据中，了解消费者的购买行为和购买动机有助于广告创作者的思考。广告效果测定可以更准确地了解消费者的需求，确立广告诉求重点，唤起其购买欲望。

目标：随着广告空间的扩大及企业活动的差别化，广告效果也随着广告目的扩大和变化而变化，或是诱导消费者购买商品，或是树立企业形象提高知名度，或是培养新的消费观念和购买习惯，或是各种目的兼而有之。

通过本章的学习，要求掌握广告效果的含义及特征；了解广告传播效果测定、广告销售效果测定、广告社会效果测定的内容和方法。要求学生能够熟练运用广告传播效果和销售效果的几种基本形式。

本章要点

(1) 广告效果测定的含义和作用。

(2) 广告效果测定的内容和程序。

(3) 广告效果测定的要求和标准。

(4) 广告效果测定的方法。

引言

广告效果就是广告给消费者所带来的各种影响。广告效果有时间推移性、效果积累性、间接效果性、效果复合性和竞争性 5 种特性。广告传播效果的测定就是对广告自身接触消费者后所引起的变化和影响大小进行考察评估。广告传播效果的测定主要包括广告表现效果测定、媒体接触效果测定和心理变化效果测定。

广告销售效果的测定以广告发布之前和之后企业商品销售量增减的幅度来衡量。从经济的角度，对广告的销售效果的理解可以从消费者、企业和社会经济发展 3 个方面来看。广告销售效果测定主要有调查法、销售地域测定法和统计法 3 种。

测定广告所产生的社会效果，应综合进行考察评估，既要通过一些已经确定的或约定俗成的基本法则来测定和评价，又要结合其他的社会因素来综合考评。对广告社会效果的测评主要从真实性、法规政策、伦理道德和文化艺术 4 个方面进行。广告社会效果测定的方法包括事前测定和事后测定。

12.1 广告效果测定的含义和作用

广告策划在广告活动中占有极其重要的地位，它的成功与否，直接关系着企业产品的销售及产品在消费者心目中的印象。要想取得广告活动的成功，必须进行精心的广告策划。可见，广告策划是广告活动中不可缺少的关键一环。

广告策划的目的在于统筹企业的广告活动，宣传企业的产品，树立产品的品牌形象，节约广告费用，提高广告效益，最后以消费者购买产品为终极目标。此外，广告策划还为企业提供信息咨询服务，为企业的生产和新产品开发提供建议，有利于改善企业的经营管理、提高企业的竞争力。

任何广告活动都会产生一定的影响，发生一定的效果。对广告效果进行分类，便于依照各类特点去测定广告效果。对广告效果进行测定，包括事前评估和事中、事后的检验。评估和检验既要检查广告目标的实现情况，又要检查广告目标策略的正确性。对广告效果进行测定，可以采用多种测定方法，不同的测定方法会得出不同的结果。所有这些事项在开始进行之前，都需要安排谋划，即对广告效果测定进行策划。

12.1.1 广告效果的界定及分类

界定广告效果，可以从不同的角度出发做出不同的表述。

从目标管理的角度出发，着重于广告效果跟广告目标的联系，由此将广告效果界定为：广告效果是指广告目标的实现程度。这里包含两层意思。第一，企业投入广告费，是为了给扩大销售创造一种环境和条件。广告活动能否创造这种环境和条件，可能因为各种因素的影响而毫无把握。因此在广告活动开始时，先制定广告目标，并由此控制整个广告活动的方向和进程。由于广告目标是根据企业营销目标制定的，是企业销售目标在广告中的体现，所以广告目标的实现就意味着企业经济效益的实现。广告目标的实现程度，是企业广告费投入价值大小程度的反映，因此企业最关心广告目标的实现程度。广告目标能否实现，要从广告所发生的效果上做出判断。所以在这层意思上说，广告效果就是广告目标的实现程度。广告目标实现程度越高，广告效果就越好。第二，广告效果可以用来检验广告目标策略的科学性和合理性，是对广告目标策略进行评价的一个重要依据。

从广告是为增加销售服务这个角度出发，着重于广告效果跟销售效益的联系，由此将广告效果界定为：广告效果是指广告所带来的经济效益，即广告促进产品销售增加的程度。一般将其称为狭义的广告效果。这种狭义的界定充分肯定了广告的巨大作用。商品经济日益发展，生产者、市场和消费者也日益依赖于广告纽带而系于一体。在创造消费需求、推动生产发展等方面，广告的作用日益明显，因而这种狭义的界定具有一定积极意义。但是，它有两大不足之处：①忽视了广告在心理影响、社会发展等方面的重要效果；②忽视了产品销售额增加的其他制约因素。商品质量、价格、包装、售后服务等多种因素，都可能影响到销售额增加，排除这些复杂的因素而想单纯地考察广告效果对销售额增加的作用，在实际操作上非常困难，把销售额增加单纯归功于广告，把销售利润降低单纯归罪于广告，显然都是不合理的。为此，狭义的广告效果一般不被采用，而代之以广义的广告效果。

广义的广告效果是从广告所产生的各方面影响的综合角度出发所作的界定，它是指广告作品通过广告媒介传播而由视听刺激所引起的直接变化和间接变化的总和。所谓"变化的总和"包括广告本身的效果、广告促进销售增加的效果和广告产生文化影响而带来的社会效果。

广告本身的效果是指广告对消费者的影响而言，即广告使消费者的心理活动状态受到影响，并逐渐改变其对产品或服务的态度，直至发生购买行为。广告本身的效果可以表现为接触效果、注目效果、知名效果、理解效果、印象效果、关心效果、追忆效果、购买效果等。也有人根据赖维奇和史坦勒的广告"层级效果模式"，将广告本身的效果描述为5个不同的"层次"或"程度"，即知名与了解、喜欢、偏好、信服、购买行为。广告目的要求达到某一程度或层次的心理状态，而广告对消费者的影响确实已经促成改变为该程度或该层次的心理状态，则广告效果得到肯定。比如，某一新产品本身尚未面世，不为人所知，广告目的确定要使消费者知道该产品的存在，即"知名"。而广告使消费者知道了该产品存在，记住了产品名称及有关信息，则广告就算达到了初级程度的效果。

广告的经济效果，主要指广告所引起的经济效益，如广告刊播之后增加了多少销售额、提高了多少利润率、扩大了多少市场占有率等。由于广告所引起的经济效果的计算要受到许多其他因素的影响，所以难以确定广告销售效果的准确指标。但因为销售效果是企业最关心的大问题，有时标志着整个广告活动的成败，所以世界上对销售效果的计算评价方法一直在进行科学研究。这些研究主要有两个方面的成果：①对广告经济效果的表现做出了多方面的新描述；②制定了几种测定广告经济效果的定量分析方法。广告经济效果表现是：为消费者提供各种消费需求信息，使之节约精力、节省购买时间；创造了消费需求，刺激了技术创新和新产品开发；刺激企业为提高展品质量而致力于技术以提高竞争地位；促进企业降低成本，从而为降低售价创造了条件，使消费者用同量货币而能获得比过去更多的消费品；可提供更多的就业机会；为大众传播媒介增加了财源。广告经济效果的定量分析方法有广告效果比率法、广告效益法、广告费比率法。

广告的社会效果是指广告对社会的影响，主要涉及政治、法律、文化、艺术、伦理道德等领域以及价值观念、社会心理等方面的问题。

12.1.2 广告效果的特性

与其他活动的效果相比，广告的效果具有其不同的特性。

(1) 时滞性。广告发布之后，其效果不是迅速同时产生，而是要经过一定的时间周期之后，广告效果才显露出来。除了某些特殊的促销广告之外，大多数广告都需经过较长的周期才能见到效果。效果发生时间的滞后性，使广告效果的表现不够迅速、不够明显，因而有时会带来相应的消极影响。

(2) 间接性。销售额的增加，利润率的提高，市场占有率的提高，都是对广告效果的反映。广告效果对销售额的增加或利润率的提高，不是直接发生作用，而是通过对消费者的宣传而说服引导他们购买商品，间接地促进商品销售。广告引起消费者的注意、兴趣、记忆、信念、欲望等，都是广告效果的表现，这种效果一般不会马上使人直接产生购买行动，但是可以提高人们对商品的认识与信赖，间接推动人们靠向购买行为。这种间接性会给广告效果的测定带来一定难度。

(3) 复合性。广告活动是一种复杂的综合性的信息传播活动，它的效果的产生有赖于多方面的因素和条件，比如多种表现形式、多种媒介组合、企业营销策略的制约、消费者心态等，都可能对广告效果产生影响，广告效果最终能够产生，它们都有一份"功劳"。因此，广告效果呈现出复合性。广告效果的复合性，还可以由广告效果的可分析性得到证明。所谓"各种变化的总和"，也是就其复合性而言的。

(4) 竞争性。广告效果一旦产生，紧随而来的是消费者群体的成员流动，一部分消费者被拉了过来，站在本产品一方。同时，广告效果一旦产生，消费者接受了广告宣传对企业或产品的推荐，同时也就意味着他们对同类产品或同行业企业的放弃。在广告效果产生的任何一个地方、任何一个领域、任何一个时间，都会有跟竞争对手的争夺战。广告的竞争力，说到底是在广告效果的竞争性上才表现出来的。

了解广告效果的特性，一方面有利于在对广告效果进行测定时妥善处理相关因素的影响问题；另一方面也有利于广告策划者避免消极因素，充分利用积极因素，寻求提高广告效果的新途径和新办法。

12.1.3 广告效果测定策划

广告效果测定策划是指对广告活动所产生的影响进行评估检验的预先谋划。

作为策划者，必须对广告效果问题进行如下考虑：①在广告未发布之前，估计广告会产生的效果，这种估计不是凭空臆测，而是要根据整个广告活动计划安排进行科学的推断。简而言之，广告实施之前，就要对预定的广告效果进行评估。②在广告发布期间和广告发布之后，广告已经跟社会大众接触。那么实际上产生的效果怎么样，必须进行了解，加以测定，掌握情况。③所测定的广告效果跟事前所预估的广告效果是否一致，差别在哪里。实际广告效果所作测定的结果说明了什么，有什么意义。当然，上面这些事项的实际进行，必须随着广告活动的进程而逐步完成，即效果评估一定要在广告实施之前；效果测定一定要在广告实施中和实施后一段时间追踪式地进行；而效果评价一定要在广告实施完成之后进行。但是，上面这每一步怎么走，每一事项如何安排，必须先有一个计划，不能事到临头才随意应付。策划者所作的有关这些事项的安排谋划，就是关于广告效果测定的策划。广告效果测定策划的基本任务，就是要对以下三方面事项做出谋划：①关于广告实施前广告效果评估的谋划；②关于广告实施中和实施后的广告效果测定的谋划；③关于广告效果的评价方面的谋划。

从现代广告发生作用的方式看，它是一种双向的信息传递，既是商品和服务信息通过一定的传播媒体向消费者传递，也是市场信息、消费者信息向生产者、经营者的传递。广告活动过程是一个不断反馈、循环往复的动态过程。要完成这个动态过程，进行有效的传播，一方面靠的是广告活动前细致的市场调查，科学的判断推理，做出正确的决策，在这个基础上进行有效的广告策划，并按照策划的轨道组织实施；另一方面，靠的是实施后认真负责的广告效果测定和反馈，通过调查，测定广告活动的效果，对广告活动做出全面的正确的评价，这才是广告活动完整的过程。同时，它还是检验广告活动成败的重要手段，也标志着企业上期广告活动的结束和下期广告活动的开始。

随着市场竞争的日益激烈，企业投入广告的费用越来越多，这就迫使人们越来越重视广告的效果，人们既然把广告活动看成是一种经济活动，自然就会根据其投入和产出效益调查广告目标经过广告活动之后所实现的程度。这里的效益主要表现在几个方面：经济效益、社会效益、心理效益。广告的经济效益是指广告活动促进商品销售、服务销售和利润增加的程度；广告的社会效益是指其社会教育作用；广告的心理效益，是指广告在消费者心理上的反应程度。广告是一种特殊的产业，它不产生有形的产品，广告活动的产品就是广告对企业经营活动所产生的促进作用，这种作用就是广告效果。由于广告是一种社会性的宣传活动，如果从这个意义上去认识，广告效果应当包括广告宣传对整个社会经济活动所带来的影响，因为广告也是一扇可以透视时代社会变化的窗口，从中可以捕捉社会变化的脉搏；广告主角从生产资料变为消费资料，实质上与当前中国经济构造的一系列变化是一致的。广告媒体竞争因不恰当的宣传产生不良的社会影响，这在我国的《广告法》中已有明确规定。具有真实性、思想性、艺术性的广告作品，有助于提高人们的美育水平，起到陶冶情操、增加知识、提高文化水准、增加艺术修养、培养高尚的道德伦理的作用；相反，质量低劣、宣传失真的广告，盲目模仿、崇洋辱国的广告，不仅会把企业逼入绝境，而且会造成恶劣的社会影响。

广告的效果还可以从不同的角度进行划分。按照广告效果的作用划分有即时效果、近期效果、长远效果。

即时效果，就是广告传播当时就产生的效果。部分广告受众在接受某一广告诉求时，会立即做出反应，产生购买行为，较常见的售点广告往往能产生强烈的刺激作用，促使来商店购物或游览的受众当场产生购买行为。

近期效果则是广告在企业所期望的一个较短时期内产生的效果，它是针对企业的近期目标而言的。

终极目标的实现程度，就是长远效果。任何一个广告战略活动，都有终极目标，而这一目标的实现往往不是一、两个广告能奏效的，必须通过一系列的广告活动才能达到。有时还要分阶段地开展不同的广告攻势，所以广告战略活动的终极效果是在广告的直接效果和阶段效果基础上产生的。对于战略性的广告活动来讲，不仅要注意终极目标的实现，更要注意直接效果和阶段效果的考察和评估。

从广告效果的层次来看有传播效果、促销效果、心理效果等。

传播效果，是广告被接受的情况，如广告的覆盖面、接触率、注意度、记忆度和理解度等，这是广告效果的第一层次。传播效果又可以称为广告的认识级效果，因为它实际上是受众收视广告的程度。

促销效果，通过广告作品的宣传说服，改变消费者的心理活动状态，促成消费者的购买行为。不管在理论还是在实际上，都用这三个等级来测定广告的效果。传播效果（或叫认识级效果），可以作为广告制作部资料，并为广告判断提供选择；促销效果（或叫行动级效果），能恰当地测定广告在市场战略中的效果；心理效果（或叫态度级效果），可以判断广告宣传是否成功。

心理效果（态度级效果）和促销效果（行动级效果）在许多情况下，是无法测定促销效果的。广告活动所涉及的关系是非常复杂的，广告作品成功与否其影响因素千变万化。广告效果具有与其他活动效果不同的特性，这些特性主要表现在以下几个方面。时间推移性又叫滞后性。消费者接受广告的影响，由于受到时间、地点、经济条件和购买行为的影响，所以在广告效果测定时，要区别广告的即效性与迟效性，不能简单地从短期内的销售效果去判断，也要求开展广告宣传必须有一定的提前量。累积效果性，即广告的发布是反复进行的，并通过多种媒体组合进行，但大多数广告不能立竿见影，其效果是累积的。消费者在尚未发生购买行为之前，也许已接受过多种广告媒体所做的同一商品的广告影响，在心理上已积累起对该商品的广告印象。

因此，消费者购买商品之前，是广告效果的积累期。广告效果是多种媒体广告综合作用的结果，这便难以单独测定某一广告的效果。在累积期，广告必须进行连续的多次冲击，以强化影响，才能使量的积累转化为质的飞跃。企业广告战略应该改变单纯追求急功近利的观点，着眼于企业的发展和未来，争取广告的长期效果。

间接效果性，即在实际生活中，有的消费者因直接受广告影响而购买商品。

竞争性，广告既然是竞争的手段，广告的效果也具有强烈的竞争性。广告效果的竞争性就是争取顾客，向消费者推荐本企业的商品而取代竞争者的商品，广告的竞争力强，影响和说服力也大，企业及产品在受众心目中的形象也会渐趋牢固，就能争取更多的消费者和市场，使广告的各种效果集中表现在销售效果。若投入大量的广告费，仅将广告作为传达信息的工具，不竞争，就不能适应市场的需要。不过由于市场竞争激烈，同类商品之间展开广告战，并由于其他促销手段的影响，广告效果会彼此抵消一部分，很难评定或责难广告作品效果不好。

隐含性，即广告效果的滞后性和交融性造成企业经营活动中广告的效果往往是隐含的，很难从各种相互交融的因素中将其明显地分辨出来。广告是否在企业经营活动中的实际效益中发挥了作用和发挥了多大作用，若不进行专门的测试是很难从量上把握的。

广告实施前广告效果的评估要考虑以下一些问题。

(1) 明确广告效果评估的意义，既是对广告效果进行预测，也是对广告策划的各项策略进行检验和再论证。

(2) 广告效果评估的时间应安排在广告策划基本完成之后。

(3) 将广告策划中规定的实现广告目标的各项指标进一步明确化，并作为具体衡量广告效果的备用依据。

(4) 明确评估的重点，是评估广告目标的实现程度，包括对广告活动可能达到的效果预测，以及各项广告策略的得失考察。

(5) 对广告活动可能达到的效果进行预测，预测项目有广告到达的范围、广告的注意率、广告的记忆率，并根据以上预测去判断广告对消费者观念的影响如何；还要预测市场占有率、商品知有率、销售增长率三者各能提高多少，并据以判断能否实现广告目标。

(6) 对各项广告策略进行检验，包括以下项目：分析广告目标及其指标是否准确；广告主题是否明确；广告媒介、时机、区域等策略是否正确；广告表现是否恰当，是否符合法律和道德原则；消费者对广告可能做出什么反应；各项策略对广告目标的达成有无障碍点和欠缺，如何补救。

(7) 评估可采用的方式：邀请局外人来评估，选择部分消费者进行模拟试验以观察反应，在小范围内试行并调查试行效果。

(8) 将以上各项所得出的评估结论跟广告目标全面对照，判断差距大小。差距越小，达到预期目标的把握性越大；差距越大，广告目标或广告策略失误的可能性越大，要及时考虑修正方案。

广告实施中和实施后广告效果的测定。就广告效果测定进行谋划，则要考虑以下问题。

(1) 明确测定对象是广告实施所产生的实际效果。

(2) 测定时间从广告实施时开始，连续跟踪测定，一直到广告实施完毕后的总评价之前为止，不能等到广告活动末尾去一次性进行。

(3) 测定必须始终以广告目标为参照，围绕着广告目标进行。

(4) 测定广告效果要首先做情况调查，调查内容或范围如下。

① 广告的到达范围，即广告通过媒介到达目标对象的程度。

② 广告的传达频率，即广告到达目标对象的单位时间次数。如果采用的是媒介组合方式，则要将几种媒介的传达都考虑在内，合并统计。

③ 广告的接收率，即消费者中真正看到或听到广告的人数比例。这一统计既不可能绝对全面，也不可能绝对准确，因而可采用抽样统计。由于媒介到达率和广告接收率之间可能极不和谐，有时媒介到达率很高而接收率很低，有时媒介发行量很小但接收率很高，因此接收率的统计有重要价值。

④ 广告的注意率，即广告发布之后在消费者群体中引起注意的程度。广告的注意率跟广告的接收率存在正比关系。

⑤ 广告的记忆率，即在消费者群体中能够记住广告的人所占的比例。

⑥ 消费者的印象，一是广告对消费者的心理、观念的影响；二是广告所宣传的产品或企业在消费者心理和观念上的影响，以及消费者对企业或产品的态度。

⑦ 销售增长情况，即广告发布后在其影响下产品销售量有无变化、增长率是多少。

(5) 上述调查内容有内在联系，所得数据要综合比较，不能孤立使用某一数据去引出结论。

(6) 明确广告效果测定方法，包括调查方法、统计方法、数据处理方法。

12.1.4 广告效果测定的意义和作用

广告是企业营销中的重要组成部分，也是企业总体形象识别系统(CI)的重要组成部分。从宏观上说，它应服从和服务于企业总体形象塑造，从微观上说，它应服从和服务于企业的整体营销策略。因此，广告效果的测定和评价，应该看其对企业营销计划的完成是否产生作用，是否有利于企业形象识别系统的建立。但是广告的直接效果应以广告目标为出发点，因为一次广告活动既不可能完成企业形象的整体塑造，也不可能立即达到企业的总体营销目标，其中还包含许多广告所无能为力的因素。所以，在具体评价广告效果时，应以是否达到广告目标为出发点。广告目标，本身就是企业整体形象塑造和企业营销目标的一部分。

广告效果测定的意义和作用如下。

(1) 检验广告策划和决策，鉴定广告的质量和作用，评价广告费投资是否获得了预期的效益。通过广告效果测定，可以检验广告目标是否正确，广告媒体运用是否恰当，广告发布时间与频率是否适宜，投入的广告费用是否合理。总结经验，吸取教训，进一步提高广告战略策划的水平，以节约广告费用，取得较好的广告效益。

(2) 为修正广告策划提供依据，为新的广告策划提供指南。一段时期广告活动结束之后，必须正确评价广告效果，检查广告目标与企业目标、市场目标、营销目标相互的吻合程度，总结营销组合、促销组合是否默契。通过广告效果测定，收集受众对广告作品的接受程度，鉴定广告主题是否突出、是否合乎消费者的心理需求、广告创意是否感人、能否收到良好的效果；通过广告效果测定，总结经验教训，使不符合实际的广告策划随市场变化进行调整，同时为新一轮的广告策划提供依据。

(3) 协作设计广告策划与制作，监督推动广告质量的提高，促使广告业向高水平发展。广告效果测定为未来广告策划提供参考资料，承上启下，建立在符合客观规律的基础上，同时，也有助于改进广告设计与制作，使广告传播内容与艺术表现形式的结合日臻完美，从而使广告诉求更有力。

(4) 由于广告效果测试能客观地肯定广告所取得的效益，可以提高广告主的信心，使广告主易于安排广告预算，广告公司容易争取到客户，促进广告业务的发展。

12.2 广告效果测定的内容和程序

1. 广告效果测定的内容

广告效果测定的内容是直接测定广告的注目率、有效率和广告后的行动率。

(1) 注目率是指广告受到注意的程度，这是广告活动发生作用的前提。它包括广告的接触者数量、接触者范围，以及在一定时期内接触广告的次数即接触率，这实际上是对广告交流效果的测定。

(2) 有效率是指对广告到达程度的确定。它包括知名度、理解率、确信率3个层次。即通过广告活动，企业的名称、品牌、商标在受众中知道了多少，有多少受众理解了广告所传达的信息，有多少受众信服了这些广告信息，继而采取一定的行为和心理态度的转变。一般情况下，知名度、理解率、确信率是递减的，而一部分受众即使相信了广告，心态行为也受到了影响，但效果仍然是难于测定的。尤其是这3个阶段都处于购买行为的准备阶段，有时做了大量的广告，商品却仍未畅销，广告很容易招致指责，这往往是片面地以行动率来衡量广告效果的结果，广告在各个时期有不同的目标，不能仅从最后的购买行为来判断广告效果是否有效。

(3) 行动率。广告的最终目标是促成行为和心态转换的发生，知名、理解、确信、产生购买欲望等都是为了最后购买行为和心态转换的发生。因此，对行动率的调查，是广告效果测定的最为直接的方法。行动率包括以下方面：受众对企业的正向心态即对企业的赞许程度的增加与否。一般情况下，消费者对企业有正向心态和逆向心态（反感心理）之分，通过广告活动，可以使正向心态发展加强，使逆向心态转化，从而增加企业的知名度和美誉度，从市场销售额的变化、市场占有率的变化等来确定广告在促成购买行动上的作用。

2. 广告效果测定的研究程序

(1) 确定研究问题。从事广告效果测定首先要确定研究的"问题"，以此作为收集材料和组织材料的基准和解释材料的依据。

研究的问题要具备一定的条件、有一定的范围。要有研究的价值，提出的问题必须明确，不能模棱两可，对于已获答案的问题，可以直接采用。涉及广告效果测定的研究问题主要有广告的表现手法、广告媒体、组成广告作品的各要素、广告不同刊载位置的相对价值、广告的易读性等。

(2) 收集与研究问题有关的资料。这是寻求研究问题的事实与证据，包括规定收集资料的范围、说明收集资料采用的方法、记录资料使用的工具、确定调查人、选择样本的范围和方法等。

(3) 整理、分析和解释收集到的资料。收集资料后，必须将获得的资料加以整理、分析和解释，看它是否与原来的假设相符合，找出实际结果与预期答案的差距，分析产生差距的原因，寻求问题的根源。

(4) 撰写报告。研究报告是"问题"研究过程的书面总结。基本内容包括：研究的问题及其范围，研究问题的方法，问题发生的时间、地点、导致的结果，各种指标的数量关系，计划与实际的比较，经验的总结与问题的分析，解决问题的措施与今后的展望等。

12.3 广告效果测定的要求和标准

1. 广告效果测定的要求

由于广告效果受各种客观因素的影响较大，因此在测定广告效果时，除考虑广告效果的各种特性以外，还要考虑一些原则和要求。

(1) 掌握广告测定的目的性、有效性、可靠性、相关性的原则。

① 目的性。要求广告测定的目的要具体明确，不可空泛。如广告的目的是推出一项新产品，那么广告的测定应该针对广告的新闻价值和刺激性；如果广告的目标是争取更多的消费者，广告效果测定应着重在尚未使用这类产品的消费者的心态的改变。

② 有效性。指测试工作一定要达到目的，要以具体的结果来证明广告的有效性，而不是空泛的评语。由于广告效果特性的影响，要同时用多种测试手法，广泛收集意见，进行多方面综合考察，才能

较为客观地测定广告的效果,这就要求在测试效果时,必须选取真正有效、有代表性的答案作为衡量标准,否则就失去了有效性。

③ 可靠性是指测试前后的结果,应有连续性来证明其可靠。这要求多次测试的结果均相同,否则,这项测试是有问题的。同时,要求测试对象的前后条件和测试方法必须前后一致,这样才能得到正确的答案。

④ 相关性是指测试的内容必须与所追求的目的相关,不可作空泛或无关的测试工作。

(2) 做好准备。广告效果测定要具有4个主要因素:被访者、访问员、问卷表、刺激物(即广告作品)。被访者即接受调查的消费者,要依据广告对象来选出代表性人物,要善于鼓励他们自愿合作;访问员要熟悉广告测定内容与方法,才能收集到正确的资料;问卷表或测定内容,要预先依据广告测定目标做出详细规划;刺激物要预先要制作好,提供给被调查者阅读或视听。

(3) 综合测定。广告效果测定,既要测定其销售效果,分析它所取得的经济效益,又要着重测定广告本身的效果,以提高广告水平。在测定广告效果时,要综合研究企业的各种促进销售的因素和各种社会影响因素,在测定某一广告媒体的效果时,要结合分析各种媒体组合交织所得的效果,既要测定广告的即效性效果,又要估计它的迟效性效果。

2. 广告效果测定的标准

广告效果的测定根据其不同的作用可分为两大类:事前测试和事后评价。事前测试是在广告实施前对广告作品和广告策划在一定范围加以实验,测试其效果,这就是投石问路的测试策略。好的广告作品必须能清楚地传达信息,令人容易记住,必须能说服人购买广告的商品,因此,判断一则广告策划或广告作品是否有效,有几个标准。

(1) 广告诉求是否明确。广告传达的信息是否为受众所了解,这应该通过某些方式方法来测试,看广告表达是否准确。

(2) 广告是否有吸引力。广告若无吸引力,无人注意,是广告费的最大浪费,可以用记忆测验的方法来衡量广告受注意的程度。

(3) 广告是否有说服力。这是评价广告作品的最根本标准,也是最不容易测量的。人们往往用销售增加额来判断广告是否有说服力,因为这是最省力和最直接的方法,但是有片面性。实际上,应该以广告目标出发,来决定从哪个方面评价广告的说服力。如果广告策划规定广告目标是使消费者对品牌产生好感,为购买行为的发生做好准备,那么销售数字就难以确切地表明广告的说服力。因此,测试广告的说服力,重点应该放在测量广告改变受众态度的能力上面。比如调查消费者的购买意向,看了产品广告后,如果要购买本类产品的话,是否会将广告的产品作为选择对象?为什么?他们的理由是否是本广告的诉求点?通过这些调查,能够比较客观地得出广告说服力的评价。

3. 广告效果测定的原则

(1) 目标性原则,即首先明确测定的具体目标,以便根据目标去选定科学的测定方法。

(2) 综合性原则,即在测定时要综合考虑各种相关因素的影响,从广告的经济效益、社会效益和心理效益等几方面进行全面的综合测定。

(3) 客观性原则,即在测定过程中要运用科学的分析方法去找出各种因素之间的必然性、规律性联系,避免主观性和片面性,避免以过去的经验或偏见来看待复杂的测定工作。

(4) 可靠性原则,即对样本的选取,要严格遵循统计原理,测试时要进行反复验证,力求测定的结果真实可靠。

(5) 有效性原则,即测定工作要按照其研究程序有计划有步骤地进行,要选择最经济、最有效的途径和方法，避免无效劳动，避免人力、物力、财力的浪费。

(6) 经常性原则，即对广告效果的测定工作，要经常性持续进行，不宜半途中断或采用临时突击的办法。

12.4 广告效果测定的方法

1. 广告效果测定的基本原理

无论影响广告效果的因素有多少，都可以把它们简化为两个方面：广告的促销效果和广告本身的诉求认知效果。这两方面的影响因素中，既有可控因素，也有不可控因素。促销效果中的市场需求量，与产品服务有关的信息资料、广告的覆盖面、销售额及其变化率等，都有一定的数据可依，是可控的；而市场消费者的心理反应、广告艺术魅力、政治因素、法律因素、消费习惯的影响和变化、广告的知名度等，是不可控的。不可控因素常常又是瞬息万变的，要研究的主要是对一些基本可控因素的测算，其基本原理是，一般来说，广告的促销效果可以直接从广告发布以后，由一定时期销售量的增减变化情况决定，取决于广告费用与销售额之间的比例关系。如果广告费用为一常量，采用不同的媒体广告，会出现不同的促销效果。销售额大的，促销效果就好，反之就不好。如果就同一媒体是成比例关系的而言，所花广告费用越大，而促销效果不变，那么，广告效果就差，相反，同一媒体，所花广告费用越大，销售额也随之增大，或者销售额虽不变，但广告费用降低，那么广告效果就好。这就是测定广告效果的基本原理，当然实际运用时，要复杂得多，因为广告费用和销售额都是变量。

2. 广告效果测定的具体方法

在实践中，人们对广告效果的测定和评价采取了许多行之有效的方法，这些方法主要运用于两个方面：反馈信息的收集和广告效果的评价。

(1) 反馈信息的收集。收集广告的反馈信息虽然比较困难，但是只要正确地使用广告调查中的科学方法，可以达到目的，只是在收集反馈信息时利用这些方法的侧重点有所不同。反馈信息的收集可以分为事前反馈和事后反馈两种。

① 事前反馈，是指在广告设计完成之后和投入传播之前，在小范围内进行的意见征询和信息反馈，目的是在广告投入传播之前对其效果进行一次测试，并根据测试结果做进一步的修正和完善，以使广告投入传播后产生出最佳效应。

广告效果信息的事前反馈有以下方法。

第一，受众意见征询，也叫受众评定法。就是把已经设计好的广告作品交给一部分受众代表审阅，征询他们的意见，根据其中合理的意见加以修改，具体采用时，可以只用一个广告作品，也可以同时拿出几个广告作品，让受众进行比较和评判。实际运用时，采用同时拿出几个广告作品做比较，让受众选出他们认为满意的作品。

第二，专家意见法。管理学上也称"德尔菲法"，即把设计好的广告作品，交给有关专家进行审定，让专家对广告作品按照规定的指标进行打分，然后根据累计分值的高低对广告作品的效果进行评价。需要注意的是，选择专家时应该全面，不能集中选择某一方面的专家，这样才能使广告效果的评价更加科学。

第三，残象测试，又称瞬间显露测定。这是对广告主题的明确性进行评价的最好方法，它是把设计好的广告作品向选定的受众进行短暂的展示，作品撤走后立即询问受众对该广告作品的残留印象，若残留印象正是广告宣传所要突出的主题，说明广告作品是成功的；若受众的残留印象同主题偏差很大，说明广告作品是失败的。

残象测试的原理是人们对短暂接触的外部信息不可能完全接受，但总会留下一部分，残留的部分是刺激最为强烈的，也是信息中最为有效的部分。广告作品的设计就应当将其主题包含在这部分中，增强广告传播的效果。利用残象测试时，受众的选择最好有一定的代表性，代表面广就容易知道各种不同受众对于同一广告作品的接受差异，便于针对目标受众来修改广告设计。

事前反馈的方法还有很多，如回函反应法、皮肤电气反射试验法、视向测验、集体反应测定法、节目分析法、测定反馈的信息源比法等。事前反馈的特点是范围比较小，较明确，反馈的质量比较容易把握。但由于范围小，其代表性会受到一定的局限，所以它对广告效果的评价意见只能是预测性的。

② 事后反馈，是指广告投入传播后，对其在实施宣传过程中的实际效果进行调查，以便检查广告策划是否成功。由于广告的受众是不确定的，所以事后反馈只能采用抽样调查的方法。

第一，记录法。选择一些固定的调查对象，发给他们事先设计好的调查表，让其依次将所接触的媒体类型、节目类型和接收时间填入调查表，定期回收，归纳统计，以掌握受众对媒体的接受情况，了解广告的视听率。

第二，回忆测定法，简称回忆法。用随机抽样的方法调查受众，让其回忆在指定的时间内所接受的节目，以及对某一广告的残留印象。这种方法可以分为纯粹回忆法和辅助回忆法两种。采用回忆测定法，可以比较准确地测定广告宣传的实际效果。

第三，即时监测法。在广告播发时，用电话等通信联络工具向选定的受众了解对广告节目的接收状况。随着科学技术的发展，现在可以用更先进的技术设备对广告的接收情况进行即时监测调查。在受众接受节目时采用特殊的仪器，将接收情况反馈到控制中心。在国外有的采用特制的"观众监测器"对电视观众进行收视情况调查。也有更先进的，将极轻的特殊仪器架在眼镜上，当调查对象阅读报纸杂志时，可以准确记录其阅读的内容、目光停留的时间和移动的方向，并且可以将其录制下来进行分析，这种仪器不仅能记录广告的接受率，而且还能检验广告的质量。

第四，回条法。在报纸杂志和商品包装等印刷广告上设置特定的回条，让受众在阅读广告后将其剪下寄回，由此来了解广告的接收情况。用这种方法了解受众阅读广告和受广告影响的程度是比较有效的，因为受众只有仔细阅读了广告，才可能将回条剪下，只有受广告影响较大，才可能将回条寄回。为了保证回条的回收率，一般都要设立一些条件，如凭回条优惠购物或开奖等。

第五，比较法。在广告实施宣传之前和之后，分别对同类指标在同样的范围内进行调查，根据前后情况对比来了解广告实施的效果。这种对比法一般被用来检测广告的促销效果，也可以用来检测广告的形象效果，前者是用广告实施前后销售量变化的对比资料来分析，后者通过广告实施前后企业的知名度和受众对企业或其产品态度的对比资料来分析。

(2) 广告效果的评价。这是广告实施完毕后根据测定情况而对广告效果进行的总评价。对于这个总评价的事先谋划，需要注意的问题如下。

评价时使用什么标准。广告效果评价要使用跟事前评估同样性质的标准，即看广告实施后广告目标的实现程度。要防止两种偏向：一种是不自觉地发生的多标准偏向，即把广告效果测定中所取得的各项指标数据作为评价标准，就事论事，以为某一指标达到什么程度，数据如何，便据此去评价广告效果如何，这样不可能得出统一的结论。不可否认，数据能反映一些重要问题，但不宜过分绝对化而将其作为评价标准；另一种偏向是把销售的扩大作为衡量评价广告效果的标准，这也是不恰当的。因为销售的扩大不只是由广告的效果引起，还受其他诸多因素的影响。此外，在某些情况下，广告目标本身就不在于扩大销售，这时还以扩大销售为标准去评价广告效果，就显得荒谬了。比如，企业已经达到相当高的市场占有率，而市场竞争趋于激烈时，广告目标很可能是维护市场占有率，提高商业信誉，而不是扩大销售。再比如，处于衰退期的商品，其广告目标可能是延长其生命周期，而不是扩大销售。因此，评价广告效果只能用一个标准，即看广告目标的实现程度如何。

对于所测定的指标数据，要细致分析其在实现广告目标方面所具有的真实意义。比如，广告记忆率高而且记忆率增长很快，那么对于实现广告目标来说，它所具有的真实意义在于说明产品或企业的知名度已经较高，而且还在迅速提高。

此外，在广告实施的不同阶段所测得的数据是不一样的。但是，把同类数据按顺序排列起来，加以分析，可以从中发现一些规律性的或趋向性的东西，这对于广告效果的评价也会有较高价值。

最后，评价广告效果不是为评价而评价，而是要通过评价来确认：现有广告目标是否能实现；现有广告目标策略是否恰当完善；如果已实现广告目标，是否要再制定新的广告目标。这也是广告效果评价的实际意义，即指示下一步该做什么。

广告效果的评价分为3个方面：对广告本身效果的评价，即对传播效果的评价；对广告经济效果的评价，即促销效果的评价；广告心理效果的评价，也是对广告形象效果的评价。

① 广告经济效果的评价测定。广告的基本职能可以概括为两点：提高企业和商品的知名度；扩大销售，增加盈利，树立企业形象，提高商品知名度，归根结底是要扩大销售增加盈利。广告本身的效果和广告的社会效果最终要反映到广告的经济效果上。因此，广告的经济效果如何，是广告活动成败的集中体现，广告经济效果的测定也就成了衡量广告效果的中心环节。

广告的经济效果在广告发布之后测定，就是要测试增加了多少销售额和利润额。这实际上是按商品销售量增减幅度作为衡量广告效果的标准。这里有几点必须指出。一是广告费与销售额之间的关系复杂，有时广告费投入后产生的经济效果，与人们的设想相差甚远。在两种情况下，投入的广告费不能转化销售效果，第一种情况是生产某种产品的企业之间竞争激烈，或者因经济发展停滞，有支付能力的需求急剧下降。这时虽然增加大量的广告费，销售量不但不能增加，还有可能减少，但又不能不做广告，因为停止广告，销售情况也许更差。第二种情况是企业推行长期的广告发展战略，对市场逐步渗透，短期内也不会产生销售效果。二是销售额增加的因素包括商品质量、价格、包装、广告、推销、售后服务等诸多因素，这些因素相互交织，错综复杂，若把其他因素完全排除，抽象地测定广告扩大了多少销售额，创造了多少利润，是极其困难的，所以，测定广告经济效果的含义是有一定的缺陷的，广告之后不一定能够扩大销售量，有时仅仅是为了保持销售份额，阻止销售和利润下降这一目的。在销售增加额中，只把增加因素之一的广告力量单独测定出来，这是不科学的。

虽然如此，随着市场经济的发展，广告成为把生产者、市场和消费者维系于一体的"纽带"，愈益明显地发挥着创造消费需求、推动生产发展、提高消费水平的巨大能动作用，同时，众多的企业在运用广告策划和策略水平方面有相当的提高，获得了一定的成功，这也足以直接地证明广告的确有经济效果。而且，虽然"测定"相当困难，人们仍然能够利用一些指标，从不同的角度来衡量广告的效果，而且随着科学技术的发展和广告理论的深化，衡量广告效果的各种指标与测定方法日趋成熟完善。广告的经济效果可以从定性和定量两个方面来测定。

从定性的角度来讲，广告效果也即对社会经济发展的积极作用表现如下。

A．广告为消费者提供消费需求信息。消费者未购买之前，从各种媒体获得了即将消费的各种商品的有关资料与信息，根据自己的爱好与支付能力，比较各种品牌的价格和质量之后，预先做出选择，这样就可节省精力和时间。

B．广告创造消费需求。企业为不断发展并创造更多的利润，就要不断改进老产品，特别要不断开发新的产品，而新产品宣传主要依赖于广告，广告成为新产品问世的主要情报来源，并对促进新产品的开发与普及，发挥着极大的作用。因此，广告又可以创造消费需求，反而推动企业不断发展。

C．广告刺激企业不断提高产品质量，促进技术进步，企业为了树立信誉，赢得顾客，使自己的产品在竞争中站住脚，就要不断地改进和提高产品质量，要更新设备并采用先进的技术。因此，广告有利于推动技术进步。

D．广告促使企业降低成本，从而相对提高消费水平。企业要不断发展，就要开发市场，只有开发市场，才能扩大市场容量，大量生产和销售。只有大量生产，才能降低成本增加盈利。降低成本就为降低售价创造了条件，降低价格，就能提高消费水平。

广告是促进整个社会经济发展的重要因素之一。广告的经济效果，还可以利用一些指标和方法进行定量分析。

统计法。即运用统计有关原理与运算方法，推算广告费与商品销售方面的增长情况，测定广告效果指标。其主要方法如下。

A．广告费比率，又称销售费用率。这是一个相对经济指标，表明广告费与销售额的对比关系，通常用于测定每百元销售额支出的广告费。

$$广告费比率（销售费比率）= 本期广告费总额 / 本期广告后销售总额 \times 100\%$$

销售费用率指标的倒数可以称为单位费用销售率，它表明每支出一元或一百元广告费所能实现的销售额。

B．广告效益法。这是为测定广告后增加的销售额，进一步计算单位费用销售增加额，它表明每元广告费与广告售后销售增加额之间的关系。

$$单位费用增加额（每元广告效益）= (S_2 - S_1)/P$$

式中：S_2——本期广告后销售额；

　　　S_1——未做广告前的平均销售额；

　　　P——广告费用。

C．与此相应，也可采用费用利润率、单位费用利润率和单位费用利润增加额3个相对的经济指标，测定广告的经济效果。

$$费用利润率 = 本期广告费总额 / 本期广告后实现利润总额 \times 100\%$$

$$单位费用利润率 = 本期广告后实现利润总额 / 本期广告费总额 \times 100\%$$

$$单位费用利润增加额 = (P_2 - P_1)/P$$

式中：P_2——未做广告前平均利润总额；

　　　P_1——本期广告后实现利润总额；

　　　P——本期广告费总额。

D．还可以用销售增长率、广告增销率、市场占有率、市场占有率的提高率等指标来测定广告经济效果。

销售增长率是指广告实施后的销售额相对于广告实施前所增长的比率，能在一定程度上反映广告对促进产品销售所起的作用。

$$销售增长率 = （广告实施后销售额 - 广告前销售额）/ 广告实施前销售额 \times 100\%$$

由于影响产品销售增长的因素是多方面的，用单位销售增长率来测定广告促销效果，并不一定准确。所以通常将销售额的增长情况同广告费的投入相比较，以求更准确。

广告增销率是一定时期内广告费的增长幅度与相应销售额的增长幅度比，以反映广告费增长对销售带来的影响。

$$广告增销率 = 销售增长率 / 广告费增长率 \times 100\%$$

市场占有率，是企业生产的某种产品，在一定时期内的销售量占市场同类产品销售总量的比率。

市场占有率＝本企业产品销售额／同行业同类产品销售总额 ×100%

这个指标在一定程度上反映了本企业产品在市场上的地位与竞争能力，可以间接地反映广告效果，也可用单位广告费提高市场占有率的百分比这一相对经济指标来测定广告的经济效果，即用单位费用销售增加额与同行业同类产品销售总额对比，来衡量广告的市场开拓能力，这个指标称为市场占有率（提高率）。

市场占有率（提高率）＝单位广告费销售额增加额／同行业同类产品销售总额 ×100%

必须指出的是，以上各种广告促销效果的评价方法都有一个共同的前提，即测试期内影响销售额的其他因素无明显变化，否则就会影响测试的准确性。一般来讲，有些因素的变化总是存在的，因此在进行广告促销效果测试和评价时要考虑有关因素的影响，根据一些常规因素变化的规律设置某些调整系数，如在销售淡季时将调整系数设得大一些，以抵消淡季导致销售量下降的影响，而在销售旺季时将系数设得小一些，以排除旺季引起销量激增的影响。同时，也可以将具有周期性变化规律的时期作为一个测试期（如一年）来进行测试和评价，这样对周期相同的因素进行测试和比较，其内部周期性变化对测试准确性影响就少些。

要排除广告以外的影响因素，单纯测定广告的销售效果，较为严谨的方法是采用广告效果指数法。在广告推出之后，调查受众看没看过广告，有没有购买广告的商品。对检测调查的数字结果进行计算按照（需要利用频数分配技术），见表12-1。

表12-1　2×2 分割表

	看过广告（人）	未看过广告（人）	合计人数
购买广告商品	A	B	$A+B$
未购买广告商品	C	D	$C+D$
合计	$A+C$	$B+D$	N

从表中看出，即使在未看过广告者当中，也有 $B/(B+D)$ 的比例购买了广告的商品，所以要从看过广告而购买的 A 人当中，减去因广告以外影响而购买的 $(A+C)\times[B/(B+D)]$ 人数，才是真正因为广告而唤起的购买效果，用这个数除以全体人数所得的值，成为广告效果指数（AEI）。

$$\text{AEI} = \frac{1}{N}\left[A-(A+C)\times\frac{B}{B+D}\right]\times 100\%$$

实验法：即现实销售效果测定法，是有计划地进行实地的广告试验，考察广告效果的一种测定法。实验法有以下几种。

A．费用比较法。这是利用现场广告的不同投资，来考察广告效果的测定方法。

B．区域比较法。就是选择两个条件类似的地区来检验广告的效果，在选择测验区与比较区时要注意的是：区域数目，选3个区域比较理想；区域大小，以10万～20万人口的区域比较理想；区域状况，各区域的社会和经济情况要大体相仿，区内有各行业，有良好的分销制度，市场竞争力量相似；各区域要相隔，以免人口流动而难以显示确切的销售量。

C．媒体组合。这种方法与区域法基本相同，区域法只有单一媒体广告进行比较，而媒体组合法则运用多种媒体组合广告。

D．分割接触法。这种方法是在同一期报纸或杂志销往两个地区时，用机械的印刷方法，使报纸或杂志产生两种情况：第一种情况是同一期报纸或杂志有一半刊登A广告，另一半刊登B广告，A广告发往 S 市，B 广告发往 D 市，在一段时期内，计算两个地区商品销售量变化的情况；第二种情况是同一期杂志或报纸，有一半刊登 A 广告，发行到 S 市，另一半不刊登广告而发行到 D 市，经过一段时间，分析两地区销售量的变化。

E. 促销法。选择两个区域，A 地只发布广告，停止一切促销活动，B 地既发布广告，又进行各种促销活动，经过一段时间后，将两地区销售量进行比较，测出广告成效在促销活动中所占的比重。

② 广告本身的效果测定。广告本身的效果测定，又称广告传播效果的评价，或者称接触效果测定。它不是间接地在广告发布之后，从商品销售增减情况去看广告效果，而是直接地从广告作品本身接触消费者，所引起的各种心理效应的大小，作为判断广告效果的标准。

由于商品销售情况，受许多客观因素的影响。如商品的供求状况、社会购买力的大小、商业网点的分布、服务质量好坏等，很难从影响销售的多因素中单独判断广告的效果，而广告本身的效果测定能较科学地反映作品和广告媒体的宣传效力。所以，广告本身效果测定量是检查广告目的达到程度的最佳手段。

广告本身效果的测定，主要是制定广告对目标市场的消费者引起的心理效应大小，包括对商品信息的注意、兴趣、情绪、记忆、理解、动机、行动等心理活动反应。所以，测定的主要项目一般有注意度、知名度、理解度、记忆度、购买动机、视听率等。

注意度，主要了解消费者是否接触到广告，广告作品的吸引力如何。

知名度，主要了解消费者有多少人认识商品的牌名和品质。

理解度，主要了解消费者对广告作品内容理解的程度，广告主题是否明确。

记忆度，主要了解消费者对广告印象的深刻程度，能否追忆广告内容。

购买动机，主要了解消费者购买商品是随意购买还是受广告影响才购买。

视听率，即了解广告接触到多少消费者。

广告本身效果的测定，也可分为事前测定和事后测定。

事前测定，是广告作品未进行正式传播之前的预测，目的在于收集消费者对广告作品的反应，以便修正。或从多个广告作品中挑出较好的广告样本，又称预审法。事前测定，也要有计划地邀请若干有代表性的受众，来判断广告作品的心理效果，也可以在小区域范围内预播广告，定期收集心理效应。在修正广告作品之后，才向大范围区域进行正式的广告传播。这种实地预审法，适用于费用较大的广告活动，以免造成经济上的浪费。

事后测定，是广告作品正式向大众传播之后，进行总结性的收集广告本身的效果，以便为下一阶段的广告活动制定决策，因此又称复审法。事后测定，以广告播出的实地消费者为对象所收集的心理效应。

广告本身效果测定的方法有很多，比较常用的方法有以下几种。

① 判定法，即价值序列法，是一种事前测定法，在拟定几则广告之后，邀请若干消费者，征求其对这几则广告的评价，依次排列名次，来决定广告作品的价值，总结广告作品的优、缺点。

② 配对法，即事前测定法，每次测定时，提出两则广告作品，依据上述判定法的做法，由消费者评选其中一则广告，评定内容包括广告作品的全部内容，如标题、正文、插图、布局等。

③ 评分法。这种方法既适用于事前测定，也适用于事后测定。此法将广告的各要素列表，让消费者逐项评分，得分越高，广告效果越好。

④ 邮政法。广告中说明可以函寄详细说明书，或小件样，从回函中，可以估算广告的收读人数。

⑤ 问答法。这种方法多用于电波广告，在播放广告后，向视听者提出问题，要求即时回答，以测试视听者的理解度和记忆度。

⑥ 机械法。用各种仪器设备来测定广告本身的效果。

⑦ 访查法。直接派人调查受众对广告反应的方法，具体方式有电话调查法、日记调查法、访问调查法。

3. 广告认知效果测定方法

所谓广告认知效果，是指在一则新广告发布之后，接受这一新广告信息的人对该广告信息的注意、记忆和回忆等方面所达到的程度。

衡量广告认知效果，一般要采用两项重要指标：一项是广告注意率；另一项是广告记忆率。比较起来，对广告记忆率的测定更为困难，因而一般主要用广告注意率这一指标来直接表示广告认知效果。

测定广告记忆率难度很大，一般采用直接询问法和间接询问法调查，然后进行汇集统计。此外，也有采用观察法、电话调查法和书面调查法、交谈法等方法进行调查的。

测定广告注意率，要根据调查规模的大小决定采用何种调查方法。调查规模比较小时，一般采用"回想法"，并辅之以"广告作品调查法"作为补充；调查规模比较大时，一般采用电话调查法和家庭访问调查法。

广告注意率是指广告实施后所给予消费者的印象深浅和记忆程度，它是衡量广告在其引起注意的阶段所产生效果的一种主要尺度。用"回想法"进行注意率调查，主要是调查消费者在接触广告时及接触广告后的记忆情况。调查过程中，可以在提问时出示广告实物或进行相应的各种恰当提示，从而引导被调查者说明对广告的记忆情况，并由此取得调查资料；也可以在调查过程中既不出示广告实物，又不给予任何提示，纯粹由被调查者自己进行回想，由此观察其对广告的记忆情况而取得调查资料。前者称为"提示回想法"，后者称为"纯粹回想法"。

"广告作品调查法"是对"回想法"的一种补充，其调查方法和原理基本相同。所不同的是，调查对象人数更少，调查的各项问题设计得更为具体、细致。为了比较客观而准确地记录下消费者与广告接触时的反应状态，可以在实验室里利用实验设备装置进行调查，以尽量减少调查对象凭记忆回答问题所产生的误差。如可以利用视线摄影机来记录调查对象回答问题时眼球活动的情况，并据以判断其回答问题时所作叙述的肯定程度或犹豫程度、思索状态、自信程度等。也可以利用瞬间显示机，向被测试者进行广告物的极短暂瞬间展示，然后观察其联想回忆速度快慢及反应明确程度、强弱程度等。还可以利用心理反应测试机来测试调查对象在观看广告画面或广告文字时所产生的心理反应情况。

广告注意率调查统计，跟广告媒介的种类有关系。如调查测定广播、电视媒介所发布的广告的认知效果时，一般要调查统计广告节目的收听、收视人数和认知广告名称的人数，其认知率计算公式为：

$$认知率 = B/A \times 100\%$$

式中：A——广告节目收听、收视人数；

B——认知广告名称的人数。

调查测定报纸杂志媒介所发布的广告的认知效果时，一般要调查统计读者的总人数、处于记忆模糊状态觉得似乎看过该报纸广告的人数以及记忆清晰而确定看到了该报刊广告的人数。其注意率计算公式为：

$$注意率 = (B + C)/A \times 100\%$$

式中：A——该报刊的读者总人数；

B——记忆模糊似乎看过该报刊广告的人数；

C——记忆清晰确定看过该报刊广告的人数。

4. 广告到达效果测定方法

广告信息在传播过程中对视听众产生刺激而引起一些直接的或间接的变化，这些变化的产生即表明广告产生了效果。

广告产生效果的过程可分为4个阶段,即到达阶段、注意阶段、态度阶段、行动阶段。每个阶段中广告的效果各不相同。在到达阶段所产生的广告效果称为广告到达效果。广告到达,具体指报纸、电视等广告媒介与消费者发生接触。广告到达效果,要以广告媒介与消费者发生接触的情况为根据进行测定,一般是测定电视收视率、报刊订阅率等来表示广告到达效果。

广告到达效果是广告整体效果发生的前提条件,因而具有重要意义。在国外,有一些专门机构负责从事这方面的调查统计和分析研究工作,并定期公布有关调查结果。其常用的调查方法有机械调查法、日记式调查法和电话调查法。电话调查法是以电话作为调查工具,按设计好的项目进行调查。机械调查法是以自动记录装置和计算机为调查工具,对调查对象家中的收视情况进行自动记录和自动统计处理,并每隔一定时间向客户提供数据。

我国目前采用的是日记式调查法。专设的调查机构中的调查人员将做调查用的小票发到调查对象家中,并告知其有关电视及收音机的收音和收听记录方法,由调查对象在调查小票上记录下收看或收听的详细情况。诸如收看时间长度、收看日期、媒介名称、节目名称等。然后定时由调查员将调查小票统一收回,一般每周收回一次,再对回收的资料进行统计汇总,以测定广告到达效果。

5. 购买唤起效果测定方法

在广告产生效果过程的4个阶段中,行动阶段是最终阶段。在这一阶段,消费者直接产生购买广告商品的行动,或者响应广告诉求被唤起相关的行为。这二者都是广告的购买唤起效果。

由于影响消费者去购买商品的因素多且复杂,所以调查测定购买唤起效果是一项难度很大的工作。目前用来测定广告购买唤起效果的方法主要有两种,即统计法和店头调查法。

(1) 统计法。即运用统计学的有关原理,对广告费和商品销售额的比率进行推算,由此测定出广告的销售效果,并据此判断广告的购买唤起效果。如可通过推算广告费比率去测定。计算公式为:

$$广告费比率 = 广告费 / 销售额 \times 100\%$$

广告费比率越小,广告效果越大。

(2) 店头调查法。即以零售商店为对象,对特定期间内广告商品的销售量、商品的陈列状况、商品的价格、焦点广告及推销的实际情况等各方面进行调查,然后汇总资料,分析消费者购买广告商品的情况,并由此推算测定广告的购买唤起效果。

6. 目标测定理论

目标测定理论是美国学者R.H.科里1961年在《根据广告目标测定广告效果》一文中提出的,是关于广告效果测定方法研究的一项重大成果。这一理论从根本上抛开了传统的观点,确立了另一种广告效果测定方法。传统观点认为,广告效果与营销目标是直接联系的,商品销售额是衡量广告效果的唯一依据。因而,判断和评价广告效果的大小,只能通过调查销售额来加以测定。而目标测定理论则认为,广告效果和营销目标不应该直接联系起来,因为从本质上来看,广告效果是信息传播效果中的态度变化过程,即接受了广告商品消费者的心理变化过程。这种心理变化过程表现于多方面,而不是单纯唯一地表现为购买行动。同时,商品销售额的增加受多方面因素影响,而不是单纯地由广告效果起作用。所以,要把广告效果与销售额增加区分开来,绝不能把销售额当做唯一的广告效果衡量尺度。以上所述,即是目标测定理论与传统的广告效果观点之间的根本区别或分歧。

目标测定理论的基本要点如下。

(1) 考察广告效果时,首先确定阶段目标,再以广告能否达到预定的阶段目标来测定广告效果。设定各阶段的广告目标,这是至关重要的,它既是测定广告效果的标准,也关系到广告活动的成败。上述这一思想是目标测定理论的核心思想。

(2) 阶段目标是指广告活动的效果可以分为4个阶段：第一是认知广告，即期望人们对商品认知的广告；第二是理解广告，即让人们理解商品性能和内容的广告；第三是确信广告，即打动商品需求者让他们决定购买的广告；第四是活动广告，即在店铺里直接宣传让人们购买的广告。这4个阶段的目标可简单表述为认知、理解、确信、购买。

(3) 以上各阶段目标表明人们的心理变化程度，是广告效果的依据。由此而产生的销售效果，是整个销售活动的总效果的构成部分。

(4) 测定广告效果的大小，不应排除销售额高低这一因素。但是，最关键的是要看广告的诉求内容对宣传对象所产生的影响，即看广告宣传的效果。

7. 广告调查财团理论

在目标测定理论的基础之上，经过研究探索，又发展形成了广告调查财团理论。这一理论的基本观点是：测定广告效果，最主要的是测定广告媒介效果，要通过对广告的接触效果过程的研究和对态度变化过程的研究实现。这一理论后来成为考察和测定广告效果的基本模式之一。

广告调查财团理论的基本构架为：模式由接触效果过程和态度变化过程构成。接触效果过程包括媒介普及、媒介接触、广告接触；态度变化过程包括广告认知、广告报道、销售效果。

媒介普及：在电波媒介里指广播和电视总的普及台数，或者拥有收音机或电视机的总户数。在印刷媒介里指报纸杂志的发行份数或者实际销出份数。总户数(或普及数)和总份数合起来构成媒介普及总数。

广告接触：指按广告单位计算所接触的听众、观众和读者总数，以及视听众接触广告单位的频度总数。在电波媒介里，指正在收看播放广告信息的总数，在印刷媒介里，对报纸和杂志分别计算，报纸方面计算读者总数乘以特定版面的广告注目率的积数，杂志方面计算特定期号的广告读者总数。

广告认知：与目标测定理论中第一目标阶段的"认知"广告含义基本相同。

广告报道：指提高或加深对广告商品的理解，形成好的印象，以及形成决定购买的意识等。

销售效果：指广告效果在销售额方面的体现。

在这个基本构架内，态度变化过程所显示的广告效果指标，比接触效果过程所显示的广告媒介效果指标处于更高的层次。接触效果过程主要显示广告媒介的效果，态度变化过程主要显示广告表现的效果，二者结合起来，则显示广告的综合效果。

单元训练和作业

1. 优秀作品赏析

SK telecom《生活的中心篇》如图12.1所示。

(1) 制作背景。

多数消费者购买手机只是为了方便联系，我们发现其实人们的日常生活已经与移动通信服务密切到无法分割的地步。

因此，SK电信公司和TBWA KOREA广告公司认为，通过从消费者立场生动有趣地展现各种生活方式都离不开移动通信服务，传达出移动通信服务自身未能传达出的价值。

(2) 策划思路。

展现不同生活方式的顾客在生活中都能找到Ubiquitous和Convergence的踪迹，移动通信服务就在其中。

图 12.1　SK telecom《生活的中心篇》

(3) 作品分析。

Phase 1：为了展现多种多样的生活片段，免费出版和发行前卫而有趣的书籍，从而引起人们对抽象内容的兴趣。

图 12.2　yakult 锅盖王《裙子篇》

Phase 2：选取读者反馈的最好题材，综合制作，以得到消费者的积极反馈。

Phase 3：为引导消费者积极参与并长期关注，将消费者提供的内容重新制作成电视广告和书籍。

yakult 锅盖王《裙子篇》如图 12.2 所示。

(1) 制作背景。

在对拉面的"味道"的直接或间接经验基础上，无须对产品信息进行具体研究，在众多品牌群中选择一种，是消费者的特征。

然而，在市场领先产品之间，"味道"的差异所剩无几的情况下，作为领先品牌之一的锅盖王通过"味道"之外的"什么"，使产品成为消费者心目中最亲近、最具好感的品牌，从而在激烈的市场竞争中占得优势，这正是广告战略的出发点。

(2) 策划思路。

广告从产品自身固有的属性出发。根据这一原则，以锅盖王独有的产品特性,同时又是品牌 Originality 的特色——"锅盖"为创意,将"锅盖王好吃"的信息最直接地传达给目标消费层,成为他们独有的行动和文化动因。同时以"幽默"为核心战略,使消费者对广告和品牌产生亲切感。

(3) 作品分析。

通过"带盖子的锅盖王"的美味会发生的生活场景为基础,运用男孩如饥似渴的幽默场景进行广告夸张,从而引起消费者的关注,形成特定的消费群。通过广告的差别化达到产品与竞争品牌的差别化。

SK 电信企业 PR——以人为本如图 12.3 所示。

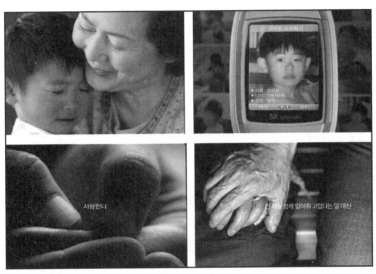

图 12.3 SK 电信企业 PR——以人为本

(1) 制作背景。

作为信息通信业的第一大企业,在感性方面还存有不足,有待提高,鉴于此情况有必要提升企业品牌的道德力量。

(2) 策划思路。

SK 电信公司的企业哲学是"技术与信息通信要以人为本",在重视科学技术的现代社会中提高人的社会关注度,与消费者取得更广泛的共识。

(3) 作品分析。

尽量削减企业的说明,而从多种角度观察并记录人们的生活场景。尤其是通过表现超越国界的各阶层移动通信消费者的实际生活,以含蓄的感动表现出创新的价值。

2. 课题内容

课题时间:4 课时。

教学方式:根据教师提供的广告效益法的测定案例,让学生选择一线品牌进行分析,完成该品牌的广告效果测定。

要点提示:与任何销售情况一样,传播某品牌销售信息,如传播品牌提供的利益或能够为消费者解决的问题,往往有多种可供选择的方法。对广告传播而言,如果不是实际对所有可供选择的方法通过市场检验,就不可能确定哪个方法最好。因此,完全有必要对可选择的创意策略、媒体组合方案等进行市场检验。

教学要求:了解广告效果测定的含义和作用、广告效果测定的内容和程序、广告效果测定的要求和标准;重点掌握广告效果测定的计算方法。

训练目的：学会运用统计学有关原理与运算方法，推算广告费与商品销售方面的增长情况，测定广告效果指标。

3. 其他作业

(1) 耐克和阿迪达斯是世界著名的体育用品品牌，它们经常在世界著名的体育盛会上和各种体育营销场合进行自己的品牌广告宣传。分别找到耐克和阿迪达斯的电视广告，然后结合所学的知识，在进行市场调查的基础上，对耐克和阿迪达斯广告从认知率、视听率、心理效果、经济效果等方面进行效果评价。

(2) 麦当劳和肯德基是世界著名的快餐品牌，它们经常利用广告进行自己的品牌广告宣传。分别找到麦当劳和肯德基的电视广告，然后结合所学的知识，在进行市场调查的基础上，对麦当劳和肯德基广告从认知率、视听率、心理效果、经济效果等方面进行效果评价。

(3) 什么是广告效果？广告效果有哪些特性？
(4) 广告传播效果测定的内容和方法有哪些？
(5) 广告销售效果测定的内容和方法有哪些？
(6) 广告社会效果测定的内容和方法有哪些？

4. 理论思考

动感地带广告效果调研

(1) 测评背景及目的。

"动感地带"（M-Zone）是中国移动通信公司继全球通、神州行之后推出的第三大移动通信品牌，并于2003年3月份正式推出。它定位在"新奇"之上，"时尚、好玩、探索"是其主要的品牌属性。"动感地带"（M-Zone）不仅资费灵活，同时还提供多种创新性的个性化服务，给用户带来前所未有的移动通信生活。

"动感地带"这一全新的客户品牌采用新颖的短信包月形式，同时还提供多种时尚、好玩的定制服务。它以STK（SIM Tool Kit，用户识别应用开发工具）卡为载体，可以容纳更多的时尚娱乐功能。动感地带将为年轻一族创造一种新的、即时的、方便的、快乐的生活方式。它为年轻人营造了一个个性化、充满创新和趣味性的家园。

在移动公司的成功运作下，"动感地带"迅速走红，受到了广大青年人的热烈欢迎，用户数量迅速突破1000万，成为移动公司吸引年轻人群的一块金字招牌。

此次广告效果测评主要针对动感地带推出的一系列广告，区域评估其广告效果，洞察其广告在大学校园中的影响，了解顾客的需求与期望，检验所投放的广告是否满足顾客需求、期望，从而更好地为下一步的广告提供参考，为公司制定切实有效的广告投放战略、提高广告传播的效度，提供客观有效的资讯及建议。

(2) 测评内容。

动感地带的广告传播效果（核心）、广告销售效果、广告社会效果，另外还有传媒的宣传效果。

① 广告传播效果需考虑到达率、注意率、理解度、记忆度等指标。
② 广告销售效果用广告效果指数（AEI）来进行测定和评价。
③ 广告社会效果通过问卷设计特定内容（如其广告在引领社会时尚方面所起的作用等）来定性衡量。
④ 媒体的传播效果包括通过电视、网络、报纸杂志等媒体测量其广告传播的准确性，并检验其宣传是否到位。

⑤ 最后是相关的个人资料，包括月收入、消费习惯等内容。

5. 相关知识链接

[1] 汪洋. 现代商业广告学 [M]. 北京：中国人民大学出版社，2009.

[2] 傅汉章. 广告学 [M]. 广州：广东高等教育出版社，2007.

[3] 胡晓伟. 广告策划 [M]. 北京：中国友谊出版公司，2010.

[4] 孙有为. 整体广告策划 [M]. 北京：世界知识出版社，2010.

[5] 纪宝成. 市场营销学教程 [M]. 北京：中国人民大学出版社，2011.

[6] 罗婉容. 广告36策 [M]. 太原：山西经济出版社，2010.

[7] 刘志毅. 广告运动策略新论 [M]. 北京：中国友谊出版公司，2006.

第 13 章　广告策划书

课前训练

训练内容：教师提取正面和反面广告策划案例（当前社会的热点话题更佳，如脑白金广告策划）各一例，进行视频、图片、文字的讲解。提供一本正规的广告策划书在班级内传阅，并请学生讲解一些自己所知的著名金融、经济、文化、网络策划案例。

训练注意事项：注意案例的选择应具有代表性和娱乐性，以吸引学生的注意力。对案例的讲解要深入浅出，运用多种手法，丰富课堂形式，鼓励学生参与讨论。

训练要求和目标

要求：使学生从经典案例和策划书文本中体会到广告策划的作用和影响，以及其在广告活动中的重要地位。

目标：能够对广告策划活动有初步的分析能力。

本章要点

(1) 广告策划书的内容构成和编写原则。

(2) 广告策划书的设计要点和常用的表现技巧。

(3) 撰写正规的广告策划书文本。

引言

广告策划书是对整个广告策划工作的最终总结和成果汇编,是广告策划人生产出的"产品"。一本完整正规的广告策划书,其内容应包括封面、目录、前言、市场分析、企业分析、产品分析、销售分析、企业营销战略、阻碍点分析、广告战略、公共关系战略、广告媒体战略、广告预算分配、广告统一设计、广告效果测定等。这些项目的创意与撰写,在广告活动的具体实践中将会起到不可取代的重要作用。

13.1 广告策划书的概念

广告策划书是在广告策划整体活动完成之后对广告决策的总体归纳和对实施过程的总体表述。它是广告人向广告主陈述广告策划的重要文本,也是广告策划得到切实实施的操作蓝图。无论是整体的还是单项的广告策划,都是一项极其复杂的综合性系统工程,是在深入调查的基础上,结合市场、企业、产品、消费者和媒体状况创造出的智力成果。

1. 广告策划书

广告策划书是由广告策划者根据广告策划的结果撰写、提供给广告客户审核、认可、为广告活动提供策略指导和具体实施计划的一种应用性文件。对于广告策划人来说,广告策划书既是一个总结,又是一个开始。因为它对于一系列的思维决策活动是一个总结,在广告主审阅通过之后,又是整体广告策划实施的开始。如果广告主对策划方案有不满意的地方,应根据其意见和实际情况,或对策划方案做出相应修改,或跟广告主进行充分沟通,如此经过商讨决定下来的广告策划书就成为广告实施的纲要,其可操作性的条款是正式评价广告活动事实是否按照既定计划进行的标尺。当然,广告策划书的编写,并非是广告策划工作的结束,在广告活动进行的过程中,如果现实情况发生了变化,就应该及时调整广告计划,对广告策划书进行修改和补充。

既然广告策划书是对广告创意概要方案加以充实和编辑,并通过用文字和图表等形式所形成的系统性、科学性的书面文件,那么,它必须解释清楚以下几方面要点。

(1) 何事——广告策划的目的与内容。

(2) 何人——策划团队与相关人员。

(3) 何时——策划操作起止时间。

(4) 何处——策划实施环境场所。

(5) 何因——策划的缘由与背景。

(6) 何法——策划的方法与措施。

(7) 预算——人、财、物与进度的预算。

(8) 预测——策划实施效果的预测。

广告策划书中的何法、预算及预测是广告策划书策划书区别于营销计划书和其他报告的三个最显著的特征,广告策划书不能与营销计划书混为一谈。

2. 广告策划书的作用

(1) 广告活动的开始和检测手段。在广告公司内部,广告策划书的撰写标志着广告策划运作的结束,撰写广告策划书是为了将广告策划运作的内容和结果整理成正规的提案提供给广告客户。对于整个广告活动，经过客户认可的广告策划书是广告运动策略和计划的唯一依据。广告客户也可以通过策划书了解广告公司策划运作的结果，检查广告公司的策划工作，并根据广告策划书判定广告公司对广告策略和广告计划的决策是否符合自己的要求。

(2) 保证广告活动的严谨性。在广告活动的初期，广告只是一种临时性的促销工具，广告活动比较分散、零乱，缺乏系统和长远的规划。随着广告活动的日益增多，广告活动的范围、规模和经费投入日渐增大，所使用的工具、手段也日渐复杂。广告不再是简单地购买一个播放时间或刊登版面，而发展成为一个极为复杂的系统工程。这个时候的广告活动必须具有高度的严谨性，必须预先设计好广告的数额和分配、广告推出时机、广告媒体的选择与搭配、广告口号的设计与使用、广告推出方式的选样等，而这一切都必须通过广告策划书来实现。

(3) 保证广告工作的连续性和最佳效果。广告策划书监督广告实施者的行为，切实促进产品销售，塑造名牌产业和名牌产品形象，这也是广告活动的根本目标，而这个目的必须通过坚持不懈的努力和持之以恒的追求，通过逐步累积广告效果才能实现。

(4) 保证广告活动的创造性。创造性广告活动能有效地使消费者采取相应的购买行为，这是每一个广告活动所追求的目标。广告人员的创造性是保证达成此目标的关键所在。通过广告策划，可以将各个层次、各个领域的创意高手召集起来，利用集体的智慧、集思广益、取长补短，从而保证广告活动的各个环节充满创意。

3. 广告策划书的类别

广告策划书按照其作用、时间或范围不同，可以分为以下几类。

(1) 按照广告策划的内容分为广告调研策划、广告目标策划、广告创意表现策划、广告媒介策划、广告预算策划、广告实施策略策划、广告效果策划等。

(2) 按照商品类别分为工业品、消费品两大类。以消费品为例，其中有食品广告策划、饮料广告策划、药品广告策划等。由于各种商品的性质与定位不同，在广告策划中的策略也不相同。

(3) 广告策划应用面很广，它可以深入到与广告活动有关的一切领域，与企业整体营销活动相配合。所以按广告活动的领域，可以分为产品策划、竞争策划、公关策划、新闻传播策划、文艺演出策划等。

(4) 按时间长短则可以分为短期广告策划和长期广告策划。短期广告策划可以是一个单项活动，或是一年之内的某一阶段性广告。长期广告策划也称为广告战略策划，一般时间在一年以上。

(5) 按地区范围可分为地区性广告策划、全国性广告策划及国际性广告策划。由于地域的不同，也就带来了人们的风俗习惯、价值观念、收入水平等多种复杂因素的不同。所以，这类广告策划的策略也必然有所区别。

13.2 广告策划书的内容

广告策划是广告活动事前的一系列思维决策活动，广告策划书则是广告活动的进程及工作具体安排的文字方案或书面表达。因此，广告策划书可以说是广告策划成果的体现，它的内容包括了广告活动决策的具体内容和广告活动的基本环节。

1. 广告策划书的构成要素

广告策划书的构成要素也可以说是广告策划书的主要内容，一般包括以下11个部分。

(1) 前言。这是对整个广告计划的简明概述，置于计划书的最前面，也称为执行摘要。其作用在于报请管理者审阅时便于快速阅读并立即获得整个计划的要点，了解整个计划的概貌。在写作时，简要说明制定本策划书的缘由、企业的概况、企业的处境或面临的问题，希望通过策划能解决的问题，或者简单提示策划的总体构想，使客户在未深入审阅策划书之前就能对策划书有一个概括的了解。

(2) 情况分析(市场分析)。提供广告决策所依据的环境情况，说明广告主和广告活动所面临的现实处境。

① 企业及其产品历史情况的介绍。介绍历史情况应当简明扼要，并且有针对性，即针对企业及其产品所面临的主要问题，以及将来销售成功的可能性问题。此外，还可以对过去的广告计划执行后的效果及影响与目前企业和产品的现状有何关系等问题进行简要回顾，并客观地提示形成目前销售状况的主要原因。

② 产品分析。将可能会影响到产品或服务销售的所有因素都提出并加以比较，比如产品特性、品质、所提供的利益、配销渠道和方式及定价等问题。概述必须是明确的事项，不能掺入主观猜测或者随意估计的成分。某些产品信息有可能影响到广告活动的成败，因此要特别加以注意。同时，与广告活动成败没有关系的那些产品资讯，则不必列入广告计划。

③ 消费者分析。对广告将针对的目标市场进行尽可能明确、准确的叙述。叙述重点为本品牌的购买人数、市场占有率等。同时，叙述应包括年龄、性别、收入、教育程度、种族和职业等人口统计因素，以及消费者或者潜在消费者的生活形态资讯。

④ 竞争态势分析。对"敌情"进行叙述，为了力求"知己知彼"，必须说明竞争对手正在进行什么营销活动，他们的能力可开展什么规模的营销活动，其中最可能做的是什么等。评估主要针对竞争性的广告活动，说明它们各针对哪一类人，对目标市场将会有哪些影响。此外，还要介绍竞争对手过去所使用的竞争策略，以及本产品广告与之竞争抵消其竞争影响的机会在哪里。最后，还要尽可能说明竞争对手用于竞争的投资预算或者实际花费，以便确定其竞争的程度、规模和本产品广告的竞争规模合理程度。

(3) 行销目标(销售分析)。这虽然不属于广告计划的范围，但是对于说明广告计划与行销活动的关系很有帮助。销售是市场营销的重要组成部分，透彻地了解同类产品的销售状况，将为广告促销工作提供重要的依据，也可以使管理者了解广告计划活动对于企业行销活动的支持力量或者支持程度。行销目标分为短期和长期两种。短期目标以一年为宜，可具体定出增加销售或提高知名度的百分比。长期目标是三年至五年，广告策划书中可以说明广告策划是怎样支持市场营销计划，并帮助达到销售和盈利目标的。这些要素通常都以数量、数据或图表来直观表示。

(4) 企业市场战略。为了实现企业的行销目标，企业在市场总战略上必须采取全方位的策略，包括如下内容。

① 战略诉求点：如何提高产品知名度和市场占有率；产品宣传中是以事实诉求为主，还是以情感诉求为主。

② 产品定位：可以选择高档、中档、低档定位中的一种。如福达彩胶定位为高质量、低价格、国际流行的产品、柯达技术、厦门制造的国产高档彩色胶卷。

③ 销售对象：分析产品的主要购买对象，越具体越好，包括年龄、性别、收入、文化程度、职业、家庭结构等，说明他们的需求特征和心理特征，以及生活方式和消费方式等。

④ 包装策略：包装的基调、标准色；包装材料的质量；包装物的传播，设计重点(文字、标志、色彩)等。

⑤ 零售点战略：零售网点的设立与分布是促销的重要手段，广告应配合零销网点策略扩大宣传影响。

(5) 广告预算。说明本项目在历史上的广告活动费用，现在这一广告活动的全部费用的预算，并以适当的方式说明其间的联系和现在广告预算提议的理由。必须把年度内的所有广告费用列入，包括调研策划费、广告制作费、媒介使用费、促销费、管理费、机动费等,务必做到翔实可信、细致精确。

(6) 广告战略。指明广告活动中必要的特定事项,包括如下内容。

① 竞争广告宣传分析:分析主要竞争对手的广告诉求点、广告表现形式、广告口号、广告攻势的强弱等。

② 目标市场分析:依据销售分析和定位研究,可大略计算出广告对象的人数或户数,并根据数量、人口因素、心理因素等,说明这一部分人为什么是广告的最好对象。要尽可能明确地提出在人口数量上、地理位置上的可靠证明,以支持对目标市场的建议。

③ 广告传播目标:依据前面企业经营目标,确定广告在提高知名度、美誉度、市场占有率方面应达到的目标。详细说明用什么销售信息与目标市场沟通,以及实现目标的时间阶段划分。明确广告活动在什么时限内使目标市场的多大比例的人数对本产品产生偏好或购买行为等。

④ 创意策略:确定广告总体的创意构思。如广告口号,使用的模特儿或象征物,广告的诉求点或突出表现某种观念、倾向等。要概括说明对企业或者产品所面临的已经被确认的那些广告问题的解决方法。

⑤ 执行制作:即向目标市场传播什么内容。根据上述各项综合要求,按照电视、报刊、广播、POP 等不同媒介的情况,分别提出有特色的、能准确传递信息的创作意图。分别设计出报纸、杂志、广播、电视、POP 广告的设计稿或脚本,以供年度内广告制作的统一设计作为参考或依据,并且要说明广告运动中实际使用的各种工具和手段。

⑥ 权宜应变计划:要对在这个广告运动中可能发生的突变提出明确的解决步骤。

(7) 公关战略。公关活动旨在树立良好的企业形象和声誉,沟通企业与公众的关系,增进消费者对企业的好感。公关战略要与广告战略密切配合,通过举办一系列具有社会影响力的活动达到上述目的。

(8) 媒介推荐(媒介战略)。根据广告的目标与对象,选择效果最佳的媒介来表达广告对象,主要是对媒介计划活动进行完整的轮廓性的描述,通常包括如下内容。

① 媒介的选择与组合。以哪些媒介为主,哪些媒介为辅。

② 媒介使用的地区。配合产品的营销需要进行,分重点与非重点地区。

③ 媒介的频率。把一年分为重点期和保持期,每种媒介每周或每月使用的次数安排。

④ 媒介的位置。平面媒介的版面;电台、电视台选择哪一个传播时机最好;报刊选择什么日期、档次等。

⑤ 媒介预算分配。组合媒介所需的费用进行预算等项目。

(9) 促销活动推荐。主要提出促销计划,并说明它怎样与广告活动相互配合,以及配合的效果如何。促销活动计划应该包括"促销活动目的""促销活动策略""促销活动执行细节""促销活动计划纲要"等内容。

(10) 广告预测与评估计划。预计广告策划可以达到的目标或效果反馈,即详细、清楚、正确地说明对广告运动如何评估,包括广告活动的事先测定评估、事中和事后测定评价,以及评估方法和评估经费预算说明。

(11) 结论。主要说明这个广告计划对本品牌销售最为合适的基本理由,可以将此计划与曾经考虑过的其他计划进行比较。这一"结论"主要是肯定本计划的合理性、适用性,而不是要去重复计划内文中已经说明过的那些问题。同时,撰写广告策划书不仅要有文字功底,而且还要有广博的知识,要掌握市场营销学、消费心理学、人类学、文学、美学、影视写作学、广告心理学、广告战略学等学科的相关知识,以及各种商品的有关知识。

2. 广告策划书的格式规范

广告策划书的基本格式就是要简单明了地显示广告策划书的构成要素，所以它的写作格式有很多种，往往是根据需要灵活选择。但一般而言，根据它的构成要素，广告策划书的顺序为：封面、策划小组名单、前言、情况分析、广告预算、市场机会点、行销目标、广告战略、广告策略、广告效果测定；或是封面、目录、前言、市场研究及竞争状况、消费者研究、产品问题点（机会点）、市场建议、行销建议、创意方向与广告策略、广告表现、媒体策略、预算分配、广告效果测定。

13.3 广告策划书的创意

创意是广告活动的灵魂，是使广告达到广告目标的创造性活动。广告策划书是广告战略与策略的书面表现形式，是广告战略与策略的具体化，也是对整个广告运动过程的描述。所以必然记录和总结了整个广告活动的创意结晶。广告策划书中创意涉及的内容和范围包括战略的决策、策略的制定、广告目标的确定、广告主题的拟定、广告诉求方法和整合运用等方面的创造性思考。

1. 广告策划书的创作程序

在广告策划过程中，广告策划书的前期构架极其重要，它是实现从内思到实体的先决条件。其写作顺序为以下几点。

(1) 撰写整个策划书的大纲。

(2) 列出大纲中各章的大致内容。

(3) 检查并协调全书的整体结构。

(4) 确定各章的具体内容、字数的分配。

(5) 将各章所需资料索引附在各自提纲上。

(6) 广告策划书文本行文。

(7) 对完成的策划书文本草稿进行内容上的检核。

(8) 对策划书文本草稿进行行文上的检核，包括语言、表达方式、文字等。

(9) 策划书文本的版面编辑。

(10) 打印讨论稿。

(11) 对讨论稿进行修改。

(12) 打印正稿。

2. 广告策划书的创意方法

(1) 策划创意的3个层次：①对整个广告策划活动的创意性要求，这个层次上的创意是对广告活动的传播思路和广告思路的战略性思考和把握，目的是确立广告目标并且指导具体广告活动的开展；②对广告主题的创意性要求，这个层次上的创意是对广告目标的具体把握，是根据广告目标的要求把握具体广告作品的诉求重点，确立广告的具体方式；③对广告策略的创意性要求，这个层次的创意是对媒介组合的具体把握，它的目的是有效地将广告信息准确迅速地传达给目标受众。

(2) 借鉴剧本的写作方法。一台好戏，必须有生动有趣的情节才能打动观众。策划书如同剧本，唯有形象生动才能吸引更多人的参与和支持，同时实施起来也会更顺利，取得更好的效果。为了吸引读者，剧本常常以一个悬念或一件读者感兴趣的事件开头，接着慢慢展开故事情节，将剧情蕴含的意义及主题传达给读者和观众。

这种技巧同样也可在广告策划书的写作中应用，其方法如下。

① 首先设定状况：无论是什么主题的策划，都必须考虑限制条件，对环境进行分析。这正如剧本会在剧情中交代故事背景一样。

② 中心构想突出：较为大型的广告策划，都是由许许多多的构想组成的，但这些构想都围绕一个中心构想——广告策划主题而展开，这个中心构想是最为重要的。它就像是剧本的高潮情节一样，因此应详细且生动形象地描写这一主题，使之对读者充满吸引力。

③ 对广告策划主题的展开：在广告策划活动中，必然要对一个中心构想进行展开。整体策划中不能忽略展开后其中的细节部分，这些细节正如戏剧里的配角，少了它们，故事情节就难以发展下去。

④ 说明解决问题的构想：此阶段主要是对逻辑进行验证，说明各种逻辑结构，并对原始构想提出证明资料等，以便客户信任所提出的广告策划书，这好比是剧本取材的艺术真实性要求，以及剧情组织的合理性要求。

(3) 针对广告主题的创意方法。针对广告主题进行广告策划，需要根据广告活动的目标要求把握具体广告作品的诉求重点，从而确立广告的具体方式。这种创意的产生过程有时表现为灵感闪现的结果，但事实上这一过程是长期、深入和艰辛的，它的产生基于周密的调查研究，是有规律甚至步骤可循的。例如，市场调研—消费者调研—产品分析—确定广告目标受众—准确选择广告媒介或传播渠道—确定传播方式和手段—确定和提炼突出产品优点并且符合消费者需求的广告主题。

(4) 在写作中增强视觉化。广告策划书虽然也要注意生动形象性，但它不像散文或其他文学作品那样要求文笔优美，只要简单明了地将内容表达出来即可。广告策划书的目的是让他人了解策划的内容。因此，策划书写作中应做到通俗易懂，除了使用简单明了的语句外，增强内容的视觉化也是简单有效的方法，即将策划构思形象生动地描绘出来。

视觉化常用方法有以下两种。

① 把策划实行的内容做成流程图。用图解的方式来说明策划，通常可以把实施情况先绘成图表，再辅以文字说明。以弥补图表的不足。这类图示化的说明不仅使人一目了然，还可以清楚地看出各部分的逻辑关系，一举多得，如图13.1所示。

② 把策划实行的成果做成模型或样本。例如在开发新产品时，可把试验品或样品送给大家使用。

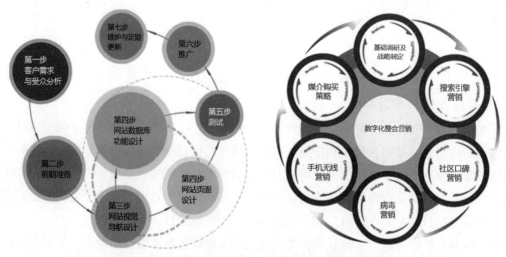

图 13.1　广告策划案中的企业网站销售流程图

(5) 广告媒介选择和组合的创意。媒介选择组合的目的是将广告信息通过具体的媒介准确迅速地传达给目标受众。要有效地将广告信息通过具体的媒介准确迅速地传达给目标受众，必须在广告媒介选择和组合方面做深入的思考和大胆的创意。

广告媒介运用方面的创意要做到3点：一是占据一个传播强势；二是要有差异化的媒介策略；三是要有一个新的传播手段。

13.4 广告策划书的撰写

特定的内容都要通过特定的形式表现出来，不同的宣传对象应采取不同的策划书写作技巧，实际上，就广告策划书的功能来讲，它只需将广告策划的意图简单明白、重点突出地表达出来就可以，并不存在很多的技巧成分。但是，由于广告策划书的读者包括广告主和广告策划的执行人员，为了说服广告主采用广告策划案，为了广告策划执行小组能充分明了各自的职责，发挥协同作战的力量，广告策划书撰写时需要考虑受众的接受问题，因而必须注意有关问题的表述，或者说需要一定的撰写技巧。

13.4.1 广告策划书的写作原则

广告策划者对广告内容的思考，由最初的构想到逐步完善，由观念性的思想变成策划文字，并形成广告策划书。广告策划书好比建筑师的建筑设计图，既是建筑师对未来建筑物的构想，又是施工人员赖以实施的蓝本。策划工作是一项复杂的系统工程，策划书作为策划方案的物质载体，在写作过程中必须注意它的合理性及其技巧。

经常看到有些人自信地写成一份广告策划书，认为一定会被企业采用，但很可能在反复论证以后，却被企业否决。当然，这也是一种极为正常的现象。最常见的是一份策划书经过多次修订补充后，方能被企业认可。不过，为了提高广告策划书撰写的准确性与科学性，应该注意以下几项原则。

1. 逻辑思维原则

广告策划的目的在于解决企业营销中的问题，它必须按照逻辑性思维的顺序，即"提出问题→分析问题→解决问题"的构思来写作策划书，给人一种循序渐进、眉目清楚的感觉。按一般思维规律，首先应交代策划背景，其次由大到小，由宏观到微观，层层推进，再把策划书中心和盘托出。再次是在突出主干的情况下，对细微枝干部分也要给予充分重视。主干部分是广告的大构想、重头戏，应给予重点展开；而枝干部分虽是配角，但它是具体实施中的重要依据和手段，少了这部分枝干，广告策划的内容就不丰满。最后明确提出解决问题的对策，也就是需要帮企业出点子、想主意。这些对策的提出要有事实依据，使整个策划方案令人信服。

2. 形象化原则

策划书的文字表达只能给人理性的概念认识，如能适当地运用视觉化的手段加以配合，便会一目了然，加深对策划书的理解与记忆。策划书中常用的形象化方法有两种：①可以把策划书中的部分内容做成流程图，如媒体传播计划、广告预算等；②创意设计部分，如报刊广告、电视广告的设计，可以配以图案和图解，实际上是把抽象的创意形象化了，使人容易理解。

3. 简洁朴实原则

广告策划书在编制中应注意突出重点，抓住企业营销中所要解决的核心问题，深入地进行分析，提出可行的对策，这份策划书就达到目的了。要防止用散文的文体去描述策划书，造成浮躁或不实在的感觉。策划书不可长篇大论，言不及义，哗众取宠。要以简洁朴实、具体实用、针对性强为原则，让人一下子抓住策划书的主要内容，并一目了然。

4. 可操作原则

广告策划是广告活动的蓝图，它是在现实基础上的一种超前性的构思。首先广告策划书中所制定的大政方针应符合市场变化的需要，以保证广告活动的有序和广告目标的准确。其次，广告策划作为一个整体，还要注意各子系统及具体环节之间的联系与操作，它的指导性涉及广告活动中每个人的工作及各个环节的关系处理。策划中的创意表现手法，则要考虑设备、人员、经费、材料和制作手段等的限制。

13.4.2 广告策划书的写作要点

广告策划书的写作内容涉及一些技巧和技术问题，具体包括广告策划书的设计要点和广告策划书的表现技巧两大部分内容。人们由于实践经验的不同，对广告策划书阐述的风格方式各有特色。但在写作时，除了必须遵循前面所说的几项原则外，还必须做到："尊重科学，立足现实，切实可行；条理清晰，富有逻辑，敢于创新；诉求集中，讲究时效，灵活多变；简洁明了，整体运作，以人为本"的基本要点。

1. 找准切入点

作为对广告主的提案，广告策划书需要顾及广告主的实际需要和广告策划案的可看性，所以必须找准切入点来进行叙述。也就是说，抓住广告策划的中心问题及广告主最关心的问题进行论述。在策划书行文过程中不能自说自话，应注意到广告策划书的读者（企业管理者和广告策划的执行人员）所真正关心的是什么问题，这样才能有的放矢，起到提案的作用。

2. 用事实说话，力求实用

广告策划书要力求实用，避免文学性表现，删除一切多余的文字，使策划案精简扼要。广告策划撰写人要明确树立沟通观念，即要将策划内容以清晰实用的表达取得与企业管理者和广告策划执行人员的共识。

3. 根据不同需要来设定策划书的风格

找好切入点之后，应当根据问题叙述的需要和广告主对广告策划了解程度的高低来确定广告策划书的风格。如果广告主对于广告行业和广告策划比较熟悉，那么策划书就可以相对简洁和专业。但如果广告主对于广告行业和广告策划工作、广告专业术语不是很熟悉，策划书就应该尽可能地详尽、明白，特别是对于为何选择这一策略的原因要进行较为明白的叙述。

4. 策划书应当尽量简明，控制篇幅

无论是叙述详尽还是相对简单的策划书，在叙述时都应该尽量简明扼要、控制篇幅。叙述详尽时，也仅仅是对要点和支持这些要点基本理由的陈述较为细致而已。策划书应当控制其篇幅，篇幅太长容易使读者厌倦，也容易淹没主要问题。现在很多广告公司的策划书都在向简短扼要的方向走，比如盛世长城广告公司的广告策划书非常简单，有时候就只有一页纸，只是将主要思路列于纸上，再通过PPT或者口头陈述向广告客户详尽说明。这种尽量简短的方式有其可取之处，但是每个公司都应该根据自身情况、客户的情况及实际策划的需要来安排广告策划书的篇幅。

5. 长篇的策划书需要目录，分项策划书分开叙述

如果广告策划中的活动设计比较多，或者比较复杂，需要长篇策划书时，就应该在封面之后做一个目录，使人一目了然。此外，长篇策划书如果内容过多，可以先在广告战略和广告策略里进行简洁明了

的概括，在总的战略策略陈述之后，再将一些占篇幅较多的策略做成分项策划书，放在总体策划书之后，如创意策略、表现策略、媒介策略、广告效果预测等。分项策划书的详尽叙述有助于增强广告策划的实施，具体的写作方法在后文将进行讲解。

6. 广告策划书应当说明资讯来源

广告策划书中经常要使用许多调查资料以得出某种结论或者证明某种想法，这些调查资料有的是从一些大型的调查公司的资讯中获得的，有的则是广告公司通过调查和事前测定获得的。如果是从调查公司获得的，行文时必须把这些资料的出处加以说明；如果是自己公司调查得来的，应当将调查及其科学控制的要点加以说明。这样，广告策划书的读者才会相信资料的可靠性和真实性，并进而认可依据这些资料做出的方案都是值得信任的，而不会把它们误解为个人的主观猜想或武断意见。

7. 要归纳，不要推论

在广告策划书编写时，要在一开始就提出最重要的问题，并以提示要点或指明核心问题的方法表达，然后逐条陈述支持这些要点的基本理由，避免采用先摆材料然后逐步推论得出结论的推论式表达方法，因为那样不容易使广告策划书的读者一开始就信服。最好写一个极其简短的摘要，使人能更加迅速、更加容易地看到所需的资讯是否包含于该部分内容。

8. 通俗易懂

不要过多地使用专业术语，要使用广告主易于理解的话语。比如，很多广告公司在提案时动辄就提到"奥格威"或者"落地"（创意总监）、"美指"（美术指导）等专业词语。除非受众也具备相当的英语专业水平，要不然很容易使广告主费解，打击他们的自尊心，对双方良好交流不利，包括是否使用英语词汇，以及如何使用，在实际工作中都要慎用，不要让人不知所云。

13.4.3 策划书文本的写作技巧

1. 信息组织的技巧

（1）明确信息的属性和文本的结构。在开始写作文本之前，文本的撰写者首先应该对要在策划文本中传达的信息有总体的把握，并且分清各种信息的不同属性，然后按照已经拟定的结构，将信息分门别类。这样，复杂的信息就可以显示出初步的条理性。

（2）把握重点。在众多信息中区分出最重要的信息，并且将它们作重点传达，这样就可以避免文本中信息复杂、主次不分的情况。

（3）信息的层次化。策划文本中，要明确信息的层次和彼此的联系，使信息传达层次分明。

2. 行文的技巧

（1）使用明确的标题。在策划书文本中，应该包括不同层次的大小标题。标题应该明确，并且提示出重点内容。

（2）使用短小的段落。在策划书文本中，大段的文字很难吸引人阅读，因此要使用比较短小的段落，并且在一个段落中只传达一个重点信息。

（3）使用明确的序号。明确的序号不但可以使信息脉络清楚、层次分明，还可以给阅读者以明确的阅读提示。

（4）尽量避免使用专有名词，但是在广告策划者和广告主对它们有比较一致的理解，使用专有名词不会发生误解和理解的困难时可以使用。

(5) 语句简短，避免冗长。

(6) 少用、慎用代名词。

(7) 在分析之后要有简短的摘要或者结论。

(8) 说明资讯来源以增加信息的可信度。

3. 接近读者的技巧

要了解接受者，包括人数、地位、年龄、理解能力，其中接受者的理解能力最重要。接受者的理解能力因接受者本身的专业领域、经验、知识而异。在撰写广告策划书时常常会遇到经验、知识、理解能力不足的人成为决定是否接受广告策划的关键人物的情况，针对不同的接受者，撰写广告策划的方式也应该有所变化。

4. 情报视觉化的技巧

广告策划中的情报以详细取胜，但是详细的情报却存在如何有效传达的问题。为了使接受者易于理解并产生深刻印象，对情报进行视觉化处理是必要有效的方法。因此，使用图表来传达数据是广告策划书文本常用的一种方法。将情报进行视觉处理，具有以下优点。

(1) 同样的时间可以传达较多的情报量，传达同样的情报量需要的时间较短。

(2) 视觉化的情报比通过语言传达的情报更利于记忆。

(3) 接受者单纯阅读文字容易疲倦，使用视觉化的情报可以使策划书文本富于变化，容易吸引接受者的注意力。接受者可以通过自己的理解对资料进行整理，因此理解的程度会加深。

一般来说，广告策划书的视觉资料构成的要素包括标题、内容、图形、注脚、资料来源、序号等。视觉化的资料可以通过计算机来完成，也可以通过手写或者手绘来完成，但是为了保证策划文本的美观和正式性，最好通过计算机来完成。在以图表的方式传达情报时，必须使用适当的图表，否则，不但会影响数据传播的效果和说服力，还常常导致与预期相反的结果，如图13.2所示。

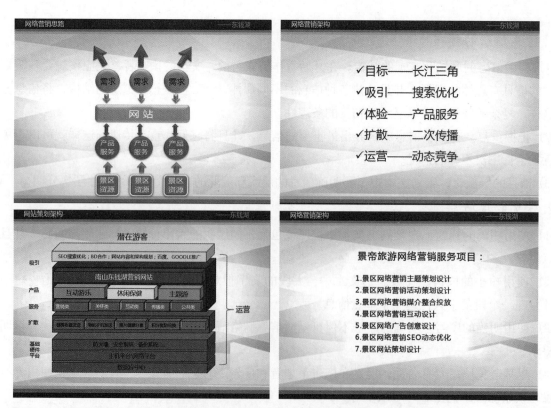

图13.2　东钱湖景区网络营销策划方案（应宏／景帝标识／杭州邵展旅游策划有限公司／中国）

5. 提升文本整体形象的技巧

广告策划文本要注意整体形象的统一，如果形象不统一，即使内容十分精彩，也会影响说服接受者的效果。

（1）文本总体布局的技巧。文本应该有正式的封面和封底，有简明的目录。第一层次的标题独占一页，在标题下面提示重点内容。

（2）版面的技巧。版面的大小、空白多少，对整个策划文本是否容易阅读和理解具有相当大的影响力。版心的形状应该与纸张的形状相似。版心的大小占纸张面积的 60%～70% 为宜，对读者测试的结果也表明，70%面积的版心最易于阅读。内文的版式应该根据版心的形状来设定。使用的图表与文字应该具有平衡感，在视觉上不突兀。版面的布局应该按照视线移动的规律来进行。视线一般是从上到下、从左到右、顺时针方向移动，因此重点的部分要放大，而且放在视觉中心的位置，比较次要的内容则安排在比较边缘的位置，如图 13.3 所示。

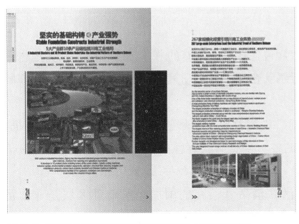 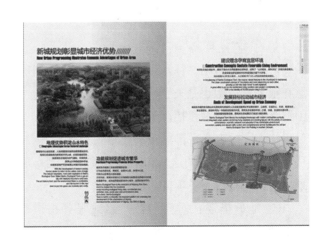

图 13.3　自贡市生态城规划投资策划画册设计（自贡市政府）

（3）装订的技巧。随着办公用品品种的增加和质量的提高，策划文本的装订有多种选择，既可以使用穿孔式装订，也可以使用螺旋式装订，但是应以易于翻阅、不遮挡版面为首要原则。一般说来，使用穿孔式装订（2 孔或 4 孔），应该保留 25 毫米的空白作为装订线；使用螺旋式装订，应该保留 15 毫米的空白作为装订线，如图 13.4 所示。

图13.4 广告策划书的装订（线装、圈装、胶装）

(4) 字体的技巧。策划书文本中文字体的大小应该根据内容的重要程度而有所区别，各级标题应该使用比正文稍大的字体，但是字体的级别最多不应该超过3种。

13.4.4 广告策划书分项写作

广告策划书如果包含的内容过多，可以将广告策略、广告效果预测等内容做成分项广告策划方案，放在广告策划书主体之后。分项广告策划方案的目的是让读者更清楚地了解广告策略的具体内容，同时又不会干扰读者对于整体策划思路的把握，此外还有助于广告策划的分项负责人员各自依照分项方案来实施和执行。

1. 广告创意策略方案

广告创意策略往往承续着表达广告策略的任务，常常包含在广告策略的总体描述之中，因为广告创意在很大程度上也是关于广告策略的总体构想。按照舒尔茨在《广告运动策略新论》中的理论，常规的创意策略方案往往包括以下内容。

(1) 目标市场。目标市场要尽量描述清楚，要明确广告究竟要针对哪些消费者，描述其共同特征，从而更加确定并强调这一市场，也使创意策略更具目的性。要把有代表性的潜在消费者描述得尽量清晰，应该包括以下各项。

① 地理描述：对大多数产品或服务来讲，确认潜在消费者所在的国内一般地理区域是非常重要的事。其意义不在于究竟在国内的哪一个区域，而是要有像都市、市郊、城内、小城、农村等表明人口密度的描述，或者东北、东南、西南、大西北等有关地理差别、人文差别和风土人情差别的描述。

② 人口统计学描述：包括年龄、收入、性别、婚姻状况、教育程度及子女数目等指标的描述。

③ 心理描述：包括生活形态及休闲，这里主要是对一种"生活格调"形态，以及对本产品和同类产品的使用态度、产品进入其生活会造成什么影响等。对有代表性的潜在消费者描绘得越真实，则越可能找到重要的广告信息。

④ 媒体形态描述：对目标消费者接触的媒体加以列表，探询消费者接触得最多的媒体作为媒体计划的重要参考。如有可能，消费者对每一媒体所花费时间的多少和时间段也要多加了解和调查，列表进行分析，为媒体投放的频率和时段选择做参考。

（2）主要竞争对手。这一部分不是把属于这一行业这一种类的所有产品或种类列出来，而是确认本品牌所要竞争的区隔或范围。正如前面广告分析中所言，主要竞争对手的分析是非常必要的，在广告创意策略制定中，这一步骤极为重要，因为策划者必须知道并且确认主要的竞争者给目标市场的承诺是什么，这样才能清晰地说明本品牌为什么与其他品牌不同，或更好，或能提供更大的利益等。如果本产品在市场上是新的，就可以不把竞争者列出来，而直接宣布本产品优越的理由。

（3）承诺。这是本产品或服务应提供的基本利益或解决问题的方法。承诺非常重要，它提供了一种消费者购买此商品的理由，最能打动消费者。

（4）为什么的理由。为什么的理由是支持广告策划人对产品所做承诺而用的事实或说辞，主要是证实确立这一广告承诺的科学性。

2. *广告表现策略方案*

广告战略与策略的书面表现形式，是广告战略与策略的具体化，用来指导广告活动的开展。从业务角度来说，就是广告代理人向广告主陈述自己在广告策划方面的思考、构思、意见、建议和实施方案。在广告策划书中，必须包含创意的内容、创新的做法，因为唯有创意和创新结果，才能使广告策划活动达到差异化，独具一格，吸引受众进而达到广告目标。

创意是广告策划书的精髓，策划书中的每一部分内容都在为它服务，没有创意的广告策划，不会收到应有的广告效果，也就不会得到广告主的认可，但是创意不是玄乎的，相反它应该是通畅明白、具体可行、操作性很强的。广告创意与表现紧密相关，广告创意策略当中叙述了主要构想，广告表现策略中就需要将各种表现形式一一陈述出来，主要有广告的文案表现和广告的艺术表现两类，如图13.5所示。因此，广告表现策略方案往往包括：广告目标及广告创意策略概述，报纸、杂志广告文案及艺术表现，电视广告文案和镜头脚本，广播广告文案和艺术表现，网络广告文案和艺术表现和其他媒体广告表现等。

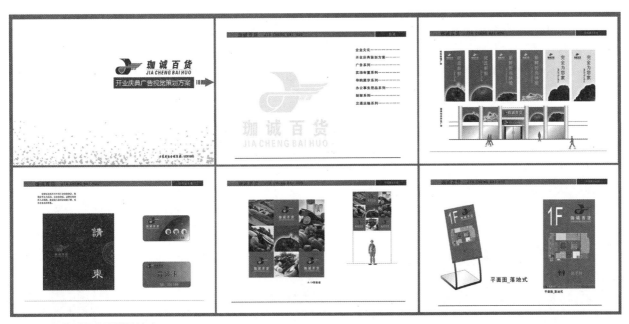

图13.5 珈诚百货开业视觉策划方案

广告目标和广告创意策略概述，是对前面总体策划方案意图和创意构想的简单回顾，应以此为依据来确定广告表现策略中要达到什么样的目标，然后再列出各种媒体广告文案和艺术表现的内容。这部分虽然内容较多，却很简单，因为仅仅需要将文案和艺术表现形式用合适的语言表达出来即可。当然，必须遵循文案写作的一些基本原则。

3. 广告媒体策略方案

媒体策略方案也就是媒介计划书，是指媒介战略的提案，媒介战略战术的书面说明部分。它可以是整体广告策划的一部分，也可以自成体系，以便实际操作使用。一些大的广告公司往往都有专门的媒介研究部门和人员，他们负责广告媒介的观察监督和研究分析，对于一些大的广告客户，常常由其撰写广告媒体计划书。一般来说，它因人而异、因事而异，但是其基本内容往往可以归纳为以下几个方面。

(1) 市场分析和广告目标概述。

(2) 媒介目标：目标受众、地理分布、季节分布、到达率、频次及持续性目标、排期、资金目标。

(3) 媒介战略：媒介组合与媒介类型、媒介形式与细分类型、媒介购买因素。

(4) 媒介战术之一：媒介载体。

(5) 媒介战术之二：媒介排期、信息效益分析、成本效益分析、流程图等。

(6) 媒介购买与预算。

(7) 媒介方案评估与预测。

以上媒介计划书的格式并不是一成不变的，也是根据实际情况灵活安排。

4. 广告时机选择方案

广告时机选择方案是针对特定的时机选择而言的，需要对这个时机选择做详细阐释的时候，才单独写出广告时机选择方案。一般来讲，广告策划的时间范围是直接在广告策划书当中提到的，或者与媒体计划结合起来。广告活动作为一个过程，总是在一定的时间范围内展开。做每一项广告，都要预先考虑在什么时间发布最合适，发布频率应该高一些还是低一些，发布时间的先后次序如何安排，在一个总体的时间区间内各个时段时点如何布局等。所有这些关于广告发布的具体时间、频率、先后次序，以及时段、时点布局等问题的策划谋略，就是广告时机策略。它对于把握好广告推出时间和机会、争取广告获得最佳效益、保证广告目标的实现，具有关键性意义。同时，它又可以为广告媒体、广告方式、广告投资等方面的论证研究提供依据。因此，广告时机选择方案也就是要对广告推出的时间、频率和机会作出恰当的选择。

(1) 广告时限策略。这种策略主要强调广告时限的适用性。依据广告时限所适用的方面的不同，可再细分为4种时限策略。

① 集中时间策略：即在短时间内集中力量对准目标市场进行广告攻势，迅速造成声势，提高企业或产品的知名度和信誉。

② 均衡时间策略：即根据企业的实力情况，适当变换宣传手段和节奏，对目标市场进行反复的"细水长流"式的均衡性广告宣传，以逐步达到加深印象、保持记忆、巩固效果、提高知名度的目的。

③ 季节时间策略：即在产品销售旺季到来之前逐渐推出广告，旺季到来时达到广告宣传的高峰，以促进销售。

④ 节假日时间策略：即在节假日到来时，对节假日常用的商品大量做广告，待节假日过去，广告宣传便停止。

(2) 广告时序策略。这种策略以商品进入市场的时间来安排广告发布时间。按广告时序可分为3种策略。

① 提前策略：即在商品进入市场之前先做广告，主要适用于更新换代产品的广告，以及季节性产品的广告。

② 即时策略：即在商品进入市场的同时安排发布广告。

③ 延迟策略：即在商品开始进入市场前及刚进入市场时，先做少量广告宣传，待商品进入市场一段时间之后，再大量做广告宣传。商品进入市场后再做广告宣传，有可能使广告宣传与商品销售脱节，所以这种策略要谨慎运用，一般是在对商品作试销以获取反应的情况下采用。

(3) 广告时点策略。这种策略主要是选择一天当中最佳的广告时间点来发布广告。将广告发布时间选在最佳时间点，容易抓住人们的注意力，使广告一开始就吸引受众，且在最佳时间点发布广告，接受面也比较广。这种策略在采用广播、电视媒体时作用最显著。一般来说，广播的最佳时间点是在早上，电视的最佳时间点在晚上。

(4) 广告频率策略。这种策略主要是对一定时间内广告发布的次数作出合理安排。这是一种重要的经常采用的策略。一般来说，新进入市场的企业和产品、季节性产品，处于市场激烈竞争中的产品，广告频率要高。其他情况下，广告频率可以低一些。

(5) 广告机会策略。这种策略主要是根据市场情况，捕捉和利用各种可能的有利机会进行广告宣传。这种有利的机会，一般是指那些与企业和产品有关的重大活动开展的时间。通过重大活动引起社会公众的普遍注意或吸引公众参加，充分利用该活动与本企业或产品的联系大做文章，宣传本企业或产品，往往会收到事半功倍的效果。

广告时机选择的分项方案只需要说明采用的是哪一种策略，并对它进行解释即可，篇幅不需太长。它常常被融入整体策划方案或市场策略中，只有当时机选择计划比较复杂时，才需要写出广告时机选择的分项方案。

5. 广告效果测评方案

由于广告效果测评方案广泛运用了广告调查，所以测评方案的撰写与调查报告的撰写有些类似，同前面几种分项策划方案相比，它具有更科学和相对固定的体例。规范完整的广告测评报告，一般应该包含以下内容。

(1) 扉页。内容主要包括测评报告的题目或标题、执行该项研究的机构的名称、测评项目负责人的姓名及所属结构、测评报告完稿日期等。

(2) 目录或索引。目录或索引应当列出报告中各项内容的完整的一览表，如各部分的标题名称或页码。如果测评结果部分的内容较多，为了读者阅读方便，也可将细目列进去。目录的篇幅以不超过一页为宜。如果报告中图表较多，也可再列一张图表目录。

(3) 摘要。阅读测评报告的人往往对测评过程的复杂细节没有什么兴趣，他们只想知道测评所得的主要结论，以及如何根据测评结果行事。因此这一部分应当简明扼要地说明测评的主要结果，详细的论证资料只要在正文中加以阐述即可。摘要当中一般包括本产品与竞争对手的当前市场竞争状况、本产品在消费者心目中的优缺点、竞争对手的销售策略和广告策略、本产品广告策略的成败及其原因、影响产品销售的因素是什么，以及根据测评结果应采取的行动或措施等内容。

(4) 引言。测评报告的引言通常包括测评背景和测评目的两个部分。测评背景中，测评报告写作人员主要对测评的由来或进行该项测评的原因做出说明。

(5) 正文。测评报告的正文必须包括测评的全部事实，从测评方法确定到结论的形式及其论证等一系列步骤都要包括进去，即测评方法、测评结果及结论和建议，但是无关紧要的不可靠的资料一定要删除掉，不能拖泥带水。

（6）附录。附录要列入尽可能多的有关资料，这些资料可用来论证、说明或进一步阐述已经包括在报告正文内的资料，每个附录都应编号。在附录中出现的资料种类常常包括测评问卷、抽样有关细节的补充说明、原始资料的来源、测评获得的原始数据图表（正文中的图表只是汇总）。

13.4.5 各类广告策划书撰写要点

1. 新产品广告策划书的撰写要点

（1）新产品一般应首先考虑品牌的广告定位问题，应使广告表现各种要素形成一种合力，全力以赴宣传品牌定位。这是新产品中最关键的问题。

（2）新产品广告表现一方面应充分利用消费者过去的消费经验与心理体验，制造熟悉感；另一方面又必须使消费者有新感觉、新体验，对新产品有新的认识和好感。

（3）新产品首次广告的成败，对新产品有重大影响。良好的开端是成功的一半，因此从广告策划书开始就应注意对广告创作的指导。

2. 食品广告策划书的撰写要点

（1）食品广告明确消费对象很重要。

（2）食品广告和食品包装应标明商品的主要成分、生产日期、保质期、食品说明。这是人们生活质量提高后提出的一般要求。

（3）最好给食品广告一个容易被注意和记忆的特征或标志。

（4）食品广告不要忘记告诉人们好吃。

3. 旅游广告策划书的撰写要点

（1）旅游广告必须描绘出景点的特色，不要用"风景优美""服务周到"等空泛的语句。人们旅游是为了获得新的经验与体验，旅游景点有特色才能吸引人。

（2）旅游广告介绍应尽可能详尽。有的广告手册甚至注明"如来此地，请携带这份广告"，广告本身成了游览图，这会使人放心和有计划地安排旅游活动。

（3）旅游广告在一般情况下，最好利用当地人来进行风景摄影，不要去拍游客。

（4）旅游广告一般采用邮寄形式比较有效。

4. 生产资料广告策划书的撰写要点

（1）生产资料广告比消费品广告更具挑战性。它有着与消费品广告表现不完全相同的特点，广告策划书也要有不同的表现形式。

（2）生产资料广告一般不宜进行情感诉求，用事实推荐会更有效，采用示范试验数据曲线图、解剖图、图表等更易产生效果。

（3）使广告成为产品的使用指南和说明。

（4）产品定位也是生产资料广告的重要任务。

（5）要选用针对性比较强的媒体，如专业报纸、杂志、邮寄广告等，表现方式一般以说明性广告为主。

（6）许诺明确，价格明确。

5. 金融产品广告策划书的撰写要点

金融产品广告主要指银行保险投资和信托行业的业务广告。这类广告策划书的表现一般应注意以下问题。

(1) 建立信用。这类广告一般带有战略性，建立信用的广告一般不易短期见效。常用的表现形式包括显示稳定，如用企业的历史、规模、管理人员的素质、已有客户的声誉（客户要求保密的除外）等；借顾客普遍信任的名人进行推荐性广告，显示诚实，比如某广告表示"我们做得好的地方会告诉你，做得不好的地方也会告诉你"；表示后台坚固，大集团做后盾；金融广告绝不能用哗众取宠、油腔滑调的广告形式来表现。

(2) 提供独特的利益，并以其作为广告表现的主要内容，如营业时间、信用卡、工作效率等。

(3) 广告表现统一。一方面，因为建立信用与好感是长期的工作，为保证前后工作的连贯性，广告表现应统一；另一方面，对分支机构多的，一般都应统一广告表现，以使广告发挥更大作用，形成实力雄厚的感觉。

(4) 金融广告应多用新闻式广告。

(5) 与顾客利益直接有关的内容必须写清楚，如利息等。

(6) 这类广告不宜太长，但必须把主要内容讲清楚。

(7) 不同类型商品的广告策划书都有其自身的特点。

由此可见，广告策划书是广告策划活动成败的重要依据，它不是一成不变的，需要根据市场变化及时调整，使之创造更好的效果。

单元训练和作业

1. 课题内容——广告策划书的写作

课题时间：8 课时。

教学方式：教师给出若干品牌或活动名称，帮助学生分析明确其所需要撰写的策划书类型，启发大家关注各个主题的特点和要点。由学生自由组合(5人以内)，形成创作小组，抽签决定各组主题后，由教师参与小组讨论，分别指导各组进行策划书撰写工作，并最终形成正式文本。

要点提示：策划书写作一定要实地考察和分析主题的品牌形象、市场需求和目标受众，不能凭空猜想。要善于对比现有竞争对手的广告策划，以及市场上其他策划书，学习写作方法。

教学要求：

(1) 每组学生根据自己的选题，撰写不少于5000字的广告策划文案。在撰写中要求：掌握既反映产品独特性特点又能满足消费者最迫切需求的广告文案的写作方法和技巧；掌握广告策划书的写作方法和技巧；掌握产品分析、消费者分析和市场分析等与广告策划书密切相关的应用文体的写作方法和技巧。

(2) 做好实地项目市场调查，保证策略不是纸上谈兵。积极与教师沟通，和小组成员进行讨论，运用头脑风暴，不断细化本组的策划文案。

(3) 方案完整，内容丰富，信息翔实，图文并茂；写作设计说明，据此向广告主（即教师）阐述广告策划的相关设计方案，说服广告主采纳广告策划方案。

训练目的：通过广告策划书的写作，使学生较为熟练地掌握广告策划书的创意规律、格式内容、写作法则，整体提高学生的综合能力。

2. 其他作业

通过调研女性化妆品广告策划书的表现技巧，做一次分析总结，并提出自己的见解。

3. 理论思考

(1) 简述广告策划书的编制原则和注意事项。

(2) 简述正规的广告策划书的格式及主要内容。

(3) 广告策划书的表现技巧有哪些？

(4) 广告策划书在广告策划的整体过程中起到什么样的作用？

(5) 广告策划书的构成要素有哪些？

(6) 简述广告策划书的格式。

(7) 简述广告效果测评方案的格式。

4. 相关知识链接

[1] 饶德江. 广告策划与创意[M]. 武汉：武汉大学出版社，2003.

[2] 唐先平，左太元，李昱靓. 广告策划[M]. 重庆：重庆大学出版社，2008.

第 14 章 CI 策划

课前训练

训练内容：尽可能多地了解和收集相关的资料和情报，包括设计对象的行业特征、产品特性、市场规模及目标市场的相关情况；设计对象的知名度、经营理念、未来展望；设计对象的主要竞争对手及相关情况；设计对象的标志形象的应用及具体规划等。在对市场和相关情况进行深入了解的基础上进行创作构思，以寻求多个创意切入点。

训练注意事项：建议学生结合企业的中英文名称展开想象，采用头脑风暴法进行标志的创作。

训练要求和目标

要求：企业形象信息要通过广泛而有效的传播，让社会公众对企业产生理解、信任和好感，并及时反馈公众的意见，达到相互沟通和默契，从而形成对企业的强烈印象。

目标：企业名称、标志、颜色、字体等视觉识别系统为设计的要点。

本章要点

(1) CI 的构成及设计要素。

(2) CI 策划手册的设计与制作。

(3) CI 评价的指标和方法。

引言

在现代社会中,科学技术的不断发展和市场竞争日趋激烈,同类产品之间的差异正逐渐缩小,这时企业形象的魅力开始不知不觉地影响着消费者的购买行为。许多企业迫切地寻求获得竞争优势的有效战略,而 CI 便是塑造富有竞争力的企业形象的一个重要战略,它与广告策划、公共关系策划相互交融,推动企业在更高层次上展开全面竞争。

14.1 CI 概论

CIS 是英文"Corporation Identity System"的缩写,中文翻译为"企业识别系统",是运用视觉设计手段,通过标志的造型和特定的色彩等表现手法,使企业的经营理念、行为观念、管理特色、产品包装风格、营销准则与策略形成一种整体形象。同时将企业名称、企业标志、企业标准字体、标准色等统一规范化之后,由内至外地进行企业与社会之间的信息交流和传播,以最快的速度、最深的印象,让社会和公众注意自己、认识自己、了解自己,从而塑造出企业的最佳形象,获得社会的认同感,达到营销的目标。CIS 涵盖了标准性、差别性、传播性。可口可乐、索尼、奔驰、迪士尼、雀巢、丰田、IBM、百事可乐等公司都十分注重企业形象,都有其个性化的视觉识别特征。

从客观上看,企业形象是企业的本质属性显露在外的特征和表象。从主观上看,它是社会公众(含企业内部员工)对企业的一切活动及其表现出的属性和特征的总体认识和评价,这种认识和评价形成了人们的印象、舆论和对企业的态度。企业关系者(顾客、中间商、供应商、媒体、政府等)对企业的整体感觉、印象和认识,对企业的生存和发展起着非常重要的作用。企业形象包括了以下 5 层含义。

1. 社会公众是企业形象的评价者和感受者

企业所面对的不仅是目标市场的消费者,而是全体公众包括企业内部员工、供应商、竞争对手、金融机构、政府部门等。因为人与人之间、组织与组织之间相互联系、相互影响、相互制约,牵一发而动全身。企业塑造形象时不应把目标对象局限于目前的消费者身上。比如内部员工既是企业形象的塑造者,又是企业形象的评价者,企业应具有前瞻性,应用相互联系和系统的观点看问题。

2. 企业形象是企业主观刻意塑造的结果

企业形象不仅是企业主体状况的外显,在很大程度上它还是企业主观刻意塑造的结果。这主要体现在企业形象与企业主体之间既一致又相互背离的关系上,企业形象以企业主体为基础,是企业主体的反映,但两者之间不一定完全吻合,拔高的企业形象固然很脆弱,但降低的企业形象使企业蒙受的损失更大。

3. 社会公众对企业评价的综合性

社会公众对企业的评价是整体、综合的,并不是局部的、个别的,这就要求企业提高整体素质,不但要抓大事,也要抓小事,全方位维护企业形象。古语说瑕不掩瑜,这句话在现代商战中却不尽然,企业的小失误往往被竞争对手抓住,不仅蒙受巨大的经济损失,还要花很多功夫才能扭转公众的印象。

4. 企业形象是相对稳定性和绝对变化性的统一

塑造企业形象的目的之一是利于消费者识别。形象多变,让消费者眼花缭乱,就达不到目的,企业自身也会无所适从。但随着企业内外环境的变化,企业文化、经营理念不会一成不变,生产经营的产品和服务也会变化,企业形象势必发生变化,所以说企业形象是相对稳定性和绝对变化性的统一。

5. 企业形象是企业为适应竞争变化而应运而生的

塑造企业形象的目的之一就是同竞争对手相区分，形成自己的特色，企业进行形象定位必须考虑竞争对手的形象定位。

14.2 CI 构成

CI 是将企业经营理念与精神文化运用整体传达系统（特别是视觉传达系统）传达给企业的关系者或团体（包括企业内部与社会大众）的企业文化活动。CI 的原意是 Corporation Identity System，简称为 CI 或 CIS，被翻译为"企业形象识别系统""企业形象战略""企业形象策划""企业形象设计"等，也称为 CI 体系、CI 战略、CI 计划、CI 设计等。

14.2.1 形象设计分类

从战略上看，企业形象也叫企业形象识别系统，或叫企业识别系统。企业识别系统包括企业五大识别体系和企业四大应用界面系统。企业五大识别体系是指理念识别（Mind Identity，MI）、听觉识别（Audio Identity，AI）、视觉识别（Visual Identity，VI）、文本识别（Text Identity，TI）、行为识别（Behavior Identity，BI）；企业四大应用界面系统指摄影界面（Interface of Photo，IP）、传媒界面（Interface of Media，IM）、环境界面（Interface of Environment，IE）和产品界面（Interface of Output，IO）。

1. 理念识别（MI）

理念识别是指企业在长期的经营活动实践中形成的和其他企业不同的价值观、经营思想、经营方式、企业精神、道德准则等。如日本的松屋银座（百货店）的经营理念为"顾客第一主义"；麦当劳的经营理念为"质量、服务、清洁、价值"；海尔的经营理念为"要干就要争第一"。企业理念的实质在于确立自我，它是企业的灵魂，向人们说明企业是"如何想的"。理念识别反映了企业的价值取向、发展理念和企业文化的本质内容。企业理念可以归纳为两个标志：统一性标志和独立性标志。企业精神和企业文化一旦形成，就必须在员工中取得一致认同、理解和支持，不能在认识或意念上发生歧义，叫统一性标志；企业精神或企业文化又是从特定环境下形成的，具有企业的特色，不能与其他企业相混淆，即独立性标志。这两个标志缺一不可，才能达到企业理念识别的整体设计需求。近年来，我国许多企业在形象塑造上打"民族"牌，民族意识无疑会得到全体公众的认可，但公开表明倡导民族意识的企业多了，公众就会认为这些企业在"作秀"，企业的理念识别失去了独立性。企业的理念识别大致有 4 种传递方式：视觉识别、听觉识别、文本识别、行为识别。文本识别、视觉识别是一种静态识别系统，听觉识别、行为识别是一种动态识别系统。

2. 听觉识别（AI）

通过听觉刺激传达企业理念、品牌形象的系统识别。听觉刺激在公众头脑中产生的记忆和视觉相比毫不逊色，而且一旦和视觉识别相结合，将会产生更持久有效的记忆。比如，很多产品的系列电视广告，他们每则广告的背景音乐或者主题音乐甚至语音、语调、语感、语速都有着惊人的相似，观众或听众只要一听到这种音乐或话语，不必去看画面，就会想到大约又是某商品在做广告了。听觉识别主要由以下内容构成。

(1) 主题音乐：是企业听觉识别的基础识别，主要包括企业团队歌曲和企业形象歌曲。企业团队歌曲主要用于增强企业凝聚力，强化企业内部员工的精神理念，如集美家居的《集美之歌》；企业形象歌曲则主要用于展示企业形象，向公众展示企业风貌，以此增强信任感，如北京怀建集团的《共筑美好生活》。

(2) 标识音乐：用于广告和宣传中的音乐，一般是从大企业主题音乐中摘录出的高潮部分，具有与商标同样的功效，如麦当劳的广告音乐。

(3) 主体音乐扩展：是从高层次出发来展示企业形象，通过交响乐、民族器乐、轻音乐等进行全方位的展示。

(4) 广告导语：一般是在广告语中的浓缩部分，以简洁的一句话来体现企业精神，凸显企业的个性。

(5) 商业名称：要求简洁上口，体现企业理念，如北京新航道教育文化发展有限责任公司命名为"新航道"，让人一听名称就对企业理念、经营业务（开辟语言教育新航道）有所认识。

3. 视觉识别 (VI)

视觉识别是指企业的可视事物通过视觉传达给社会公众的专有化或个性化形象，向人们展示企业"是个什么样子"。视觉识别的构成要素包括两大类：基本要素和应用要素。

视觉识别是 CI 的静态识别，它通过一切可见的视觉符号对外传达企业的经管理念与情报信息，在 CI 系统中最直接、最有效地建立企业知名度和塑造企业形象的方法。它能够将企业识别的基本精神及其差异性充分地表达出来，以使消费公众识别并认知。在企业内部通过标准识别来划分生产区域、工种类别等，有利于规范化管理和增强员工的归属感。

视觉识别系统一般分为基本设计系统和应用设计系统两大类。在这里，基本设计系统是树根，而应用设计系统是树枝和树叶，是企业形象的传播媒体。在基本设计系统中，又以标志、标准字体、标准色为其核心，其中标志是核心之核心，它是所有视觉要素的主导力量。由于各企业的性质不同，在其应用设计系统的项目中，侧重点就不尽相同，取舍不一。但无论什么企业，基本设计系统的内容都大同小异。

(1) 基本设计系统。

① 企业名称。为了便于称呼和区别，企业都有属于自己的专用名称。而为企业起名往往是一个既令人兴奋又让人为难的事情，这就像是为孩子起名，既要叫得响，又要不落俗套，还要拥有长久的生命力。这样一个能让各方都满意的企业名称，是需要花一番心思的。

② 企业标志。企业标志是标志中的一个种类，是企业、商家等为了便于信息传递而采用的图形符号。它通过含义明确、造型简单的符号，将企业的精神面貌、行业特征等充分表现出来，以便于识别。

③ 变形标志。在广告宣传、装饰或一些特殊场合，可以采用标志的变形样式——经过夸张或重新组合变化后的标志。变形标志以不损害原标志的设计理念和形象特点为原则，抓住原标志特征进行延伸变化，其内容包括变形、空心、反白和线条化等。

④ 标准字体。标准字体（企业中英文名称字体样式）与标志一样，也是企业文化的一种象征。它以独具风格的文字形象出现在各种场合，不亚于企业标志出现的频率。它通过文字视听的直接诉求，准确地传达企业形象。在设计上要求具有强烈的个性和美感，易于阅读，与标志风格具有统一性等。在文字形式的创新上，要顺应流传几千年的文字规则、笔画及结构特征，适当进行添加或简化。值得注意的是，过分地装饰或变化只能适得其反。

⑤ 印刷字体。在广告文案中，企业的行文中经常要用到一些印刷字体，这也是事先设定的。在现成的字库中选择一套与其他设计风格能够统一或协调的字形即可，外文印刷字体也用同样的方式选定。

⑥ 标准色彩。企业标准色是企业的特定色彩，用来增强人们对企业的认识。色彩是人的视觉最先感知的，以色彩吸引人的注意，是极为重要的手段。

⑦ 辅助色彩。标准色在应用中常常显得单调或不够用，需要一些相应的色彩作为辅助色，用以区别不同的部门或场合等。

⑧ 编排模式。在标准字体、标志、标准色的设计完成之后，下一步的任务就是三者之间的编排及规则制定。固定的编排，一方面再次强调企业个性，另一方面也为大量的应用设计提供了模式，使之在应用中更规范。

⑨ 商标品牌。许多企业的产品都有自己独立的品牌名称和品牌形象（商标），不同类型的产品品牌各具特色，甚至同类产品由于销售对象不同，品牌也大不相同。

⑩ 象征纹样。象征纹样通过变化多样的装饰纹样，补充企业标志等造型要素所缺乏的丰富和灵活。由于象征纹样大多采用多种多样的组合方式，装饰效果非常强烈，常用在包装纸、购物袋及企业所赠送的各种礼品的设计上，给人以亲切感。

⑪ 吉祥物。吉祥物是为了强调企业性格，配合广告宣传，为企业专门设计创作的人物、动物或植物等拟人化形象，用以活跃企业形象，以动感形态引起人们注意，增加企业在消费者心中的亲和力。

(2) 应用设计系统。

① 办公用品包括名片、信封、信纸、便笺等事务性用品和发票、预算书、传票。

② 旗帜类。旗帜有非常明显的标识作用，招展的旗帜能够营造热烈的气氛。旗帜包含的种类较多，如竖旗、吊旗、桌旗等。每一种旗帜都扮演着不同的角色，起着不同的作用。

③ 指示标识是对办公室和企业位置的确认、各种设施的指南。

④ 服装类。企业的统一服装包括办公制服、帽子、领带等。制服的统一，也是提高员工归属感的一种手段。

⑤ 广告宣传类。广告宣传包含的种类较多，如公司指南、内部刊物、企业形象广告、产品广告以及产品目录、宣传纸、各类礼品等，还有一些促销工具也包括在内。

⑥ 资料类。企业在内部传递信息的资料、员工培训的资料、企业发送到外部合作者手中的标书、方案等资料，也应进行设计，并借此传递企业的形象信息。

⑦ 环境与陈设类。作为标识设计的延伸，不仅要统一建筑物的外观形象，还应在工厂区、办公室环境设计中，体现独特的想法，以显示企业独特的文化，特别是店铺陈列、会客空间、连锁店等，更应重视环境与陈设的统一风格。

⑧ 运输工具及设备类。营业用车辆、运输用车辆、作业用车辆，是企业形象宣传的重要工具，要追求更高的视觉识别和认同。

⑨ 公关礼品是企业为联络各方感情的媒介物，所以要在其上标明企业的形象要素。

⑩ 产品与包装类。产品的造型和色彩都应体现企业的个性，同时也要照顾产品特性和功能。消费者在购买商品时，包装作为商品的外衣，有时比商品本身还重要，它是市场营销的工具。

在上述各要素中，企业标志、标准字和标准色是核心要素，它们为其他实际要素的设计提供了基本规则和要求。

视觉识别的双重性在于视觉识别的基本作用，是从视觉上表征企业的经营理念和精神文化，形成独特的企业视觉形象，但视觉识别系统本身又具有形象价值。这是由视觉识别系统本身的美学价值和艺术价值带来的，例如IBM公司的蓝色条纹和富有弹性的文字造型极富美感，具有很强的视觉识别功能。

4. 文本识别(TI)

文本识别是通过企业文本传达企业理念、品牌形象的系统识别。

(1) 办公文本：企业的办公文件系统，主要由企业内部操作。

(2) 公关文本：面向媒体、政府及相关社团的文本，可以由企业操作。

(3) 内刊文本：企业内部主办的报纸杂志，可由内部人员操作。

(4) 营销文本：为了配合市场营销而撰写的文本，包括广告文案、广告语等。

(5) 文化文本：指有关企业文化或创业史的、公开发行的、畅销的专著。

5. 行为识别 (BI)

行为识别是指企业区别于其他企业的各种具体的生产经营服务活动，它向人们说明企业是"如何做事的"。行为识别是企业经营理念、企业精神或文化通过企业的整个经营管理活动反映和体现出来的，又称为企业活动识别。企业行为识别的基本内容由内在和外显两大系统构成，内在行为系统包括3个方面。

(1) 员工素质教育：帮助员工提高理论、政策、法制、管理水平，帮助职工领会企业经营宗旨、企业精神，了解规章制度。

(2) 规范员工行为：员工行为中的职业道德、仪容仪表、礼仪礼貌、工作态度和体态语言等，还包括员工福利制度、公害对策、作业合理化等方面的统一性和规范化要求。

(3) 企业环境：领导作风、精神面貌、合作氛围、竞争环境等人文环境和工作条件等物质环境。

企业行为识别的外显系统是针对市场和公众展开的各种活动的组合，包括以下4个方面。

(1) 产品组合。在对市场做深入细致的调查和细分的基础上，划定需求对象和了解消费动向，然后进行产品的设计、生产、销售、新产品开发等，并在产品的名称、包装、功能、质量、价格等营销组合方面进行合理规划，重点在于通过提高产品质量来树立良好产品形象。

(2) 服务。有的企业提供的产品就是服务，就提供有形产品的企业来说，服务质量也是提高竞争力的有效手段。

(3) 广告。广告可分为针对具体产品的产品广告和针对企业的企业形象广告。两种广告活动虽然在实施策略和使用技巧方面有一定差异，但共同点均在于通过传媒对企业和产品的宣传，引起消费者对企业和产品的注意、好感、信赖与合作。公益广告不同于一般的企业广告，因为公益广告既不付费，也不宣传企业或产品，但由于公益广告宣传的一般都是政府倡导的观点，如环保、下岗再就业等顺应时代潮流的观点，所以更易打动社会公众，提升企业形象。公益广告是一种宣传企业正面形象的有效手段。

(4) 公关活动。它可以通过围绕提升企业形象和产品形象的专题活动、促销活动、展示活动和新闻发布会，以及间接性的公益活动、社会活动和文化活动等，达到提高企业知名度和美誉的目的。

行为识别具有双重性：一方面，行为识别实际上是企业的运作模式，通过这一运作模式，企业实现了经营理念的要求；另一方面，行为模式本身又可产生一种识别作用，人们可通过企业的行为特征去识别企业，行为模式本身也可较充分地反映企业的经营理念。

14.2.2 形象设计内容

在企业五大识别体系中，"理念识别"是企业的灵魂，也是CI设计的根本依据和核心，它为整个企业识别系统的运作提供了原动力，听觉识别、视觉识别、文本识别、行为识别的设计必须充分体现企业经营理念的精神实质和内涵，才能形成统一且具个性的企业形象特征理念与行动。视觉不统一会降低企业的信息传递力和形象诉求力，混乱企业的形象，使公众无所适从。从企业形象所表现的内容看，企业形象由产品形象、服务形象、环境形象、人员形象4个方面构成。

(1) 产品形象：是指产品的品牌、质量、性能、造型、包装等在公众和消费者心目中的形象，它是企业形象的基础，是塑造企业形象的前提。

(2) 服务形象：是指企业给消费者所提供的服务（售前、售中和售后）的质量（项目多少、态度好坏、是否及时和快捷、效果等）给顾客留下的印象。

(3) 环境形象：是指企业的生产经营活动场所的好坏给员工和社会公众留下的印象。

(4) 人员形象：是指企业领导者的素质和能力、员工的素质和能力给社会公众和顾客留下的印象。人员形象决定着产品形象和企业形象，没有高素质的人员，就没有好的产品、好的环境和好的服务。所以，企业要不断地提高人员的素质，树立良好的人员形象。

14.2.3 企业形象设计的价值和功能

(1) 制定一部企业内部的经营管理标准。总结和提升企业的历史、信仰、所有权、技术、文化和人员素质等，制定企业从经营思想、行为规范到视觉识别的一整套经营管理标准，丰富完善企业的经营战略和发展规划。从系统的角度保证了企业发展的一致性，这是现代企业管理理论的成功应用。

(2) 确立企业和产品在市场的定位和特征。企业形象设计不仅是企业自我意识的表现，也是将企业与市场联系在一起的纽带。根据企业及产品的内在特征，确定其市场定位，并通过理念、行为、视觉3个层次表现出来。

(3) 创造企业文化。日本等亚洲国家在世界经济中的成功，使东、西方企业界对企业文化在经营管理中的作用更加重视。它从理念层次使企业员工的思想、意识、价值观统一于企业的目标之下；通过培训等方式，使企业员工的行为、企业的公共关系等，遵从于有关规定；通过各种媒介的视觉设计，构造美好的外表。这一切都使企业文化得以更加丰富和系统化。企业文化的最大作用就是通过非法则、非制度的手段，使员工的工作目标和企业目标一致，使企业增强凝聚力、吸引力，使企业成员团结在组织内形成对外的强大力量。

(4) 保证信息传播的一致性。由于CI制定了一套完整的行为识别、视觉识别规范，使企业在其内外的信息传递和广告宣传上具有很好的一致性。因此企业可以花费较少的费用、时间、精力，取得较好的宣传效果，这在各种广告满天飞，信息"污染"严重的当今社会，是极为有效的。

(5) 提高企业产品的竞争力。CI的最终目的是通过提高企业形象来增强企业的知名度，提高产品的竞争力。通过实施CI，增强企业的知名度，使企业在获得生产要素配置时始终处于优先地位。使企业能轻易地在市场中获得所需的人才、资金、信息，令处于良性循环的状态，立于不败之地。同时，由于产品的形象得以改善，也使产品在市场竞争中取得优势，在消费者心目中建立起品牌偏好。

14.3 CI设计要素

企业视觉形象设计方法是专业设计人员更为关心的问题。作为一般人员也需要对企业视觉形象设计的方法有一个大致的了解，以便能准确理解企业视觉要素的含义并具体实施。

1. 基本设计方法

(1) 制定标志符号的方格标志法。在方格线上配置标志，以说明线条宽度、空间位置关系、角度圆弧位置。角度标志法即用圆规、量角器标出各种标志、符号的正确位置、角弧度、半径、直径等，以说明标志造型的结构关系，保证标志在制作和复制过程中视觉结构特性传达的准确性。

（2）设定标志应用的尺寸规范。根据视觉原理，同一标志符号在不同应用环境（放大、缩小）中传达的是不同的视觉认知感受。为达成标志的同一视觉效果，必须针对不同的应用环境和范围对标志进行造型修正，调整线条粗细等对应性变体设计，建立严格的标志应用尺寸规范系统。

（3）标志必须符合变体设计规范。在不损及原有标志的设计理念和视觉结构的原则下，针对印刷方式的不同及印刷技术、制作程序的限制，需制作各种变体设计，这些都要以规范的形式固定下来。

（4）基本符号要素组合规范。基本要素组合规范是指以规范法则的形式，制定要素之间合法的组合关系及被禁止的组合关系，从而使组合的各种符号要素达到统一、规范的视觉传达目的。

2. 应用要素设计方法

在企业视觉形象系统中，应用系统包括办公用品、标识招牌、交通工具、包装设计、广告传播、建筑环境、展览展示布置、制服设计等。这些应用要素在企业和内外沟通联系中是最频繁且最起作用的。因此，在应用要素的具体设计方法上，不仅要注意各种基本要素及要素组合规范的具体运用，而且要为这些应用要素的具体运用选定材料、设定规格、印刷方法、色彩、位置环境、设置高度等，并以规范化的形式确定下来，以便准确地表达企业的经营理念和产品特性等视觉信息。

14.4　CI 策划手册的设计与制作

公司在完成了视觉识别的所有因素（基本识别因素、应用识别因素）后，为了使这些因素便于使用和执行，就应使这些因素系统化、规范化、标准化，这就需要制作 CI 手册。CI 手册保障企业 CI 计划的统一实施和管理，统一传达企业整体形象，是 VI 开发的最后阶段。

14.4.1　CI策划手册的内容

1. 序言

企业负责人、董事长、总经理的致词，企业经营理念、企业文化及未来发展的情况，引进 CI 的动机，CI 手册使用方法的解说。

2. 基本要素

标志、标准字、标准色；标志、标准字、标准色的变体设计；标志、标准字的制图法和标准色的使用方法；标志、标准字的误用范例；附属基本要素（包括字体、企业造型、象征图案、版面编排的方式等）。

3. 基本要素的组合

基本要素的组合规定、基本要素组合系统的变体设计、基本组合误用范例。

4. 应用要素

办公用品、标志招牌、运输工具、制服、产品造型、包装、建筑物、室内装潢、环境、陈列展示、宣传广告。

14.4.2　CI策划手册的编辑

1. 手册的编辑目的、作用

在 VI 系统的设计开发完成之后，应建立起一套规则而有效的手册。作为 VI 系统导入运作的指南，也是 VI 实施的技术保障和理论依据，在诸多项目中进行有序工作的条理化保证。VI 手册不仅提供了企业今后对外的形象识别系统，也是实际实施作业时把握标准化水平的关键。所以手册的制定一定要严格谨慎、全面细致，使之成为真正有用的东西。

2. 手册的编辑形式

由于各企业性质不同、规模不一，VI 的内容侧重就有所不同。因此，成册时可考虑单册或分成多册，其编辑形式可参考以下方式。

（1）"基本手册"独立方式。依照基本设计系统和应用设计系统的不同，分成两大单元，编成两册，并以活页形式装订。这种方式可以在基本设计系统完成后，先行成册。在应用项目的开发设计中，方便参阅使用到的基本规定，有助于应用设计的展开，也有助于应用项目导入时的使用。

（2）基本和应用设计合订方式。整理基本设计和应用设计的各种规定，合编成一本手册，并以活页形式装订。大多数实施 VI 的企业都采用这种方式，手册中通常包括各种设计要素和应用项目，适合中小企业采用。

3. 手册管理

VI 手册的发行由企业领导负责。手册中的规定应视作企业的指示、命令，违反手册中的规定，也就是违反了企业业务上的命令，应视作是对企业形象的损毁行为。

VI 手册的使用者，多半是广告宣传、促销、总务、材料和营业部的负责人和执行者。为了在企业内部真正贯彻和执行形象标准，VI 手册发送的对象，除上述部门外，各部门负责人都应人手一册。由于手册中所规定的内容原则上是企业的机密，因此，没有特殊原因，不应随意扩散。随着计算机技术的发展，大中型公司一般把 CI 手册内容制作成 CI 手册信息系统软件，从而使 CI 管理和实施快速化、精确化、规范化。

14.5 CI 管理

企业识别系统管理（Corporate Image Management，CIM）又称"企业整体形象管理"，是指通过对企业形象进行持续创新和协调控制，从而帮助企业提高经营合力的一种管理思想、方法和手段。

CIM 能够全面提高企业内在素质与外在表现，以提升企业市场表现、塑造良好的企业形象、增强企业的竞争实力。CIM 以总体形象管理为纲，以全面质量管理为核心，以产品形象为基础，以员工形象管理为龙头，同时进行环境形象管理和社会形象管理，以全面提升企业形象。CIM 具有以下几层含义。

1. CIM 是一种现代企业管理方法

CIM 通过塑造新的价值观和经营理念，进而影响企业的经营行为，使企业能适应环境的变化，并具备自我适应、调整更新的能力。与其他的管理方法不同，CIM 不是仅对企业的某一方面的质量或产品等进行管理，而是对企业的各方面展开全面管理，是一种综合性、全方位的企业管理方法。

2. CIM 的目标是塑造良好企业形象、提高企业竞争力

企业要想在市场竞争中立于不败之地，必须具有较好的知名度和美誉度，在公众心中有较高的地位，即要具有良好的企业形象。企业形象的塑造是一项系统性工程，需要长期努力，随着外界环境和市场条件的变化，企业形象也会发生变化，企业必须以长期的良好行为来维护。不论是企业形象的塑造还是维护，都需要进行管理。所以，CIM 的直接目标是树立良好的企业形象，而最终目标则是提高企业的竞争力，使企业完成其经济目标和社会责任。

3. CIM 的方法是全面提高企业内在素质与外在表现

企业形象是企业内在素质和外在表现的综合作用与反映，内在素质与外在表现的诸要素形象从不同的侧面反映并共同综合构筑企业形象。因此，CIM 就从对诸要素形象的管理入手，通过不同侧面各要素形象的改善，塑造和提升企业形象。

CIM 的 3 个基本前提如下。

(1) 企业所为与所不为的每一件事情都会影响外界对该组织及其产品、服务和绩效的认知与评价，这种认知与评价会影响企业获取为实现其目的与目标所需的财务资源、人力资源和合作关系。

(2) 企业所为与所不为的每一件事情都在传达着关于企业的信息。

(3) 企业通过行动所投射的信息对企业形象的影响力最强，特别是当这些信息与企业的识别系统发生冲突时，企业形象会受到极大的影响。

应该看到，进入 21 世纪，以下两个方面的认识对企业尤为重要。

(1) CIM 是一个重要的战略问题，直接影响企业在营销和其他管理方面的努力能否成功。因为企业识别系统管理会触及企业的灵魂和组织的核心价值，追寻企业存在的意义和裁定组织的根本目的，属于最高层次的组织控制职能。同时，企业识别系统管理更是一种营销工具，因为它可以为组织提供实现目的的机制；使企业能同其竞争对手区别开来；为企业的产品和服务增加价值；吸引和维系顾客，从而使得企业在不断变革和竞争激烈的市场环境中保持繁荣和发展。

(2) 协调一致的企业形象必须被贯彻并整合在组织的各个层次。CIM 是一个综合的过程，它需要处理组织各层面组成部分之间的关系，以同企业的目标受众保持有利的关系。由于 CIM 是一个持续不断的过程，这些管理技能既可用于管理现有关系，也可用于对潜在和未来关系的管理；既适合于工商企业，也适应于非营利组织和政府机构。因此，CIM 是在最高层次上创建并向顾客及营销伙伴传达品牌个性和特色。不论从营销角度还是管理角度出发，CIM 都应该贯穿于企业内的各个层次，当然首先是从最高层次开始。CIM 的实质就是将企业的经营理念和精神文化与现代设计观念相结合，用企业文化的综合反映和外部表现，用企业自己的行为、产品、服务在社会公众心目中绘制蓝图，以刻画企业个性、突出企业精神，使公众以其直观感受对企业做出评价，使其产生深刻的认同感，从而塑造企业良好的形象。

CIM 的目的在于：①塑造基于内在实质特性的企业哲学、组织个性和企业形象；②对企业形象进行持续的管理实践，使之成为企业管理的重要内容和有效的管理方式及营销手段；③建立对外部重点公众有意义的组织行为模式，促进他们与组织保持长期的关系。企业识别系统管理理论体系的重构，一方面是对企业形象构成要素的重新设置和构造，另一方面则是对企业形象战略管理体系的重构。在构建完整的企业形象框架的基础上，还要将企业形象纳入企业战略管理的领域，对之进行系统的战略管理。CIM 是具有整体性、长期性和系统性的战略管理活动。一方面，企业形象是多种形象要素的集合，良好的企业形象是企业良好的产品形象、服务形象、领导形象、员工形象、设备设施形象、环境形象及社会责任形象等的综合体现；另一方面，塑造企业形象是一项长期的活动，企业只有立足长远，从眼前做起，并坚持不懈，才能逐步得到公众的认可，不断提高企业的知名度和美誉度。大量例证说明，即使已经树立了良好形象的企业，还必须精心管理并不断提升企业形象，使之更上一层楼。因此，一切试图树立良好形象的企业都应该从长远着眼，加强 CIM，实施企业形象战略，明确制定企业形象塑造目标，以及为实现这个目标而采取的措施。

14.6 CI评价的指标和方法

1. 评价指标

评价企业形象最基本的指标有3个：认知度、美誉度、和谐度。

(1) 认知度及其评价。认知度是一个组织被公众知晓、了解的程度。这是评价组织名气大小和被公众了解多少的客观尺度。认知度评价的第一个任务，就是要了解"谁知晓"，是否存在企业希望知晓的公众并不知晓的问题，是否存在不该知晓或不必知晓的公众又知晓的问题，即是否存在认知度知晓错位。同时，"知晓什么"，即公众所知晓的内容是否是企业希望公众知晓的内容，以此可以了解企业形象的传播是否有效。认知度评价的第二个任务，就是了解公众知晓的程度，即公众对企业的了解是深入还是较为肤浅。如要了解公众仅仅是知道企业名称，还是进一步知道企业的产品和服务的详细情况，重点是了解认知度的深度问题。认知度评价的第三个任务就是搞清楚知晓公众的数量特征，包括绝对人数、占有关人群的比例、地理分布状况等，这是"认知度"的广度问题。只有认知度较广、较深又不发生错位的企业，才有可能成为具有良好形象的企业。

(2) 美誉度及评价。美誉度是一个组织获得公众信任、赞许的程度。这是评价组织社会影响好坏程度的指标。它是企业进行形象塑造和传播后最希望得到的结果。一个有美誉度的企业，肯定是形象优良的企业。美誉度越高，企业形象的优良程度就越高。反之，一个只有认知度却没有美誉度的企业，会引起公众的反感和怨恨。

企业美誉度的评价主要从以下角度入手。第一，赞美企业的公众是谁？首先应该搞清楚，是谁在赞美企业。不同类型的公众对企业的赞美应该给予不同的权重。至于哪一类公众的赞美应该给予更高的权重，应该根据企业的具体情况而定。第二，赞美的内容是什么？显然，赞美的面越宽，企业的美誉度就越高。对公众给予企业的不同方面的赞美也应该给予不同的权重。一般来说，涉及主业的赞美比仅仅涉及辅业的赞美更重要；涉及整个公司的赞美比仅仅涉及企业的某些个人或部门的赞美更为珍贵。第三，赞美企业的人数究竟有多少？包括绝对数和相对数。同时还应该注意在一片赞美声中，还有没有抱怨，有多少人在抱怨，因为什么而抱怨等。

(3) 和谐度及评价。和谐度则是指各类公众对企业形象的认识和评价与企业形象想要达到的目标之间是否一致。可通过理想形象与现实形象的对比来完成评价。

2. 评价方法

企业形象战略效果的评估是企业形象战略全程中不可或缺的最后一环。为了保证评估客观性、公正性和权威性，要建立一整套严密的组织系统和工作程序。

(1) 成立评估小组。评估小组由5～11名专家组成，在整体形象管理委员会(Image Management Committee，IMC)的直接领导下开展工作。其职责是领导、组织、协调企业形象导入策划效果的评估工作，包括制订计划、设定指标、体系、人员培训、收集反馈信息、做出经费预算等。

(2) 设定评估指标体系。评估小组依据企业形象导入策划评估指标的通用性和本企业所在行业的特殊性，设定客观、科学又易于操作的评估指标体系。

(3) 收集有关资讯。资讯是客观评估的事实基础。收集资讯必须全面、系统、准确，收集方式不拘泥某一种方式，既要注重有形的、固化的资料，也不要忽略无形的、流于人们宣传的材料，以便使所收集的资讯更为翔实。

(4) 资讯整理筛选。将所收集的资讯进行分类和统计，应用科学的分类方法与统计方法，进行初步去伪存真、去粗取精的筛选，留下有用的资讯。

(5) 根据评估指标进行计算分析。对上述评估结果，按事前设定的评估指标进行计算、分析、比较，从而得出企业形象策划效果。效果级次可分为优秀、良好、中等、及格和不及格。根据评估的效果进行分析并拟定鉴定意见。

(6) 结论公布。将评估的结果反映给 IMC，并予以公布；对评估结果较差的企业，评估小组可根据评估中的情况提出改进、调整建议。

3. AHP-模糊综合评价数学模型

(1) 层次分析法。层次分析法(the Analytic Hierarchy Process，AHP)是美国著名运筹学家 T.L.Saaty 于 20 世纪 70 年代提出的一种系统分析方法，是一种常用的多指标综合评价方法，已在多个领域得到广泛应用。

AHP 法的基本思想是：先根据问题的性质和要求所构成的总目标，将问题分解为相互联系的有序层次，使目标条理化；然后按照问题的结构层次从上而下，逐层确定同层次上各元素相对上一层支配元素的重要性，最后综合得到各层次元素相对于总目标的综合权重，应用 AHP 法来确定企业识别系统各层面评价指标体系的权重。

(2) 选定专家。专家的选择是至关重要的，直接影响到判断结果的科学合理性。因此，所选择的专家必须具有广泛的代表性。主要有两个方面，一个是人数，专家组的人数应该不少于 20 人，多的可达百人。另一个就是专家的人选，专家组应该包括 3 类人员：第一类是从事企业识别系统管理的专家学者；第二类是从事企业识别系统的设计人员；第三类是应用企业识别系统的企业代表人员。

(3) 建立递阶层次结构模型。根据层次分析法的原理，按照各评价指标之间的相互关系，将各指标按不同层次组合，得到了一个有序的递阶层次结构模型。这个递阶层次结构模型就是评价指标体系。开发应用型的企业识别系统效果的评价指标可分为三层，如图 14.1 所示。

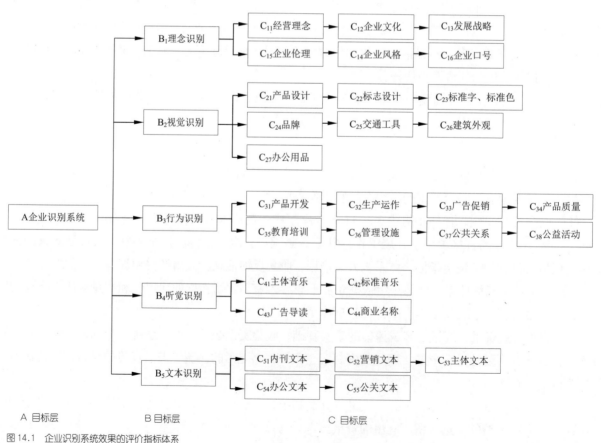

图 14.1 企业识别系统效果的评价指标体系

(4) 专家评判。根据层次分析法的"通过各个层次两两比较的判断方式来确定每层次中因素的相对重要性"这一原理，设计"评价指标重要程度比较判断表"，见表14-1和表14-2。子层次评价指标重要程度比较判断表仅以C1层为例。

表14-1 主层次评价指标重要程度比较判断表

两两比较的评价指标	重要程度				
	极重要	很重要	重要	比较重要	同样重要
理念识别[ ]视觉识别					
理念识别[ ]行为识别					
理念识别[ ]听觉识别					
理念识别[ ]文本识别					
视觉识别[ ]行为识别					
视觉识别[ ]听觉识别					
视觉识别[ ]文本识别					
行为识别[ ]听觉识别					
行为识别[ ]文本识别					
听觉识别[ ]文本识别					

表14-2 子层次评价指标重要程度比较判断表

两两比较的评价指标	重要程度				
	极重要	很重要	重要	比较重要	同样重要
经营理念[ ]企业文化					
经营理念[ ]发展战略					
经营理念[ ]企业风格					
经营理念[ ]企业伦理					
经营理念[ ]企业口号					
企业文化[ ]发展战略					
企业文化[ ]企业风格					
企业文化[ ]企业伦理					
企业文化[ ]企业口号					
发展战略[ ]企业风格					
发展战略[ ]企业伦理					
发展战略[ ]企业口号					
企业风格[ ]企业伦理					
企业风格[ ]企业口号					
企业伦理[ ]企业口号					
经营理念[ ]企业文化					
经营理念[ ]发展战略					

由于大脑是借助语言进行思考的，所以表中的"重要程度"一栏的选项是用文字表述的，避免了让专家进行抽象的数字判断，使专家思考的问题更为简易、集中。"两两比较的评价指标"栏中的"[ ]"内，需要专家选择">""＝""＜"，其中">"表示前者比后者重要，"＜"表示后者比前者重要，"＝"表示前者与后者同样重要。然后再判断重要程度，在右边的重要性程度栏中选择一个空格划"√"。用 1、3、5、7、9 分别表示同样重要、比较重要、重要、很重要、极重要，而在极重要与很重要交界处打"√"则为 8 分，很重要与重要交界处打"√"则为 6 分，重要与比较重要交界处打"√"则为 4 分，比较重要与同样重要交界处打"√"则为 2 分。

(5) 构造判断矩阵。由负责人员将最后一轮征询的结果进行汇总整理，并把相应的重要性程度转换为数字，把各专家对同一项目的判断数值进行几何平均构造判断矩阵。

(6) 层次单排序。用 AHP 软件，可求出准则层相对于目标层权重。

(7) 层次总排序。

4. 建立企业识别系统效果评价的数学模型

模糊综合评价法有两种评价形式：单层次模糊综合评价方法和多层次模糊综合评价方法。根据需要，选择单层次模糊综合评价法来建立企业识别系统效果评价的数学模型。

(1) 确定企业识别系统效果的评价指标集 U 和评语集 V。针对的企业识别系统效果，选定的评价指标是经营理念、企业文化、发展战略、企业风格、企业伦理、企业口号、产品设计、标志设计、企业标准字、标准色、品牌、交通工具、建筑外观、办公用品、生产运作、广告促销、产品开发、产品质量、管理实施、教育培训、公共关系、服务、公益活动、主体音乐、标准音乐、广告导读、商业名称、内刊文本、营销文本、主体文本、办公文本、公关文本等。所以，评价指标集 U ＝ {u1：经营理念，u2：企业文化，u3：发展战略，u4：企业风格，u5：企业伦理，u6：企业口号，u7：产品设计，u8：标志设计，u9：企业标准字、标准色，u10：品牌，u11：交通工具，u12：建筑外观，u13：办公用品，u14：生产运作，u15：广告促销，u16：产品开发，u17：产品质量，u18：管理实施，u19：教育培训，u20：公共关系，u21：服务、公益活动，u22：主体音乐，u23：标准音乐，u24：广告导读，u25：商业名称，u26：内刊文本，u27：营销文本，u28：主体文本，u29：办公文本，u30：公关文本 }。

确定评语集 V，V ＝ {v1,v2,…, vn} 是评价者对评价对象可能做出的 n 个评价结果所组成的集合，其中 vi 表示具体的评语等级。可以选定评语等级：优秀、良好、中等、及格、不及格。则评语等级 V ＝ {v1：优秀，v2：良好，v3：中等，v4：及格，v5：不及格 }。

(2) 确定评价指标集 U 中各个指标的权重。利用层次分析法来确定各级评价指标的权重。在前面，已经利用层次分析法确定了各评价指标的权重。

(3) 确定各评语等级的隶属度。假设参与评价的专家人数为 p (p ＝ 1, 2, …, k)，其中 k 表示评价专家的具体数目。各位评价者对每个评价指标均给出一个评语等级，用统计的方法计算出各等级的频率，即评价对象在每个评价指标上各评语等级的隶属度。

(4) 建立模糊评判矩阵 R。根据上个步骤的计算结果，由各个评价指标的各评语等级的隶属度就组成了模糊关系矩阵 R。

(5) 建立模糊综合评价的数学模型。

(6) 进行计算。在进行成果评价时，应根据实际需要选择合适的计算方法。就效果的综合评价而言，在实际工作中常用加权平均法进行计算。

(7) 综合评价结果向量的分析。

5. 作用意义

层次分析法和模糊数学的方法是既能考虑各种客观因素，又能充分利用专家智慧的有效方法之一。应用它们可以建立企业识别系统效果的评价模型，使企业识别系统效果的评价由无结构化向有序的结构化系统状态转移。层次分析法体现了人们决策思维的基本特征，即分解、判断和综合，具有适用性、简洁性、实用性和系统性等特点，适用于结构相对复杂、决策准则较多且不易量化的决策问题。由于它有效地把定量分析与定性分析结合起来，从而使人的主观经验判断可用数量的形式加以表达和处理，可避免决策者在结构复杂和方案较多时发生逻辑上的失误。

14.7 "四季花城" CI 策划案例

"四季花城" CI 策划案例如图 14.2～图 14.43 所示。

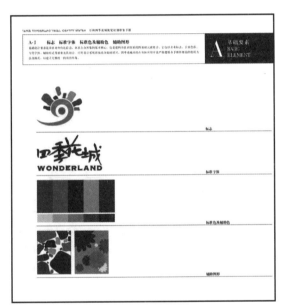

图 14.2 标志、标准字体、标准色及辅助色、辅助图形

图 14.3 标志释义

图 14.4 标志落格

图 14.5 中英文标准字体及落格

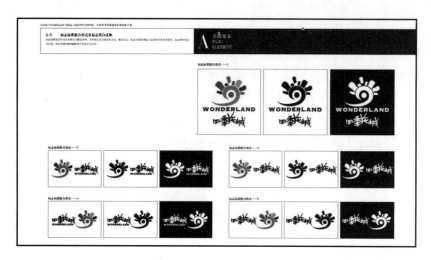

图 14.6 标志标准组合形式及标志黑白反映

图 14.7 标志与公司资料标准组合形式

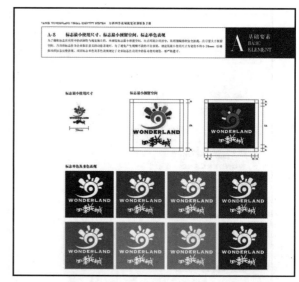

图 14.8 标志最小使用尺寸、标志最小预留空间、标志单色表现

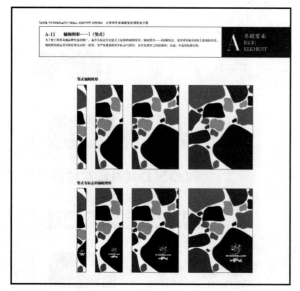

图 14.9 辅助图形

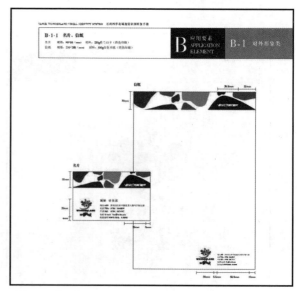

图 14.10 名片 信纸

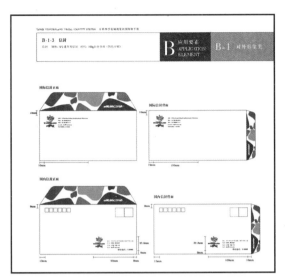

图 14.11 信封 1

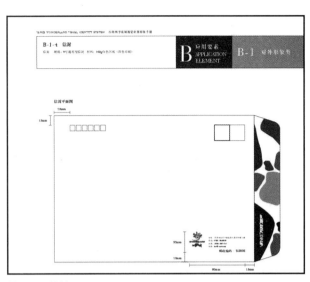

图 14.12 信封 2

图 14.13 文件夹

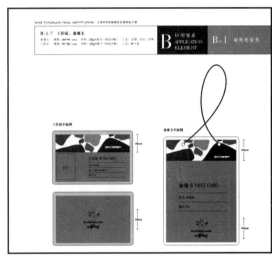

图 14.14 工作证、参观卡

图 14.15 手提袋

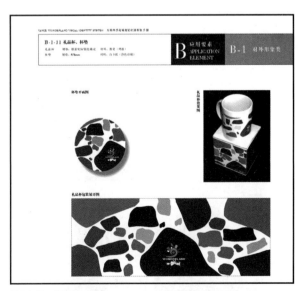

图 14.16 礼品杯、杯垫

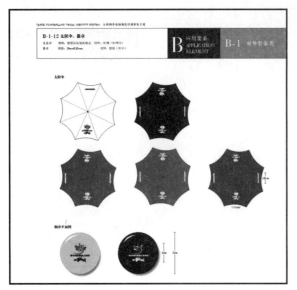

图 14.17 太阳伞、徽章

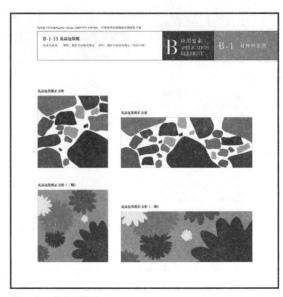

图 14.18 礼品包装纸

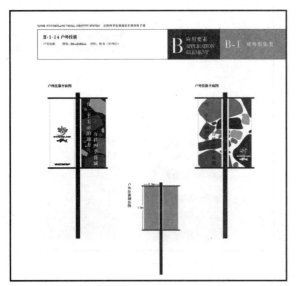

图 14.19 户外挂旗

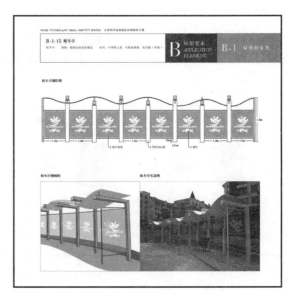

图 14.20 候车亭

图 14.21 建筑围墙

图 14.22 销售中心柱体及内部天花

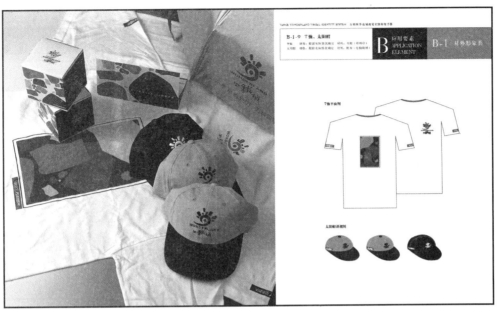

图 14.23 T恤、太阳帽

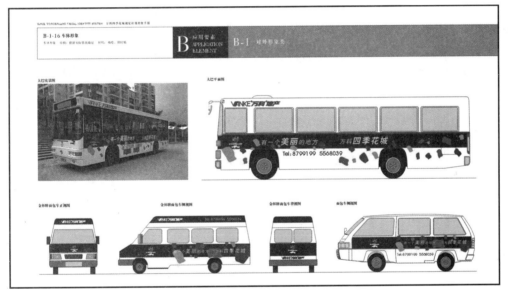

图 14.24 车体形象

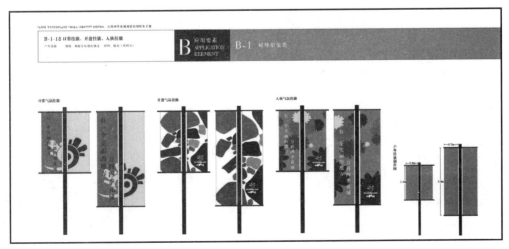

图 14.25 挂旗

图14.26 销售中心导示牌

图14.27 二期看楼电瓶车

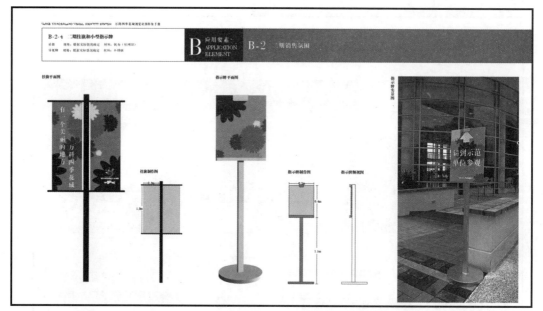
图14.28 二期挂旗和小型指示牌

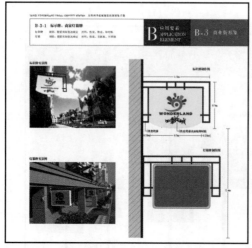
图14.29 标示牌、商家灯箱牌

图 14.30　商业街鸡冠车

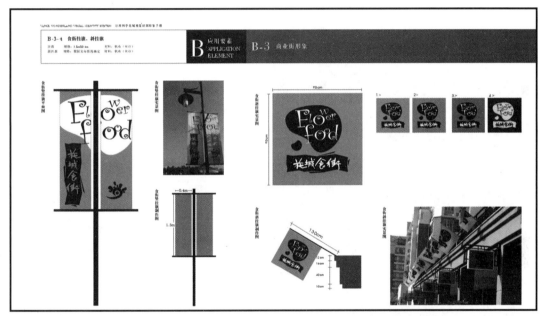

图 14.31　食街挂旗、斜挂旗

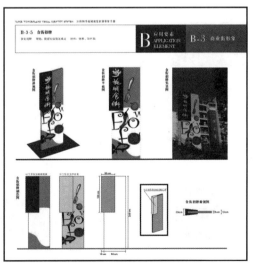

图 14.32　食街招牌

图 14.33 室外挂旗

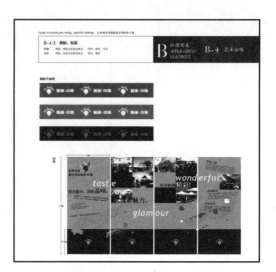

图 14.34 横幅、展板

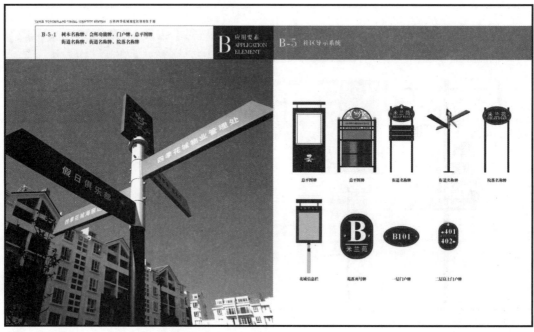

图 14.35 名称牌

图 14.36 楼房名称牌

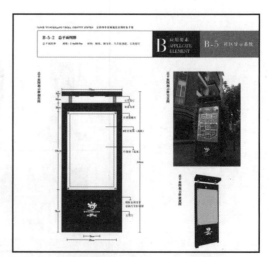

图 14.37 总平面图牌

第 14 章 CI策划

图 14.38 水牌平面图

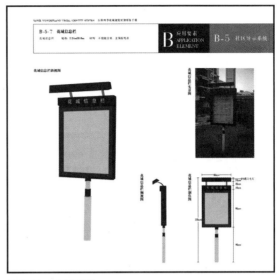

图 14.39 花城信息栏

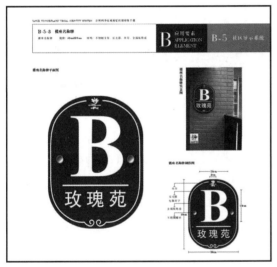

图 14.40 楼座名称牌

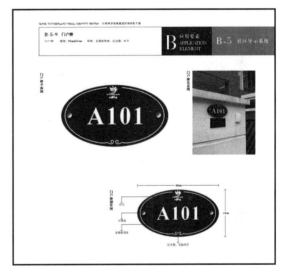

图 14.41 门户牌

图 14.42 会所功能室导示牌

图 14.43 会所室内指示牌

297

单元训练和作业

1. 优秀作品赏析

Nike 运动——出租车停靠点篇如图 14.44 所示。

图 14.44 Nike 运动——出租车停靠点篇

(1) 制作背景。

通过向受众展示篮球的根本精魂——飞翔、敏捷和力量，来宣扬篮球运动的个性与感悟。

(2) 策划思路。

将篮球的基本风格——飞翔、敏捷和力量与 NBA 篮球明星结合，来培养受众对各种风格的好感，并使他们寻找自己的风格，引发他们对于不同风格的同质性和竞争心理。

(3) 作品分析。

在出租车停靠点安置篮球架更强烈地表现出了各自的风格，选手并不局限在四方球场，而是活跃于球场之外。强调了运动员的运动感。篮球架有效地起到了吸引受众眼球的作用。

LG Telecom——好心情篇如图 14.45 所示。

(1) 制作背景。

与现有的移动通信方式不同，"好心情"服务是一种适用于家庭和办公室的、比现行资费标准更为低廉的服务方式。在本项服务定位过程的初期，曾将其定位成资费制。与 SK 网络公司及韩国移动通信公司等竞争对手就代替家用座机有线电话的移动通信新型服务而再三斟酌。虽然预计到有线通信企业会对此有抗议，但考虑到市场因素，最终还是选择了取代家用座机的市场定位。

图 14.45 LG Telecom——好心情篇

(2) 策划思路。

由于"好心情"服务费用低廉且使用方便，家用座机再无用武之地，从而惨遭被遗弃的命运。这便是设计的广告。通过在城市中心的大型建筑上喷涂被丢出的家用座机破窗而出的场面，来引发消费者对于被称为"家用座机的受难时代"的IMC广告的兴趣。

(3) 作品分析。

"好心情"广告让使用者增加到14万人，活动期间认知度上升了22%。从消费者对此的兴趣和参与情况，以及有线通信企业的强烈抗议和牵制来看，可以说这是一个相当成功的广告。

LG电子——车用遮光板篇如图14.46所示。

(1) 制作背景。

连续7年销售量居世界第一的LG电子生产的Whisen产品以购买顾客和访问顾客为对象策划了多种促销活动。

图14.46　LG电子——车用遮光板篇

(2) 策划思路。

通过各种促销活动持续向消费者灌输Whisen是世界级品牌这一理念，并提高其对产品的满意度和信赖感。这样的市场活动提高了消费者对产品的潜在认知力，并延伸到产品购买。另外，防护罩被作为促销物件配送，会在生活中对消费者产生广告效果，从而使持续的附加产品销售成为可能。

(3) 作品分析。

炎热的盛夏，坐进停在户外的汽车时，乘客会因为车内的高温而感到不舒服。使用遮光板可以减轻这种状况。空调具备制冷功能，可以在夏季调节室内空气的温度和湿度。将遮光板的功能比作空调的功能而制作出了夏季车用遮光板的广告。借助这种功能，即使在夏季，车内温度也与有空调的室内一样。运用这种表现手法，一方面使题材更加有趣，另一方面也便于人们认识和了解产品的性能。

2. 课题内容

课题时间：4课时。

教学方式：教师列举大量CI作品，启发学生设计CI手册的基本要素和应用要素内容。

要点提示：重点掌握CI的基本概念和理论。

教学要求：企业在完成了视觉识别所有因素（基本识别因素、应用识别因素）后，为了使这些因素便于使用和执行，应使这些因素系统化、规范化、标准化。这就需要制作CI手册。CI手册保障企业CI计划的统一实施和管理，传达企业整体形象，是VI开发的最后阶段。重点是CI手册的设计和制作。

训练目的：在VI系统的设计开发完成之后，应建立起一套规则而有效的手册。作为VI系统导入运作的指南，也是VI实施的技术保障和理论依据，是在诸多项目中进行有序工作的条理化保证。VI手册不仅提供了企业今后对外的形象识别系统，也是实际实施作业时把握标准化水平的关键。所以手册的制定一定要严格谨慎、全面细致，使之成为真正有用的东西。

3. 其他作业

了解本章的概念和定义。教师可根据教学侧重点选择多种 VI 视觉设计的基本要素，锻炼学生对 VI 手册中标志、标准色和标准字的设计能力。

(1) 如何理解 CI？

(2) 简述 CI 设计要素。

(3) CI 管理有哪些特征？

(4) 广告策划应遵循哪些原则？CI 评价指标和方法是什么？

4. 理论思考

(1) 根据教师提供的相关企业资料，设计一套 CI 手册，包括企业识别体系 MI、AI、VI、TI、BI 和企业应用界面系统 IP、IM、IE、IO 等。

(2) 查阅课外资料，重点了解 CI 的评价方法。

5. 相关知识链接

[1] 张军. 新媒体时代数字化企业形象体系的应用与延展[D]. 西安：西安美术学院，2007.

[2] 严晨. 企业形象与视觉传达[M]. 北京：中国纺织出版社，2005.

[3] 蔡嘉清，叶万春，等. 企业形象策划——CIS 导入[M]. 沈阳：东北财经大学出版社，2006.

[4] 严国新. 企业形象管理[M]. 北京：中国劳动社会保障出版社，1999.

第15章 广告策划书案例

课前训练

训练内容：通过对本章"好想你枣业股份有限公司广告策划案例"的学习，让学生掌握广告策划书的编写，进而掌握企业广告策划书的构成内容、广告创意的设计等知识。

训练注意事项：建议学生结合企业品牌产品展开广告策划方案的创作，包括广告调研、广告目标、广告创意表现、广告媒介、广告预算、广告实施策略、广告效果等。

训练要求和目标

要求：使学生从不同成功的广告策划书中，学习到如何体现企业文化、企业理念和产品的广告宣传。

目标：使学生具备对广告策划书创作和深入分析的能力。

本章要点

(1) 好想你枣业股份有限公司的品牌描述。

(2) 好想你枣业股份有限公司的市场环境分析与目标对象分析。

(3) 好想你枣业股份有限公司的营销提案与创意设计提案。

(4) 好想你枣业股份有限公司的媒介提案及广告预算。

引言

好想你枣业股份有限公司的广告策划书是对企业整个广告策划工作的最终总结和成果汇编，是企业生产出的"产品"，因而本章案例的创意与撰写在"好想你枣业股份有限公司"广告活动的具体实践中将会起到不可替代的重要作用。

通过对这个案例的学习，了解一个成功企业的产品能够在市场上立于不败之地的主要原因，通过广告创意和策划的具体实施，向消费者传达自己独特的、个性化的企业文化，以及企业理念和经营目标。它不是单纯的生产加工企业，而是从市场激烈竞争中成长、壮大并发展起来的红枣产业型企业。

15.1 品牌描述

好想你枣业股份有限公司作为国内红枣行业规模最大、技术最先进、产品种类最多、销售网络覆盖最全的企业，其前身源自1997年成立的河南省新郑奥星实业有限公司。2008年9月，深圳市创新投资集团、郑州百瑞创新资本、北京秉原创投与河南省新郑奥星实业有限公司展开全面合作，2009年8月18日，好想你枣业股份有限公司由河南省新郑奥星实业有限公司整体变更而来。

好想你枣业股份有限公司现已发展成为拥有3家全资子公司和2家参股公司的大型企业集团，产业链延伸至红枣加工、销售、红枣种植、种苗培育、特色旅游等与红枣相关的广泛领域。

好想你枣业股份有限公司不是单纯的生产加工企业，而是从市场激烈竞争中成长壮大的红枣产业型企业，公司在内部建立了自己独特的、个性化的企业文化，其核心就是以人为本，尊重人、信任人、开导人、挖掘人、塑造人。

迅速成长的好想你枣业股份有限公司，主要从事红枣系列产品的研发、生产和销售，目前产销量居行业第一。现拥有十大系列，共计230种单品。公司成长迅速，2008—2010年公司营业收入复合增长率为52.61%，经营性净利润复合增长率为64.97%。

加工枣行业增长迅速，行业集中度有待提高。枣行业有两大特征：一是加工枣产业增长迅速；二是行业集中度低。预计未来行业集中度，特别是深加工枣产品市场的集中度将有提升，而公司的上市，将为其异地扩张，抢占市场份额获得先机。

公司良好的经营管理模式，是其在行业中保持快速增长的关键。

(1) 产品及定位。产品种类齐全，品牌定位中高端。

(2) 产购销全国布局。产购上，公司从河南延伸到了新疆、河北、山西、陕西、山东等地，并在河南郑州、河北沧州、新疆若羌、新疆阿克苏等建立生产基地，以稳定成本、保证质量；销售上，公司采取先连锁后商超的模式，已在283个城市开设1300家连锁店。

(3) 人员激励。公司于2009年12月以6元／股的价格，对中高级以上管理层实施股权激励，激发了中高层以上管理人员的积极性。同时，公司还给予加盟商提供良好的培训和激励，促使他们快速成长。

企业目标：好想你，让每个家庭都吃上红枣；好想你，让每一个人都吃上红枣。

企业口号：枣传人间总是情，好想你红枣健康全人类，好想你红枣全心全意好想你。

企业精神：发扬奥林匹克精神，创造民营企业之星。

经营理念：科技创新，不断开发新产品，追求持续改进；确保质量，优化服务，使顾客满意；追求安全、卫生、营养、口感，良心工程、道德产业、倡导膳食、健康理念。

一流企业做文化，文化凝聚人心，任何一个企业想做强做大，都需要有悠久的文化做支撑，好想你公司利用新郑悠久的红枣历史文化，深入挖掘红枣文化，将红枣历史、红枣养生、红枣民俗应用到销售中去，创造出更大的价值。好想你枣业能让大家充分认识到红枣的食用价值、药用价值、保健价值以及它寄托的精神价值，以便更好地开发红枣资源，最重要的是提倡消费绿色食品，增进民族健康。

每年独具特色的枣乡风情游和红枣文化节也吸引了数以万计的游客，让更多的人了解红枣，了解红枣的用途，为公司的长远发展奠定了坚实的基础。

近年来，公司先后获得中国驰名商标、国家农业产业化重点龙头企业、农业产业化行业十强龙头企业称号、国家经济林业化重点龙头企业、全国重合同守信用企业、全国农产品加工出口示范企业、国家级观光工业旅游示范企业、全国食品安全示范单位、全国食品行业优秀食品龙头企业、全国枣产业骨干龙头企业、河南省农业产业化重点龙头企业、河南省知识产权优势企业、河南省高成长性民营企业、全国免洗红枣国家标准制定单位等多项荣誉，充分彰显了好想你枣业在全国红枣行业的地位。

15.2 市场环境分析

1. 市场环境分析

对于我国枣产业的现状，从全球角度来看，中国枣产业的超强地位进一步得到巩固。近年来，我国枣树面积和产量每年都在以10%以上的速度增长。2009年总产量达到300多万吨，面积约200万公顷（1公顷 = $10^4 m^2$），占全世界的99%左右。此外，一些发达国家进军我国枣产业特别是枣的深加工业的势头正在显现。

从国内看，冀、鲁、晋、豫、陕五大传统产枣大省仍占据全国90%的面积和产量，而且普遍增势强劲；新疆更是异军突起，正凭借其得天独厚的自然条件优势打造中国和世界上最大的优质干枣生产基地；另外，北方的储藏加工和深加工业、营销产业及南方的鲜食枣产业也正在崛起。

从品种结构看，干制品种正成为过去，鲜食品种及深加工食品迅速成为枣业发展的生力军。据估算，目前我国制干、鲜食、兼用和蜜枣的品种数和产量比分别为35∶35∶20∶10和60∶10∶20∶10左右。

在采购处理方面，各大企业对储藏、分级包装到加工普遍高度重视，正处于大发展、大变革的时期。在枣产品贸易方面，在国内，仍然主产华北、西北，主要销往南方和东北；在国外，中国枣产品远销五大洲的30多个国家和地区。

2. 竞争对手分析

山东鼎力枣业食品集团有限公司

(1) 企业经营概况。鼎力集团是集科研、加工、贸易于一体的国内专业加工金丝小枣系列制品规模最大的企业，拥有国家级农产品加工技术研发专业分中心，跻身山东省民营食品企业发展实力30强。集团现有总资产16亿元，占地100万平方米，员工4000余人，拥有3个现代化工业园区，下设鼎力枣制品有限公司、鼎力饮品有限公司、鼎力枣啤酒有限公司、鼎旺食品有限公司、鼎鑫糖业有限公司、山东康欣生物科技有限公司6个分公司。

(2) 企业经营特色。集团现有3万吨的鲜枣储藏能力，拥有国际先进水平的FD食品生产线多条。主要产品有冻干食品系列、"枣维金"保健食品系列、"靓颜美"化妆品系列、"枣维金"饮品系列、枣啤酒系列、牛肉制品系列、糖产品系列、肌醇系列等80多个品种。产品畅销全国各地及港台地区，并出口韩国、马来西亚等国家。

(3) 企业文化。

鼎力理念：健康人生，鼎力相助。

鼎力精神：诚信，创新，科技，品质。

鼎力目标：用不懈的努力创造美好人生，用智慧和勤劳创造民族品牌。

(4) 企业公益活动。鼎力枣业在公益事业方面也很重视。自2001年至今，鼎力集团共资助了20名贫困学生，帮他们圆了大学梦。鼎力集团总公司和科技生物工业园区的员工自发组织为玉树同胞捐款祈福，汇聚成鼎力集团大家庭的浓浓爱意，给灾区人民送上一份温暖、一份爱心，为抗震救灾助上一臂之力。此次捐款充分展现了鼎力人"一方有难，八方支援"的仁爱之心，希望能为玉树灾区的救助和重建工作尽绵薄之力。2008年5月12日，在得到汶川地震灾难发生的消息后，鼎力集团在第一时间行动起来，以自己的真情实举表达一个企业公民应尽的责任，向汶川灾区捐款五十余万元。

郑州帅龙红枣食品有限公司

(1) 品牌名称：真的常想你。

(2) 企业经营概况。公司成立于2000年7月，其前身是成立于1988年的中牟县郑中楼食品厂。注册资本金2000万元人民币，总占地面积9万平方米，建筑面积1.8万平方米，现有员工280人，其中专业技术管理人员26人，是一家依托当地红枣资源，联结当地枣农合作社，集红枣生产、加工、研发和市场销售为一体的民营农副产品精深加工企业。公司年红枣加工能力1.5万吨，年销售额9000万元。

(3) 企业经营特色。该公司先后推出了精制原枣、枣片、枣干、枣糕、蜜枣、焦枣、枣粉、枣露、枣醋、枣饴、枣参茶、晶枣、野酸枣、保健香枣、宫廷御枣等15个系列100多个单品。

(4) 企业文化。以诚信优良的服务同社会各界同仁一道，携手共酿和谐社会更加甜蜜的事业！

红枣甜似蜜，真的常想你！

西域恒昌集团

(1) 品牌名称：圣泽牌。

(2) 企业经营概况。公司创建于1997年11月，历经10年奋斗历程，公司已成功创办并改制，新建三厂三公司，即甘肃临泽西域食品有限公司、白银枣旺食品有限公司、民乐恒昌马铃薯食品有限公司、张掖文化大厦商贸有限公司、兰州西域枣旺营销总公司、天力广告文化传播有限公司等。并于2007年9月组建成立甘肃西域恒昌集团公司。公司拥有总资产近亿元，其中固定资产6100万元，流动资金3000多万元，拥有专业技术人才22名，职工310名。

(3) 企业经营特色。生产临泽小枣、红枣枸杞汁、太子枣、公主枣、石门大枣、枣蜜等，并且生产的圣泽牌红枣枸杞汁等系列饮料，曾获1996年香港国际博览会名、优、新、特产品最高金奖；1997年甘肃省首届林果产品交易会金奖；1998年甘肃兰交会最受欢迎的产品；1999年和2000年甘肃消费者协会向消费者推荐产品等殊荣。产品除本省销售外，已销往北京、上海、广州、深圳新疆等10多个省市自治区，并受到海外客商的关注。

(4) 企业文化。自强不息的主体意识，艰苦敬业的创业之风。

企业精神：真诚、团结、勤奋、拼搏。

营销理念：顾客是上帝，同行是兄弟，经营开创新天地。

企业宗旨：用文化凝聚人心，用制度驾驭人性，用品牌成就人生。

企业文化：速度决定生命。

经营理念：有效为前提，差异为原则，文化为基础，整合为手段。

系统支持：独一无二的市场机会和得天独厚的马铃薯、红枣种植天然资源。

创业理念：在攀登中不断前进，前进中寻求更高的超越。

企业公益活动：西域恒昌集团曾组织书画比赛，董事长的文书画集《枣园放歌》荣获中国世纪大采风文学艺术金奖。

3. 好想你枣业的SWOT分析（表15-1）

表15-1 好想你枣业SWOT分析

S分析（优势分析）	好想你枣业深厚悠久的历史文化底蕴，原产地保证了原材料的供应； 好想你枣食品品种多样，质量有保障，加工方法科学，是老字号品牌，有一定的消费基础； 有政府的大力支持
W分析（劣势分析）	原产地枣类品种较少； 与其他品牌相比，价格略高些； 消费者对于枣的认识，在一定程度上存在片面性，对于好想你品牌了解不多
O分析（机会分析）	红枣的种植和加工过程都没有附带任何有机化学成分，是一种完全自然种植生长的物质； 枣果营养丰富，传统中医一直将红枣作为廉价的补品，具有保肝、健脾、强壮、镇静、降压等功效，具有很高的食用和药用价值，在人们注意养生和提倡绿色食品的今天，红枣的市场空间很大； 枣的深加工市场还不是很成熟，我国市场上的枣还没有形成强有力的国际市场品牌，在这方面，好想你枣业有很大的提升和发展空间
T分析（威胁分析）	竞争对手低成本、低价钱的销售构成威胁； 枣类品牌、品种众多； 众多水果品牌使枣类市场的竞争压力增大

15.3 目标对象分析

1. 目标对象

好想你枣业面向注重个人品位及生活质量的人群，男女老少皆可食用，属于绿色健康食品。在本次广告推广中，主要根据不同人群和节假日策划不同方案。

(1) 情侣。消费需求个性化特征十分明显、受社会习俗的约束最少、购买过程带有较强的冲动性，耐用消费品、高档商品消费需求的比重较大。

(2) 妇女。消费需求集中稳定、有较高的消费技能。

(3) 儿童。从纯生理的需要逐步发展为带有社会内容的需要、消费需求带有半自主性、消费行为带有明显的模仿性、消费行为从受家庭影响逐渐转向受社会影响。

(4) 老人。消费需求有明显变化，有稳定的消费习惯，消费行为趋于保守。

2. 购买决策过程

在购买决策过程中，不同的人群受不同的因素的影响，这主要看决策人在社会中所处的位置。在整个枣产品市场的购买决策过程中，女性占很大的比例。有关调查结果显示，中国女性掌握消费品市场，在家庭消费中，女性完全掌握支配权的比例为44.5%；与家人协商的比例为51.6%，女性不做主的比例只有3.9%。另外，女性个人消费在家庭支出中占一半的比例，甚至高达53.8%。女性不仅对自己所需的消费品进行购买决策，还有很高的替代性消费，在家庭中，她们承担了母亲、女儿、妻子等多种角色，因此，决定了女性消费的高替代性。购买决策流程图，如图15.1所示。

图 15.1 购买决策流程图

15.4 营销提案

1. 好想你枣业的营销目标

好想你枣业的营销目标是打造"充满温馨的、人间真情的、高质量的、有责任的、以健康中国人为己任"的民族品牌形象，建立与消费群体良好的品牌关系和品牌的社会公众形象。其具体目标如下。

(1) 推广品牌与产品信息的统一。

(2) 着力提升品牌的美誉度和忠诚度。立足于品牌的长远发展，通过公益活动、公关策划提升品牌的公众形象。

(3) 建立良性品牌关系。通过多样化的传播工具与消费者有效沟通，针对目标群体进行有效的、有特色的传播与沟通。

(4) 切实提升市场影响力。通过与销售专卖的密切配合，形成宣传声势，提高销售额和市场份额。

2. 好想你枣业的市场战略

(1) 扩大总市场。注重宣传好想你枣的目标消费者是男女老少，有利于扩大好想你枣的市场容量。

(2) 正面进攻。目前，枣的深加工市场还不算很成熟，消费者还只是处于想起来就买，想不起来就不买的层面，更不用说把大枣当作健康绿色食品来专门购买食用或送礼。因此，要扩大红枣的健康宣传，以此来扩大市场份额。

(3) 侧面进攻。针对不同年龄、不同地域、不同层次的消费者制定不同的购买优惠。

(4) 运用公共沟通。在公共场合突出自己的品牌形象。如在公共场合设置志愿服务点，可以将红枣进行小包装，免费送给交警或者其他服务人员，突出产品的公益形象。市场战略图如图 15.2 所示。

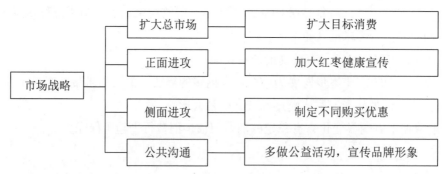

图 15.2 市场战略图

3. 好想你枣包装策略

由于目标消费不同，可以根据消费目标的不同设计不同的包装风格。根据不同节日设计不同的礼品包装，但整体风格与形象要一致。

4. 促销策略

针对不同群体、不同节日做不同的促销方案，见表 15-2。

表 15-2 节日促销策略

时间	促销策略
西方情人节（2月14日） 中国情人节（阴历七月初七）	主题：健康每一刻，想你每一刻； 2月14号举行好想你枣情人节特别活动，打开情侣市场，传达节日不仅可以送巧克力玫瑰花，好想你枣将是更好的选择； 凡在2月14号情人节当天购买好想你产品，均送情侣水杯一套。七月初七当天，凡结婚10年、15年、20年、50年的夫妻，凭结婚证可领取好想你小礼品一份（具体活动细节见附录2）
端午节	组合促销：可以在端午节和生产粽子的公司合作，买好想你枣送粽子，买粽子送好想你枣品尝包，目的在于扩大消费份额，丰富消费群体。根据端午节的传统节日，可以做一些公益活动，提升品牌形象
中秋节	中国传统的中秋节，多以月饼为主，但好想你枣可以突破创新，在注重健康绿色的今天，好想你枣注重宣传绿色、健康、营养，送好想你就是送健康
春节	主题：想家、想您，回家、看您； 借此进行品牌宣传，并采用价格适众策略，对于求实、求廉心理很重的中国消费者，价格高低直接影响其购买行为。产品的价位要得到产品所定位的消费群体大众的认同，可分为礼品装和便利装，价格也有所区别

5. 渠道策略

针对好想你枣业主要是连锁专卖店的铺设，可以扩大销售渠道，增加在大型超市的集中铺货。

(1) 降低渠道的层次。对于重要的城市，寻找经销商，开设连锁专卖店；对于销售量大的超市，直接由厂家供货，减少中间环节，也就减少了渠道盘剥，在零售价不变的前提下，让利给经销商，调动其积极性。

(2) 合理划分区域。保证每个区域经理和批发商都有合适的销售区域，这是市场价格稳定和供货渠道通畅的前提。

(3) 良好的物流支持。"渠道精耕"需要一定的经销商数量为基础，良好的物流是实施"渠道精耕"的保证。通过良好的物流，将产品送往遍布全国的专卖店。

(4) 步步为营。渠道从省会城市到地级城市逐步扩张。

6. 公关营销策略

(1) 目的。好想你枣业应当通过公共关系体系建设，长期地、有序地提升品牌公共形象，这会对好想你品牌产生长远有利的影响。

(2) 公关策略要坚持3个原则。

① 应对公关危机的措施要健全，能够及时、灵活、有效地化解公关危机。

② 把握时机，做到"眼里无对手，心中有对手"，与其他枣业品牌拉开档次。

③ 巧用公关技巧，搞好与政府、媒体的关系，起到事半功倍的效果。

(3) 活动策划。

① 在春节前后适当举办活动，如免费送春联活动等。

② 在平时公共场合设置"健康每一刻，想你每一刻，好想你志愿服务点"，可以招录在校大学生做志愿者，既锻炼了大学生的能力，又提高了大学生的道德情操，同时更好地树立好想你枣业的公众形象。

③ 扩大中老年的消费市场。在老年人活动中心、公园等老年人集中的地方举行以"好想你—夕阳红"为主题的书法、象棋等一系列的有奖活动。

④ 与各电视台等媒体机构建立关系，争取更多的公关机会。比如要求在各食品文化节上宣传好想你枣、在旅游景点介绍好想你枣等。

15.5 创意设计提案

1. 广告主题

健康每一刻，想你每一刻！

2. 广告作品

(1) 电视广告案例如下。

① 爱子篇组织结构见表15-3。

表15-3 爱子篇组织结构

镜号	场景	人物	情节	对白、画外音	时间
1	早晨，家中	妈妈、男孩	妈妈小心地将一盒枣片塞进男孩的书包	—	2秒
2	教室里，课间休息	同学们	男孩从书包里拿出一盒枣片，嘴角绽放出欣喜的笑容，然后美滋滋地吃了起来	—	4秒
3	（同上）	（同上）	周围的同学看着男孩吃，兴奋地议论着	同学们：哇！是"好想你枣片"！我们也想吃……	4秒
4	（同上）	（同上）	同学们都拿着一片枣片美滋滋地吃着	同学们：酸酸甜甜的真好吃	5秒
5	放学后，学校门口	同学们、家长	男孩迅速地扑到妈妈的怀中，深情地拥抱	—	3秒
6	（同上）	（同上）	好多同学都拉着家长的手	同学们：妈妈、妈妈我也要吃"好想你枣"。画外音："好想你枣"关爱健康每一刻	5秒

② 爱情篇组织结构见表 15-4。

表 15-4 爱情篇组织结构

镜号	场景	人物	情节	对白、画外音	时间
1	寒冷而嘈杂的火车站	女青年	女青年搓着手焦急地盼望着火车	—	2 秒
2	（同上）	男女青年	男青年奔下火车，捧着女青年的脸与她的头相抵着	—	3 秒
3	（同上）	（同上）	男青年从包里拿出一盒好想你枣片温柔地放到女孩的手里	男：这是特意带给你的……	5 秒
4	（同上）	（同上）	女青年露出甜美的笑容	—	3 秒
5	场景切换到女孩回想的手机通信时	（同上）	女青年露出含羞的笑容	女：呃……"好想你"	3 秒
6	（同上）	（同上）	男青年坏笑着	—	2 秒

③ 恩爱篇组织结构见表 15-5。

表 15-5 恩爱篇组织结构

镜号	场景	人物	情节	对白、画外音	时间
1	一个温馨的家中	一对中年夫妇	丈夫正一如既往地在电脑前工作着	—	2 秒
2	（同上）	男女青年	妻子默默地端来一杯热咖啡，并小心地放上了一盒好想你枣片	—	4 秒
3	（同上）	（同上）	丈夫与妻子心有灵犀地相视而笑	画外音：多年的守候，不曾改变的真情……	4 秒
4	（同上）	（同上）	清晨，丈夫拿着外套准备出门，又返回卧室	—	3 秒
5	（同上）	（同上）	在床头放了一盒好想你枣，然后轻轻地在妻子额头吻了一下，这才出门去上班	画外音：好想你枣陪伴你每一个温馨时刻	4 秒
6	（同上）	（同上）	中年夫妻依偎在一起	中年夫妻：爱他（她）就送他（她）好想你枣	4 秒

④ 敬老篇组织结构见表15-6。

表15-6 敬老篇组织结构

镜号	场景	人物	情节	对白、画外音	时间
1	家中电脑前视频中	老年夫妇、儿子、儿媳	老年夫妇正与儿子儿媳视频中	儿子与儿媳：爸妈，您二老一定要注意好身体啊	4秒
2	（同上）	（同上）	老年夫妇一直乐呵呵地盯着视频中的孩子们	老年夫妇：嗯，嗯，你们在外面就放心吧，你们也要好好照顾好自己啊	5秒
3	（同上）	（同上）	老年夫妇依偎在一起，儿子与儿媳依偎在一起	同时说道：记着多吃好想你枣，记着我们都在想你	6秒
4	（家中）	（同上）	老年夫妇打开门，露出惊喜的笑容	儿子与儿媳：爸妈，祝您二老健康长寿	5秒
5	（同上）	（同上）	儿子与儿媳各捧出两盒好想你枣	画外音：好想你枣健康每一刻，想你每一刻	4秒
6	（同上）	（同上）	一家人紧紧依偎在一起	画外音：好想你枣业股份有限公司	4秒

(2) 杂志广告案例。在杂志上，用简洁明了的标识人物来表达故事情节，画面简洁，容易记忆。画面文案是"健康每一刻，想你每一刻！"

(3) 广播广告案例如下。

广播广告	【背景音乐。舒缓、温情的乐曲渐起】 女（独白）（声音甜美，陶醉在自己的回忆里）：还记得几年前的那个夏天，我们相遇了。他健康、有特点，浑身散发着大自然的气息……和他在一起，总让人感觉踏实、舒服 【舒缓温情的音乐随着话语的结束而渐渐隐去】 【紧接着节奏较快的音乐渐起】 男（关切地）：那……他现在在哪里啊 女（不解地）：不就在我手上吗 男（大悟）：哈，你说的是好想你枣啊 男（不解）：你不是说他健康、有特点，还浑身散发着大自然的气息吗 女（耐心地）：对呀，好想你枣绿色、健康、天然，加上现代化的生产加工工艺和独特的包装，是现代化与大自然的完美结合 男：没错。好想你枣，吃的就是放心，买的就是舒心，送的就是关心 女（独白）：好想你枣，健康每一刻，想你每一刻

平面广告案例如图15.3～图15.5所示。

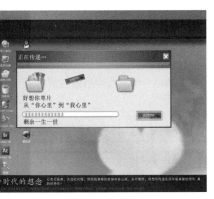
图15.3 平面广告——传递篇

图15.4 平面广告——手机篇

图15.5 平面广告——邮件篇

15.6 媒介提案

1. 电视广告 (表15-7和表15-8)

表15-7 电视广告第一阶段

媒体选择	这一阶段是开发全国市场且保持原有市场，树立品牌形象，此时的广告要面向全国的目标受众，广告也应该在全国范围内投放。选择中央电视台和湖南卫视、浙江卫视等具有全国影响力的地方卫视台投放，确保广告能够到达全国目标受众； 针对特殊消费群体，如针对中老年市场，通常会选择戏曲频道
播放时间频率选择	这一阶段的广告最好是集中在周五、周六、周日的晚上，每天晚上放两次(19：00—20：30一次，20：30—23：00一次)，在19：00—20：30一般为新闻、娱乐节目阶段，受众群体广泛； 针对个别特殊消费群体，如针对中老年市场的广告，应分配在周一至周五的上午7：00—10：00，周六和周日每晚一次； 投放为1个月

表15-8 电视广告第二阶段

媒体选择	这一阶段的电视广告是为了开发中小型城镇的消费市场，在大多数的一线、二线城市，好想你枣占据一定的市场份额，在这个时期的电视广告不需要在全国范围内全面投放，只选择市场占有率低的地区或尚未开发的地区——西南省份和东部个别省份。媒体选择个别省份和市级电视台
播放时间频率选择	这一阶段的广告最好是集中在周五、周六、周日的晚上，每天晚上放两次(19：00—20：30一次，20：30—23：00一次)，在19：00—20：30一般为新闻、娱乐节目阶段，受众群体广泛； 投放1个月

2. 广播广告（表15-9和表15-10）

表15-9　广播广告第一阶段

媒体选择	这一阶段的广告，要面向所有目标消费群体，应投放在中央人民广播电台等具有全国效应的广播电台或省级广播电台
播放时间频率选择	播放时间：广告播放选在新闻、娱乐、访谈、保健节目之前或中间播放，具体时间为早上7：00—8：00，此时听广播的人较多。中午11：30—12：30广播一次，晚上22：00以后再进行广播； 播放频率为一周21次，每天播放，平均一天3次，早、中、晚各1次； 投放2个月

表15-10　广播广告第二阶段

媒体选择	这一阶段的广告是开发中小城镇，广播媒体应该选在部分市场覆盖率低和消费率低的省级广播电台和市区电视台。由于广播电台具有很明显的地域性质，所以这一阶段可以选择在这些地区做广告，在广播上投放广告，应选择交通、调频、短波类广播电台
播放时间频率选择	播放时间应选择在交通、调频或短波类广播电台的娱乐、音乐或新闻类节目之前或中间进行，早上7：30—8：00，中午12：00左右，晚上22：00—23：00； 播放频率为一周12次，隔天播放，平均一天3次，早、中、晚各1次； 投放2个月

3. 户外广告（表15-11）

表15-11　户外广告

第一阶段	该阶段的户外广告主要选择在中小城镇进行投放，选择公共汽车车身做产品车身广告，在闹市区做户外广告牌，在经销处、超市等做平面海报。大中型城市为了保持消费者市场开发目标上的潜在消费者，也应适当地做平面广告，在公交站牌、个别大型超市等人口集中的地方做海报宣传。中小型城镇户外投放2~4个月，大中型城市投放1~3个月
第二阶段	这一阶段的广告主要针对中老年人市场，选择投放在中老年活动比较多的地方，如公园附近、老年人活动中心附近，有选择地投放； 时间为3~5个月
第三阶段	相对于前两个阶段，这一阶段的广告没有针对特殊人群，广告投放在受众多的闹市区、商业区和公交停靠站； 投放5个月

4. 网络广告（表15-12）

表15-12　网络广告

网站选择	在搜狐、新浪、网易等国内大型综合性网站上发布广告，保证产品信息传达到目标受众； 在九天音乐网、猫扑等时尚、音乐、娱乐、论坛等专业网站上发布广告，目标受众是年轻人； 在健康、教育类网站上发布广告，确保关怀中老年人生活的年轻群体能够接收到
时间选择	投放2个月

5. 杂志广告（表15-13）

表15-13 杂志广告

媒体选择	《妇女生活》《家庭》《读者》和地方性DM杂志等
规格与板块、时间	跨页整版，周期3个月

15.7 广告预算

广告预算见表15-14。

表15-14 广告预算

项目		规格／时间长度	预算额／万元
广告制作费用	电视	15s，胶片	20
	广播	15s	0.05
	网络	矩形广告，GIF格式	0.05
	车身	全车喷绘	2
	海报	四开157g，车色胶印	0.02
	杂志	跨页整版	0.05
广告刊播费用	电视	1个月	500
	广播	2个月	80
	网络	2个月	138
	车身	6个月	10
	杂志	3个月	50

项目	预算额／万元
营销配合费	4
促销活动费	具体根据促销实地效果而定，暂定为6
广告总预算	810.17

附录1

好想你枣情人节特别活动

1. 活动背景

一年一度的情人节，是巧克力和玫瑰被爱融化的日子，但现在的年轻人追求个性与浪漫，好想你枣业可以给情侣们一个浪漫独特的情人节，来借此打入情人节市场，形成情人节一道亮丽的风景线。

2. 活动主题

健康每一刻，想你每一刻！

3. 活动推广目标

继春节期间推广之后，再创销售的新高，进一步扩展市场。

4．产品诉求

以情人节的礼盒包装来传达礼品绿色健康的产品诉求。配合各种媒体和卖场促销，向情侣、夫妻传达产品的独特口味及独特内涵，让消费者感受到好想你的甜蜜。

5．活动准备

在每个卖场的门前搭建舞台，组织一些活动，选出最佳情侣，赠送礼品，扩大宣传。

确保在每个销售点有充足的库存量。

活动地点安排充足的促销人员。

6．活动时间

2月10日—2月15日。

7．活动方式

在搭建的舞台上，以情侣对唱情歌的方式（因年轻人对唱歌比较感兴趣）选出最佳情侣，并送出好想你枣的特别礼品（一个专门为情人节设计的礼盒，上面写着"好想你，看我最爱的天使"，打开之后里面是个小镜子，下面写着"好想你，特别的爱给特别的你"）。

强调在情人节送好想你枣的独特与浪漫。

买赠活动。

8．活动产品

好想你枣片。

好想你红枣酪。

幸福情红枣粉。

好想你鸡心枣。

附录2

河南好想你枣业股份有限公司问卷调查

感谢您抽出宝贵的时间参与本次问卷调查，您的宝贵意见将为我们的工作和服务提供重要依据。此次调查活动结束后，我们将选出10份答题认真、意见中肯、建议合理的答卷，赠送精美礼品1份。

1．您的性别是？

男（ ）　　　　　　　女（ ）

2．您的年龄是？

10～20岁（ ）　　　　20～35岁（ ）　　　　45岁以上（ ）

3．您平常主要接触哪种媒体？（多选），请按使用程度依次排列。

上网（ ）　　户外（ ）　　广播（ ）　　电视（ ）　　书籍杂志（ ）

4．您喜欢吃红枣么？（单选）

喜欢（ ）　　　　　　不喜欢（ ）　　　　　　无所谓（ ）

5．您吃红枣是因为？（单选）

它是一种滋补食品（ ）　　觉得香甜可口，作为休闲食品（ ）　　其他（ ）

6．您平时食用红枣的方式是？（单选）

生吃（ ）　　冲饮枣茶（ ）　　　　煲汤（ ）　　　　其他（ ）

7．您觉得什么季节吃红枣比较好？（单选）

春（　）　　　夏（　）　　　秋（　）　　　冬（　）　　　　　都可以（　）

8．您在买红枣产品时，最注重哪些因素？（多选）
　　产地（　）　　价格（　）　　质量（　）　　品牌（　）　　口感（　）
　　包装（　）　　其他（　）

9．您一般在哪里购买枣类制品？（单选）
　　大卖场　（　）　　　超市或便利店（　）　　专卖店（　）
　　水果市场（　）　　　游商或小贩（　）　　　其他（　）

10．在您购买红枣时，会倾向于选择？（单选）
　　散货（　）　　带有包装的（　）

11．您最喜欢吃哪些枣类产品？（多选）
　　原枣类（　）　　　焦枣类（　）　　　　枣片类（　）　　枣干、枣条类（　）
　　枣粉类（　）　　　枣饮类（　）　　　　其他（　）

12．您最喜欢哪个产地的红枣？（多选）
　　新郑枣（　）　　新疆枣（　）　　　　山西枣（　）　　陕西枣（　）
　　金丝枣（　）　　黄河滩枣（　）　　　其他（　）

13．常吃红枣有很多好处，您知道哪些？（多选）
　　美容、健脾、抗衰老（　）　　　　扩张血管、抗过敏（　）
　　抗癌、抗突变（　）　　　　　　　补充维生素（　）　　　其他（　）

14．您觉得哪个年龄段的人更热衷于食枣类保健品促进健康？（单选）
　　老人（　）　　小孩（　）　　　孕妇（　）　　其他（　）

15．您觉得把红枣作为礼物送给家人和朋友感觉如何？（单选）
　　档次太低，价值不够（　）　　适用且益体健康，是个很好的选择（　）
　　从未见过也从未想过（　）

16．您购买健康红枣是出于什么考虑？（单选）
　　自己吃（　）　　送礼办事　（　）　　以上都有（　）　　其他（　）

17．您对哪种形式的促销活动最感兴趣？（单选）
　　专门的服务小姐推销介绍（　）　　有奖销售（　）
　　送礼品（　）　　　　　　　　　　打折（　）

18．您是否会在意产品上相关的有奖促销活动？（单选）
　　经常（　）　　偶尔（　）　　　　从不（　）

19．在此次调查前，您对好想你枣类产品是否有所了解？（单选）
　　有　（　）　　没有（　）

20．您认为好想你产品的价格怎么样？（单选）
　　太贵　（　）　　比较贵（　）　　一般，还可以接受（　）　　便宜（　）

21．与同类产品相比，您觉得好想你的产品怎么样？（单选）
　　口味更好（　）　　　　　　　　　价格较贵（　）
　　差不多，没特别优势（　）　　　　其他（　）

22．您选择好想你产品的原因是什么？（单选）
　　新产品，想尝试一下（　）　　随便购买（　）
　　购买时被包装吸引（　）　　　朋友推荐（　）　　　　　　其他（　）

23. 请选出您知道的红枣产品品牌？（多选）
    好想你（ ）　　　　真的常想你（ ）　　　山东鼎力（ ）
    西域圣泽（ ）　　　古枣园（ ）
24. 以下品牌中您最中意哪个？（多选）
    好想你（ ）　　　　真的常想你（ ）　　　山东鼎力（ ）
    西域圣泽（ ）　　　古枣园（ ）
25. 您会选择以上品牌的原因？
    了解并喜欢这个品牌（ ）　　被它的包装所吸引（ ）
    知名度高，随大流　（ ）　　看重该产品独特的营养价值（ ）
    价格比较满意（ ）
26. 您对好想你的评价是？
    广告做得好（ ）　　　　品质好，符合大众需求（ ）
    服务态度好（ ）　　　　新产品推出快，包装好（ ）
    价格合理（ ）　　　　　其他（ ）
27. 您希望我们还生产哪些枣类产品？对我们有什么建议？
    _____
    _____
    _____

姓名：　　　　　　　　邮箱：　　　　　　　　电话：
非常感谢您抽出宝贵的时间答卷，谢谢您对我们工作的支持！

单元训练和作业

1. 优秀作品赏析

SK Telecom 企业形象篇如图 15.6 所示。

（1）制作背景。

SK 作为信息通信业的第一大企业，在感性方面还存有不足，有待提高，鉴于此情况有必要提升企业品牌的道德力量。

（2）策划思路。

SK Telecom 的企业哲学是"技术与信息通信要以人为本"，在重视科学技术的现代社会中提高人的社会关注度，与消费者取得更广泛的共识。

（3）作品分析。

将企业的说明蕴含在以各种角度观察人们的话语及生活的最细微之处。

Renault Samsung Motors SM7/Time Creator 如图 15.7 所示。

（1）制作背景。

在大型号的汽车里，晚于 SM7 上市的 GrandeurTG 的销售量剧增。

豪华车型 GrandeurTG 有明确的"成功与财富的象征"定位，相形之下，SM7 不仅没有明确的形象定位，与本公司迟一阶段推出的车型 SM5 也没有明显的差别。

以"SM7 Premiere"限量版车型上市为契机，提高了消费者对SM7的钟情度及产品的销售量。

(2) 策划思路。

宣传的目标是通过强调产品的品质来重新确立SM7是雷诺三星汽车的旗舰车型这一定位。"更多"与"更少"战略，"享受在车内的驾驶时间"（更多）是经济车型的口号，与此形成对比，制定了"节省您的驾驶时间，从而拥有更多做自己想做的事的时间"的战略方向。

因此，宣传理念为"时间创造者——SM7"（意思是为忙碌的您节省驾驶时间，从而使您拥有更多可自由支配的时间）。

(3) 作品分析。

单调地罗列SM7自身的品质极易引起人们的腻烦，因此将重点放在能为消费者带来的便利上。通过孩子的第一次演出、与客户见面等状况，从消费者的角度来表现生活中的每一分钟是多么宝贵，从而感性地传达出产品的优点。

Minoxyl品牌Turn back your time篇如图15.8所示。

(1) 制作背景。

回来吧——我的青春！脱发——还有比这更令人苦恼的事吗？脱发使自己看上去比实际年龄老了10岁，如果您在为试用了各种治疗脱发的产品却不见疗效而苦恼的话，您一定需要"Minoxyl"生发剂，它能使"不毛之地"重新焕发生命活力。

图15.6　SK Telecom企业形象篇

(2) 策划思路。

一群正在为脱发苦恼的男子忽然意识到了一件事——胡须从不脱落！即虽然头发在不停地脱落，胡须却总是安然无恙，并能修剪成自己专有的帅气的须型。于是他们抱着"如果我的头发像胡须一样的话……"这样的希望开始了如下荒诞而幸福的幻想，怎么样？看看他们帅气的发型！是不是看起来年轻了许多！现在就用"Minoxyl"生发剂让青春重现吧。Turn back your time！

(3) 作品分析。

将彻底脱毛的外国人的头部与胡须的视觉效果进行对比，同时将脸部旋转180°，从而更加引人注目。

Nexon企业——洗手间、水壶、玩火篇如图15.9所示。

(1) 制作背景。

开发出的每个游戏都极受欢迎的Nexon公司的潜力正是（Nexon的想象力）来源于他们的奇思妙想不断涌现的头脑，只要开动起来就充满燃烧的热情，激情的创意沸腾不息，自由自在地选取重要的创

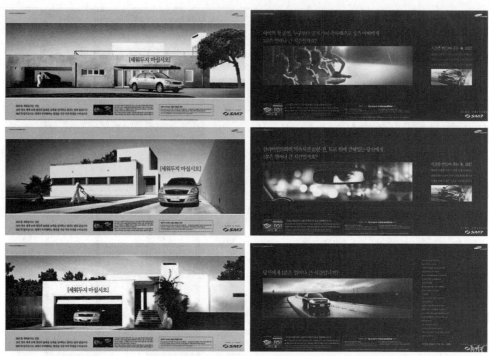

图 15.7 Renault Samsung Motors SM7/Time Creator

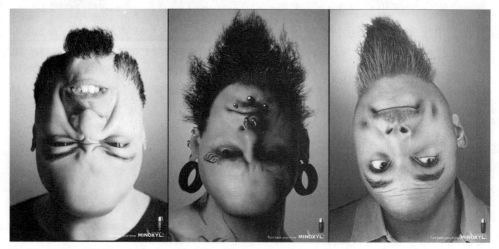

图 15.8 Minoxyl 品牌 Turn back your time 篇

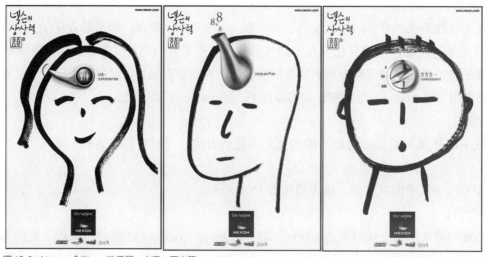

图 15.9 Nexon 企业——洗手间、水壶、玩火篇

意。煤气阀门、茶壶、马桶手闸正是这种头脑的象征。用苍劲的笔触和简单的表现方式将韩国游戏公司的代表 Nexon 的形象准确定位于轻松快乐的企业。

(2) 策划思路。

制作比 Nexon 公司本身更有趣的 Nexon 广告！只要解决这个课题，就可以提高 Nexon 公司的知名度和消费者对 Nexon 的喜爱。

超越人们所理解的"游戏公司广告"的标准，创造让人们对 Nexon 期待更加惊叹的内涵的力量，这股力量就是 Nexon 广告要表现出来的"Nexon 的想象力"。

通过"Nexon 的想象力"广告活动，希望给人们注入"Nexon 等于想象力集团"的观念，并得到"Nexon 就是名副其实的想象力集团"的认可。

(3) 作品分析。

在想象力与玩火游戏篇中，"火"的韩语发音与实际火的燃烧的声音是一样的。这暗含着激情的创意如燃烧的火花这一意义。红色的落款"头"是韩语"头"的汉字词，它与 Nexon 的标语"Do"发音相同，所以 Do Nexon 就是"开动头脑"的意思。让想象力沸腾篇中数字 8 的韩语发音与水沸腾的声音相同，它象征着奔腾不息的激情创意。想象力的爆发篇中表现出了创意与想象力的痛快宣泄。

2. 课题内容

课题时间：8 课时。

教学方式：结合本章的两个案例进行深入分析，进行广告策划书的撰写工作。

训练目的：学会运用广告策划与创意的理论方法，撰写广告策划书。

3. 其他作业

(1) 命题单位：内蒙古蒙牛乳业（集团）股份有限公司。

产品名称：蒙牛酸酸乳。

广告主题：围绕蒙牛酸酸乳"音乐梦想公益"的品牌核心价值"坚持只为梦想"的传播口号进行平面、影视、广告文案创作。

传播、营销目的：延续蒙牛酸酸乳一贯的音乐传播路线，在目标消费群中树立品牌形象；突出产品含有益菌因子的功效，传播产品的营养与美妙口感，培养受众对产品的忠诚度，从而购买、饮用、推荐蒙牛酸酸乳。

蒙牛酸酸乳为灭菌型含乳饮料，最大的优势在于与普通饮料相比其中含有益菌因子并有多种口味的选择；其品牌价值在于音乐、梦想、公益；"酸酸甜甜我做主"是蒙牛酸酸乳的品牌主张。

企业、产品简介：蒙牛致力于人类健康的牛奶制造服务商，力争为消费者创造出好品质的牛奶。1999 年成立，2010 年年底成为全国首家收入过 300 亿元的乳品企业；连续 5 年夺得中国乳业的销量冠军。UHT 牛奶销量全球第一；液态奶、酸奶销量居全国第一；2004 年在香港上市。蒙牛拥有液态奶、酸奶、冰激凌、奶品、奶酪五大系列 400 多个品项，产品全国销售并出口到美国、加拿大、蒙古、东南亚及中国港澳等多个国家和地区。2010 年，荷兰合作银行总部公布 2010 年度世界乳业排名，蒙牛再次以中国乳业第一品牌身份，排名世界乳业第 16 位，位次较 2009 年连续跃升 3 位。

目标消费群：14～19 岁年轻、活力、自信的消费者。

主要竞争者：伊利优酸乳。

蒙牛 Logo 及产品图片如图 15.10 所示。

官方网站：http://www.mnssr.com/。

命题类别：平面广告作品、影视广告作品、网络广告作品。

图 15.10 蒙牛 Logo 及产品图片

(2) 命题单位：雀巢（中国）有限公司。

产品名称：雀巢咖啡。

广告主题：活出敢性。

传播、营销目的：通过全新的广告主题以及富有情感张力的沟通方式，激励年轻的消费群体，勇于活出真我，使雀巢咖啡品牌与消费者建立起紧密的情感关联，增强其对于雀巢咖啡品牌的认同与喜爱，并激发年轻人尝试咖啡，将雀巢咖啡视为生活中不可或缺的一部分。

企业、产品简介：1938 年雀巢公司发明了速溶咖啡。80 多年来，雀巢咖啡不断以更多创新的专利技术，致力于为每一位饮用者带来更美好的咖啡享受。这一持续不断的努力，得到全球咖啡爱好者的广泛认可。现在，每秒钟就有 4600 多杯雀巢咖啡被世界各地的人们享用。雀巢咖啡的品牌价值超过 130 亿美元，被权威杂志美国《商业周刊》列为全球价值最高的咖啡品牌。1989 年，雀巢咖啡第一条电视广告登陆中国，"味道好极了"的经典广告语家喻户晓。雀巢咖啡红杯更深受时尚年轻人的喜爱。雀巢咖啡也成为孕育独特中国式咖啡文化的催化剂。美好的一天，从一杯香浓的雀巢咖啡开始！2011 年，雀巢咖啡隆重推出全新的品牌理念"活出敢性"，希望鼓励年轻的消费群体，以积极的人生态度，有勇气把握自己的人生和梦想，活出内在真实的一面，释放更完美的自己，并为他人和社会带来积极的影响。

目标消费群：18～25 岁，对生活充满热情，有梦想，并勇于追求、实现梦想的年轻人。

主题阐述："活出敢性"。"敢性"代表着勇气和积极地生活态度。"活出敢性"是对人生、信念和梦想的把握，活出内在真实的一面，释放更完美的自己。勇敢是一种信念，永不放弃、执着的追求。就像咖啡，它独特的味道能点亮你的嗅觉，用心感受生活中每一刻真实的精彩，鼓舞着你不断向前，让你敢于面对真实的自己，活出自己的味道！

创意作品可以尝试以雀巢咖啡作为"敢性"之源，从敢于表达、敢于创新、敢于行动等角度表现，使观赏者受到启发和鼓舞，拿出勇气展现自己真实、完美的一面。

雀巢咖啡 Logo 及产品图片如图 15.11 所示。

官方网站：www.nescafe.com.cn。

官方微博：http://weibo.com/nescafechina。

命题类别：平面广告作品、影视广告作品、广告文案作品。

图 15.11 雀巢咖啡 Logo 及产品图片

(3) 命题单位：腾讯科技(深圳)有限公司。

产品名称：腾讯微博。

广告主题：以"你的心声，世界的回声"为主题，自主命题。

传播、营销目的：针对目标消费群经常出没的不同使用场景(校园、健身房、影院、KTV、写字楼、机场、咖啡厅)结合微博产品功能，展现微博"新媒体""网络社区""即时通信"三大平台属性，培养用户的使用习惯，提高腾讯微博的品牌美誉度。

企业、产品简介：腾讯微博是腾讯公司推出的微型博客服务产品。截至2011年9月底，注册账户超过3.1亿。腾讯微博在对话收听等基础功能之上，逐步增加图片微博、视频直传、微博上墙等创新功能，旨在建立以人为核心的传播网络，贡献实时、动态和多元的价值内容，同时具备"媒体"与"社交网络"属性，满足用户的个性化信息沟通需要。腾讯微博已经实现与腾讯内部超过15个产品的打通，特别与IM、SNS平台融合成为立体化社交平台的重要部分，同时腾讯微博在2010年12月开放API并推出应用平台，通过对内外部资源的逐步打通、开放，腾讯微博正逐步成为中国互联网最大最快的互动传播平台。

目标消费群：对互联网产品及新媒体形式、新沟通方式敏感的年轻群体，包括大学生、职场白领、行业领袖、媒体机构、公司企业、政府部门等。

主要竞争者：新浪微博。

腾讯微博Logo及产品图片如图15.12所示。

图15.12 腾讯微博Logo及产品图片

官方网站：https://weibo.com/tencent。

命题类别：平面广告作品、影视广告作品、广告文案作品。

(4) 命题单位：太阳雨太阳能有限公司。

产品名称：太阳雨公益慈善基金"阳光浴室"。

广告主题：上善若水。

传播、营销目的：表现太阳雨"阳光浴室"的公益内涵、社会价值，延伸太阳雨品牌"生态公益，反哺社会"的企业属性和社会责任观。

企业、产品简介：太阳雨，中国环保事业合作伙伴，太阳能热水器及热水系统专业供应商。作为专业从事太阳能等新能源应用产品技术研究、生产制造和市场推广的高新技术企业，目前太阳雨已为全球千万家庭提供太阳能热水系统解决方案。太阳雨公益慈善基金"阳光浴室"，通过捐赠太阳能热水系统，着力为中国中西部地区的希望学校、敬老院、福利院、农村公共浴室等社会公共机构解决日常生活热水问题。2011年，该项目先后为四川"天梯小学"、西藏盲校(拉萨、日喀则)、新疆和田地区生产建设兵团农十四师一牧场中心小学等机构捐建太阳能热水系统，协助建成利用阳光能源提供生活热水的"阳光浴室"。

目标消费群：公益援助项目，社会各界(尤其是西部地区)需要帮助的群体，希望小学、社会福利院、敬老院、农村公共浴室改造等社会公共机构，都可以向太阳雨公益慈善基金申请援助。

太阳雨 Logo 及产品图片如图 15.13 所示。

图 15.13　太阳雨 Logo 及产品图片

官方网站：http://www.sunrain.com。

命题类别：平面广告作品、影视广告作品、广告文案作品。

4. 相关知识链接

[1] 陈培爱．广告策划与策划书撰写[M]．厦门：厦门大学出版社，2007．

[2] 翟年祥，邹平章．广告学教程[M]．成都：四川人民出版社，2001．

[3] 黄升民，黄京华，王冰．广告调查[M]．北京：中国物价出版社，1997．

[4] 路盛章．电视广告创作[M]．北京：中国广播电视出版社，2000．

[5] 叶茂中．转身看策划[M]．北京：中华工商联合出版社，1999．

[6] 高志宏，徐智明．广告文案写作——成功广告文案的诞生[M]．北京：中国物价出版社，1997．

参考文献

曹邑，2004．广告设计学应用篇 [M]．成都：四川大学出版社．
陈放，2002．特尔纳瓦海报三年展 [M]．北京：人民美术出版社．
陈培爱，2001．广告策划与策划书撰写 [M]．厦门：厦门大学出版社．
樊志育，1997．广告制作 [M]．上海：上海人民出版社．
方茜，2008．广告创意 [M]．上海：上海交通大学出版社．
郭志华，2008．消费文化背景下网络广告设计策略研究 [D]．开封：河南大学．
何修猛，2002．现代广告学 [M]．上海：复旦大学出版社．
黎青，孙丰国，2006．广告策划与创意 [M]．长沙：湖南大学出版社．
卢少夫，2004．图形创意设计 [M]．上海：上海人民美术出版社．
门德来，2002．现代图形设计创意与表现 [M]．西安：西安交通大学出版社．
孟光伟，王靓，2008．广告设计 [M]．济南：黄河出版社．
饶德江，2001．广告创意与表现 [M]．北京：中央广播电视大学出版社．
沈蕾，2005．网络广告形式及研究 [D]．上海：东华大学．
唐丽春，2003．图形设计 [M]．北京：高等教育出版社．
唐先平，左太元，李昱靓，2008．广告策划 [M]．重庆：重庆大学出版社．
王健，2004．广告创意教程 [M]．北京：北京大学出版社．
王雪青，2005．图形语言 [M]．上海：上海人民美术出版社．
卫军英，2004．现代广告策划 [M]．北京：首都经济贸易大学出版社．
翁炳峰，2004．图形创意 [M]．福州：福建美术出版社．
杨效宏，2003．现代广告文案 [M]．成都：四川大学出版社．
余明阳，陈先红，2003．广告策划创意学 [M]．上海：复旦大学出版社．
占鸿鹰，刘境奇，2008．广告设计 [M]．上海：东方出版中心．
张乃仁，2002．设计词典 [M]．北京：北京理工大学出版社．
张微，2002．珞珈广告学丛书——广告文案写作 [M]．武汉：武汉大学出版社．
张伟博，2005．广告创意与设计 [M]．武汉：武汉理工大学出版社．
中国户外广告年鉴编辑部，2010．2004 中国户外广告年鉴 [M]．上海：东方出版中心．
朱建强，罗萍，2006．平面广告设计 [M]．武汉：武汉大学出版社．
朱瑞波，2006．户外广告设计 [M]．长沙：湖南大学出版社．
朱瑞波，2008．广告文案与创意 [M]．北京：中国纺织出版社．